Günter Ederer • Jürgen Franzen

Der Sieg des himmlischen Kapitalismus

Günter Ederer • Jürgen Franzen

Der Sieg des himmlischen Kapitalismus

Wie der Aufstieg Chinas unsere Zukunft verändert

verlag moderne industrie

Die Deutsche Bibliothek – CIP-Einheitsaufnahme

Ederer, Günter:
Der Sieg des himmlischen Kapitalismus: wie der Aufstieg Chinas unsere Zukunft verändert / Günter Ederer / Jürgen Franzen. - Landsberg/Lech : Verl. Moderne Industrie, 1996
ISBN 3-478-35210-X

Redaktionsschluß: März 1996

Grafiken: Daniela Lang, 86932 Stoffen
Druck: Himmer, 86167 Augsburg
Bindearbeiten: Thomas, 86165 Augsburg
Printed in Germany 350 210/05963
ISBN 3-478-35210-X

Widmung

Für unsere Frauen, die mit viel Engagement mitgeholfen haben und ohne die dieses Buch nicht geschrieben worden wäre. Sie haben Recherchen erledigt, Korrekturfahnen gelesen, Karten besorgt und wochenlang die Zeit des gemeinsamen Schreibens möglich gemacht.
Und für unsere Kinder, aber auch die Kinder der ganzen Welt.
Die verzerrte Ost-West-Wertediskussion bedroht das friedliche Zusammenleben zukünftiger Generationen. Es muß bei allem gegenseitigen Verständnis kultureller Unterschiede gelingen, die unverrückbaren Menschenrechte, die Unverletzbarkeit des einzelnen und seine Freiheit als universelle Werte zu verteidigen. Dies gilt aber nur, wenn der Westen sein Haus wieder wirtschaftlich und gesellschaftlich in Ordnung bringt und von diesen Werten nicht nur selbst überzeugt ist, sondern auch danach handelt.

Inhalt

Vorwort

Es ist schwülheiß. Schon nach wenigen Schritten zwischen dem grauen Ministerium und dem klimatisierten Mercedes klebt das Hemd am Leib. Doch der Vorstandsvorsitzende des großen deutschen Unternehmens, der gestern noch über dieses miese Klima so schimpfte, daß sein lokaler Statthalter einen frühen Abflug befürchtete, strahlt jetzt übers ganze Gesicht.

Sagen wir, der Vorstandsvorsitzende heißt Lehmann und sein Statthalter in Beijing Schmitz.

„Schmitz, wir haben hier Wichtiges erreicht. Als der Vizeminister das Geschenk mit einem Lächeln überreicht hat, da wußte ich, das ist unser Durchbruch in China."

„Ja, und wissen Sie eigentlich, Herr Lehmann, wie schwierig es ist, überhaupt einen Termin bei dem Vizeminister zu bekommen? Ich hab' das nur über meine guten persönlichen Beziehungen regeln können. Daß wir empfangen wurden, zeigt aber vor allem den Stellenwert, den unser Unternehmen hier hat."

Beschwingt fahren die beiden zurück ins Hotel. Beijing hat sich plötzlich in eine sehr angenehme Stadt verwandelt; die neuen Hochhäuser, die neuen Autobahnen, hier geht die Post ab.

Die Euphorie der hier nicht allzu frei erfundenen Geschichte beruht auf einem Gespräch mit einem der fast hundert Vizeminister Chinas, das ungefähr folgendermaßen ablief:

„Herr Minister, ich darf mich herzlichst bei Ihnen für den heutigen Termin bedanken. Unser Haus ist der größte Hersteller von ‚Tralala' in Deutschland und blickt auf eine stolze Tradition von über 125 Jahren zurück. Wir erlauben uns, unser Interesse an Ihrem Infrastrukturprojekt zu bekunden. Wir bewundern den rasanten wirtschaftlichen Fortschritt der Volksrepublik China."

Der Vizeminister: „Vielen Dank, Herr Lehmann. Deutschland ist sehr bekannt für die hohe Qualität seiner Produkte und Technologie. Aber die Preise sind doch manchmal etwas zu hoch."

Betretenes Lächeln und ein böser Blick des Vorstandsvorsitzenden zu seinem Landesfürsten.

Gott sei Dank fährt der Minister gleich fort: „Ihre Firma arbeitet sehr gut in meinem Land. Und ich kenne auch Herrn Schmitz."

Schmitz strahlt erleichtert.

„Sie müssen verstehen, daß wir unsere Gesetze und Regeln bei Ausschreibungen einhalten müssen und auch von unserem legalen Weg nicht abweichen können. Wir haben unsere Aufträge immer fair und objektiv vergeben. Sie wissen natürlich, daß es neben Ihnen noch andere Bewerber gibt: Frankreich, Japan und auch die USA senden uns nächste Woche hochrangige Delegationen."

Fragende Blicke von Lehmann an seinen Statthalter, die bedeuten: „Warum weiß ich das nicht?"

Wieder wird Lehmann vom Vizeminister gerettet: „Aber seien Sie sicher, daß mein Ministerium auf Fairneß achten wird, und solange Sie preislich konkurrenzfähig sind und Ihre Qualität besser ist als die aller anderen, brauchen Sie sich um den Auftrag keine Sorgen zu machen."

Der Vizeminister erhebt sich: „Hier ist ein kleines Geschenk für Sie."

Auch die deutsche Delegation erhebt sich: „Ich habe Ihnen Marzipan aus meiner Heimatstadt mitgebracht", sagt Lehmann und überreicht drei Kilo.

„Oh! Schokolade", antwortet der Minister, „und gleich so viel." Lachend fügt er hinzu: „That´s why you are so big." Und schiebt ihn mit einem „Have a nice trip" förmlich zur Tür hinaus.

Kaum sind die Deutschen außer Hörweite, fragt der Minister seinen Assistenten: „Wie viele Delegationen kommen heute noch?"- „Acht, Herr Minister."

Wie gesagt, eine nicht ganz frei erfundene Geschichte. So verfremdet allerdings, daß auch das Marzipan nicht bei der Identifizierung weiterhilft. Entsprechend werden wir auch die anderen Geschichten im Buch erzählen, wenn es sich um Peinlichkeiten handelt. Es geht uns nämlich nicht darum, einzelne Unternehmer und Manager bloßzustellen, sondern wir hoffen, daß sich auf diese Weise mancher wiedererkennt, der so oder ähnlich an seinen Erfolg in China glaubte und dann bitter enttäuscht war, als das Lächeln des Ministers nicht nur ihm, sondern auch zehn weiteren Mitbewerbern entgegenstrahlte.

Die Geschichte ist zwar übertrieben, aber sie ist kein Einzelfall. Der Vizeminister erzählte von einem anderen deutschen Manager, der sich anbiederte, indem er ihm versicherte, jeder Mitarbeiter würde, bevor er nach China versetzt wird, erst zum Grabmal von Karl Marx nach London geschickt. Der Vizeminister lachte dabei schallend.

„China ist in." Die Flugzeuge in das letzte Großreich mit bekennenden Kommunisten sind von Vertretern der Wirtschaft und Touristen ausgebucht. Die einen suchen den Hauch fremder Exotik eines lange verschlossenen Landes, die anderen träumen davon, den 2,4 Milliarden Achseln Deodorant zu verkaufen. Die schiere Größe des Landes und seine noch größere Zahl von Menschen lösen unter deutschen Unternehmern ausschweifende und dadurch häufig unrealistische Phantasien aus. Normale Geschäftsregeln, die in Ulm und Osnabrück sorgfältig beachtet werden, bleiben im Fernen Osten im Koffer. Denn alle, die schon einmal ins Land der Mitte aufgebrochen sind, wissen eines genau: „In China ist alles anders."

Dieses Buch will aufräumen mit Mythen, will Verständnis wecken für die oft schwer nachvollziehbaren politischen Veränderungen in und um China und dem Leser trotz aller Schwierigkeiten, die China bietet, Mut machen, sich mit diesem Land auseinanderzusetzen. Das Buch ist weder Ratgeber noch Knigge für China, soll aber gleichwohl einige Wege aufzeigen, die viel Geld, Zeit und Umwege sparen.

Dieses oder etwas Ähnliches haben Ihnen sicher auch schon viele Berater, Chinakenner, Gurus und Funktionäre aller Schattierungen versprochen, und nicht alle haben Sie schlecht beraten. Aber China in seinen gigantischen Ausmaßen, in seiner bedrohlichen Menschenmasse, in seiner rasanten Veränderung ist für uns schwer begreiflich.Was deutsche Zeitungen und Fernsehsender über chinesische Tagespolitik berichten, trägt in seiner Oberflächlichkeit oftmals eher zur Verwirrung bei, als daß es aufklärend wirkt. Die Namen der meisten politischen Akteure bleiben unaussprechlich oder sind uns völlig unbekannt. Mao Zedong und Deng Xiaoping gehören zu den wenigen Ausnahmen. Dabei können wir uns dieses Unwissen gar nicht leisten. China wird zu einer Weltmacht aufsteigen, gerade weil es so groß ist und weil es - aus seinem eigenen Verständnis heraus - das Reich der Mitte ist, um das sich alle anderen Völker zu scharen haben. Daran ändert sich nichts, auch wenn wir weit weg sind, denn nach chinesischer Überlieferung sind die Völker um so barbarischer, je weiter entfernt sie hausen.

China ist nur aus seiner Geschichte heraus zu verstehen. Hier setzen wir an, ohne ein neues Geschichtsbuch zu schreiben, denn über die chinesische Geschichte gibt es genügend profunde Werke. Aber nicht jeder, der sich über das Reich der Mitte informieren will, hat gleich die Zeit, sich das Wissen anzueignen, das ein Sinologe beherrschen sollte. Deshalb versuchen wir das grobe Raster, das von China bekannt ist, zu verfeinern und in einen verständlichen Zusammenhang zu bringen. Denn die Geschichte lehrt, daß die 4 000 Jahre alte Kultur trotz der Irrungen und Wirrungen in dem Riesenreich erstaunlich beständig ist. Daraus ergibt sich, daß wir nicht die kurzfristige politische Entwicklung voraussagen wollen, gleichwohl aber hoffen, ein besseres Verständnis für diesen fernöstlichen Riesen zu schaffen und somit auch einen Beitrag dazu zu leisten, das Urteil über China auf eine solide Basis zu stellen.

Wir haben dem Buch einen Titel mit einer klaren Aussage gegeben. Kein Fragezeichen, keine Abschwächung. Wir sind uns bei allen Unwägbarkeiten der chinesischen Politik über eines einig: Der „himmlische Kapitalismus“ wird siegen. Damit bezeichnen wir eine chinesische Variante der Marktwirtschaft. Was heute wie das Brechen der sozialistischen Planwirtschaftsdämme aussieht, ist nichts anderes als eine Rückkehr zur Normalität chinesischen Wirtschaftens: viel Fleiß, viel Handel, viele handwerkliche Fähigkeiten und viele staatliche Erlasse.

Da sind diese ängstlichen Fragen: Was wird nach dem Tode von Deng Xiaoping? Wird dann womöglich eine neue Kulturrevolution ausbrechen? Werden wir Ausländer dann wieder enteignet und verjagt? Wer wird Nachfolger, und welche Politik wird er verfolgen? Wer diese Fragen in den Mittelpunkt seines China-Engagements stellt, sollte am besten gleich zu Hause bleiben. Für den, der sie nach europäischer Manier rechtsverbindlich beantwortet haben möchte, ist Asien nicht der rechte Ort.

Wir wollen Sie aber in diesem Buch davon überzeugen, daß Asien und China trotz all dieser Unwägbarkeiten für Sie kalkulierbar sind. Dafür müssen Sie jedoch über die tagesaktuellen politischen Fragen hinausgehen.

Und dann gibt es da das Datum des 1. Juli 1997, jenen Tag, an dem die britische Kronkolonie Hongkong wieder unter die Herrschaft Beijings gerät. Dieses Datum wurde erst Jahrzehnte verdrängt, und je näher es nun rückt, um so mehr stellt jeder, der davon betroffen ist, seine eigene Theorie auf. Viel westliches Kapital ist in Hongkong gebunden. Und fast jeder, der schon einmal im Fernen Osten war, hat die Glitzerfassade dieses Musterbeispiels einer kapitalistischen Wirtschaft bestaunt. Das soll jetzt alles vorbei sein? Schon allein dieser Gedanke veranlaßt die meisten Hongkong-Beschreiber, lieber ein

Szenario zu entwerfen, das so tut, als ob alles bleiben würde, wie es ist. Dabei machen wir wiederum nichts anderes, als mit westlichen Augen, auch noch getrübt durch eigene Interessen, langfristige geschichtliche Abläufe in für uns verdauliche Häppchen zu verarbeiten. Also, es wird schon alles gutgehen.

Wir wollen nicht nur über das Land China schreiben, sondern vor allem über die Chinesen. Und die leben nicht nur in der Volksrepublik. Es gibt zirka 55 Millionen Auslandschinesen in der ganzen Welt, im Vergleich zu den 1,2 Milliarden in der Volksrepublik eine geringe Zahl. 55 Millionen sind indes mehr, als Frankreich Einwohner hat, und diese 55 Millionen haben durch ihre weltweiten Verbindungen Netzwerke geschaffen. Insbesondere stellen sie in fast allen Gastländern die Klasse der Superreichen und der Wirtschaftslenker. Hinzu kommen die 22 Millionen Chinesen, die auf der Insel Taiwan leben, die politisch von der Völkergemeinschaft fast wie Aussätzige gemieden werden und um deren Geld doch alle buhlen: Taiwan besitzt mit rund 100 Milliarden Dollar die größten Devisenreserven der Welt.

Dieses Buch will die chinesische Welt, nicht nur die Volksrepublik beschreiben, will von Chinesen erzählen, egal wo sie leben, unter welchem politischen System sie arbeiten und welcher Religion sie angehören. Bei 1,2 Milliarden Chinesen gibt es „den“ Chinesen ebensowenig, wie es „den“ Deutschen gibt. Auf der anderen Seite finden sich jedoch Verhaltensmuster, die wie Rückenmark die Nervenstränge eines Chinesen bilden, egal wo er auf dem Globus lebt.

Wir starren auf offizielle Erklärungen, lesen im Kaffeesatz der Beijinger Propaganda und bellen deshalb den falschen Baum an, weil wir von der inoffiziellen Verflechtung dieser chinesischen Welt nichts begriffen haben. Da kommt eine chinesische Delegation aus Beijing nach Deutschland und wird bei einer deutschen Regionalbank zum Abendessen empfangen. In vorauseilender Unterwerfung wird eine Broschüre verteilt, die auf einer Landkarte alle Asienvertretungen dieser Bank zeigt. Der Bankdirektor erklärt den Chinesen voller Stolz, daß auf dieser Landkarte der angebliche Erzfeind der Volksrepublik, die Insel Taiwan, einfach weggelassen wurde. Um so verblüffter ist der ignorante Deutsche, als der Chinese die Annahme der Broschüre verweigert: „Taiwan ist auch China. Das haben Sie wohl vergessen.“

Während der Wortkrieg zwischen Beijing und Taiwan tobt, hat sich unterhalb der offiziellen Ebene längst eine inoffizielle Zusammenarbeit etabliert. A-Qing, ein einfacher Matrose, der vom Festland auf die Insel Taiwan geflohen war, bewachte im Alter als Hausmeister einen Tennisplatz in der Nähe von Taipei, auf dem vor allem Ausländer spielten. Dort bewohnte er ein kleines Wachthäuschen mit zwei Zimmern, in dem er kochte, schlief und arbeitete und in dem auch noch drei Hunde Platz hatten. Seine Füße steckten in offenen Gummisandalen, sein Fleckenhemd hing über einer kurzen Hose. Der einzige Hinweis darauf, daß es mit A-Qing noch eine andere Bewandtnis haben mußte, war die echte goldene Rolex an seinem Handgelenk.

„Ja", erzählt er uns, „seit 1988, seitdem Taiwan die Erlaubnis erteilte, daß seine Bürger einmal im Jahr für drei Monate zum Verwandtenbesuch aufs Festland dürfen, fahre ich jedes Jahr in meine alte Heimat." Dabei kaufte er jedesmal einen neuen Wohnblock, mittlerweile waren es sogar schon vier. Von seinem ehemaligen Heimatdorf im kommunistischen China hatte er in der Zwischenzeit eine Auszeichnung erhalten, weil er dem Chef des örtlichen Parteikomitees eine westliche Toilette mit Wasserspülung mitgebracht und auch dessen Häuser gleich mitmodernisiert hatte.

A-Qing dachte nicht daran, in Taiwan jetzt seinen bescheidenen Lebensstil zu ändern. Es genügte ihm zu wissen, daß seine Angehörigen im alten Heimatdorf und er in Taiwan an Ansehen und finanzieller Sicherheit gewonnen hatten. Solche Beziehungs- und Entwicklungsstrukturen stehen nicht in den Tageszeitungen, doch sorgen gerade sie für die Veränderungen, die die chinesische Welt gerade erfährt. Diese Veränderungen knüpfen an jahrtausendealte Traditionen an und werden über den von uns zu überschauenden Zeitraum hinaus Bestand haben. Und sie sind weitaus bedeutender als die Frage: „Wer wird Nachfolger von Deng Xiaoping?"

Erinnern Sie sich noch an die Tage nach dem Massaker auf Tienanmen, auf dem Platz des himmlischen Friedens? Die politischen Beziehungen aller westlicher Staaten zu China wurden eingefroren, die wirtschaftlichen Kontakte zurückgefahren. Das war die Tagespolitik. Heute schon ist dieses Massaker, so brutal, so überflüssig es auch war, nur noch ein Stück Geschichte im komplizierten Umgang mit der Volksrepublik. Die lauten Töne bei positiven oder negativen Erlebnissen mit dem Reich der Mitte sind das eine, eine langfristige Strategie mit dem auch wirtschaftlich erstarkenden China das andere.

Es wäre verhängnisvoll, wenn wir jedesmal unseren Mantel nach dem Wind hängten. Auch die Führung in Beijing kennt die westlichen

Prinzipien von Menschenrechten und individueller Freiheit und weiß, wie wir auf ihre Aktionen reagieren werden. Sie kann sich darauf ebenso einstellen wie auf plumpe Anbiederung. Letztere bringt keine Pluspunkte. Wir Europäer, Amerikaner und Japaner werden keine Chinesen, auch wenn wir uns umschminken lassen. Vielmehr machen wir uns damit in den Augen der Chinesen nur lächerlich. Aber so, wie die Chinesen nicht daran denken, sich uns anzupassen, wir aber erwarten können, daß sie uns respektieren, so müssen auch wir ihre Welt verstehen und respektieren lernen. Das heißt nicht, daß wir damit Chinesen werden müssen oder die Chinesen Europäer.

Am besten ist dies wohl mit einem alten chinesischen Sprichwort beschrieben: „Auch wenn man in verschiedenen Betten schläft, kann man die gleichen Träume haben.“

Teil 1

Warum der Sozialismus langfristig in China keine Chance hat

1. Der Sieg des himmlischen Kapitalismus
Eine Klarstellung über das verwirrende Bild, das China abgibt

Die Machthaber in Beijing haben die Begriffswelt um einen neuen Ausdruck bereichert: die „sozialistische Marktwirtschaft". Im Oktober 1984 hat Deng Xiaoping die Kommunistische Partei auf die neue Richtung eingeschworen, mit der China fortan seine Wirtschaftsform definiert. Seither bemüht sich die Welt zu verstehen, was sich unter dieser Quadratur des Kreises so alles verbirgt. Darüber können im westlichen Ausland sicher noch viele wissenschaftliche Arbeiten geschrieben werden, können in Seminaren die Ideologien, die in diesem Begriff stecken, auf ihre Widersprüchlichkeit untersucht werden. Statt nach den wirtschaftsphilosophischen Hintergründen zu forschen, gibt es freilich auch die Alternative, die Definition der chinesischen Wirtschaft so zu übernehmen, wie sie deren Erfinder Deng Xiaoping ganz schnörkellos beschreibt: „Egal, ob die Katze weiß oder schwarz ist, Hauptsache, sie fängt Mäuse."

Seitdem China mit seiner „sozialistischen Marktwirtschaft" experimentiert, reift in Asien eine Wirtschaftsmacht heran, mit der wir uns auseinandersetzen müssen, ob wir wollen oder nicht. Wachstumsraten von mehr als zehn Prozent über die letzten Jahre hinweg haben China zu einer der drei größten Wirtschaftsnationen gemacht. Damit liegt es im Volumen, aber noch nicht im Pro-Kopf-Einkommen, vor der Bundesrepublik Deutschland. Wenn diese Entwicklung noch weitere zehn Jahre anhält, überholt die dann 1,4 Milliarden Einwohner zählende Nation auch bald die USA und Japan. Schon jetzt spüren wir die sich verändernde Welt, aber wenn dann China und Japan zusammen wesentlich mehr Wirtschaftsmacht auf die Waage legen als die USA und Europa, dann werden dieses Europa und der Atlantik endgültig als weltbestimmendes Gestaltungszentrum verdrängt.

Die Wirtschaftsexplosion in China wird bei uns nur punktuell wahrgenommen; zum Beispiel wird kontinuierlich in den Medien über Schanghai berichtet. Dort entsteht nämlich der Stadtteil Pudong, wo auf 6 000 Großbaustellen Hochhäuser, Fabrikanlagen, Wohnstätten, Autobahnen und ein Flughafen gebaut werden, und dies alles auf einmal und mit einer Wucht, die atemberaubend ist. Aber Schanghai bietet noch mehr Superlative: Da werden gerade aus der Innenstadt der völlig übervölkerten Metropole 3 Millionen Menschen in die Vororte ausgesiedelt. 3 Millionen, das kommt fast der Umsiedlung der Stadt Berlin gleich.

Ein zweites Bild wird in Deutschland ebenfalls häufig verbreitet: ein runder, hypermoderner Wolkenkratzer aus der Sonderwirtschaftszone von Shenzhen, jener Retortenstadt vor den Toren Hongkongs. Shenzhen führt seit Jahren den Reigen der Städte mit dem höchsten Wachstum in der Welt an. In einem Jahr sind es 70 Prozent, im nächsten „nur" 50 Prozent. So ist aus dem Fischerdorf mit 8 000 Einwohnern innerhalb weniger Jahre eine Metropole mit 2,5 Millionen Einwohnern geworden.

Schanghai und Shenzhen sind nur zwei besonders krasse Beispiele aus einer riesigen Nation, die sich in eine Baustelle verwandelt hat und einer gigantischen Umwälzung unterliegt. Die neuen Industriezonen werden nur in Quadratkilometern gemessen: Dalian 220 Quadratkilometer, Wuhan 33 Quadratkilometer, Shenzhen 175 Quadratkilometer, Suzhou 70 Quadratkilometer. In Tianjin hatte allein die Teda-Zone 33 Quadratkilometer, und sie ist nur eine von zwölf in dieser Stadt. Nur zum Vergleich: Frankfurt hat 222 Quadratkilometer. Viele Namen sind in Deutschland unbekannt, kaum auf unseren Landkarten zu finden. Es gibt zirka 150 Millionenstädte und über 30 Städte mit mehr als 4 Millionen Einwohnern. Genau ist das nicht herauszufinden, weil die Städte selbst unterschiedliche Angaben machen. In allen aber wird gebaut, in allen ist der Aufbruch zu spüren, der dieses Reich erfaßt hat. Dazu noch ein paar Zahlen: In Dalian haben allein in einer Entwicklungszone in den letzten zehn Jahren 1 200 ausländische Unternehmen 5,4 Milliarden Dollar investiert, darunter 1 000 japanische und 80 koreanische Fabriken. In Shenzhen wurden 1994 zirka 2 200 Projekte mit Auslandskapital mit einer Investitionssumme von 2,99 Milliarden Dollar genehmigt. Panyu hat in zehn Jahren 220 Brücken gebaut, und in der Stadt Dongguan haben sich seit dem Beginn der „sozialistischen Marktwirtschaft" 14 500 neue Betriebe angesiedelt.

Schwindelerregende Zahlen, aber keine potemkinschen Dörfer, keine aufgeblasenen Statistiken für das Politbüro, sondern für jeden sichtbare Realität. Es ist nicht möglich zu beschreiben, was sich hinter diesen Zahlen an Umbruch verbirgt: Da werden Landschaften verändert, im wahrsten Sinne des Wortes „Berge" versetzt - alles Beweise für die Richtigkeit der „sozialistischen Marktwirtschaft". Doch was macht diese plötzliche Explosion im ehemals maoistischen China aus: Ist es das sozialistische Element, die Marktwirtschaft, oder ist es die Verschmelzung dieses ungleichen Paares, die China so nach vorne treibt?

Wer durch dieses neue China reist, ob in die bekannten Küstenstädte oder in die abgelegenen Inlandsregionen - vom Sozialismus ist erst einmal wenig zu sehen, dafür um so mehr von einer fast schon brutalen Marktwirtschaft. Bis spät in die Nacht haben Läden und Märkte geöffnet und bieten ihre Waren an, sieben Tage in der Woche. Ladenschluß oder Sonntagsgebot, Preisbindung und Wettbewerbsbeschränkungen, das klingt für die chinesischen Händler sehr nach Sozialismus aus alter Zeit. Die Geschäfte quellen über, es herrscht weder Mangel an Waren noch an Käufern. Wo die staatlichen Kaufhäuser und Lebensmittelläden sich nach den Arbeitszeiten ihrer Beschäftigten richten müssen und deshalb geschlossen haben, bilden sich sofort eine Vielzahl privater Läden und Verkaufsstände, die ihre Chance nutzen und das wirtschaftliche Vakuum ausfüllen.

Mit starken marktwirtschaftlichen Elementen lösen die Chinesen auch ihr Infrastrukturproblem. In den letzten hundert Jahren waren nur wenige Eisenbahnrouten, kaum Asphaltstraßen und nur einige Pisten für Militärflugzeuge gebaut worden. Jetzt wird alles auf einmal nachgeholt. 40 Großflughäfen sind im Bau, neue Eisenbahnlinien durchziehen das riesige Reich, und selbst ein Autobahnnetz ist im Entstehen. Weil das Ganze natürlich mehr kostet, als der Staatshaushalt hergibt, kann, wer genügend Geld, Mut und Beziehungen hat, in China einen Flughafen oder eine Autobahn bauen und betreiben. Das ist Kapitalismus pur. Der Staat hat auf das Infrastrukturmonopol verzichtet. BOT (Build - Operate and Transfer) heißt das Zauberwort: Der Lizenznehmer für eine Straße darf sie bauen, mit Gebühren betreiben und übergibt sie nach der Amortisation an den Staat. Wer heute durch China fährt, passiert deshalb eine Mautstation nach der anderen. Jede Stadt, ja fast jedes Dorf leistet sich eine Umgehungsstraße und kassiert dafür die Gebühren. Nur so war es etwa möglich, daß Panyu 220 Brücken gebaut hat. Und weil das so gut funktioniert, ist Panyu jetzt an einer Brücke von 17 Kilometern Länge beteiligt.

Für die Chinesen ist diese Form von privatem marktwirtschaftlichem Straßenbau ein Magnet, mit dem sie die schier unerschöpflichen internationalen Kapitalströme anziehen. Mittlerweile stehen die Ausländer regelrecht Schlange, um hier einen Flughafen, da ein Kraftwerk und dort eine U-Bahn oder Straße bauen und bezahlen zu dürfen. Statt BOT sagen die Chinesen deshalb auch OPB und OPM (Other People's Brain und Other People's Money - anderer Leute Hirn und anderer Leute Geld). Während wir unsere dringenden Infrastrukturmaßnahmen immer weiter strecken müssen, weil der Staatshaushalt nicht mehr hergibt, zapfen die Chinesen die internationalen Kapitalmärkte an. Wer verhält sich da kapitalistischer und wer sozialistischer?

In Shouguang, in der Provinz Shandong, haben wir den größten Gemüsemarkt Chinas besucht - mehr als tausend Lastwagen, eine entsprechende Zahl kleiner Traktoren, Handkarren, Fahrräder und eine vieltausendköpfige Menschenmenge. Sämtliche Agrarprodukte, die hier von Bauern an Großhändler aus ganz Nord- und Ostchina verkauft werden, unterliegen keinerlei Agrarpreisordnungen, keiner Mengenregelung, keinen Subventionen oder sonstigen, den freien Markt verzerrenden Mechanismen. Ein EU-Bauer hätte sicher Schwierigkeiten, sich in soviel Marktwirtschaft zurechtzufinden. Die chinesischen Bauern müssen zur Zeit, um sich auf dem Markt zu behaupten, sehr viel agiler sein als die europäischen, von Quoten und Preisgarantie verwöhnten Landwirte.

Nirgendwo haben sich die Kommunisten so die Hände verbrannt wie beim Hineinkommandieren in die Landwirtschaft, deshalb haben sie sich auch hier weit zurückgezogen. Eingegriffen wird noch in die Getreideproduktion, was bei einem durchschnittlichen Bauern eine Einkommensminderung von zirka 25 Prozent ausmacht. Dies hält die Regierung für nötig, weil sie sonst die Stadtbevölkerung nicht mit preisgünstigem Getreide versorgen könnte. Doch wie überall, wo in den Markt eingegriffen wird, hat diese Maßnahme auch negative Konsequenzen: China verzeichnet einen Rückgang in der Getreidemenge, weil die Bauern auf Produkte ausweichen, für die keine Marktregulierung gilt.

China hat zirka 750 Millionen Arbeitskräfte. Bis auf die 100 Millionen, die in den Staatsbetrieben geschützt sind, unterliegen die restlichen 650 Millionen einem freien Arbeitsmarkt, für den es im Vergleich zu Europa rudimentäre Sozialgesetze gibt. Die Arbeitszeit beträgt offiziell 40 Stunden pro Woche, aber es gibt kaum eine Baustelle in China, in der nicht rund um die Uhr gearbeitet wird, Samstag, Sonntag inbegriffen. Unternehmen sind stolz, wenn sie ihren Arbeitern einmal im Jahr zehn Tage Urlaub geben und ihnen die Heimfahrt bezahlen. Arbeitsschutzgesetze existieren, aber ihre Einhaltung wird kaum überprüft. In den Massenunterkünften müssen nur 4,5 Quadratmeter pro Arbeiter bereitgestellt werden. Doch auch hier ist das Papier geduldig. Karl Marx würde Zustände vorfinden, die ihm aus dem England des letzten Jahrhunderts vertraut wären und ihn zu seinen sozialistischen Lehren anleiteten. Das Überangebot von annähernd 100 Millionen Wanderarbeitern und weiteren 100 Millionen unterbeschäftigten Landarbeitern führt auf dem Arbeitsmarkt fast zwangsläufig zu frühkapitalistischen Zuständen. Und dennoch: So miserabel die Bedingungen für viele Menschen in China auch sind, insgesamt gesehen ging es den Bewohnern wirtschaftlich noch nie so gut wie heute. In den Jahrzehnten, als absolute Gleichheit angesagt war, verhungerten Millionen, während viele Kader, darunter auch Mao und seine Frau, wie Kaiser lebten. Jetzt, da Deng Xiaoping die Parole ausgegeben hat: „Werdet reich“, da bewußt einige Regionen und einige Berufsgruppen bevorzugt werden, Ungleichheit also regelrecht gefördert wird, ist auch das schlimmste Elend verschwunden. Als wir den Bürgermeister der Stadt Zhuhai, die als Sonderwirtschaftszone alle Privilegien genießt, fragten, ob er sich nicht wegen seiner Bevorzugung im Vergleich zu armen Inlandsstädten schämte, meinte er nur: „Früher waren alle gleich, und sehen Sie, wo wir geendet sind. Heute marschieren wir vorneweg, und die anderen können dann von uns lernen.“ Arbeitnehmer und Konsumenten leben in China eher in einer kapitalistischen Umwelt als wir in Westeuropa.

Bei der Suche nach den sozialistischen Elementen der chinesischen Wirtschaft stößt man zunächst auf die allgegenwärtigen Staatsbetriebe. Errichtet in den kurzen Jahren der brüderlichen Zusammenarbeit mit der Sowjetunion, lasten sie heute auf China wie ein gefräßiges Ungeheuer. Sie verschlingen jährlich rund 100 Milliarden Mark. Man rechnet, daß ihre Verluste rund 5,5 Prozent des Bruttoinlandsproduktes ausmachen und die diversen Subventionen, die sie erhalten, noch einmal 6 Prozent des Bruttoinlandsproduktes verwirtschaften. Dazu kommt, daß rund 40 Prozent der Verluste entstehen, weil sich die Staatsbetriebe untereinander die Rechnungen nicht bezahlen. Und trotzdem können sie nicht geschlossen werden, weil sonst 100 Millionen Arbeitslose auf die Straße gekippt würden. Das bedeutet die sichere Revolution, einen Linksruck für die ganze Nation.

Sozialistisch in China ist sicher auch die alles überwuchernde Bürokratie. Die Volksrepublik kann für sich in Anspruch nehmen, sich die meisten Beamten pro Kopf der Bevölkerung zu leisten. Da sie entsprechend wenig verdienen, haben sie eine eigene Variante erfunden, um dem Aufruf Deng Xiaopings „Reich werden bringt Ruhm!" folgen zu können. Sie kreieren eine gigantische Schattenwirtschaft. Und ähnlich wie in Deutschland erfüllt diese Schattenwirtschaft jene Bedürfnisse, die aufgrund der Regelwut der Bürokraten sonst nicht befriedigt werden könnten. Während bei uns dadurch nur der Sozialstaat umgangen und betrogen wird, legen ihn die chinesischen „Untergrundwirtschaftler" zum Teil gleich ganz brach. Die angestellten Ärzte in staatlichen Krankenhäusern halten sich lieber in ihren eigenen Privatkliniken auf und behandeln dort Patienten gegen saftige Honorare, während der „Kassenpatient" stundenlang vergeblich im staatlichen Hospital auf Behandlung wartet.

Die vielen Schichten der Bürokratie greifen überall da in die Wirtschaft ein, wo es etwas zu verdienen gibt. Da die kommunistische Führung in Beijing offiziell an der Fiktion des „Sozialismus" festhält, hat sie auch eine ideologische Rechtfertigung, um je nach Branche und Investitionsvolumen mitzuentscheiden, wer wo und wie Geld verdienen darf. Und dieses Wer, Wo und Wie kostet dann immer Geld - mal legal, weil die Bestimmungen so kompliziert sind, mal illegal, weil ein Bürokrat die Bestimmungen gegen entsprechende Bezahlung außer Kraft setzt; vornehmer ausgedrückt: weil er die Bestimmungen investitionsfreundlich interpretiert.

In unserer Vorstellungswelt zählen sicher auch die Fünfjahrespläne zur sozialistischen Wirtschaftsplanung. Die werden in China immer noch ausgiebig beraten, verabschiedet und dann allen Regionen, Branchen, Ministerien und Großbetrieben verbindlich vorgeschrieben. Doch auch kapitalistische Länder wie Japan, Korea und Taiwan haben sehr erfolgreich mit Fünfjahresplänen ihre Wirtschaft entwickelt, so daß die entscheidende Frage wohl eher lautet, was darin steht und wie detailliert und sklavisch getreu sie eingehalten werden müssen, und nicht, ob man solche Rahmenpläne überhaupt erlassen soll.

Was aber verbirgt sich hinter diesem Zwitter „sozialistische Marktwirtschaft"? Ganz sicher handelt es sich um eine Formulierung, die der kommunistischen Partei das Gesicht wahrt. Denn schließlich hat die Partei jahrzehntelang den Marxismus-Leninismus-Maoismus zur Doktrin erhoben. Da ist es, ohne sich selbst in Frage zu stellen, nicht möglich, die Staatsdoktrin von einem auf den anderen Tag als Irrtum abzutun. Jahrzehntelang wurden Kapitalisten und ihre Helfer in China brutal verfolgt. Und ein Kapitalist, der solche Erniedrigungen erleiden mußte, war im übrigen auch Deng Xiaoping. Der Begriff „Kapitalismus“ ist deshalb nur negativ besetzt. Die Überschrift „sozialistische Marktwirtschaft“ hilft den Schein zu wahren.

Die Chinesen haben sich längst mit diesem Etikettenschwindel abgefunden. Eine Umfrage der offiziellen staatlich-chinesischen Gewerkschaft, der Kommunistischen Jugendbewegung und der Forschungsgruppe der staatlichen Erziehungskommission für Partei- und Regierungsorganisationen in den drei über das Reich verstreuten Städten Tianjin, Xian und Chengdu förderte ein deutliches Ergebnis zutage. Auf die Frage „Glauben Sie an Sozialismus und Kommunismus?“ antworteten die Vertreter der Partei- und Regierungsorgane zu 47 Prozent mit Nein. Ebenfalls mit Nein antworteten 88 Prozent der Beschäftigten in der staatlichen Forschung und Entwicklung, 76 Prozent der Beschäftigten in der Industrie, 79 Prozent der Mitarbeiter der städtischen Betriebe und 77 Prozent der Studenten und Professoren.

Kein Wunder, daß es in China ein geflügeltes Wort gibt: Die Parteilinie ist wie die Sonne. Wo immer sie scheint, ist es hell. Die Politik der Partei ist wie der Mond. Am 15. des Monats sieht er ganz anders aus als am Monatsersten.

Bei der letzten Drehung änderte sich die Richtung der Partei in wenigen Jahren von einer grausamen linksradikalen Kulturrevolution in eine „sozialistische Marktwirtschaft“. Das war am Monatsersten. Kann es nicht sein, daß am 15. des Monats, nach dem Tod Deng Xiaopings, die Partei wieder per Order eines neuen Politbüros eine konsequent sozialistische Gesellschaft etabliert?

Das große Rätselraten „Was wird aus China?“ hält deshalb ganze Denkfabriken in Atem. Zu viel hängt für die Entwicklung unserer Welt von der Beantwortung dieser Frage ab. Natürlich kann man versuchen, die Soldaten im Fernen Osten zu zählen, die Rüstungsausgaben zu vergleichen und die Zukunft Asiens aus militärischer Sicht zu beurteilen. Doch auch die riesigen, nuklear ausgerüsteten Armeen der Sowjetunion hatten bei deren Auflösung nur noch eine Statistenrolle. Ohne die militärischen Sicherheitsaspekte kleinreden zu wollen, ist unserer Ansicht nach die Wirtschaftsentwicklung in China für die Zukunft der Welt ungleich wichtiger. Armeen spielen erst eine Rolle, wenn Volk und Regierung sich bedroht und in die Ecke gedrängt fühlen oder wenn eine Regierung vom wirtschaftspolitischen Versagen im Innern ablenkt und Konflikte mit den Nachbarn sucht. Dann wird das Volk statt mit Reis mit Nationalismus gefüttert.

Doch der wirtschaftliche Boom in China wird selten nüchtern und emotionslos beurteilt. Die einen befürchten, wie der frühere ARD-Korrespondent Jürgen Bertram, daß dort der seelenlose Konsumroboter erzogen wird und damit unser ganzer blauer Planet zum Teufel geht, die anderen malen sich China schön und stabil, weil sie Geld investiert haben, und wieder andere graben in der 4 000 Jahre alten Historie nach Entscheidungshilfen. Eine prägnante und schlagende Beschreibung Chinas gibt Nigel Holloway, Washington-Korrespondent des angesehenen „Far Eastern Economic Review" vor einem Ausschuß des US-Kongresses:

„Eine Behauptung lautet ..., wir hätten in China eine Gesellschaft, durchdrungen von unausrottbarem Feudalismus, der auf Konfuzius beruht. Das ist falsch. In Wirklichkeit ist das, was da geschieht, kollektives Chaos. Dieser Feudalismus ist nur Teil der chinesischen Struktur, denn er vermischt sich mit einem verrotteten Sozialismus. Und dieser Mix ist das gewachsene Privileg des in China real existierenden Sozialismus und somit ein Privileg der Partei. Drittens haben sie rasanten Kapitalismus. Sie haben Korruption, Vetternwirtschaft und Wachstum. Das alles knäult sich im heutigen China zusammen."

Chinas wirtschaftliche Entfesselung durch die Öffnung seit 1978 ist wie ein „Urknall", kein Ergebnis einer langsamen kontinuierlichen Entwicklung. Was dort geschieht, muß man gesehen, erfahren, gespürt haben, um zu begreifen, daß es letztlich unwiderruflich ist. Diesen Urknall kann niemand ungeschehen machen - er ist zu amorph, ja fast irreal, um wieder eingefangen zu werden. Noch nie hat ein Land in der Menschheitsgeschichte in so kurzer Zeit so viel erreicht: In wenigen Jahren hat sich China von einem wirtschaftlich eher unbedeutenden Entwicklungsland zu einem entscheidenden weltwirtschaftlichen Faktor emporgeschleudert.

John King Fairbank, der verstorbene Altmeister der amerikanischen Sinologie, verglich die Situation in China mit einem unzähmbaren Rodeopferd, auf dem sich der Reiter nur halten kann, wenn er im Sattel äußerst geschickt agiert. Das Pferd ist die Wirtschaft, der Reiter die Regierung in Beijing. Um im Bild von Fairbank zu bleiben - die Wirtschaft wird sich weiter aufbäumen, aber es ist sehr fraglich, ob die kommunistische Partei der richtige Reiter für dieses Pferd ist.

Im Moment gibt es keine Aussage, keine Anzeichen und keine sichtbaren Tendenzen der verschiedenen Fraktionen in Beijing, wonach das, was sie „sozialistische Marktwirtschaft" nennen, eingeschränkt und die Öffnungspolitik gegenüber dem Ausland beendet werden soll. Erkennbar sind allerdings Versuche, das Pferd zu zähmen und viele der zweifelsohne gefährlichen Fehlentwicklungen einzuschränken. Über einige werden wir in diesem Buch schreiben: über die soziale und geographische Schere, die das Land zu zerreißen droht, über die Korruption, die fast zwangsläufig bei einer solchen Bürokratie gepaart mit solch gewaltigen Investitionssummen grassiert. Viele Kampagnen, die sich gegen diese Fehlentwicklungen richten, werden bei uns leichtfertig als das Ende der Reformpolitik interpretiert. Aber sie sind nichts anderes als Versuche der kommunistischen Partei, im Sattel zu bleiben.

Dazu gehört auch die phantasievolle Wortschöpfung „Sozialistische Marktwirtschaft". Als Kommunisten mit all der jahrzehntelangen Erziehung im Marxismus-Leninismus-Maoismus können sie nicht zugeben, daß das, was da geschieht, in weiten Teilen ein hemmungsloser Kapitalismus ist. Dieser Kapitalismus ist nicht abgerundet durch eine praktizierte Sozialgesetzgebung, sondern die wenigen sozialistischen Elemente sind zentrale Bürokratie und die damit verbundene Ineffizienz und Korruption. Was da praktiziert wird, ist in Wirklichkeit eine chinesische Variante des Kapitalismus, also ein „himmlischer Kapitalismus".

Die Interpreten der Lehre in Beijing werden dieses Wort natürlich nicht in den Mund nehmen. Das wäre schiere Häresie. Sie schlagen dialektische Purzelbäume, damit die Wirklichkeit der Ideologie angepaßt und erklärt werden kann. Dementsprechend heißt es nicht „Privatwirtschaft", sondern „Nichtstaatlicher Sektor". Ein Meisterwerk dieser Geistesakrobatik stand in der „Guangming Ribao", eine Beijinger Tageszeitung: „Der kapitalistische Staat, wie er heute in Europa praktiziert wird, ist der größte Eigentümer der Produktionsmittel, der größte Investor und der größte Rohstoffaufkäufer sowie auch der größte Abnehmer von Dienstleistungen und der größte Kapitalgeber bei der Finanzierung. Diese ‚Wirtschaftseinheit kapitalistischer Staat' ist also keine Einheit mehr, die einer Minderheit von Kapitalisten dient. Soweit er der Gesellschaft in ihrer Gesamtheit dient, ist er eine Wirtschaft der öffentlichen Hand."

Daraus wird der Schluß gezogen, daß der heute praktizierte „Kapitalismus“ de facto „Sozialismus“ sei. Wenn auch nicht jede einzelne Behauptung in diesem Artikel stimmt, so hat er zumindest Recht, wenn er sagt, daß Volkswirtschaften, in denen der Staat mehr als 50 Prozent des Bruttosozialproduktes bestimmt, kein kapitalistischer, sondern ein sozialistischer Staat ist. Während diese Erkenntnis der Chinesen aus marxistischer Sicht für viele Europäer die bittere Wahrheit beinhaltet, daß sie sich dem Sozialismus mehr angenähert haben, als sie zugeben, können die chinesischen Dialektiker daraus bequem ableiten, daß ihre Wirtschaft keineswegs „kapitalistisch“ ist und sie sich mit ihrem „himmlischen Kapitalismus“ im marxistischen Sinne korrekt verhalten. Umgekehrt behaupten wir Deutsche ja auch immer noch, wir hätten mit unseren 52 Prozent Staatsanteil eine „Marktwirtschaft“.

Dialektische Rabulistik ist freilich das eine, die politische und wirtschaftliche Wirklichkeit das andere. Die Menschen werden von Erklärungen nicht satt. Ein solches Experiment ist immer danebengegangen, und langfristig bestimmt die Wirtschaft das Wohlergehen eines Volkes wie auch das politische Geschehen und nicht umgekehrt. Für China bedeutet dies, daß die Wirtschaft weiter wachsen muß. Das Revolutionspotential der chinesischen Bauern hat über Jahrtausende nicht abgenommen. Es ist unvorstellbar, daß sie sich nach den Fortschritten, die sie in den letzten Jahren genossen haben, noch einmal unter einem wie auch immer gearteten maoistischen Experiment versklaven lassen. Möglicherweise werden wir in den nächsten Jahren noch Zeugen von heftigen Pendelschlägen in die eine oder andere Richtung; den Sieg des „himmlischen Kapitalismus“ werden sie jedoch nicht aufhalten können.

2. Die „jelbe Jefahr“ Über deutsche Ängste und Ignoranz im Umgang mit China

„Ich sage nur China, China, China“ - die Worte des damaligen Bundeskanzlers Kurt-Georg Kiesinger schwebten drohend über der Bundesrepublik. Sie bereiteten Angst vor dem unberechenbaren roten Riesen am anderen Ende der Welt. Kiesinger reihte sich damit nur ein in eine lange Tradition, die in der Neuzeit mit Napoleons Warnung anfing: „Wenn sich China erhebt, dann erzittert die Welt.“ Kaiser Wilhelm erfand die „gelbe Gefahr“. Als er 1900 deutsche Soldaten den Boxeraufstand bekämpfen ließ, jene nationalistische Erhebung gegen alles Fremde in China, erregte seine Rede wegen ihrer Schärfe weltweites Aufsehen: „Pardon wird nicht gegeben, Gefangene werden nicht gemacht! Wie vor tausend Jahren die Hunnen unter König Etzel sich einen Namen gemacht haben, der sie noch jetzt in Überlieferungen und Märchen gewalttätig erscheinen läßt, so möge der Name Deutscher in China auf tausend Jahre durch euch in einer Weise bestätigt werden, daß niemals wieder ein Chinese es wagt, einen Deutschen auch nur scheel anzusehen.“

Viel später dann, 1922, hatte dieser Ausflug deutscher Soldaten nach China noch einmal Konsequenzen: 1921 schiffte sich ein gerade von der Opiumabhängigkeit geheilter General nach Deutschland ein, um hier seine militärische Ausbildung zu vervollständigen. Seine Name war Zhu De, später der bedeutendste Heerführer der Kommunisten sowohl gegen die Japaner als auch im Bürgerkrieg gegen die Guomindang-Truppen. Zhu De wurde in Berlin in die Kommunistische Partei Chinas aufgenommen. Auf seinen Streifzügen durch die Stadt besuchte er auch das Zeughaus „Unter den Linden“ und fand unter der Sammlung von Kriegstrophäen eine chinesische Fahne, die das deutsche Chinakorps beim Boxeraufstand erbeutet hatte. Zhu De berichtet in seinen Erinnerungen, daß er bei dieser Gelegenheit zum ersten Mal einen bohrenden Haß gegen alle Weißen empfand, die China wie eine Kolonie behandelt hatten.

Als Konrad Adenauer dann sehr plastisch das Wort des Kaisers von der „jelben Jefahr“ wieder beschwor, muß die Angst Pate gestanden haben, die Chinesen könnten sich vielleicht der Greueltaten erinnern, die die Kolonialmächte ihnen angetan hatten. Ein bißchen schaudert es den deutschen Normalbürger sicher auch heute noch, wenn er an China denkt. Jeder fünfte Mensch auf unserem Globus ist Chinese, und allein diese Tatsache erschreckt.

So groß das chinesische Volk auch ist, so wenig wissen wir von ihm. Immerhin gibt es jetzt nahezu in jeder deutschen Kleinstadt ein China-Restaurant, das sich nicht zuletzt deshalb großer Beliebtheit erfreut, weil es auch nachmittags und abends nach 21 Uhr noch warme Speisen reicht. So werden auch die deutschen Normalbürger mit einem Hauch chinesischer Welt konfrontiert: Chinesen sind fleißig, arbeiten mehr als wir, und sie servieren unaussprechliche Speisen. Das alles macht sie nicht gerade sympathischer.

Dafür haben die Chinesen weltweit ein System erfunden, das selbst Analphabeten verstehen: Sie haben ihre Speisekarten durchnumeriert. Also bestellen wir nicht, wie in einem deutschen Lokal etwa, Schweineschnitzel mit Pommes, sondern beim Chinesen gibt's Nummer 26 für den Vater und Nummer 42 für die Mutter. Die Kinder bleiben eher bei den niedrigeren Nummern, denn da stehen gewöhnlich die gebratenen Nudelgerichte, und somit hält sich das Fremdländische in Grenzen. Übrigens könnten die China-Restaurants ihre Speisekarte wahrscheinlich auf zwei, drei Gerichte beschränken, denn fast alle Gäste bestellen Chop suey und Schweinefleisch süßsauer. Das ist dann der Gipfel der Exotik.

In der Schule wird die chinesische Geschichte selbst in den Gymnasien weitgehend übergangen, und wenn ein Mann herausragt, dann ist es Mao Zedong. In den Jahrzehnten des kalten Krieges hat dieser Kommunist bei den Bürgern allerdings nicht gerade als Sympathieträger für China geworben. Die 1 Million Soldaten, mit denen Mao Zedong im Koreakrieg den Amerikanern ein Patt aufzwang, hat die Angst vor den Chinesen noch einmal verstärkt. Und alles, was danach folgte, sollte wenig daran ändern. Horrormeldungen über Massenexekutionen von mehreren Millionen Menschen; Bilder von Hunderttausenden in blauen, wattierten Jacken, die rote Mao-Bibel schwenkend; der Überfall auf Tibet und die Unterdrückung der dortigen Bevölkerung; der Krieg mit Indien; die Unterstützung der Nordvietnamesen gegen die Amerikaner. Die einzigen Bilder, die uns aus China erreichten, waren Propagandamaterial von lächelnden Massen, und sie verfestigten die Vorstellung von den „blauen Ameisen“, die durch ihren

Glauben an die Ideologie anscheinend Berge versetzen konnten. All dies machte Angst und entfremdete uns die Chinesen noch mehr.

Dann gab es nach 1968 die Mao-Jubler auf deutschen Straßen und in deutschen Universitäten. Der große Vorsitzende diente als Gegenpapst zum bürokratischen Sozialismus Moskauer Prägung. Beijing war weit, und so konnte man sich dort leichter einen Helden für die eigene verworrene Ideologie ausborgen. Noch 1973 warben die Maoisten zum Beispiel an der Tübinger Universität mit einem Stand dafür, Deutschland nach Maos Vorbild in einen Agrarstaat umzuwandeln. Die Ballonmütze mit dem roten Stern galt in Studentenkneipen als chic. Die Mao-Bibel gab es gleich in verschiedenen Ausführungen, auch in deutscher Sprache. Und während hier die Salonkommunisten in ihrer Idylle den Kapitalismus als Erzfeind der Menschheit verteufelten, schlachteten ihre rotgardistischen Vorbilder in China ihre Lehrer ab und verzehrten zum Teil deren Innereien, wie wir heute wissen. Die Agitation der linken Studenten hat bei der überwiegenden Mehrheit der Deutschen die Ablehnung von allem, was mit China zu tun hat, ebenso verstärkt wie die Horrorgeschichten der Kulturrevolution, die jetzt mehr und mehr publik werden. Zugleich wuchs die bis heute bestehende Angst, daß das Riesenreich eher noch unberechenbarer, noch gefährlicher ist, als wir es sowieso schon vermutet hatten.

Immer schwingt aber auch ein Stück Respekt vor Mao Zedong mit. Die Legendenbildung um diesen grausamen Revolutionär ist nur schwer zu durchbrechen. War es ihm nicht gelungen, den Hunger in China zu besiegen? Gar zu gern glaubte auch der Westen dieser Propaganda. Und dann die Tansam-Bahn. Ganze Scharen von europäischen Politikern und Journalisten, vorneweg Erhard Eppler als Entwicklungshilfeminister, pilgerten nach Tansania, um dort den afrikanischen Lehrer Julius Nyerere zu hofieren, der Maos ländliche Revolution in Afrika als grünen Sozialismus nachahmen wollte. In Tansania und Sambia führten die Chinesen vor, wie antikoloniale Entwicklungshilfe auszusehen hat. Tausende Kulis aus Asien schufteten nur mit Schaufel und Hacke, als Vorbild für die Schwarzen. Wie viele Filme liefen damals auch im deutschen Fernsehen über Uhuru, die Freiheit und das maoistische Vorbild! Allerdings wurde nicht mehr darüber berichtet, daß die Bahn kurz nach der Einweihung schon wieder stehenblieb und bis zum heutigen Tag nicht mehr zum Laufen gebracht werden konnte.

Die Mao-Anhimmler haben in ihrer Begeisterung übersehen, daß auch die chinesischen Arbeiter in Afrika außer einem „Vergelt's Mao“ nichts erhielten und damit in der langen Tradition chinesischer Kulis standen, die immer wieder und überall auf der Welt zum Eisenbahnbau ausgebeutet wurden. Die Chinatowns von San Francisco und Vancouver sind so entstanden. Nur in Afrika wurden sie nicht von kapitalistischen Eisenbahnbaronen mißhandelt, sondern vom eigenen kommunistischen Staat.

Freilich haben nicht nur die linken Ideologen die Augen vor Maos Terrorregime verschlossen, wenn es ihnen ins Konzept paßte. Auch konservative westliche Politiker spielten gern die chinesische Karte, wenn sie glaubten, damit das andere Reich des Bösen, die Sowjetunion, erschrecken zu können. Der schlichte Spruch „Dein Feind ist mein Feind - also bis du mein Freund“ ließ auch Franz Josef Strauß schon früh enge Kontakte mit Maos China knüpfen. Die roten Mandarine in Beijing verstanden es geschickt, bei Reisen deutscher Politiker und deren Freunde vom rechten politischen Spektrum die deutsche Frage im Sinne der Bundesrepublik anzusprechen. Gerhard Löwenthal, Leiter des ZDF-Magazins und ein früher China-Reisender, erzählte ganz begeistert, daß die Chinesen statt Kaliningrad noch immer den Namen Königsberg für die ostpreußische Stadt benutzten. Dafür übersahen die Besucher dann schon einmal einige zehn Millionen Tote.

Bei diesen verwirrenden politischen Signalen von linksradikalen Studenten bis hin zu konservativen Politikern - ist es da verwunderlich, daß die Masse der deutschen Bürger mit China lauter widersprüchliche Vorstellungen verbindet? Auch die internationale Welt macht es uns da nicht leichter.

Da wurde Mao in den USA vom netten Agrarreformer bis hin zum verteufelten Kinderfresser dargestellt. Die Kulturrevolution war noch nicht abgeschlossen, da vollzog Amerika eine überraschende Kehrtwendung, und Präsident Richard Nixon, der konservative Republikaner und oberste Kommunistenfresser der fünfziger Jahre, fuhr nach Beijing und machte dem Revolutionär Mao Zedong seine Aufwartung. So vernünftig es war, Beijing aus der Isolation zu führen und in die Staatengemeinschaft aufzunehmen, so verblüffend waren der Zeitpunkt und die Akteure. Natürlich folgte auch die Bundesrepublik der internationalen Anerkennungswelle, die die Amerikaner ausgelöst hatten.

Leider läßt sich aus diesen Jahren auch aus der Wissenschaft nicht viel Erfreuliches berichten. Ein geflügeltes Wort unter den Studenten deutscher Universitäten lautete: „Sinologie studiert der, der gerne in den ersten Semestern Tee trinkt.“ Moderne Ostasienwissenschaften gab es nicht, und deshalb gehörte die Sinologie auch zu den Altertums- und Kulturwissenschaften. Die Studenten konnten dementsprechend zwar Konfuzius im Urtext lesen, einem Taxifahrer in China aber noch nicht einmal sagen, wohin sie wollten. Wer sich allerdings als Aktivist der Maoisten an deutschen Universitäten bewährt hatte, bekam sogar ein Visum für die Volksrepublik. Erstaunlicherweise übersahen diese Jungsinologen fast alle die Brutalität der Kulturrevolution. Diese Aktivisten hielten dann in deutschen Volkshochschulen Vorträge über China.

Mit Maos Tod, der Verhaftung der Viererbande um seine Witwe Jiang Qing und schließlich dem Wiederaufstieg Deng Xiaopings änderte sich das deutsche Chinabild schlagartig. Es begann das Zeitalter der Romantiker. Eine Reise nach China gehörte bald zum guten Ton der Verbandsfunktionäre, der Politiker aller Parteien, der Globetrotter, die so endlich die letzten weißen Flecken auf ihren Weltkarten tilgen konnten. Eine Woche China mit drei Stationen, und schon schälten sich die China- Experten heraus. Sie sind bis zum heutigen Tag die Vervielfältiger der China-Platitüden an den Biertischen der Parteien und Industrieverbände. Erstaunlich dabei ist, wie wohl sich Vertreter der bürgerlichen Schichten, die schon Angst vor einem deutschen Jungsozialisten haben, in der Nähe der kommunistischen Kader fühlen. Die ideologischen Verrenkungen machen sie dabei nicht nur in ihren Köpfen, sondern versuchen sie leider auch noch in Worte zu fassen. Zum besseren Verständnis Chinas trägt dies jedoch kaum bei.

Deng Xiaopings Reformen lösten eine neue Reisewelle aus. Welch eine Perspektive: 1,2 Milliarden Chinesen, denen noch alles fehlt, die alles brauchen und die vor allem ein unerschöpfliches Potential an billigen Arbeitskräften darstellten. Anfang der achziger Jahre hatte die Volksrepublik auch noch den Ruf, ein zuverlässiger Schuldner zu sein, ähnlich wie die Sowjetunion. Die Massen regten die Phantasien an, wie etwa in der Geschichte von dem Manager, der uns erzählt, daß er zur Zeit 800 000 Ventilatoren im Jahr herstellt. Wenn nur jeder zehnte Chinese einen Ventilator von ihm kauft, dann sind das 120

Millionen. Er sei aber auch schon mit der Hälfte zufrieden, konzediert er gnädig. Und das alles meint er ernst.

Es gab kaum einen Unternehmer, der nicht wenigstens im Hinterkopf mit ähnlichen Zahlenspielereien vor dem Einschlafen im Hotelbett während des Chinabesuchs seine Träume versüßt hätte. Die Chinablüten wuchsen. Hoffnungen, Exotik, Wunschdenken - da konnte man fast die Realität vergessen.

Und dann kam der Juni 1989. Die Abendnachrichten im Fernsehen zeigten Szenen aus Beijing: Panzer gegen Studenten, die Staatsmacht gegen ihre Kinder. Schon wieder herrschte bei uns heillose Verwirrung. China ist offensichtlich alles andere als ein Land, in dem man investieren kann, das als Partner in Betracht kommt. Die Bilder von Tienanmen lösten regelrechte Schockwellen aus. Vielleicht gerade weil es vorher so ausgesehen hatte, als ob Beijing in puncto Liberalisierung selbst noch die Sowjetunion von Michail Gorbatschow überholen wollte. Politik, Publizistik und Wirtschaft waren wie gelähmt. All jene, die immer schon vor der „gelben Gefahr" gewarnt hatten, vor den unberechenbaren Chinesen, hatten nun Oberwasser. Natürlich fanden sich die ganz Schlauen, wie sie selbst in deutschen Ministerien und Unternehmen sitzen, die wußten, daß alles so kommen mußte, weil die schnelle Demokratisierung und die überhitzte Konjunktur sonst zur Anarchie geführt hätten, und die ein gewisses Verständnis für die Regierung äußerten, die da für Ruhe und Ordnung sorgte.

Aber „Tiananmen" war kein Rückzug in die Isolation. Das klare Nein der Beijinger Führung zu einer pluralistischen Demokratie wirkte sich nicht auf die wirtschaftliche Öffnung aus, wie dies bisher immer der Fall gewesen war. Die westlichen Nationen blieben der Volksrepublik fern und verhängten einen Wirtschaftsboykott. Aber ausgerechnet die Chinesen aus dem kapitalistischen Hongkong und aus Taiwan investierten um so stärker, denn sie hatten schneller erkannt, daß Demokratie und Wirtschaftsentwicklung nicht unbedingt zusammengehen müssen. Auch ohne Europa, Amerika und Japan boomte Chinas Wirtschaft.

Es war somit nur eine Frage der Zeit, bis sich die Entrüstung über die Menschenrechtsverletzungen gelegt hatte. Seither wagen sich Politiker und Unternehmer wieder nach China, dieses Mal jedoch fast panikartig, denn keiner will zu spät kommen. China, das ist plötzlich eine Lokomotive der Weltwirtschaft, das Land, wo die großen Profite, die übergroßen Märkte locken. Und trotzdem fragt sich jeder, der in

Frankfurt in die Maschine steigt, wie lange es dieses Mal dauert, bis eine neue Kehrtwendung der Führung in Beijing wieder eine neue Eiszeit einläutet oder gar die Wirtschaftsreformen rückgängig macht. Für viele ist das China-Engagement wie ein Roulettespiel.

Als Zhu De 1922 nach Berlin kam, schlich er noch lernbegierig durch die Straßen, bemüht, nicht aufzufallen, weil er wie alle Ausländer Angst hatte, angepöbelt zu werden. Als 1994 der neue starke Mann Beijings, Ministerpräsident Li Peng, nach Berlin kommt, fühlt er sich auch wieder angepöbelt. Wo immer er in Deutschland auftritt, überall werden ihm Plakate entgegengehalten, die ihn als Schlächter von Tienanmen beschimpfen. Denn an ihm war die Verantwortung für die Niederschlagung der Demokratiebewegung hängengeblieben. Das schonte den beliebten Deng.

Doch die Zeiten haben sich geändert. Li Peng zeigt ein völlig undiplomatisches Selbstbewußtsein. In Berlin ist für ihn das Maß voll. Er läßt den Berliner Bürgermeister Eberhard Diepgen unter dem Brandenburger Tor, dem deutschen Symbol für Freiheit und Einheit, stehen wie einen Schuljungen. Demütigungen, wie sie die Chinesen über Jahrhunderte von seiten der Weißen haben hinnehmen müssen, läßt er sich nicht mehr gefallen, lieber brüskiert er seinen Gastgeber. Dieses offenkundige neue Selbstbewußtsein der jetzigen politischen Führungscrew löst erneute Verwirrung aus. Die Unternehmen, die sich vom Besuch Li Pengs Aufträge und ein noch besseres Klima für die deutsch-chinesischen Beziehungen wünschen, zeigen ein gewisses Verständnis für Li Peng. Auch sie finden die ständige Erinnerung an das Tiananmen-Massaker unangebracht, die andauernden Ermahnungen zur Einhaltung der Menschenrechte übertrieben. Die öffentliche Meinung aber richtete sich wegen der Nichteinhaltung unserer Etikette gegen den chinesischen Ministerpräsidenten. Eine Sympathiewerbung für China war Li Pengs Verhalten sicher nicht. Die Beziehungen bleiben kompliziert.

Die Verwirrung ist nicht auf Deutschland beschränkt. Andere Nationen, wie die Vereinigten Staaten, die viel enger mit der chinesischen Kultur verbunden und viel tiefer in die chinesische Politik verwickelt sind, wissen auch nicht so genau, wie sie auf die Beijinger Führung nach Tiananmen reagieren sollen. Das spürte Präsident Bill Clinton im Juni 1994, als er innerhalb weniger Wochen seine eigenen großen Ankündigungen kleinlaut revidieren mußte. Er war 1993 auf die Idee verfallen, den Chinesen ein Ultimatum zu stellen: entweder deutliche Fortschritte in der Menschenrechtsfrage oder keine Meistbegünstigungsklausel mehr. Mit diesem Begriff wird eigentlich kein Privileg beschrieben, sondern die Versicherung, daß China wie alle anderen Handelspartner der USA behandelt wird, wenn sie nicht gerade zu den Aussätzigen abgestuft worden sind, wie der Irak oder Libyen. Für China wäre das, so der liberale britische „Economist", eine wirtschaftliche Kriegserklärung gewesen, die dem Abwurf einer Atombombe gleichgekommen wäre.

Clinton hatte bei seiner ehrenwerten und vollmundigen Ankündigung allerdings vergessen, daß Worten auch Taten folgen müssen. Aber die Reaktion auf seine Ankündigung war ganz anders, als er erwartet hatte. Die amerikanische Industrie lief Sturm gegen das Weiße Haus, rechnete vor, welch enormen Schaden die US-Interessen nicht nur in China, sondern in ganz Asien nehmen würden. Senator für Senator, Abgeordneter für Abgeordneter machten der Administration klar, wie viele Arbeitsplätze in ihrem Wahldistrikt verlorengingen, falls China aus dem Kreis der gleichberechtigten Welthandelsvölker ausgeschlossen würde. Die neue Wirtschaftsmacht China wirft ihre Schatten auf das noch mächtigere Amerika.

Noch komplizierter wurde Clintons Lage, als selbst Hongkong und das antikommunistische Taiwan vor diesem Schritt warnten, weil dieser Semi-Boykott auch sie ungefähr drei Prozent Wachstum gekostet hätte. Altpräsident Richard Nixon höhnte, Clinton möge aufpassen, daß China als Gegenmaßnahme nicht in zwanzig Jahren den USA die Meistbegünstigungsklausel aberkenne.

Also gewährte Bill Clinton China wieder die Meistbegünstigungsklausel und hatte vor allem Gesicht verloren. Bei drohender Arbeitslosigkeit zu Hause, bei einer Benachteiligung der US-Wirtschaft im Vergleich zu den Europäern und Japanern, bei soviel eigenen Interessen spielten die Menschenrechte in der Volksrepublik plötzlich eine untergeordnete Rolle.

Doch es war nicht einfach nur nackter Opportunismus, der zu dieser Entscheidung führte. Die Clintonsche Drohung hat eine Grundsatzdebatte in den Vereinigten Staaten ausgelöst, deren Argumente auch uns Hinweise geben können, wie der Umgang mit einem kommunistischen Regime, das einer kapitalistischen Wirtschaft frönt, realistisch zu gestalten ist, ohne daß man sich jedesmal die Hände waschen muß, bloß weil man sie einem chinesischen Führer gereicht hat.

Die Amerikaner stellten in ihren sorgfältigen Analysen fest, daß sie auf ein isoliertes China keinerlei Einfluß mehr hätten. Es gehe nicht darum, daß Beijing eines Tages ihr Freund oder Alliierter werde - die Unterschiede in Geschichte, Werten und Interessen zwischen den Pazifikanrainern seien dafür zu groß. Trotzdem könne man zusammenarbeiten und durch gemeinsame Programme China positiv beeinflussen, zum Beispiel durch Investitionen, durch Ausbildung von Universitätsabsolventen, durch gemeinsame Forschung und intensiven, fairen Handel. Die Alternative: Ein in die Enge gedrängtes China stelle für die Welt eine weitaus größere Bedrohung dar. Denn ohne Handel würde die Öffnungspolitik Deng Xiaopings garantiert scheitern, und linke Strömungen sowie maoistische Restposten könnten wieder die Oberhand gewinnen. Die wirtschaftliche und soziale Entwicklung Chinas würde um zwanzig Jahre zurück-geworfen. Und dies alles, so die amerikanischen China-Forscher, würde die Menschenrechtsfrage wesentlich verschlechtern. Diese Analyse der Amerikaner ist präzis, unideologisch und sollte in Deutschland übernommen werden, da wir nicht in der Lage sein werden, eine eigene China-Politik aufgrund solch genauer Analysen zu formulieren. Dazu fehlen die Expertise, das Geld und der politische Rahmen.

Das Anliegen des Westens und der westlichen Kultur, den Menschenrechten in der ganzen Welt zur Geltung zu verhelfen, ist legitim, ja sogar unabdingbar. Es kann nicht darum gehen, aus wirtschaftlichem Egoismus jedem Diktator einen Freibrief auszustellen. Aber es erscheint wesentlich sinnvoller, die Möglichkeiten, auf ein Land einzuwirken, realistisch einzuschätzen und eine langfristige Perspektive zu entwickeln, als jeden Tag eine Moralpredigt zu halten, die im Endeffekt mehr dem eigenen Anspruch dient als den Menschenrechten in der Welt.

Was die Amerikaner für China herausgearbeitet haben, ist ja nichts Neues. Bei der SPD hieß das im Verhältnis zur DDR einmal „Wandel durch Annäherung“. Der Wirtschaftsboykott als Waffe für die Menschenrechte hat in den seltensten Fällen Erfolg gehabt, einfach weil die Staaten der Welt nicht zu solidarischem Handeln zu bringen sind und weil Diktaturen lieber ihre Bevölkerung verhungern lassen, als nachzugeben. Saddam Hussein ist dafür ein aktuelles Beispiel. Abgesehen davon mußte die Menschenrechtsfrage schon immer herhalten, wenn Großmächte ihre Interessen durchsetzen wollten. Die Diktaturen in Lateinamerika gediehen fast alle unter dem Schutzschild

Washingtons, und so mancher blutrünstige Mörder auf einem Präsidentensessel wurde mit allen Ehren von Washington bis Bonn hofiert, frei nach dem Motto „He is a son of a bitch, but he is our son of a bitch“ - „Er mag zwar ein Hurensohn sein, aber er ist *unser* Hurensohn“.

China hat es noch immer nicht geschafft, allen seinen Bürgern ein in unseren Augen auch nur halbwegs menschenwürdiges Auskommen zu sichern. Doch man kann heute der Beijinger Führung unter Deng Xiaoping uneingeschränkt zubilligen, daß es ihr um die Verwirklichung dieses ersten und wichtigsten Menschenrechts geht. Und deshalb liegt hier auch der realistische Ansatz für eine China-Politik. Wer ohne Besserwisserei und koloniale Attitüde den Chinesen bei dieser Aufgabe helfen will, wird auf faire Partner stoßen.

3. China ist mehr als nur eine Republik
Chinesische Gesellschaften: Vom autoritären Staat bis zur Demokratie

Raymond Yangs Persönlichkeit nimmt den Besucher sofort gefangen. Der mittlerweile 65jährige Unternehmer spricht ein vornehmes Englisch mit angenehmer Stimme. Raymond Yang ist ein Weltbürger chinesischer Abstammung. Wir lernen ihn in Taiwan, seiner zweiten Heimat, kennen. In der Innenstadt gehört ihm unter anderem ein gutsortiertes Herren-Bekleidungsgeschäft, in dem er die Nobelmarken aus aller Welt verkauft. Im ersten Stock hängt unübersehbar ein Foto an der Wand. Es zeigt einen mehrstöckigen Glaspalast. „Mein neues Geschäft in Beijing", erklärt er. Außer in dieses Kaufhaus hat er auch noch in eine Textilfabrik in Wuxi investiert, 150 Kilometer von Shanghai entfernt, seiner alten Heimat.

Raymond Yang ist einer von vielen Millionen Chinesen in der ganzen Welt, die vor den Kommunisten geflohen sind, sich eine neue Existenz aufgebaut haben und jetzt wieder in ihre alte Heimat investieren. Er hat allen Grund, dem kommunistischen Regime zu zürnen, und trotzdem hat er jetzt im Alter einen beträchtlichen Teil seines Vermögens wieder im Machtbereich jenes Regimes angelegt, das ihn einst aus seiner Heimat verjagte. Außer den Kaufhäusern besitzt er auch noch Textilbetriebe in Taiwan und auf den Philippinen und hat Anteile an einem Handelsunternehmen für Textilmaschinen in Hongkong.

Ob er keine Angst habe, daß es auf dem Festland wieder zu einem Kurswechsel kommen und daß er noch einmal sein ganzes Vermögen verlieren könnte? Ob es für ihn nicht einfacher wäre, sich außerhalb des Machtbereiches der Kommunisten wirtschaftlich zu betätigen, wollen wir wissen. „Nein", antwortet der Unternehmer. „Die großen Chancen für wirtschaftliche Erfolge sind jetzt in der Volksrepublik, nicht mehr in Taiwan. Da sind die Löhne zu hoch, um noch im internationalen Wettbewerb mithalten zu können. Außerdem fehlen die Arbeitskräfte. 10 Prozent meiner Näherinnen kommen schon von den Philippinen." Da sei es doch sinnvoller, die Arbeit dorthin zu bringen, wo die Menschen sind, als die Menschen in fremde Länder zu verpflanzen. Wir wiederholen unsere Frage: „Was aber, wenn die Kommunisten wieder eine antikapitalistische Kehrtwendung machen?" - „Oh nein, das werden die nie wieder tun. Die Menschen in China machen jetzt Erfahrungen mit einer freien Wirtschaft, das Rad ist nicht mehr zurückzudrehen. Wer einmal etwas Freiheit genossen hat, läßt sie sich nicht mehr nehmen."

So wie Raymond Yang sind Zehntausende chinesischer Unternehmer davon überzeugt, daß die Volksrepublik China nie wieder zum Sozialismus maoistischer Prägung zurückkehren kann. Sie alle vereint zweierlei: Zum einen sind sie von den hervorragenden Geschäftsbedingungen in der Volksrepublik überzeugt, und zum anderen gibt es für sie jetzt nur noch einen großchinesischen Wirtschaftsraum, in dem sie als Chinesen zu Hause sind, gleichgültig in welchem Land sie gerade wohnen. Während wir im Westen noch große Unterschiede machen und einem Chinesen je nach Paß bei der Einreise mehr oder weniger Schwierigkeiten bereiten, haben die Chinesen eine Bewegungsfreiheit untereinander hergestellt, wie sie es früher noch nie gegeben hat.

Die Volksrepublik China, Taiwan, Hongkong und Macao stellen den Großchinesischen Wirtschaftsraum dar. Es wäre gut, wenn auch wir ihn endlich als Einheit begreifen könnten, denn untereinander haben diese vier Landesteile ein Netzwerk wirtschaftlicher Verflechtungen aufgebaut, das über alle politischen Gegensätze hinweg funktioniert. Und während in der Taiwan-Straße die Volksrepublik mit Säbelrasseln die Welt in Atem hält, werden taiwanesische Geschäftsleute vom Politbüro in Beijing empfangen, weil man deren Rat in Wirtschaftsfragen sucht. Und wenn davon auch nichts in den Zeitungen steht, so kennen wir doch hochrangige taiwanesische Politiker, die bei Jiang Zemin zu Abend essen.

Aber nicht nur die Chinesen dieser vier Territorien haben die wirtschaftliche Wiedervereinigung längst vollzogen, sondern auch die rund 55 Millionen Überseechinesen in allen Ländern der Welt. Der wirtschaftliche Boom Asiens basiert nicht zuletzt auf den Aktivitäten der chinesischen Unternehmen - von Indonesien bis zu den Philippinen, von Malaysia bis Thailand - sowie auf deren Investitionen in der Volksrepublik China.

Auf der Weltwirtschaftskarte gab es lange nur drei Regionen von Bedeutung: Nordamerika, dominiert von den USA, Europa mit dem Zugpferd Deutschland und Japan, den Riesen in Asien. Die Welt hatte sich daran gewöhnt, daß diese drei alleine darüber entschieden, wie sich die Weltwirtschaft entwickelte. Wenn sie in eine Region investierten, ging es dort bergauf, wenn sie ein Land mieden, blieb es unterentwickelt. Entsprechend groß war auch die politische Bedeutung dieser Staaten. 1993 stellte die Weltbank in ihrem Bericht fest, daß sich Großchina als vierte Wirtschaftsmacht etabliert hat und als Lokomotive für das Weltwirtschaftswachstum eine entscheidende Rolle spielt. Was dabei für die drei alten Wirtschaftsmächte eine völlig neue Erfahrung ist: Die Entwicklung im großchinesischen Raum wird zu 80 Prozent mit eigenem Kapital vorangetrieben und ist folglich nicht von den Investitionen der traditionellen Industriestaaten abhängig.

Im Weltbankbericht steht auch, daß bei gleichbleibenden Wachstumsraten Großchina im Jahre 2030 das größte Brutto-sozialprodukt aller Regionen aufweisen wird. Das bedeutet auch, daß die anderen asiatischen Staaten an der Wirtschaftsmacht China nicht mehr vorbeikommen. Ein Blick auf den Weltwirtschaftsatlas macht deutlich, daß China in der Mitte eines Wirtschaftsraums von über 2 Milliarden Menschen liegt. China nimmt seine traditionelle Position in Asien wieder ein und wird erneut zum „Land der Mitte", dem mächtigsten Staat der Region. Damit hat es dann wieder die Rolle übernommen, die es jahrhundertelang im Fernen Osten gespielt hat, eine Art Familienoberhaupt für viele kleinere Nationen. Traditionell denkende Chinesen könnten auch sagen: Es ist die Rückkehr zur Normalität, die seit dem Eindringen der Europäer abhanden gekommen war.

Die Welt muß umdenken. Weder die Chinesen noch China wurden in der Vergangenheit wirtschaftlich ernst genommen. Seit der gewaltsamen Öffnung Chinas im letzten Jahrhundert blieb für Chinesen meist nur Dreckarbeit als Kulis übrig. Sie wurden nach Amerika gelockt, um dort die Eisenbahnen zu bauen, und verrichteten dabei Arbeiten, die noch nicht einmal den ärmsten europäischen Einwanderern zugemutet werden konnten. Die Kolonialmächte importierten Chinesen und verheizten sie auf Plantagen und in Bergwerken.

Chinatown - das war schließlich in der ganzen Welt ein Inbegriff für Dreck, Kriminalität, Armut, Unterentwicklung. Erst nach dem Zweiten Weltkrieg wurde es schick, wenigstens in Chinatown zu essen. Doch auch dann noch rümpfte man die Nase über den Müll vor der Tür. Chinesen galten als unzivilisierte Schlitzaugen.

Chinesen waren aber auch die Nachkommen eines Volkes, das schon in für uns grauer Vorzeit den Jahresrhythmus von Sonne und

Mond erkundet hatte und damit über einen Kalender verfügte. 1250 v. Chr. fuhren sie schon mit Wagen, die Speichenräder hatten, um 1000 v. Chr. erfanden sie den Abakus, die heute noch übliche Rechenmaschine. Im 3. Jahrhundert v. Chr. bauten sie schwimmende Brücken über den mächtigen Gelben Fluß. Zur Zeitenwende war die chinesische Schrift schon für das ganze Reich verbindlich und die heutigen Touristenattraktionen, die Große Mauer und der 1 400 Kilometer lange Kaiserkanal, im Bau. Um Christi Geburt schon wurde das Papier erfunden, 500 Jahre später der Buchdruck und das Streichholz. Weitere zivilisatorische Großtaten erfolgten zu Zeiten, als in Europa noch das dunkle Mittelalter herrschte: 620 das Porzellan, 720 die Uhr, 900 das Schießpulver, 970 das Papiergeld und um 1330 die erste Bronzekanone der Welt. Europa benötigte viele Jahrhunderte länger, bis es auch in den Genuß dieser Errungenschaften kam.

Doch ungefähr in der Mitte unseres Jahrtausends begann der zivilisatorische Abstieg Chinas. Als 1900 dann unser Jahrhundert anfing, war China ein rückständiges Land und die Beute der kolonialen Industriestaaten. In dem riesigen Reich gab es keine Eisenbahnen, keine Dampfmaschinen, keine Industrie. Selbst die Straßen waren lediglich bessere Trampelpfade. Die Europäer fanden ein Reich vor, geprägt von einer gewaltigen Zahl ungebildeter und verarmter Bauern und von einer dünnen, sehr gebildeten, aber arroganten und feudalen Beamtenschicht. Während Japan sich aus einer ähnlichen Situation heraus schnell änderte und vom Westen lernte, hatten die chinesischen Mandarine nur Hochmut für die Ausländer übrig. Sowohl der arme Bauer als Kuli als auch der hochmütige Mandarin prägen unser vordergründiges Chinabild bis in die heutige Zeit.

Solange China ein wirtschaftlicher Zwerg blieb, gab es für den Normalbürger in Europa keinen triftigen Grund, sich mit dem fernen Land zu beschäftigen, außer er interessierte sich für dessen kulturelle Leistungen. Um so einfacher war es, die Chinesen in die Schublade der Vorurteile zu stecken.

Die Klassifizierung von Völkern ist augenscheinlich eine nicht auszurottende Wurzel des Nationalismus. Wir regen uns auf, wenn wir als „Die Deutschen“ bezeichnet werden. Jeder von uns empfindet sich als eigenständige Persönlichkeit und will folglich nicht als Mix von 80 Millionen Charaktereigenschaften gelten. Aber je weiter ein Volk entfernt ist, um so leichter gehen Sprüche über die Lippen wie: „Die Chinesen sind alle ...“ Zugegeben, Mao Zedong hat mit der blauen Einheitskleidung und den Propagandaphotos, auf denen Tausende von Menschen parallel die gleiche Arbeit verrichten, das Bild der „blauen Ameisen“ entsprechend mitgeprägt: ein Massenvolk ohne Individuen. Die 1,2 Milliarden Menschen, die in China leben, haben jedoch die unterschiedlichsten Begabungen, Interessen und Charaktere. Sicher ist auch, daß die überwältigende Mehrheit die gleichen Wünsche und Ziele hat wie wir Europäer: ein Leben in Frieden, Wohlstand, Freiheit und Sicherheit.

Es wäre ja noch zu verkraften, wenn das Vorurteil, Chinesen hätten andere Bedürfnisse als wir, auf Stammtischgespräche der Kneipen im Sauerland beschränkt bliebe. Aber auch im Royal Jockey-Club von Hongkong ist zu hören: Chinesen sind unpolitisch, sie wollen keine Demokratie, die wollen nur Geld verdienen. Die Tendenz in den Erste-Klasse-Lounges der asiatischen Flughäfen lautet: „Die Chinesen brauchen eine starke Hand.“ Doch wie borniert solche Aussagen sind, wird deutlich, wenn man die vier Länder betrachtet, in denen Chinesen sich selbst regieren.

Am Südzipfel der malaiischen Halbinsel hat sich 1965 der Stadtstaat Singapur mit seinen heute knapp 4 Millionen Einwohnern von der Malaiischen Konföderation abgespalten. Die Malaien wollten Singapur nicht, weil dort eine chinesische Mehrheit von über 70 Prozent lebte, die ihnen als Unruhepotential zu gefährlich war. Singapur war damals ein dreckiger Hafen, eine Absteige, berühmt für sein ausschweifendes Nachtleben und die große Chance, ausgeraubt zu werden. Heute ist Singapur dagegen regelrecht verrufen wegen seiner klinischen Sauberkeit. Vielen im Westen fehlt der exotische Dreck. Der frühere Anwalt der chinesischen Gewerkschaften, Lee Kwan Yew, hat aus dieser Absteige eine Finanz- und Dienstleistungsmetropole gemacht, die von Geschäftsleuten zur Busineß-Stadt Nummer eins in der Welt gewählt wurde. Singapur ist heute praktisch schon ein Industriestaat. Lee Kwan Yew verpaßte seinem Staat eine starke Regierung in der, wie er selbst sagt, konfuzianischen Tradition. In Singapur, darüber sind sich seine Freunde und Gegner einig, gibt es keine Korruption. Sogar das weltweit agierende organisierte Verbrechen macht um Singapur einen Bogen. Dafür entspricht es nicht den westlichen Vorstellungen, wenn es um die Meinungs- und Pressefreiheit geht. Aber als Rechtsstaat wird Singapur so ernst genommen, daß ein deutsches Gericht den Briten Nick Leeson, der Unterschriften fälschte und so die englische Barings-Bank zu Tode spekulierte, an Singapur auslieferte.

Hongkong hat eine ähnliche Wirtschafts- und Einkommensstruktur wie Singapur. In Hongkong sind sogar 98 Prozent der Bevölkerung Chinesen. In dieser englischen Kronkolonie hatten die knapp 6 Millionen Einwohner höchstens ein Diskussionsrecht; Entscheidungen fällten die britischen Kolonialherren. Die kurze Zeit vor der Übergabe der Stadt an die Volksrepublik, während der es für 654 Tage ein gewähltes Parlament gegeben haben wird, kann man in diesem Zusammenhang vernachlässigen. In Hongkong wurden die Theorien des wirtschaftsliberalen Professors und Nobelpreisträgers Milton Friedman am konsequentesten umgesetzt. Hier herrschte Kapitalismus also fast in Reinkultur. Aus armen Kulis wurden reiche Unternehmer, aus ungebildeten Rikschafahrern ein wohlhabender, gebildeter Mittelstand und aus unterwürfigen Bauern, die aus der Nachbarprovinz geflohen waren, selbstbewußte Händler und Arbeiter.

Die Hongkong-Chinesen haben die liberale Wirtschaftsordnung genutzt und eine neue Gesellschaft geformt, die für viele Asiaten ein Vorbild darstellt. Da sie jahrelang von politischen Entscheidungen ferngehalten worden sind, haben sie ihre ganz Kraft in die Wirtschaft investiert. Herausgekommen sind dabei chinesische Familienkonzerne, deren weltweite Verbindungen und deren kunstvolle Finanzstrukturen bei Konkurrenten Neid und Respekt hervorrufen. Unter britischer Hoheit garantierte Hongkong seinen Bürgern Rechtssicherheit. Und es ist der Chinese Martin Lee, der dafür kämpft, daß diese Rechtssicherheit auch nach der Übergabe des Territoriums an die Volksrepublik aufrechterhalten wird. Leider bisher vergeblich: Den Briten war die Wirtschaftsordnung wichtiger als die Rechtsordnung - auch ein Beitrag zu den allseits so gepriesenen westlichen Werten.

Schließlich ist da noch Taiwan, eine chinesische Provinz, die ab März 1996 nur noch von gewählten Repräsentanten regiert wird. Wie auch Singapur und Hongkong wird Taiwan zu den vier asiatischen Tigern gezählt, weil es der kleinen Insel gelungen ist, ein eigenes Wirtschaftswunder zu schaffen. Darüber berichten wir ausführlich in den Taiwan-Kapiteln dieses Buches. Es gibt übrigens nur einen nichtchinesischen Tiger, nämlich Südkorea. So wäre die Bezeichnung „Drachenstaaten“ eigentlich zutreffender gewesen. Taiwan hat alle Aussagen widerlegt, daß Chinesen unpolitisch und für die Demokratie nicht geeignet seien, einer der dümmsten Sprüche überhaupt, der leider auch für andere Völker immer wieder wiederholt wird. Die ersten freien Wahlen in Taiwan 1989 wurden von der Weltöffentlichkeit kaum wahrgenommen. Es scheint, als ob es ihr peinlich wäre, daß ausgerechnet ein Teil Chinas, der politisch totgeschwiegen wird, beweist, daß eine chinesische Gesellschaft, die wirtschaftlich von einem starken Mittelstand getragen wird, sich auch ohne Blutvergießen und Revolution von innen heraus demokratisieren kann. Die geistige Neuorientierung in Taiwan weg vom autoritären Konfuzianismus beschrieb der taiwanesische Politikprofessor Xu Choyun: „Wir dürfen nicht mehr weiter auf eine Vaterfigur hoffen, die uns sagt, wie wir uns einzuordnen haben. Wir wissen selbst, wie wir uns ordentlich zu verhalten haben. Ordnung zu überwachen ist nicht nur ein Recht der Regierenden, sondern das Recht aller Bürger."

Noch 1990, als dieser politische Prozeß schon längst begonnen und die ersten Teilwahlen stattgefunden hatten, schrieb ein „Kenner" Chinas, Edwin A. Winckler vom Ostasien-Institut der New Yorker Columbia University, daß Taiwan es höchstens von einem harten zu einem weichen autoritären Staat schaffen könnte. Mehr trauten selbst die führenden Sinologen einer chinesischen Verwaltung nicht zu. Entsprechend hartnäckig werden Haare in der demokratischen Suppe Taiwans gesucht. Die Raufereien im Parlament gelten da schon als Beweis der Unreife. Aber ausgerechnet dieses demokratische Taiwan wird von der undemokratischen Volksrepublik bedroht. Sollte wirklich die gewaltsame Übernahme gelingen, dann hätten in der Tat all jene Recht, die behaupten, in China könne es keine Demokratie geben. Daran trüge nicht zuletzt aber auch der Westen Schuld, weil er bereits zu Anfang des Jahrhunderts versäumt hat, dem liberalen bürgerlichen Revolutionär Sun Yatsen zu helfen, seinen Traum von einem freien China zu verwirklichen, und weil er nun wiederum dabei zugeschaut hätte, wie der erste demokratische Teilstaat Chinas zerstört worden wäre.

Die Bedrohung der Demokratie geht vom autoritären Festland aus. Dort, im größten chinesischen Staat, wird zur Zeit der Versuch unternommen, wirtschaftliche Freiheit mit totalitärer Regierung zu paaren. Chinesen, die in dieser Gesellschaft leben, werden sich natürlich anders verhalten als ihre Nachbarn in Hongkong und Taiwan. Sie haben vorerst noch wenig Chancen zu zeigen, wie sie gerne leben würden. Sie dürfen sich nicht entscheiden. Eines aber wird schon nach bald

zwanzig Jahren wirtschaftlicher Reformpolitik deutlich: Auch die Chinesen auf dem Festland verstehen es, reich zu werden. Aus den kleinen Freiheiten, die ihnen schon erlaubt sind, machen sie für sich das Beste, und das ist für die meisten zur Zeit: hart arbeiten und Geld verdienen. Natürlich sind die Menschen in der Volksrepublik gegenwärtig apolitisch. Nach vierzig Jahren ideologischer Achterbahn ohne Sicherheitsgurt ist ihnen schlecht geworden. Sie wissen genau, daß es lebensgefährlich ist, im Looping auch noch den Sitz zu wechseln.
Da wird über die Chinesen in der Volksrepublik geschrieben, sie seien sehr komplizierte Menschen, sehr schwer in ihren Reaktionen zu berechnen. Aber versetzen Sie sich einmal in die Lage eines chinesischen Zeitgenossen. Da trägt er das Bewußtsein mit sich herum, Chinese und damit Erbe einer 4 000jährigen Kultur zu sein. Gleichzeitig weiß er, daß China von der Zivilisation abgehängt und von den Kolonialmächten zum Spielball degradiert wurde und jetzt immer noch auf dem Weg ist, endlich ein moderner Staat zu werden. Zunächst hatte er gehofft, die Guomindang, die Partei der bürgerlichen Revolution, würde es schaffen, und nach deren korruptem Versagen hatte er an einen frischen Beginn mit Mao Zedong und dessen Kommunisten geglaubt. Die Familie mußte dann den „Großen Sprung nach vorne" am Rande des Hungertods erleben, wurde eingesperrt in die Enge der Arbeitseinheit, von der nun das ganze Leben abhing. In der Kulturrevolution sah er die Zerstörung von Millionen Menschen, erlebte Verfolgung durch die kriminelle Viererbande, die Maos Frau anführte, und schließlich die Rehabilitation unter Deng Xiaoping. Und jetzt erwartet sein westliches Gegenüber schnelle Entscheidungen und klare Aussagen ...

Der Chinese aus Hongkong oder Taiwan und der Chinese aus der Volksrepublik - was haben sie aus ihrer Vergangenheit gemeinsam, das sie zu Chinesen macht? Ist es nur das Äußere? Oder gibt es da ein kulturelles Bindeglied, etwas, was das chinesische Bewußtsein ausmacht?

Vielleicht hilft anstelle einer Antwort ein Vergleich mit Deutschland. Nach 40 Jahren Sozialismus und Diktatur im Osten und Demokratie und sozialer Marktwirtschaft im Westen lernen wir nun miteinander zu leben. In Ostdeutschland war jeder Siebte irgendwann einmal Stasi-Spitzel, im Westen eine Handvoll. Das kann aber doch wohl nicht bedeuten, daß die Menschen zwischen Elbe und Oder eher zum Spitzeltum neigen als jene zwischen Elbe und Rhein. Es verdeutlicht vielmehr, daß Menschen sich in einem bestimmten politischen und wirtschaftlichen Umfeld verändern. Spitzel gab es in Polen, in der Tschechoslowakei, in Ungarn - überall dort, wo Unfreiheit und wirtschaftliche Abhängigkeit vom Staat herrschten. Nach nur 40 Jahren hatten es die ostdeutschen Kommunisten geschafft, Verhaltens- und Denkweisen zu produzieren, die die Deutschen „West" so nicht hatten. Deutsche waren wir aber diesseits und jenseits der Mauer trotzdem. Was für die Deutschen gilt, gilt auch für die Chinesen. Unter anderen politischen und wirtschaftlichen Bedingungen verändern sich die Verhaltensweisen. Diktaturen haben noch nie dabei geholfen, die charmante Seite eines Volkes zu fördern.

4. Die stillen Herrscher des Pazifiks
Die Macht der 55 Millionen Überseechinesen

In keiner Stadt der Welt, so verkünden die Prospekte, fahren mehr Rolls Royce pro Kopf der Bevölkerung, keine importiert so viel besten französischen Cognac, und keine hat mehr Millionäre pro Kopf. Die Rede ist von Sandakan. Eine Stadt im nördlichen Borneo, an der Ostküste, in der zu Malaysia gehörenden Provinz Sabah. Bis in die sechziger Jahre war die Stadt praktisch nur mit dem Schiff zu erreichen, denn hinter Sandakan begann der Dschungel Borneos. Mittlerweile führt eine asphaltierte Straße von der Hauptstadt Kota Kinabalu über 350 Kilometer durch die Restwälder Sabahs, und ein wunderschöner, supermoderner Flughafen verbindet die knapp 150 000 Einwohner zählende Stadt mit der Außenwelt.

Rolls Royce haben wir nur zwei gesehen, aber viele große Mercedes. Cognac gibt es tatsächlich in jeder Straßenbar und auch viele prächtige Villen an den Hügeln. Der Golfclub mit einem wunderschönen 18-Loch-Platz, einem gepflegten Clubhaus und großzügigen Schwimmanlagen würde in jede Weltmetropole passen. Aber mittlerweile gibt es in Sandakan auch kilometerweit in die Lagunen ragende Slumsiedlungen ohne sanitäre Anlagen, in denen sich weit über 100 000 Menschen drängen. Es sind Einwanderer aus Indonesien, die das Pro-Kopf-Einkommen dieser einst „reichsten Stadt" Südostasiens deutlich senken.

Hier, auf der China abgewandten Seite Borneos, hatte sich unter dem Schutz der Britischen Nordborneogesellschaft eine blühende chinesische Handelsstadt entwickelt. Hier waren die Chinesen unter sich, mußten nicht Schutzgelder an islamische Sultane zahlen oder Steuern abführen an korrupte Herrschercliquen wie in Thailand oder China. Hier, im Schutz der Briten, konnten sie zeigen, wozu sie fähig sind, wenn man sie in Ruhe läßt. So entstand ebenjenes Sandakan, das als reichste Stadt Südostasiens galt, bis die Japaner es besetzten und zerstörten. Nach dem Krieg blühte Sandakan unter den Briten allerdings schnell wieder auf. Erst seitdem Sabah Landesteil von Malaysia geworden ist, spürt die Stadt den Würgegriff der Zentralregierung in Kuala Lumpur. Diese begünstigt die Malayen und benachteiligt die Chinesen.

Es war schwer, in Sandakan einen Termin bei der chinesischen Industrie- und Handelskammer zu bekommen. Die reichen Chinesen wollen sich nicht mehr exponieren, bleiben lieber im Hintergrund. Aber dann trafen wir doch auf drei ältere Herren in einem großen Sitzungssaal, dessen einziger Schmuck aus Fotos mit Porträts der Mitglieder bestand: lauter ernst dreinschauende ältere Männer, alles Dollarmillionäre. Die Stirnwand zierten Gruppenbilder, die anläßlich der Jahreshauptversammlungen aufgenommen worden waren. Dabei fiel auf, daß die Zahl der Teilnehmer immer kleiner wurde. Auch die drei Gesprächspartner ließen uns mit vielen Andeutungen wissen, daß sie sich nicht mehr sehr wohl fühlten und es sein könnte, daß auch sie Sandakan und Malaysia verlassen. Ihre Haupttätigkeit hatten sie längst aus Sandakan in die USA, nach Kanada und Australien und andere Geschäftszweige nach Hongkong, Singapur, Taiwan und natürlich auch in die Volksrepublik China ausgelagert.

Sandakan war ihnen zu unsicher geworden. Die forcierte Malayisierung und Islamisierung Sabahs beobachteten sie mit Mißtrauen. Doch neben der eindeutigen Benachteiligung der ethnischen Chinesen in Malaysia hatten sie auch handfeste finanzielle Gründe, sich unsicher zu fühlen. Die malaysische Zentralregierung konfrontierte sie mit Millionen Dollar Steuernachforderungen für ihre Gewinne aus der Holzwirtschaft. Nichtbezahlte Konzessionsgebühren, versäumtes Wiederaufforsten abgeholzter Flächen und so weiter. Die Konzessionsgebühren wurden um 300 Prozent erhöht, die Abholzmenge auf 3 Millionen Kubikmeter gesenkt.

Rein rechtlich hatte die Regierung eine Menge Gründe, die Millionäre zur Kasse zu bitten. Und die hemmungslose Umweltzerstörung, mit der die Chinesen ihre Millionen verdienten, wird mit Recht gestoppt. Neu ist nur, daß die Gesetze nicht nur angedroht, sondern auch in die Tat umgesetzt werden. Die örtlichen Steuerbeamten und die lokalen Forstbehörden, mit denen sich die Chinesen so trefflich arrangiert hatten, konnten sie vor den Forderungen der nationalen Regierung nicht länger beschützen. Doch es war nur eine Frage der Zeit, bis die malaysische Regierung mit Hilfe des internationalen Drucks dem Holz-Raubbau ein Ende bereitete. Vor allem, weil sie dadurch auch noch die unbotmäßige, chinesisch kontrollierte Provinzregierung entmachten konnte. Dies war dann 1995 soweit. Es ist diese Mischung aus staatlichen Eingriffen in ihre Geschäfte und aus politischer Benachteiligung, die die einstigen Herrscher von Sandakan zur Abwanderung veranlaßt.

Die Chinesen Sandakans sind fast alle Christen, so wie die einheimische Bevölkerung Nordborneos, die Kadazan. Diese stammen der Überlieferung zufolge ebenfalls von aus China eingewanderten Stämmen ab und haben die kopfjagende Urbevölkerung in die Berge zurückgetrieben. Der malaysisch-islamische Bevölkerungsanteil lag eigentlich nur bei knapp zehn Prozent. Aber diese haben jetzt das Sagen, was vor allem an den mächtigen Moscheen zu erkennen ist, die inzwischen alle Städte überragen.

Auch die zweite große Einnahmequelle mußte zunehmend mit Malayen geteilt werden. Rund um Sandakan erstrecken sich Tausende Quadratkilometer Palmöl- und Gummiplantagen. Im Hafen gibt es eine Tankfarm mit Abfüllanlagen, die einer mittleren Erdölraffinerie alle Ehre machen würde. Nur waren hier alle Tanks mit dem um ein vielfaches wertvolleren Palmöl gefüllt. Systematisch zwang die Regierung in Kuala Lumpur über Finanzierungsbeteiligungen, Exportlizenzen und Gesetze zum Schutz der Ökologie die früher völlig nach eigenem Gusto schaltenden Chinesen, ihren Reichtum zu teilen und Steuern zu zahlen.

Die alten Männer, denen wir in der Handelskammer gegenübersaßen, blieben sehr vorsichtig. Sie verloren kein negatives Wort über Malaysia, dessen Staatsbürgerschaft sie besitzen. Aber sie erzählten, um wieviel bessere Geschäfte jetzt in den Philippinen zu machen seien, vor allem jedoch in der chinesischen Provinz Fujian, wo ihre Vorväter herkämen. Sandakan habe seine große Zeit hinter sich. Und als verantwortungsvolle Familienoberhäupter und Geschäftsleute müßten sie jetzt ihr Kapital diversifizieren.

Wir haben uns dann noch mit einem einheimischen chinesischen Politiker getroffen, einem Rechtsanwalt. Die über hunderttausend Wirtschaftsflüchtlinge aus Indonesien würden nur geduldet, weil sie Moslems seien und so die Religionszusammensetzung in diesem Teil Borneos zugunsten der Staatsreligion veränderten, meinte er. Was da geschehe, sei fast eine Christenverfolgung. Und in diesem Falle wäre das gleichbedeutend mit einer Benachteiligung der Chinesen. Doch fügte er nicht ohne Stolz hinzu: „Wir haben diese Stadt reich gemacht - und wenn wir gehen, wird von Sandakan nur ein Flecken am Rande Borneos übrigbleiben."

Was da in Sandakan geschieht, vollzieht sich geräuschlos. Darüber berichtet die Weltpresse nicht. Weder die malaysische Regierung noch die Chinesen haben ein Interesse daran, Aufsehen zu erregen. Über Jahrhunderte haben letztere gelernt, eine Weisheit des Kriegsphilosophen Sun Tzu zu beherzigen: „Sei so unauffällig, daß du unsichtbar bist, sei so geheimnisvoll, daß du unangreifbar bist, dann wirst du das Schicksal deines Gegners kontrollieren." So wie die Chinesen, die etwa 30 Prozent der Bevölkerung Malaysias ausmachen, sich zur Zeit arrangieren und ihre Benachteiligung erdulden, weil sie so am wenigsten um ihren wirtschaftlichen Einfluß und ihre persönliche Sicherheit fürchten müssen, haben sich die chinesischen Minderheiten in ganz Südostasien jahrhundertelang arrangiert.

Es gibt 55 Millionen Überseechinesen, die zusammen eine größere wirtschaftliche Macht als jeder einzelne Staat in Südostasien darstellen. Sie verfügen sogar über mehr Geld als die 1,2 Milliarden Menschen zählende Volksrepublik. Dafür haben sie aber keinen Staat, keine gemeinsame Sprache, keine Flagge und keine Grenzen. Sie sind über Südostasien verteilt und haben beachtliche Stützpunkte in San Francisco, das sie den „Goldenen Berg" nennen, in Los Angeles, New York, Vancouver und Toronto, auf Hawaii, in Australien und einige kleinere Dependancen in Europa. Diese Überseechinesen verbindet indes ein unsichtbares Netz von Familienbanden und Kapitalverflechtungen, von öffentlichen Wohlfahrtsgesellschaften und undurchdringlichen Geheimorganisationen, von denen die mächtigsten und effizientesten, die Triaden und Tongs, weltweit zu den am besten funktionierenden Banden des organisierten Verbrechens zählen. Dieses ganze Geflecht aus legalen und illegalen Verbindungen macht die Überseechinesen zu einer den asiatisch-pazifischen Raum prägenden Macht. Es ist diese Macht, die hinter dem wirtschaftlichen Aufstieg Asiens steht.

Die Überseechinesen sind ein Beweis dafür, wozu Chinesen fähig sind, wenn sie von politischen Fesseln befreit sind. Außerhalb ihrer riesigen geschichtsbeladenen Heimat haben sie sich auf ihre Geschäfte konzentrieren können und sich dabei als Virtuosen im Umgang mit Kapital erwiesen. Ihr Barvermögen wird auf 2 Billionen Dollar geschätzt, Geld, das sie dort aufheben, wo es vor dem Zugriff einzelner Staaten und vor deren Lust am Besteuern sicher ist - Kapital, das sie dort investieren, wo es die größten Gewinne verspricht. Diese 55 Millionen Überseechinesen sind eine Gemeinschaft von „Durchreisenden“, und ihr Geld schwimmt mit ihnen. Die Geschichte, die wir in Sandakan erlebten, ist deshalb typisch für die Situation von Überseechinesen. Sie versuchen nicht, sich gegen eine Benachteiligung aufzulehnen. Gleichzeitig akzeptieren sie aber auch nicht, daß sie sich an die Steuer- und Forstgesetze des Landes halten müssen; sie verschwinden einfach, folgen ihrem Geld, das sie schon in Sicherheit gebracht haben.

In ihrem Verhalten folgen sie ihren Instinkten, die sie im Laufe von Jahrhunderten erworben haben. Vor über 2 000 Jahren kamen die ersten Chinesen in den Häfen Südostasiens an. Es waren die Nachkommen der politischen Flüchtlinge und Verbannten, die von den chinesischen Königreichen des Nordens in den Süden gewandert waren. Mit jedem Dynastiewechsel kam ein neuer Schub an. Viele waren Händler. In China standen sie auf der unteren Stufe des Ansehens, aber sie hatten Geld. Sie waren deshalb die Zielscheibe der neuen Herrscher, die an ihr Vermögen herankommen wollten.

Die Flüchtlinge besiedelten vor allem die Küsten von Guangdong und Fujian, wo blühende Hafenstädte entstanden, die den Handel mit den anderen Völkern Südostasiens kontrollierten. Chinas Kaiser ermunterten mal den Kontakt mit dem Ausland, mal sperrten sie das Land völlig ab. Unter der Qing-Dynastie gingen sie soweit, daß alle Siedlungen und Städte entlang der Küste geräumt werden mußten, um jeden Kontakt mit dem Ausland zu unterbinden. Solche mit aller Brutalität angeordneten Umsiedlungen lösten dann wieder Fluchtwellen aus.

Das Netzwerk der chinesischen Händler erstreckte sich schließlich von der arabischen Halbinsel bis nach Japan. Doch die Vorfahren der meisten heutigen Überseechinesen sind erst in den letzten 150 Jahren ausgewandert. Die Briten und Amerikaner brauchten billige Arbeitskräfte und holten Hunderttausende billiger Kulis in ihre Kolonien oder zum Eisenbahnbau in die USA. Gleichzeitig trieben die inneren Wirren Chinas immer mehr Flüchtlinge aus dem Land.

Im wesentlichen stammen die Überseechinesen aus dem Perlflußdelta, aus der Region um die Stadt Shantou, die ebenfalls in der Guangdong-Provinz liegt, und aus der Gegend um die Stadt Xiamen in Fujian. Eine große Flüchtlingswelle aus Schanghai setzten schließlich die Kommunisten 1949 in Gang, als sie entgegen ihren Zusicherungen die Unternehmer in der Wirtschaftsmetropole Chinas verfolgten. Diese wirkten dann als Banker, Textilfabrikanten oder Kaufleute wie Sauerteig in den sich gerade entwickelnden Industrien von Hongkong und Taiwan.

Die Überseechinesen haben ihr Mißtrauen gegenüber staatlicher Macht nicht nur aus ihrer Heimat geerbt, sondern sich auch in ihren Gastländern immer wieder Verfolgungen ausgesetzt gesehen. Außer der Diskriminierung, die sie gerade in Malaysia erfahren, erlebten die Chinesen 1965 in Indonesien eine blutige Verfolgung, als sie mit den Kommunisten gleichgesetzt wurden, die einen Staatsstreich planten. Die Schätzungen über die Anzahl der Opfer variieren: Mal wird von 300 000, mal von 500 000 ermordeten Chinesen geredet. Viele Indonesier nutzten den Aufruhr auch dazu, mißliebige Konkurrenten loszuwerden. Da wurde nicht immer gefragt, ob es sich um einen Kommunisten handelte oder nicht.

Die zweite große Chinesenverfolgung begann in Vietnam nach dem Sieg über die Amerikaner. Die Schwesterstadt von Saigon, die fast ausschließlich von chinesischen Händlern bewohnte Millionenstadt Cholon, erlebte einen Exodus, der in der Welt als die Flucht der vietnamesischen Boatpeople wahrgenommen wurde. Nur die wenigsten Nachrichten erwähnten, daß es sich dabei um ethnische Chinesen handelte. Die Kommunisten nahmen den „Kapitalisten" das Geld ab und ließen sie dafür übers Meer fliehen. So schlugen sie drei Fliegen mit einer Klappe: Sie wurden notorische Kapitalisten los, sie kamen an das Geld dieser Kapitalisten, und sie vertrieben die verhaßten Chinesen.

Die feindliche Umwelt innerhalb und außerhalb Chinas hat zu den Schutz- und Geheimbünden geführt, aus denen sich mächtige Syndikate entwickelt haben, die längst krakenartig die ganze Welt umschlingen. Diese Triaden beherrschen den Opiumhandel aus Asien, kassieren Schutzgeld von nahezu jedem China-Restaurant in aller Welt und kontrollieren den Menschenhandel sowohl mit Prostituierten als auch mit illegalen Arbeitern. Wie groß die Macht der chinesischen Schutzbündnisse ist, konnten wir in der Sulusee erleben.

Die philippinische Inselkette von Mindanao nach Borneo ist fest in den Händen von Moslemrebellen und Piraten. Selbst so erfahrene Kollegen wie Peter Scholl-Latour und Walter Unger vom Stern gerieten hier in Gefangenschaft. Nach jahrelangen Verhandlungen mit allen möglichen Rebellen und Piratengruppen sowie nach sorgfältiger Abstimmung mit dem Militär unternahmen wir 1991 eine Reise von Zamboanga nach Tawi Tawi. Der philippinische Kommandant in Jolo, Oberst Calida, erklärte uns noch, daß er uns auf unserer Weiterreise nicht mehr helfen könne, da er froh sei, wenn die Piraten ihn nicht angriffen.

Nach einer abenteuerlichen Fahrt landeten wir bei einem Piratenhauptmann auf der Insel Siasi. Niemand betrat die Insel ohne seine Zustimmung, und kein Reisender verlief sich in die Gegend, ohne von ihm abkassiert zu werden. Wegen der rivalisierenden Banden bewegten sich die Männer nur in schwerbewaffneten Gruppen. Ihre Speedboote waren mit Maschinengewehren bestückt. Außer mit Überfällen verdienten die Bewohner ihr Geld mit Kopra und einem Meeresseegras, für das die pharmazeutische Industrie gute Preise bezahlt. Eines Tages kamen zwei Chinesen mittleren Alters mit einem kleinen Dampfer. Sie waren unbewaffnet und wurden trotzdem äußerst zuvorkommend behandelt. Sie kauften die Kopra und das Seegras, bezahlten den vereinbarten Preis bar aus einer Tasche voller Geldscheine und fuhren wieder ab. Es lag nun an den Piraten, Kopra und Seegras in den vereinbarten Mengen im vereinbarten Hafen abzuliefern. Als wir den Piratenhaupmann verwundert fragten, wie es möglich sei, in dieser Gegend mit Zigtausenden Dollar einfach herumzureisen und dann auch noch sicher zu sein, daß einem wirklich die richtige Ware geliefert würde, schüttelte der Pirat nur mit dem Kopf. Die chinesischen Händler betrügt man nicht. Das wäre der sichere Tod. Die Macht der Syndikate erweist sich als stärker als die Staatsmacht.

Als Deng Xiaoping seine Öffnungspolitik mit vier privilegierten Sonderwirtschaftszonen krönte, in denen das Kapital ideale Bedingungen für hohe Gewinne vorfinden würde, suchte er gezielt die vier Städte aus, die auf die Überseechinesen eine besondere Anziehungskraft ausüben mußten. Es waren jene vier Regionen, die mehr als die Hälfte der Überseechinesen als ihre Heimat bezeichnen, auch wenn dort nur noch ihre Großväter geboren waren. Zhuhai vor den Toren Macaos und Shenzhen vor den Toren Hongkongs flankieren die Mündung des Perlflußes. Aus dessen Delta stammen die meisten der in Malaysia und Singapur lebenden Chinesen. Sie sind Kantonesen wie die Hongkonger auch, sprechen die gleiche Sprache, haben dieselben familiären Bande, dasselbe Beziehungsgeflecht.

Aus Shantou stammen die Chaozhau, ein mächtiges Beziehungsnetz, dem die meisten Chinesen in Thailand, Sumatra und Borneo angehören.

Und schließlich Xiamen, die Stadt, mit der sich der Geldadel der Philippinen- und Java-Chinesen verbunden fühlt und zu der vor allem Taiwan ein enges Verhältnis hat. Fujian und Taiwanesisch sind praktisch dieselbe Sprache.

Die Rechnung Deng Xiaopings ging auf. Die traditionellen Bande waren über die Jahrzehnte der Trennung nicht zerstört worden, die Clans der Überseechinesen investierten, sobald es sich für sie rechnete, wieder in ihren Heimatstädten, zeigten sich als große Gönner, spendeten Schulen und Kindergärten, verbündeten sich mit den lokalen Kadern und schufen so das chinesische Wirtschaftswunder an der Küste. Aus Thailand kamen Chatri Sophonpanich, der in China wieder Chen Youhan heißt, und Dhanin Chiaravanont alias Xie Guomin. Der erste hat in den südchinesischen Städten mit Filialen seiner Bangkok-Bank ein Netzwerk geknüpft, mit dem er die Geschäfte seiner Freunde finanzieren kann. Der andere baut zusammen mit der chinesischen Armee Motorräder, hat in petrochemische Anlagen investiert, gründet Joint-ventures mit Textilfabriken und ist groß in die Geflügelindustrie eingestiegen.

Die Liste der großen chinesischen Familienunternehmen aus allen Ländern Südostasiens, die jetzt wieder in China investieren und dort mit offenen Armen aufgenommen werden, würde ein eigenes Buch füllen. Die Verbindungen bis ins Beijinger Politbüro sind eng. Die Kader der kommunistischen Partei brauchen Erfolge an der Wirtschaftsfront und die Überseechinesen eine satte Rendite für ihr eingesetztes Kapital; so sind diese ungleichen Brüder eine Symbiose eingegangen, die für beide Erfolg verheißt. 80 Prozent der Auslandsinvestitionen in China stammen von Überseechinesen. Das heißt umgekehrt: Die USA, Europa und Japan bringen zusammen noch nicht einmal 20 Prozent des Investitionskapitals in Chinas auf. Die Deutschen sind mit lächerlichen 0,25 Prozent dabei. Die erfolgreiche Anbindung der gewaltigen Kapitalreserven der Übersee-chinesen an die Volksrepublik machen so den chinesischen Aufschwung fast zu einer innerchinesischen Angelegenheit.

Die vielfach im Westen diskutierte Frage, wie sicher das investierte Kapital in der Volksrepublik ist, stellen sich natürlich auch die Überseechinesen. Da sie einen ausgeprägten Instinkt dafür entwickelt haben, wo ihr Geld sicher ist und wo nicht, ist ihr Verhalten gegenüber der Volksrepublik auch ein Indikator, wie sie die zukünftige Entwicklung einschätzen. Ihre hervorragenden Beziehungen zur

„Roten Elite", ihre Milliarden, die sie in Immobilien und Infrastruktur stecken, signalisieren einen hohen Vertrauensbonus in die kapitalistische Zukunft Chinas. Umgekehrt kann jedoch ein Rückzug oder ein deutliches Abflachen der Investitionskurve der Überseechinesen auch bedeuten, daß alle Warnsignale aufleuchten müssen und es Zeit wird, sein China-Engagement zu überprüfen.

Natürlich gibt es auch Stimmen, die sagen, daß es die chinesischen Unternehmer, die schon einmal von den Kommunisten belogen und enteignet wurden, noch immer nicht gelernt haben, daß man den „Roten" nicht trauen darf. Aber soviel bei einem plötzlichen Linksruck für die Überseechinesen auch auf dem Spiel steht, für die kommunistische Partei wäre ein plötzlicher Abzug dieses Kapitals, ja nur das Ausbleiben weiterer Investitionen um ein vielfaches gefährlicher. Es wäre sogar ziemlich sicher ihr Ende.

„Ein guter Geschäftsmann ist wie ein Fuchs, der einen Bau mit sieben Ausgängen gräbt", verriet uns jetzt ein chinesischer Geschäftsmann auf die Frage, ob er 1997 in Hongkong bleiben werde. Solange die Geschäfte gehen, wird Hongkong nicht aufgegeben. Aber Y. K. Pao, der Schiffahrts- und Grundstücks-Tycoon, macht vor, wie eine chinesische Überseefamilie sich vor Regierungen und politischen Umstürzen schützt. Er hat vier Schwiegersöhne: Einer stammt aus einer Schanghaier Industriellenfamilie und führt in Hongkong die Geschäfte, ein anderer ist österreichischer Geschäftsmann, einer ein Arzt aus Singapur mit chinesischer Abstammung und der letzte ein japanischer Architekt. Alle arbeiten im Konzern mit. Der Konzern selbst ist in den Bahamas registriert.

Doch die Erfolge der Überseechinesen beruhen nicht nur auf Verbindungen zu Geheimgesellschaften, nicht nur auf besonders skrupelloser Korruption, sie beruhen auch auf einem nüchternen Verstand und kühler Analyse für ein gutes Geschäft. Die großen chinesischen Konzerne sind zwar in Hongkong und Singapur, mittlerweile auch wieder in Schanghai und sogar in New York als Aktiengesellschaften an der Börse zu finden. Ihr Kerngeschäft aber haben sie noch immer so organisiert, daß sie wie ein unabhängiger Händler an der Straßenecke blitzschnell entscheiden können, ob sie in ein Geschäft eintreten oder nicht. Sie haben eine Mischung entwickelt aus patriarchalischem Familienunternehmen und hervorragender „Lean Production".

Die Söhne der Gründer studierten an den amerikanischen und japanischen Eliteuniversitäten. Sie bringen die Fähigkeit mit, sich in der Geschäftswelt von London und New York nahtlos einzupassen, und beherrschen die „westlichen Geschäftspraktiken und Regeln". Sie kennen aber auch das Netzwerk ihrer chinesischen Wertewelt. Die Datenautobahnen transportieren den allen zugänglichen Informationsfluß der „westlichen Welt", und sie transportieren den Informationsfluß der Chinesen in deren Sprache und Kürzel, und der erschließt sich nur für Chinesen. Noch immer kann heute etwa in Taipei ein Unternehmer „Chow" in den Laden eines Goldhändlers gehen und dort 50 Millionen Dollar in Gold abgeben. Wenige Stunden später wird eine chinesische Bank in San Francisco dem Privatmann „Kong" eine entsprechende Summe, in welcher Form auch immer, zur Verfügung stellen. Die Behörden aller beteiligten Staaten werden nie einen Zusammenhang herstellen können. Sie gehen mit ihren Steuern und Abgaben leer aus.

Diese Geschichte führt jedoch schon wieder weg von der eigentlichen Aussage: Die Überseechinesen sind vor allem auch wegen ihrer unternehmerischen Qualitäten erfolgreich. Der zweitgrößte Industriekonzern in Indonesien ist mit über 400 Firmen die Sinar Mas Gruppe. Der Sohn des Firmengründers, Oei Ek Tjong alias Huang Yicong alias Eka Tjipta Widjaja, sitzt jetzt im Prachtbau der kommunistischen Bank of China in Hongkong, wo er mehrere Stockwerke gemietet hat, und regiert von hier aus „China Strategies" in der Volksrepublik. Abgesehen davon, daß die Oeis in der Stadt ihrer Ahnen, in Quanzhou, ein Joint-venture mit der Stadtverwaltung eingegangen sind und dabei die 41 bisher dahindümpelnden Firmen der Leichtindustrie mit über 25 000 Beschäftigten in florierende Privatbetriebe umwandelten, steigt „China Strategies" systematisch in Unternehmensfelder ein, die für die nächsten Jahre Wachstum und Gewinn versprechen.

Im ersten Stadium suchen sie sich die Staatsbetriebe aus, die alleine nicht mehr weiterkommen. Mit ihnen gründen sie ein Jointventure, das ihnen die Unternehmensführerschaft sichert. Danach stellen sie das Kapital und das Management, um den Betrieb zu modernisieren. In der zweiten Stufe wird dann die Qualität und Zuverlässigkeit der Produkte erhöht. Die starren kommunistischen Einheitslöhne werden auf Leistungslöhne mit Gewinnbeteiligung umgestellt, die Buchhaltung dem internationalem Audit-Standard angepaßt. Die dritte Stufe beginnt mit der Einführung ausländischer Technologie und Know-how-Transfers; dann folgt der Ausbau des Binnenmarktes und schließlich der Gang zur Börse, um Kapital außerhalb des Eigenkapitals und der Banken zu requirieren.

„China Strategies" sucht sich dabei Märkte aus, die bei einem Wachstum von durchschnittlich 9 Prozent der gesamten Volkswirtschaft mindestens Wachstumsraten von 15 Prozent und mehr aufweisen. Zum Beispiel hat das Unternehmen festgestellt, daß die Papierindustrie in China völlig zersplittert ist und mehr als 50 Prozent des Bedarfs eingeführt werden muß. Also hat „China Strategies" in die Papierindustrie investiert und ist mit 10 Prozent Marktanteil auch schon Marktführer. Das Unternehmen kann 10 bis 20 Prozent höhere Preise verlangen, weil seine Qualität der der Mitbewerber überlegen ist. Das sind die Strategien, die hohe Profite abwerfen. Und wie bei Papier investierte „China Strategies" unter anderem in die Reifen- und Gummiindustrie sowie in Bierbrauereien. In der Begründung für diesen Geschäftszweig führt der Konzern an: Die Deutschen trinken 144 Liter pro Person, die Japaner 57 Liter und die Chinesen 7 Liter. Der Wachstumsmarkt geht also gegen unendlich, denn für die Chinesen ist Bier die Alternative zu Schnaps und hat deshalb in Zukunft unter den alkoholischen Getränken einen ähnlichen Stellenwert wie in Deutschland. Auch in diesem Sektor hat „China Strategies" mittlerweile schon die Marktführerschaft erreicht.

Die Bierbranche in China ist übrigens für Deutschland ein besonders deprimierender Fall. In Wuhan befindet sich die Brauereifachschule „Nummer 1" für ganz China. Ausbilder sind Bayern, die über die Hanns-Seidel-Stiftung finanziert werden. So sprechen fast alle neu ausgebildeten Braumeister Chinas Deutsch. Auch die älteste Brauerei Chinas in Qingdao wurde einst von Deutschen gegründet. Gleichwohl haben nur zwei deutsche Brauereien eine Lizenz in China vergeben und erhalten dafür lediglich eine Lizenzgebühr. Eine davon besitzt „China Strateties". Die gewaltigen Chancen, die der chinesische Markt und die deutsche Ausbildungsinitiative bieten, bleiben ungenutzt. Die deutsche Brauindustrie ist so auf den Binnenmarkt fixiert, daß sie ihre Chancen nicht erkennt. Da ist provinzielles Denken Trumpf. Gerade an diesem Beispiel wird der gewaltige Unterschied zwischen den unternehmerischen Überlegungen eines indonesischen Überseechinesen und einer deutschen Brauerei besonders deutlich.

In Thailand machen die Überseechinesen 8 bis10 Prozent der Bevölkerung aus, aber sie besitzen 90 Prozent des Handels und der Fabriken und 50 Prozent der Banken. Auf den Philippinen bezeichnet sich nur ein Prozent der Bevölkerung als Chinesen, aber in ihren Kaufhäusern und Geschäften werden 67 Prozent des Umsatzes getätigt, und in Indonesien, wo sie 4 Prozent der Bevölkerung stellen, kontrollieren sie 17 der 25 größten Unternehmensgruppen. Je größer ihre wirtschaftliche Macht in ihren „Durchreiseländern" ist, um so gefährdeter ist jedoch auch ihre persönliche Sicherheit.

In Jakarta gibt es einen Stadtteil der Batikdrucker. Die Mauern in den engen Straßen sind alle mit Stacheldraht bewehrt. Die Gegend macht einen grauen, schmucklosen Eindruck. Schwere fensterlose Eisentore versperren die Anwesen. Doch hinter den Toren ändert sich die Welt. Aus Indonesien wird wieder China. Der indonesische Familienname, der außen am Tor stand, wird hier nicht mehr gebraucht; hier heißen die Familien wieder Zhang, Wang, Yang. An den Wänden hängen die Bilder chinesischer Götter und der Ahnen. So leben sie zwei Leben. Eines für die Welt da draußen, der sie sich demütig anpassen, in der sie gute indonesische Staatsbürger sind, und eines hinter den Mauern, wo sie Chinesen bleiben.

Kein Wunder, daß sie alle wie elektrisiert von der Vorstellung sind, im Land ihrer Väter ohne kommunistische Verfolgung, ohne korrupte kaiserliche Beamte, als Unternehmer, Handwerker und Bürger so Geschäfte zu machen, so erfolgreich zu sein, wie sie es in ihrem Gastland sind. Nur dürfen sie dort vor und hinter dem Eisentor Chinesen sein.

Mit dem Aufstieg Chinas zum mächtigsten Land in Asien wachsen zwar die Wirtschaftskonglomerate der Überseechinesen und damit ihre Profite und ihr Reichtum, aber parallel dazu wächst auch das Mißtrauen in ihren Gastländern. Vor allem in Indonesien werden sie immer wieder aufgefordert, ihre chinesische Herkunft nicht mehr zu betonen. Sie haben alle indonesische Namen angenommen und dürfen keine eigenen Schulen unterhalten, wie dies in allen anderen Staaten noch erlaubt ist. Noch 1987 wurden wir bei einer Einreise nach Indonesien nach Büchern oder Zeitschriften durchsucht, auf denen chinesische Schriftzeichen standen. Im Spätherbst 1995 warnte ein Armeesprecher die „Reichen" im Lande, sie könnten nicht mit der Armee rechnen, falls das arme Volk sich eines Tages den Anteil am Wohlstand nehmen sollte, der ihm jetzt vorenthalten werde.

Da jeder in Jakarta wußte, daß damit vor allem die superreichen Chinesen gemeint waren, insbesondere auch der Clan von Liem Sioe Liong alias Lin Shaoliang alias Sudono Salim, einem engen Vertrauten von Staatspräsident Suharto, reagierte die staatlich kontrollierte Presse sofort mit einem ganzseitigen Artikel in der „Jakarta Post". Darin werden die armen Chinesen von Samba beschrieben, einer Stadt in Westkalimantan. In dem Bericht wird betont, daß die Chinesen immer noch unter den Folgen des Massakers von 1965 leiden, als sie aus ihrem Land vertrieben wurden, nur weil viele Chinesen auch Kommunisten waren. Dieser Artikel, der um Verständnis für die chinesische Minderheit wirbt, gibt einen seltenen Einblick in das Leben der Chinesen, die nicht auf der Sonnenseite der reichen Familien gelandet sind. Die armen Chinesen, die früher das Bild dieses Volkes als Kulis geprägt haben, sind immer noch in der Mehrzahl. Nur strahlt der Reichtum der großen Familien so hell, daß auf die anderen überhaupt kein Licht mehr fällt.

In Singkawang, der Hauptstadt des Kalimantandistrikt Sambas, sind 52 Prozent der 135 000 Einwohner Chinesen. Sie sind so arm, daß sie noch heute ihre Babys für 3 bis 5 Millionen Rupien verkaufen, umgerechnet 600 bis 1 000 Mark. Seit den Ausschreitungen 1965 verkaufen sich auch immer mehr Frauen als Prostituierte und vermitteln ihre Töchter in die Bordelle der Städte. Der Artikel gibt unumwunden zu, daß die armen Chinesen von den Behörden und der Bevölkerung diskriminiert werden, eine Aussage, die noch vor wenigen Jahren in Indonesien unmöglich gewesen wäre. Das Verständnis, das hier für die Überseechinesen gezeigt wird, soll das Vorurteil bekämpfen, daß Überseechinesen sich nur auf Kosten ihrer Gastländer bereichern und dabei auch noch auf die einheimische Bevölkerung arrogant herunterschauen.

Niemand ist in Indonesien an einer Chinesen-Verfolgung interessiert, denn das könnte das neue große China provozieren, die Beziehungen zu dem betreffenden Land einzufrieren oder gar selbst in den Konflikt einzugreifen. Denn Beijing hat wissen lassen, daß es sich jetzt für alle Chinesen in der Welt verantwortlich fühlt. Und den neuen riesigen Drachen am Pazifik will niemand reizen.

So sind nicht nur die reichen Chinesen vom Erwachen ihrer Heimat positiv betroffen, sondern auch die Millionen Kulis in den Slums und Dschungelstädten Südostasiens. Ihr Selbstwertgefühl als Chinesen steigt, und sie betrachten sich regelrecht als unverwundbar. Früher gab es für sie keine Alternative: Wie schlecht es ihnen in ihrem „Durchreiseland" auch ging, es war immer noch besser als auf dem chinesischen Festland. Diese Feststellung stimmt jetzt nicht mehr. Die

Heimat ihrer Väter entwickelt mit jedem Jahr eine größere Anziehungskraft. Und je mehr die Wirtschaft in China wächst, um so eher gibt es für die armen Chinesen in Singkawang eine Alternative. Vielleicht wäre mittlerweile ganz objektiv ihr Leben in China besser als hier in Kalimantan. Das Bewußtsein, zum wirtschaftlich führenden Volk Asiens, zum „Reich der Mitte" zu gehören, erfüllt alle Chinesen in Südostasien mit Stolz. Und dieses neue Bewußtsein prägt von den Strohhütten des Dschungels bis in die Wolkenkratzer von Singapur das Lebensgefühl des neuen Großchinas, wie es gerade in Asien entsteht.

Ob ein Chinese in den USA lebt, in Amsterdam, Hongkong oder Beijing, egal von welcher Gesellschaft er geprägt wird - er ist Chinese, und er trägt dieses ethnische und kulturelle Bewußtsein in sich. Es gibt ein China, das über all die Jahrtausende weiterlebt und auch alle Dynastien überlebt hat. Wir Europäer haben zwar zuerst das China der Mandarine kennengelernt. Doch China ist geprägt und geformt vom Land. Dort lebten früher 90 Prozent der Bevölkerung. Heute sind es immer noch mehr als 70 Prozent. In den Dörfern hat sich schon immer Chinas Zukunft entschieden. Viele Dynastien wurden von aufständischen Bauern gegründet, und auch fast alle kommunistischen Revolutionsführer stammen aus Dörfern. Das Land und seine Dörfer werden auch in absehbarer Zukunft das Schicksal Chinas bestimmen.

5. Das ewige Dorf
Chinas Zukunft entscheidet sich noch immer auf dem Land

Die Weißpappeln ziehen sich schnurgerade durch das flache Land. Von Horizont zu Horizont. In alle Himmelsrichtungen. Die geraden Doppellinien verlieren sich in einem weichen Dunst, der sich mit dem Himmel vereinigt. So ähnlich muß man sich wohl die Unendlichkeit vorstellen. Zwischen den Weißpappeln: befestigte Straßen, die sich hin und wieder mit einer anderen Doppellinie Weißpappeln kreuzen und sich dann auch im Dunst verlieren. Wie viele zigtausend Kilometer solcher Straßen gibt es wohl in China? Ob dies überhaupt jemand weiß?

Wir sind zirka dreitausend Kilometer solcher Weißpappelalleen gefahren - im Norden, Osten und der Mitte Chinas, da, wo das Land meistens flach ist, wo wir vergessen haben, daß es überhaupt irgendwo auf der Welt Berge geben könnte. Handelt es sich um Staatsstrassen, haben die Doppelreihen bis zu zehn Meter Abstand. Dazwischen meist glatter Asphalt, gut gepflegt. Selten nur gibt es Abschnitte mit Schlaglöchern. Von diesen Staatsstraßen gehen die Provinzstraßen ab. Die wir gesehen haben, waren auch alle asphaltiert oder sogar aus Betonplatten gegossen. Die Doppelreihe der Bäume steht dann enger zusammen. Und schließlich zweigen davon die Wege ab, die in die Dörfer führen. Das sind meist noch Staubstraßen, aber von Weißpappeln sind auch sie gesäumt. Das ganze Bild der chinesischen Landschaft wirkt noch akkurater, noch geordneter, weil alle Bäume etwa mannshoch mit weißer Farbe gestrichen sind.

In dieser geordneten Landschaft sind wir durch Weizen und Maissaat gefahren, vorbei an Baumwollfeldern und Maulbeerbüschen, an Reisfeldern, an Gemüse- und Obstplantagen. Jedes Feld, egal was darauf angebaut wurde, etwa 1,20 Meter breit, dann folgt ein Bewässerungsgraben und dann wieder ein Feld, und alles so genau ausgerichtet, als ob die Bauern mit dem Millimetermaß arbeiten. Selbst dort, wo das Feld endet, ist kein Meter Land verschenkt oder mit Unkraut oder Wiese bewachsen. Jedes Stück Land ist genutzt, um Frucht zu tragen. Und so sind wir auf den vielen tausend Kilometern durch China auch nur ganz wenigen Baumpflanzungen in hügeligen Gegenden begegnet - außer eben den unendlichen Reihen der Weißpappeln. Für Wald ist in diesem Land kein Platz.

70 bis 80 Prozent aller Chinesen leben noch in den Dörfern, das wären demnach knapp eine Milliarde Menschen. Aber diesem Fünftel der Menschheit stehen nur 8 Prozent der landwirtschaftlichen Nutzfläche der Erde zur Verfügung. Eine Zahl, die immer wieder genannt wird, lautet: Ein chinesischer Bauer hat im Durchschnitt nur 1,2 Hektar Land. Nun kann man all diese Zahlen anzweifeln. Vielleicht sind wirklich nur noch 70 Prozent aller Chinesen von der Landwirtschaft abhängig, vielleicht haben sie im Durchschnitt 1,5 Hektar Land, und vielleicht sagt die Durchschnittszahl gar nichts, weil man von tausend Hektar Wüste in der Inneren Mongolei oder Xinjiang schlechter lebt als von 0,5 Hektar Gemüse im Yangtze-Delta. Dies alles ändert nichts daran, daß sich das Schicksal Chinas immer noch in den Millionen Dörfern entscheidet und davon abhängt, ob die Landwirtschaft in der Lage ist, die 1,2 Milliarden Chinesen zu ernähren.

Ausländischer Besuch in einem x-beliebigen Dorf ist für die Bürokraten in China immer noch ein Problem. Ihre Sucht, alles genau vorauszuplanen, erweckt automatisch die Vermutung, daß uns nur Dörfer vorgeführt werden, die für Propagandazwecke hergerichtet wurden. Die oben erwähnten Zahlen und die immer wieder sporadisch in den internationalen Zeitungen auftauchenden Berichte über die verheerenden Zustände auf dem Land verstärken noch den Eindruck, daß die Glitzerstädte an der Küste potemkinsche Fassaden sind, die über das unterentwickelte, rückständige China hinwegtäuschen.

Vier Dörfer haben wir besucht, die wir uns alle nach unseren Wünschen aussuchen konnten. Zwei in der Shandong-Provinz nach vorheriger Ankündigung, je eines in Hubei und Guangdong einfach so, von der Straße weg, ohne Ankündigung. Jedesmal haben wir auskunftsfreudige, herzliche Dorfbewohner vorgefunden, und niemand hat auch nur den Versuch gemacht, diese Dorfbesuche zu beeinflussen. Natürlich sind die von uns besuchten Dörfer nicht repräsentativ, aber sie geben eine Vorstellung von den heutigen Lebensumständen von Hunderten von Millionen Chinesen.

Die Shandong-Provinz ragt wie ein Schwert in das Gelbe Meer. Sie ist auf drei Seiten von der See umgeben, und doch haben ihre Bewohner sich mit der Seefahrt und dem Überseehandel nie so abgegeben wie die Südchinesen. Shandong hat mit 80 Millionen genausoviel

Einwohner wie die Bundesrepublik. Die Provinz ist durchzogen von Bergketten, die jäh ins Meer abstürzen und dabei sichere Häfen bilden, aber auch weite Ebenen, die intensiv landwirtschaftlich genutzt werden. Von der Hafenstadt Yantai kommend fuhren wir auf einer hervorragenden vierspurigen Straße, die auf keiner Karte verzeichnet ist, in den Kreis Pingdu.

Am Straßenrand bieten Bauern kistenweise Äpfel an. Für eine Kiste wollen sie 100 Renminbi (RMB), umgerechnet knapp 18 Mark. Handeln zwecklos. Wir kommen mit einem Bauern ins Gespräch. Zweieinhalb Monate steht er hier und verkauft zirka 50 Prozent seiner Äpfel im Direktverkauf. Das bringt ihm rund 100 000 RMB, also rund 18 000 Mark. Die andere Hälfte der Ernte verkauft er über den Großhandel nach Singapur und Hongkong. Dabei verdient er etwas weniger. Der Staat mischt sich nicht ein. Was er wie anbaut, wie und an wen er verkauft, das ist alles seine Sache.

Da die Apfelplantage ihn nur sechs Monate im Jahr auslastet, baut er auch etwas Gemüse an und vermietet sich samt Traktor zum Transport von Baumaterial an die Baustellen, die es in China ja zu Abertausenden gibt. Dieser 35jährige Apfelbauer kommt so auf ein Bruttoeinkommen von gut 2 000 Dollar im Monat, von dem ihm nach eigenen Angaben etwa 1 000 Dollar übrigbleiben. Wir sind uns allerdings ganz sicher, daß wir nur einen Teil der Wahrheit erfahren haben, denn er erzählte uns nichts von den Abgaben, die er leisten muß, wenn sein Dorf eine neue Schule oder eine neue Straße bauen will. Sicher ist aber auch, daß er mit seinen Lebensumständen zufrieden war.

Von der Kreisstadt Pingdu aus sind wir an Maulbeerbuschebenen vorbeigefahren, in eine Provinzstraße abgebogen und dann weiter auf einer Staubstraße an Weißpappeln vorbei in das Dorf Cuizhan gefahren, das im Getreidegürtel Shandongs liegt und im wesentlichen von Mais- und Weizenanbau lebt. Die Getreidewirtschaft wird zum Teil noch vom Staat kontrolliert. Die Bauern müssen eine festgelegte Menge pro Hektar zu einem festgesetzten Preis abliefern - der natürlich unter dem Preis des freien Marktes liegt. Vor allem von den Getreidebauern, gleich ob sie Weizen, Mais oder Reis anbauen, ist immer wieder zu lesen, daß sie unzufrieden mit der Beijinger Regierung sind.

Es ist ein staubiger, windiger Tag, so um null Grad. Seit zwei Monaten hat es nicht mehr geregnet. Der Wind treibt die feine Erde durch die Luft, die sich in Augen, Nase und Ohren festsetzt. Die kerzengeraden Straßen des Ortes entpuppen sich als Windkanäle. In dieser Region Chinas stehen die Häuser mit dem Haupteingang zur Straße, Seite an Seite, ohne Abstand, bis zur nächsten Straßenkreuzung. Hinter den Häusern ist eine schmale Gasse, und dann kommt die nächste Reihe. Die Durchgänge sind voll mit Maisstroh und Geäst, was auf den ersten Blick wie Chaos und Unordnung aussieht.

Trotz des unfreundlichen Windes haben an der Kreuzung einige Männer und Frauen Marktstände aufgebaut, wo sie selbsteingelegtes Gemüse und Fleisch anbieten, dazu Zigaretten, Mandarinen, Obst und allerlei nützliche Haushaltsartikel. Hauptkunden aber sind Kinder, die sich für wenige Fen (100 Fen = 1 RMB = 0,18 DM) Süßigkeiten leisten. Entlang der Hauptstraße stellt ein Schreiner kleine Schränke auf, ein Schlosser bietet Gitter an und ein Händler Gasflaschen. Letztere vor allem sind eine ganz große Errungenschaft, wird uns bedeutet. Wer es sich leisten kann, kauft eine Gasflasche und kocht damit. Das hat es vor fünf Jahren noch nicht geben. Da wurde nur auf offenem Feuer gekocht.

Mehrere größere Haufen Kohlebrocken sind das einzige Heizmaterial für das Dorf. Die Kohle wird so, wie sie aus dem Bergwerk kommt, auf Lastwagen geladen und dann in den Dörfern abgekippt. Mittlerweile können sich fast alle Bauern Kohle leisten, weshalb sich selbst kleine Orte am Abend in verqualmte, vom Rauch eingehüllte Siedlungen verwandeln. Schwefelgeruch und Rauch mischen sich mit dem Staub in der Luft und überstreichen die Dörfer mit einem faden Grau. Und doch ist es schon ein Fortschritt, wenn sich jetzt die Bauern in einer warmen Stube aufhalten können. Der Winter, der auch in Mittel- und Ostchina wochenlang Temperaturen unter dem Gefrierpunkt mit sich bringt - wenngleich in diesen Regionen kaum Schnee fällt -, wurde jahrhundertelang einfach geleugnet. Es war die Zeit, in der die Menschen alles anzogen, was sie hatten, und im übrigen froren. Der Mangel an zivilisatorischen Einrichtungen wie Bäder oder Toiletten ist ein Hauptgrund, warum die Hygiene in China so rückständig ist.

Fortschritt ist für die chinesischen Dörfer etwas ganz anderes als für uns: Dort ist man froh, wenn man sich genügend Kohle leisten kann, um wenigstens die Winterabende zu heizen, wenn endlich eine Elektrizitätsleitung in den Ort verlegt wird, um abends eine Glühbirne anmachen zu können, um im Sommer einen Kühlschrank anzuschließen, damit die Lebensmittel nicht mehr verderben. Denn so kalt und trocken es im Winter ist, so heiß und regnerisch ist es im Sommer.

Fortschritt ist auch, wenn man eine ordentliche Schule und einen Kindergarten unterhalten kann. Cuizhan ist stolz auf seine Schule. Zwei riesige Erntekörbe aus Metall zeigen die Hauptprodukte der Region: Mais und Trauben. Dahinter die Klassenräume, je zwei in einem langgestreckten Haus. Geharkte Wege, Blumenrabatten, ein Pavillon im Schulhof - nur an diesem Tag bleiben die Schüler in ihren Klassenräumen, weil es so kalt ist.

Der einzige Unterschied zu draußen ist freilich, daß in den Räumen der Wind fehlt. In China gibt es - außer vielleicht an der Grenze zu Sibirien - kaum geheizte Klassenräume. Die Kinder sitzen mit Handschuhen und Mützen im Unterricht, die Lehrer sind in dicke wattierte Jacken gepackt. Eine Heizung für die Schule - das steht auf dem Plan eines jeden Dorfbürgermeisters, eines jeden Bezirksparteisekretärs, aber dazu fehlen fast überall noch die Mittel. Der Schule von Cuizhan ist ein Berufsfortbildungszentrum angeschlossen, wo Jugendliche zwischen 16 und 18 Jahren eine Art landwirtschaftliche Fachausbildung erhalten können. Sie wohnen auf dem Schulgelände in ungeheizten Räumen. Keiner dieser Schüler käme auf die Idee, sich darüber zu beschweren, daß ihm nur ein Klassenzimmer und ein Schlafraum mit acht Mitschülern zur Verfügung steht. Im Gegenteil: Sie sind privilegiert, weil ihnen diese Fortbildung angeboten wird.

Sie lernen, in einem Treibhaus Gemüse zu züchten, sie lernen, wie aus den Trauben eines Tages vielleicht ein vermarktungsfähiger Wein hergestellt werden kann, der das Einkommen der Bauern noch einmal deutlich anheben könnte. Der Lehrer, der in der Lehrkelterei unterrichtet, spricht Deutsch, hat in Würzburg gelernt. Sein Gehalt beträgt 500 RMB, das sind 90 Mark im Monat, weniger, als jeder Bauer im Ort hat.

Wir sind in der Provinz Shandong nach Nanzhanglou weitergefahren, einem Dorf im Kreis Qingzhou. Hier sind wir dann ohne große Vorankündigung zu den Bauern in die Häuser gegangen. Jedesmal wartet eine andere Überraschung auf uns. In einem Haus finden wir nur ein altes Ehepaar, das bei seinem Sohn wohnt und von diesem unterhalten wird. Der Sohn arbeitet in der nächsten Stadt und betreibt die Landwirtschaft nur noch nebenbei. In einem anderen Gehöft sitzen eine Frau und ihre Tochter und nähen Schuhe. Vor einem Monat, erklären sie uns - ohne dabei auch nur eine Sekunde die Arbeit zu unterbrechen -, hätten sie diese Schusterei als Zweiterwerb begonnen, nachdem sie in der Kreisstadt einen Kurs besucht hätten. Eine alte Schusternähmaschine, zwei Dutzend Leisten und ein Schusterbock waren die Grundausstattung. Das Geschäft gehe schon ganz gut, sagen sie noch, denn weit und breit gäbe es keine Schuhfabrik.

Im dritten Hof suchen wir vergeblich nach landwirtschaftlichen Utensilien. Im Wohnzimmer: ein Farbfernsehgerät, ein stattlicher Schrank nach westlichem Geschmack, eine Couchgarnitur, importierter Cognac und Whisky, ein Mao-Bild in der Vitrine. Der Besitzer stellt sich als Abteilungsleiter einer Pumpenfabrik vor, die das Dorf gegründet hat, um von der Landwirtschaft unabhängiger zu werden. Falls wir einen Joint-venture-Partner finden könnten, wäre der herzlich willkommen, wird uns gleich versichert. Der Abteilungsleiter hat die Landwirtschaft aufgegeben und sein Feld verpachtet. Selbst hier in der „tiefen Provinz" gibt es mittlerweile einen jener Millionen kommunaler Dorfbetriebe, die das Rückgrat des chinesischen Wirtschaftsaufschwungs bilden.

Mit dem Ende der Kulturrevolution und der „Werdet reich"-Kampagne sind auch die jahrhundertealten Überlieferungen und Religionen offiziell wieder in die Dörfer zurückgekehrt - falls sie überhaupt je verschwunden waren. An jeder Tür prangt auf großen Papierplakaten geschrieben das Zeichen für *fu*, für „Glück". Rechts und links am Türrahmen und wo immer noch Platz ist, stehen auf weiteren Papierfahnen die Wünsche, die die Bauern an das neue Jahr haben. Dabei ist meistens von Geld, guter Ernte und beruflichem Erfolg die Rede. Die Götter sollen das lesen, bevor sie das Haus betreten.

In Nanzhanglou sind fast alle Häuser noch im alten Stil mit geschwungenen Ziegeldächern gebaut. Die großen Holztürrahmen zur Straße hin sind zum Teil kunstvoll geschnitzt und mit bunten Szenen aus der chinesischen Mythologie oder typischen chinesischen Landschaften bemalt. Diese bäuerliche Kultur wird in China nicht für Touristen aufrechterhalten, sondern ist Bestandteil des täglichen Bewußtseins. Die Schriftfahnen werden jedes Jahr zum chinesischen Neujahrsfest erneuert, das entsprechend dem Mondkalender gefeiert wird. In der Volksrepublik heißt diese Zeit offiziell Frühlingsfest, weil dann mit dem Beginn der Aussaat ein neuer Jahreszyklus anfängt.

Hinter dem großen Eingangstor, das in vielen Gehöften der runden Scheibe des Mondes nachempfunden ist und böse Geister abschrekken soll, steht eine Mauer mit einem klassischen chinesischen Gemälde, meistens das einer Landschaft. Auch die Mauer soll die bösen Geister abhalten, die nur geradeaus gehen können und von der Schönheit des Gemäldes abgeschreckt werden. Wir haben nicht einen Hof gefunden, in dem diese Mauer gefehlt hätte. Da haben die 40 Jahre materialistischer Sozialismus samt Kulturrevolution nichts geändert. Während schon die alten Häuser durch ihre Geräumigkeit auffallen, werden wir erst recht von den Neubauten überrascht, die in keiner Straße mehr fehlen.

Die Gesamtgrundfläche der Häuser ist unverändert. Innen ist jedoch alles großzügiger, mit besseren Materialien ausgebaut. Die Mauer gegen die bösen Geister wird von einem großen, auf Kacheln gemalten Landschaftsbild geziert. Der innere Hauseingang besteht aus Glasschiebetüren, die in ein etwa 40 Quadratmeter großes Wohnzimmer führen. Das wiederum ist voll mit allem, was zu einem modernen chinesischen Haushalt gehört - also Farbfernseher, Kühlschrank, Heizofen und sogar eine Klimaanlage. In einem Fall arbeitet der Hausbsitzer in der dorfeigenen Pumpenfabrik, die Frau betreut die Treibhäuser für Gemüse, die sie auf ihren 5 mu errichtet haben. 1 mu sind 674 Quadratmeter, verglichen mit deutschen Verhältnissen also ein Schrebergarten. Verfügbares Monatseinkommen: 1400 Mark, und dabei sind die Lebenshaltungskosten schon abgezogen. Der Familie gehören ein Traktor und ein Motorrad, und ganz sicher ist ihr nächstes Ziel ein Auto. Einen Sohn haben die Chens, und es ist völlig klar, daß er einmal jede Universität im In- oder Ausland besuchen kann. Geld spielt dann keine Rolle; sollte er das Zeug dazu haben, wird der ganze Clan für seine Ausbildung zahlen.

Diese neuen Häuser seien jetzt das Modell für das ganze Dorf, das so Schritt für Schritt modernisiert werde, erklären uns noch die Dorfoberen. Das könnten sich im Moment noch nicht alle leisten, aber in zirka fünf Jahren würden wir das Dorf nicht mehr wiedererkennen. Jetzt da sie Strom hätten, da sie an eine asphaltierte Straße angeschlossen seien, könne niemand mehr die Entwicklung des Dorfes aufhalten. Zum Beweis zeigt man uns noch eine große, wandhohe Tafel mitten im Ort. Auf ihr stehen die Namen aller Bürger, wieviel Strom sie verbrauchen und was sie dafür zahlen müssen. Je mehr Strom jemand nutzt, als desto fortschrittlicher und erfolgreicher gilt er. Diese öffentliche Energiebilanz verhindert gleichzeitig Energieklau und das Nichtbezahlen der Rechnung. Der Säumige stünde wie am Pranger.

In Nanzhanglou beträgt das Durchschnittseinkommen rund 1 000 Mark im Monat, kaum jemand hat weniger und entsprechend auch kaum jemand mehr. Das liegt an der Verteilung der Felder nach der Kulturrevolution, als je nach Zahl der Familienmitglieder eine entsprechende Anzahl von mu verteilt wurde. Noch nie in seiner Geschichte hatte der Ort eine solch sozial ausgewogene Gesellschaft freier Bauern erlebt.

Nur fällt auf, daß selbst die Seitenstraßen asphaltiert sind, der Staub also wesentlich erträglicher ist als in Cuizhan. „Das haben die Bürger des Dorfes so beschlossen", erzählt mir der Bürgermeister Yuan Xifu. „Die Bürger treten an die Partei und Verwaltung des Dorfes heran und sagen, was sie gemacht haben wollen. Wir rechnen das aus und sagen ihnen, wieviel sie dafür bezahlen müssen, und dann können sie sich entscheiden, ob sie immer noch die Straße asphaltieren wollen oder ob sie lieber neue Spielsachen für den Kindergarten oder Computer für die Schule haben wollen."

Nanzhanglou hat 3 000 Einwohner, und deshalb wollen wir die Schule mit den Computern sehen. Sie gibt es wirklich. Ein großes neues Gebäude, helle schöne Klassenräume, sehr gut ausgestattet und ein Zimmer voll mit Computern zum Üben. So haben wir uns eine chinesische Dorfschule nicht vorgestellt. Aber auch die neue Schule hat keine Heizung, auch hier sitzen alle dick angezogen im Unterricht. Wir fragen den Parteisekretär nach den Prioritäten. Bei uns in Deutschland wäre garantiert vor den Computern eine Heizung angeschafft worden. „Ja", meint er, „die Heizung soll als nächstes in Angriff genommen werden. Aber die Bauern wollen vor allem, daß ihre Kinder soviel lernen wie möglich, damit sie das Dorf verlassen können oder wenigstens die Chance haben, zur Landwirtschaft noch etwas hinzuzuverdienen." Wir haken nach: „Der Lehrer verdient 90 Mark im Monat, der Bauer aber rund 1 000 Mark." Der Parteisekretär gibt sich Mühe, uns zu verstehen. Die heutigen Einkommensverhältnisse in seinem Dorf seien kaum zu steigern, und so würden sie bei der schnellen Entwicklung Chinas immer weiter zurückfallen, wenn sie sich auf die Landwirtschaft allein verließen. Schon jetzt sei die Lage schlechter als vor acht Jahren, als die Bauern noch einen größeren Einkommensvorsprung hatten.

Im Durchschnitt müssen die Getreidebauern von Nanzhanglou etwa 150 Tonnen zu dem niedrigen staatlichen Preis abgeben. Umgerechnet macht das bei ihren Gesamteinnahmen eine Art Steuer von 25 Prozent aus. Damit sind sie gerade noch zufrieden. In Nanzhanglou - und es wäre eine nicht zu beweisende Unterstellung, würden wir etwas anderes schreiben - werden die Dorferneuerungsprojekte tatsächlich mit den Bauern besprochen. Oft kommen sogar die Anregungen und Forderungen aus der Bevölkerung. All die gewünschten Projekte werden im Umlageverfahren finanziert und gehen so direkt vom verfügbaren Einkommen der Familien ab. Dies ist, wenn es denn so praktiziert wird, eine direkte Mitbestimmung wie bei den frühen amerikanischen Siedlern.

Die Bauern kommen indes auch für die örtlichen Parteikader auf. Nicht überall verhalten sich diese so vernünftig wie in Nanzhanglou. Auch die Parteipresse berichtet immer wieder von örtlichen Parteikadern, die die Bauern mit Abgaben auspressen oder von ihnen Sonderzahlungen verlangen, um damit ihren eigenen Luxus zu finanzieren. Von Aufständen wird da berichtet, von Bauern, die in den Kreisstädten den Verkehr lahmlegten. Selbst Schießereien soll es gegeben haben. Falls nicht zufällig ein Ausländer dies miterlebt, werden solche Ungerechtigkeiten nur bekannt, wenn gerade mal wieder eine Antikorruptionskampagne einen örtlichen Parteikader das Amt oder den Kopf kostet. Das an sich sehr vernünftige Prinzip „Wer bestellt, der bezahlt“ hat in China einen Nachteil: Es gibt keine freie Presse, und darum können solche Ausbeutungen auf dem Land bis zum Aufstand gären. Dem Amtsmißbrauch sind Tor und Tür geöffnet.

Doch zunehmend können sich die Bauern schon aus mehreren Kandidaten in einer freien und geheimen Wahl ihren Ortsvorsteher selbst wählen. Auf dieser Verwaltungsebene verzichtet die kommunistische Partei darauf, einen Mann ihres Vertrauens einzusetzen. Von freien Wahlen zu sprechen wäre freilich noch zu früh. Es wird schon darauf geachtet, daß der Ortsvorsteher, wenn schon nicht aktives Mitglied in der Partei, so wenigstens doch kein demokratischer Umstürzler ist.

Auch der Kindergarten von Nanzhanglou hätte jedem deutschen Kindergarten Konkurrenz machen können. Pädagogische Puzzlespiele, Lego-Bausteine, Musikinstrumente - alles war in üppiger Ausstattung vorhanden. Deutlich war die Überzahl der Buben zu erkennen. In diesem Kindergarten wurden die positiven und negativen Auswirkungen der „Ein-Kind-Politik“ sichtbar, auf die wir ausführlich in Kapitel 21 eingehen.

Ende der achtziger Jahre hatte Nanzhanglou die strikte Durchsetzung der „Ein-Kind-Politik“ etwas gelockert, und sofort war die Geburtenrate gestiegen, mußten der Kindergarten und jetzt die Grundschule erweitert werden. Damit war auch in Nanzhanglou der Versuch gescheitert, jetzt schon das Geburtenprogramm zu lockern. Offiziell darf auf dem Land eine Familie ein zweites Kind bekommen, wenn das erste ein Mädchen war, aber der Druck der Dorfgemeinschaft und der Behörden, freiwillig auf das zweite Kind zu verzichten, ist enorm groß. Jeder Esser mehr wird als Bedrohung angesehen. Zur hervorragenden Ausstattung des Kindergartens erklärte der Bürgermeister: „Für unsere Kinder ist uns nichts zu teuer.“ Zur Wahrheit gehört auch, daß die Eltern, da sie nur noch für ein Kind sorgen müssen, bereit sind, vergleichsweise hohe Kindergartengebühren zu bezahlen. Denn eine der neuen Erkennnisse aus der „sozialistischen Marktwirtschaft“ lautet: „Gute Kindergärten kosten Geld; was nichts kostet, taugt auch nichts.“ Die Forderung nach kostenlosen Kindergärten wird deshalb in Nanzhanglou nicht mehr erhoben.

6. Der Kampf um die eigene Reisschale
Der jahrhundertealte Traum von der Bauernbefreiung

Um das Jahr 500 vor unserer Zeitrechnung lebte der General und Stratege Sun Tzu, der der Überlieferung nach den Klassiker „Die Kunst des Krieges“ geschrieben haben soll, aus der heute noch Staatsmänner und Generäle ihre Weisheiten ableiten. Neuerdings haben die Manager Sun Tzu entdeckt, und in den Regalen der Buchhandlungen finden sich gleich mehrere Interpretationen, wie mit Hilfe von 2 500 Jahre alten chinesischen Schriften der Konkurrent aus Hannover besiegt werden kann. Bei Sun Tzu finden sich viele kluge Lehren. Auf die Fragen des Königs von Wu, eines der vielen chinesischen Königreiche, welches Herrscherhaus wohl die Macht über ganz China erlangen könne, antwortete Sun Tzu: „Der Herrscher, der seine Untertanen ungerecht hoch besteuert, dadurch überdurchschnittlich reich ist und sich deshalb eine viel zu große Armee leisten kann, wird zuerst besiegt. Zu reich zu sein, eine zu große Armee zu haben, macht den Herrscher zu stolz, und seine Bürokraten glauben, daß sie jede Schlacht gewinnen, und zeigen so ihre Schwächen. Wer aber gerecht regiert, keine Steuern erhebt, bescheiden bleibt und nur wenige Soldaten unterhält, wer also über ein zufriedenes Volk herrscht, der wird am Ende siegreich bleiben.“

Es ist erstaunlich, wie wenige Herrscher, nicht nur chinesische, sich dieser Weisheit erinnern. Was vielleicht auch daran liegt, daß in den Geschichtsbüchern immer nur geschrieben steht, wie die siegreichen Heere die Welt veränderten. Doch gerade die chinesische Geschichte beweist, daß den vielen Wechseln der Herrscherhäuser immer Mißhandlungen der Landbevölkerung vorausgingen durch übermäßige Steuern, durch gnadenlose Entrechtung, durch Versklavung und Vertreibung. Wenn sich eine solche Politik dann noch mit einer der vielen Naturkatastrophen biblischen Ausmaßes paarte, ging wieder die Ära einer Dynastie zu Ende.

Daß sein Schicksal vom Wohlergehen der knapp eine Milliarde Menschen abhängt, die in der Provinz leben, und dabei besonders noch einmal von den rund 450 Millionen Menschen, die nur aus der Landwirtschaft Einkommen beziehen, weiß niemand so genau wie die

Regierung in Beijing. Mao Zedong und seine kommunistische Partei haben die Macht erobert, weil sie die Nöte der Bauern besser analysiert und entsprechend in ihr Konzept der „Befreiung“ eingebaut haben. Die Massen der erniedrigten und ausgebeuteten Landbewohner sind den Kommunisten gefolgt, weil diese ihnen glaubhaft eine besseres Leben zusicherten. Die Legitimation der kommunistischen Partei beruht auf diesem ihrem historischen Versprechen und der Macht, die ihnen das Volk deshalb anvertraute.

Mao Zedong mag ein Revolutionär gewesen sein, und er hat die Macht ohne eine demokratische Wahl angetreten. Aber es dürfte nur wenige Historiker geben, die die Tatsache leugnen, daß sich Mao 1949, als er die Volksrepublik China ausrief, dabei auf die absolute Mehrheit des Volkes berufen konnte. Die Hoffnungen der Bauern wurden von Mao indes bitter enttäuscht. Erst Deng Xiaoping hat mit der Bauernbefreiung Ernst gemacht. Vielleicht war Dengs Reform sogar die umfangreichste, revolutionärste und erfolgreichste für die chinesische Landbevölkerung, die es je gegeben hat.

Die Geschichte Chinas nehmen wir im allgemeinen nur bruchstückhaft wahr. Die großen kulturellen Leistungen fordern unsere Bewunderung heraus. Die chinesischen Kaiserreiche, die mit ihrer territorialen Größe, ihrer Bevölkerungszahl und ihren zivilisatorischen Leistungen bis Mitte des letzten Jahrtausends alles in den Schatten stellten, was Europa zuwege brachte, bleiben uns trotzdem fremd. Wir übernehmen deshalb den Mythos von 4 000 Jahren chinesischem Kaiserreich, so als ob es eine dynastische Kontinuität gegeben hätte. Doch das einzige, was sich wirklich wie ein blutiger roter Faden durch die Geschichte Chinas zieht, sind die Revolten der Bauern, die ein Kaiserreich nach dem anderen stürzten. Nie, bis in dieses Jahrhundert hinein, ist es gelungen, den Massen Chinas ein Leben ohne Angst vor Hunger oder vor einer tyrannischen Regierung zu ermöglichen. Diesem Ideal ist die Regierung zur Zeit ziemlich nahe gekommen. Heute kann die kommunistische Partei die Bauern ihrer kleinen Freiheiten allerdings nicht wieder berauben, ohne schwere Unruhen, wenn nicht gar einen Bürgerkrieg mit ungewissem Ausgang, auszulösen.

Die relative Zufriedenheit in Nanzhanglou, dem Dorf in Shandong, das wir im vorigen Kapitel beschrieben haben, herrscht weitgehend entlang der Küste und in den weiten Ebenen des Kernlandes. Doch es gibt Ausnahmen. Die Dörfer in den Gebirgen des Südwestens und am

Rande der Wüsten Nordwestchinas sind viel rückständiger als Nanzhanglou, und es gibt Dörfer entlang den südlichen Küsten, die sich durchaus mit reichen Mittelmeerdörfern messen können. Im Perlflußdelta, auf der Fahrt von Kanton nach Zhuhai, führen die vierspurigen Straßen stundenlang durch Obstplantagen, Reisfelder, Zuckerrohrfelder und Bananenstauden. Die schönsten Häuser, die gepflegtesten Siedlungen, sie gehören den Bauern.

Im dem Bezirk Zhongshan biegen wir spontan von der neuen Autobahn auf einen Feldweg ab und fahren in die Siedlung Yuanshan. Auf akkurat angelegten Gemüsefeldern arbeiten Dutzende von Bauern. Mit Schöpfkellen werden die Felder bewässert, mit Hacken wird Unkraut gejätet, mit Spaten umgegraben, und aus dem Karottenbeet werden sorgfältig die großen, kerzengerade gewachsenen Karotten einzeln herausgesucht - alles in gebückter Haltung, alles schwere körperliche Arbeit bei brennender Sonne. Diese Fronarbeit paßt überhaupt nicht zu dem Dorf, das sich hinter den Feldern an den Berghang schmiegt. Da stehen zweistöckige Bauernhäuser mit Balkonen und Säulen, die den Einfluß des nahen portugiesischen Macao verraten. Viel anders sehen die Dörfer im Norden Portugals auch nicht aus.

Die graue, vom feuchten Tropenwetter verschimmelte Fassade zeigt, daß diese Häuser schon bessere Tage gesehen haben. Doch dazwischen stehen prächtige Neubauten, bis zu fünf Stockwerk hoch, aus Beton mit weißen Klinkerfassaden, Apartmenthäusern gleich, die jede deutsche Großstadt zieren würden. Und schließlich ein rosafarbener Monumentalbau. Eine breite, geschwungene Außentreppe führt zu einer säulenumgrenzten Terrasse. Korinthische Säulen tragen die Fenstergiebel. Das Dach erinnert an einen südeuropäischen Palazzo. Unser Begleiter aus der Provinz Guangdong, der das Dorf nicht kennt, meint, das sei wohl eine neue Kirche.

Yuanshan ist sicher nicht typisch für ganz China. Aber was dieser Weiler uns offenbart, veranschaulicht gut die sich überschlagende Entwicklung des Reiches der Mitte, das verwirrende Bild, das China dem Betrachter bietet. Die Bauern nämlich, die da auf dem Feld arbeiten, sind alle Lohnarbeiter. Sie stammen aus dem armen Inland und arbeiten jetzt hier für einen Hungerlohn von zirka 50 Mark auf dem Acker der reichen Bewohner von Yuanshan. Da wir offizielle Begleiter dabei haben, verzichten wir auf die Frage, wie legal diese Lohnarbeit ist. Niemand verbietet in China, jemanden gegen Geld auf seinem Feld zu beschäftigen. Eine andere Frage ist es, ob diese Arbeiter entsprechend den chinesischen Gesetzen bei den Behörden angemeldet sind.

Im Ort selbst werden wir voller Neugierde empfangen. Niemand scheut sich, mit uns, den Fremden, zu sprechen, auch nicht vor der Fernsehkamera. Wir gehen die betonierte Ortsstraße entlang, vorbei an den verwitterten Häusern. „Ja“, erzählen uns die Alten, „ein Haus nach dem anderen wird gerade renoviert. Strom, Wasser und sogar Toiletten mit Wasserspülung werden eingebaut.“ Was wir von der Straße nicht sehen konnten, wird erst aus der Nähe deutlich: Das ganze Dorf ist eine Baustelle. Auch die Bauarbeiter sind wieder aus den nördlichen Provinzen. Die Hausherren selbst arbeiten in den neuen Sonderwirtschaftszonen, handeln mit Macao, haben ein Geschäft in der Stadt und so weiter.

Wir kommen zum Tempel der Familie Yuan, einem Gebäude, das die anderen alten Häuser überragt. Auch er zeigt Spuren des Verfalls, wird aber gerade renoviert. Wie groß die Familie Yuan sei, wollen wir wissen, und ob sie die reichste im Ort sei, wenn sie sich jetzt leisten könne, den Tempel wiederaufzubauen. „Nein“, heißt es, „der ganze Ort hat den Familiennamen Yuan. Sie alle gehören dem gleichen Clan an.“ Viele der Yuans sind in den Jahren der Bürgerkriege und der kommunistischen Repression ausgewandert - nach Hongkong, Macao, Taiwan, Singapur und in die USA. Sie alle investieren jetzt in ihrer Heimat. Die neue Schule haben sie ebenso gespendet wie die betonierte Straße, und sie bezahlen die Renovierung der Häuser ihrer Eltern.

Vor einem neuen fünfstöckigen Apartmenthaus erzählt uns einer der Alten stolz, daß dieses Haus seinem Sohn gehört, der in Macao einen Laden unterhält. Sobald es fertig ist, wird er wieder einziehen und dann nach Macao pendeln. Die anderen Wohnungen werden aber nicht vermietet, denn sie sind für Verwandte und Hauspersonal reserviert. Wir wundern uns: Das Haus habe doch fast 600 Quadratmeter, das sei doch etwas viel für eine Familie. Der Alte entgegnet: Hier auf dem Land wohnten sie alle in großen Häusern. Er selbst bewohne auch 80 Quadratmeter mit seiner Frau.

Neben dem großen Neubau zerkleinert der 52jährige Yuan Jinde mit seiner Frau Brennholz, das er zum Verkauf anbietet. Seiner Kleidung ist anzusehen, daß er nicht zu den Neureichen gehört. Ehe wir uns versehen, lädt uns seine Frau in das Haus ein. Wir kommen uns wie in einem Museumsdorf vor, das von allen Heimsuchungen der letzten hundert Jahre verschont geblieben ist. Im großen Eingangsraum finden wir Götterstatuen, eine Ecke für den Ahnenkult, ein großes chinesisches Landschaftsbild, alte Massivholzsessel, die ein Antiquitätenhändler sofort gekauft hätte, ebenso wie die Truhe und den Kleiderschrank.

Yuan Jinde verdient sein Geld hauptsächlich mit Reisanbau. Die Zwangsabgabe an die Regierung verringert sein Gesamteinkommen nur um zirka zehn Prozent. Die Einkünfte aus dem Feuerholz und dem Gemüse unterliegen nämlich keinen Abgaben. Seit fünf Jahren gehe es ihm richtig gut, und jedes Jahr würde es noch etwas besser, erzählt er uns. Deshalb sei er sehr mit der Regierung zufrieden. Kein Vergleich zu früher. Vor 15 Jahren hätte er noch nicht einmal Geld gehabt, um sich Schuhe zu kaufen. Aus Holz habe er sich eine Sohle geschnitzt, die er dann mit Seilen am Fuß befestigte. Hunger sei normal gewesen. Jetzt hätten sie immer genug zu essen, könnten sich auch einmal Fleisch und Fisch leisten. Wir sollten seine Schuhe anschauen: Lederschuhe könne er sich leisten.

Yuan Jinde ist mit der Welt, in der er jetzt lebt, zufrieden, denn er kann sich an die Zeit erinnern, in der er unter Mao Zedong darben mußte. Er gehört zu jener Generation, die in China Jahrzehnte gelitten hat und nun die Vorteile des Aufschwungs in aller Bescheidenheit genießen will. Harte Arbeit ist ihm dabei egal, solange er die Früchte seiner Arbeit auch behalten darf. Wenn es der Regierung in Beijing gelingt, die Mehrheit der einigen hundert Millionen einfacher Landbewohner so zufriedenzustellen wie Yuan Jinde, dann wird ihr niemand ihren Machtanspruch streitig machen.

Anschließend sind wir auch noch zu der angeblichen Kirche gegangen, dem rosafarbenen Riesengebäude im Dorf. Die Alten drückten die Tür auf. Innen bietet sich uns ein Bild wie aus dem Film „Vom Winde verweht“: eine Südstaatenvilla nach dem Bürgerkrieg. Bombastische Freitreppen schwingen sich als Betonskelette aus dem sicher 200 Quadratmeter großen Raum, der mit Buschholz und Landmaschinen vollgestellt ist. Für nur 4 000 Dollar haben die Dorfbewohner das Land für diesen Monumentalbau einem Portugiesen aus Macao überlassen, der sich dafür verpflichtet hat, an dieser Stelle ein Restaurant zu bauen, wie es in der ganzen Umgebung kein zweites gibt. Von der nahen Autobahn sollen die Gäste einmal busweise in den Ort gelockt werden und hier ihr Geld lassen. Vier Millionen Dollar seien jetzt schon für diesen Rohbau geboten worden. Aber sie vertrauten ihrem Portugiesen, der bald ganz nach Yuanshan umsiedeln werde, zum Nutzen aller.

Impressionen aus chinesischen Dörfern. Die bittere Armut haben wir nicht mehr gefunden. Wir haben mit Reisenden gesprochen, die im Auftrag der Welternährungsbehörde in den abgelegenen Dörfern der Provinz Guizhou waren, die statistisch die ärmste sein soll. Den Menschen dort fehle vieles, die Häuser bestünden oft nur aus einem Raum, aber er habe nirgendwo Zeichen von Unterernährung festgestellt, sagte uns einer von ihnen und bat, nicht mit Namen genannt zu werden. Die chinesische Regierung selbst macht keinen Hehl daraus, daß es Regionen gibt, die immer noch am Hunger entlangschrammen. So stand am 22. Dezember 1995 in der „China Daily", dem englischsprachigen Blatt der Regierung, daß die Welternährungsbehörde eine Spende im Werte von 15,5 Millionen Dollar für 91 718 Tonnen Weizen über einen Zeitraum von fünf Jahren für 220 000 Menschen in der Provinz Guizhou gewährt habe. Damit sollte die Ernährungssituation in besonders rückständigen und von der Natur benachteiligten Regionen verbessert werden. Eine solche Meldung wäre unter Mao unmöglich gewesen. Da hat die Regierung ihr Volk lieber verhungern lassen und mit Parolen gefüttert, als daß sie sich ernsthaft, auch unter Mithilfe der Ausländer, um die Verbesserung der Lebensgrundlage kümmerte.

Bei seinem Besuch in der Provinz Gansu, einer von Trockenheit und Erosion geplagten Region im Nordwesten, wies Partei- und Staatschef Jiang Zemin selbst darauf hin, daß es nun gelte, auch diese abgelegenen Gebiete mit ihren schweren wirtschaftlichen Problemen an die allgemeine Entwicklung in China anzubinden.

Bei unserer Fahrt durch Anhui, eine andere Provinz, die immer wieder mit Negativschlagzeilen auf sich aufmerksam macht, sahen wir viele Dörfer, in denen halbverfallene Lehmhütten durch Neubauten ersetzt werden. Auch hier wurde in jeder Siedlung gebaut, auch hier schepperten die dreirädrigen Traktoren Ziegelsteine über die Straßen. Auf der Fahrt durch Anhui strandeten wir in der Kleinstadt Wuhe, weil der Kupplungszug gerissen war. Ahnungslos stiegen wir zum Entsetzen unseres Begleiters aus Beijing aus und waren sofort von einigen hundert Menschen umringt, die uns einfach nur ansahen: ohne Aggression, voller Verwunderung, mit riesigem Erstaunen in den Augen. Schließlich standen Kinder, Männer und Frauen jeden Alters in etlichen Reihen um uns herum und bewegten sich mit uns wie Wellenkreise durch den Ort. Wir waren fast sicher, die ersten Langnasen zu sein, die in Wuhe durch die Straßen gelaufen sind.

Da die Reparatur etwas länger dauerte, organisierte unser Begleiter eine Mahlzeit in einem örtlichen Gasthaus. Wir wurden sofort in einen eigenen Raum im Hinterhaus geführt. Abgesehen davon, daß man innerhalb kürzester Zeit ein äußerst schmackhaftes Essen aus gefüllten Teigtaschen, Gemüse, Fleisch und Fisch auf den Tisch zauberte, stand in dem Raum auch eine Karaoke-Anlage mit einem riesigen Sony-Bildschirm. Als wir den Raum betraten, wurden wir in Ton und Bild mit chinesischen Liebesliedern berieselt. Es gibt zivilisatorische Entwicklungen, die bis in den letzten Winkel vorgedrungen sind - die Karaoke-Musikbox gehört dazu.

Wuhe ist für chinesische Verhältnisse eine Kleinstadt. Hier leben etwa 150 000 Menschen. Auch wenn sie selbst keine Bauern mehr sind, sondern Händler, Handwerker und Arbeiter, so hängen sie doch alle von der Landwirtschaft ab. Jeder wirtschaftliche Eingriff in dieses Gefüge hat gewaltige Auswirkungen auf das Netzwerk der Beziehungsgeflechte dieser Menschen. So wie Dengs Bauernbefreiung auch schlagartig einen selbständigen Mittelstand zur Folge hatte, sackt die Lebensgrundlage ganzer Regionen ab, wenn das Einkommen der Bauern stagniert.

An ihrem Beginn waren die Dengschen Reformen so vielversprechend wie nie zuvor. Zwischen 1979 und 1984 wuchs das Einkommen der Landbezirke um erstaunliche 18 Prozent pro Jahr. Dieser schnelle Erfolg war möglich, weil den Bauern erlaubt wurde, ihre eigene Produktion zu organisieren. Die Reformen machten nicht den Fehler vieler Staaten der Dritten Welt - und jetzt auch Rußlands -, die Stadtbewohner zu Lasten der Bauern ruhigzustellen. Seit 1985 aber, als die Reformer sich zunehmend um die Industrie und die kapitalvernichtenden Staatsfirmen kümmerten, sank die Einkommensentwicklung auf dem Land auf durchschnittlich 2,5 Prozent und wächst heute nur noch um 2 Prozent. Damit wächst die Unruhe auf dem Land, auch wenn es den Bauern objektiv nicht schlecht geht.

Allein von 1796 bis zum Ende des Kaiserreiches im Jahre 1911 wurde China von sechs großen Rebellionen erschüttert, die jeweils Regionen so groß wie Frankreich oder gar ganz Mitteleuropa umfaßten und die selten weniger als 10 Millionen Opfer forderten. Sie dauerten, wie der Miao-Aufstand im 19. Jahrhundert, bis zu 22 Jahren. Diese Eruptionen sind mit nichts zu vergleichen, was sich je an Bauernrevolten oder Bürgerkriegen in Europa ereignet hat. Sie alle läuteten bereits das Ende des korrupten, feudalen und ungerechten Chinas ein, das schließlich nach einem eher lächerlichen Vorfall hinweggefegt wurde.

An den Ursachen der Aufstände aber, der Ausbeutung der Bauern und ihrer Rechtlosigkeit, laboriert die chinesische Regierung noch heute herum. Im feudalen China standen die Bauern am unteren Ende der mehrschichtigen Staatsbürokratie. Sie waren den Dorf-, Kreis-, Provinz- und Staatsbehörden ausgeliefert. Regionale Kriegsherren plünderten sie ebenso aus wie lokale Großgrundbesitzer. In China war es seit alters her für die Herrscher eine bequeme und sichere Geldquelle, wenn man einem Feudal- oder Kriegsherrn die Steuerhoheit über einen Landstrich einräumte. Er mußte dafür eine festgelegte Summe abliefern und konnte den Rest von dem, was er den Bauern abpreßte, für sich behalten. Dieser Steuerherrscher vergab dann wieder Lehen an kleinere Steuereintreiber, und je nach Region und politischer Lage lebten fünf, sechs Schichten von Feudalherren von der Arbeit der Bauern, für die kaum genug zum Leben blieb.

Die Abgaben wurden nach Lust und Laune festgelegt, je nachdem, wieviel die jeweiligen Herrscher gerade für ihre Kriege oder ihren Luxus verbrauchten. Das führte dazu, daß die Bauern oft gezwungen waren, sich bei ihren Lehnsherren zu verschulden. Konnten sie das Geld oder die Ernteerträge nicht rechtzeitig zurückzahlen, verloren sie ihr Land und mußten ihre Kinder oder sich selbst an den Kreditgeber verkaufen. Über Jahrhunderte entwickelten sich so auf dem Land Strukturen und Verhaltensweisen, die allein dazu dienten, das Überleben zu sichern. Der lokale Großgrundbesitzer, der oft auch nur durch die Gnade des nächsthöheren Beamten oder Militärbefehlshabers lebte, hatte es in der Hand, die Steuerlast für den einen zu mildern, für den anderen zu erhöhen. Anpassung, Untertanengeist und bedingungsloses Einordnen sicherten da noch am ehesten die Existenz.

Landadel oder Großgrundbesitzer, die Gentry, wie sie die englischen Kolonialherren nannten, stellten auch die kleinen und mittleren Beamten. Ihre Söhne hatten die Chance, durch ein System von Prüfungen im Beamtenapparat des Kaiserreiches aufzusteigen. Doch auch sie konnten durch einen kleinen Fehler oder den Neid eines höheren Beamten alle Besitztümer verlieren, verjagt oder enthauptet werden.

Diese fast Jahrtausende währende Unterdrückung hat tiefe Spuren im chinesischen Bewußtsein hinterlassen und ist mit vielen Namen gerechtfertigt worden - einer davon heißt Konfuzianismus. Ob der Gelehrte aus dem Königreich Lu, über dessen Lehren es Hunderte von Büchern und Abhandlungen gibt, wirklich alles so gemeint und gesagt hat, daß es heute noch für eine Gesellschaft taugt, mag dahingestellt sein. Jedenfalls holen ihn viele autoritäre Staaten gern aus der Versenkung, wenn es darum geht, die eigenen Untertanen wieder einmal zu kujonieren. Konsequenterweise hatten die Kommunisten in ihrer Revolutionsphase, als sie noch Bauernbefreier waren, auch den Kampf gegen konfuzianische Unterdrückungslehren beschworen. Aber das gehört der Vergangenheit an. Der 2454. Geburtstag von Konfuzius im Oktober 1994 wurde in Beijing von der Regierung mit einem großen Kongreß gefeiert.

Die Bauernbefreiung nach 1949 war nur kurzlebig. Sie kostete zwar einige Millionen sogenannter Großgrundbesitzer den Kopf, doch dann begann Mao mit seinen Experimenten. Stück für Stück wurde das Land einer gigantischen zentralen Planung unterworfen. Schon 1958 war der einzelne Bauer wieder unter sechs Schichten Verwaltung begraben: der Provinz, der Präfektur, dem Landkreis, der Kommune, der Brigade und schließlich dem Produktionsteam. China war in 2 000 Landkreise aufgeteilt, diese wiederum in 70 000 Kommunen, die die 750 000 Brigaden kontrollierten. Die Brigaden, jeweils ungefähr 220 Haushalte, waren in fünf Millionen Produk-tionsteams aufgeteilt, die jeweils aus ungefähr 145 Personen bestanden.

Über diesem monumentalen Überwachungsgebilde thronte dann noch ein Getreidemonopol, das vom detaillierten Anbauplan bis zur Ernte und der Verteilung der Endprodukte alles regelte. Nicht nur der einzelne Bauer, jeder einzelne Bürger stand somit unter totaler Kontrolle. Wenn er sich von seinem Zuteilungsort entfernte, ohne seine Ration behördlich sicherzustellen, hatte er nichts mehr zu essen. Die Kommunisten, die angetreten waren, die Bauern zu befreien, hatten ein Meisterwerk chinesischer Staatskunst vollbracht, nämlich durch eine totale Bürokratie das Riesenreich völlig unter Kontrolle zu halten. Der Staat war zum absoluten Großgrundbesitzer mutiert, und der Bauer war von dessen Gunstbeweisen so abhängig wie nie zuvor. Ja, zeitweise war es sogar verboten, zu Hause zu kochen, und die Menschen durften nur in den Volkskommuneküchen essen. Noch brutaler und engmaschiger hat noch nie ein Herrscher ein so riesiges Volk seinem Willen unterwerfen können.

Folglich spielten die „Guanxi“, die Beziehungen, eine entscheidende Rolle. Waren es früher die Gunstbeweise gegenüber dem Großgrundbesitzer, durch die man einer Steuer zu entkommen suchte, so mußte jetzt der Leiter des Produktionsteams bei Laune gehalten werden. Er konnte über Leben oder Hungerstod entscheiden. Es bleibt späteren Historikern vorbehalten, die genaue Millionenzahl der Verhungerten zu ermitteln, die diese Bauernunterdrückung in China gekostet hat. Die neuen Herren waren jetzt die Parteikader, und diese erwiesen sich als nicht weniger korrupt als die frühere Landgentry. Der Teamführer mußte sich wieder mit dem Brigadeführer gutstellen, und alle, die eine Parteiverantwortung hatten, mußten aus ihren Bauern soviel Getreide herauspressen wie nur irgend möglich, damit ihre Karriere und ihre Position gesichert blieben - auch wenn diese Zahlen dann nur auf dem Papier standen und die Getreideproduktion immer weiter zurückging.

Als Deng dann 1978 die Bauern ein zweites Mal befreite, schnellte die Produktion sofort in die Höhe. Sie wuchs jährlich um fast 10 Prozent und erreichte 1984 407 Millionen Tonnen, ein Drittel mehr als 1978.

Mit dem Einkommen stieg auch das Selbstbewußtsein der Bauern, begann sich auch auf dem Land eine pluralistische Gesellschaft zu entwickeln. Die Interessengegensätze können heute nicht mehr per Parteidekret beseitigt werden. Es ist nicht mehr so einfach, die Bauern zu enteignen und ihr Land der Industrie zu übergeben. Sie verlangen und erhalten Entschädigungen, die nicht nur mit Geld abgegolten werden. Sie verlangen, als Arbeiter beim Bau der Siedlungen beschäftigt zu werden, die auf ihrem Land entstehen. So mancher Direktor der staatlichen Unternehmen hat sich schon einer wütenden Bauernschar gegenübergesehen, wenn diese Versprechungen nicht eingehalten wurden. Die Bauern stürmen auch schon mal eine örtliche Parteibehörde, wenn diese zu hohe Abgaben verlangt, ohne vorher gefragt zu haben. In einem Fall sollen Bauern ein lokales Parteibüro gestürmt haben, als sie statt mit Geld mit wertlosen Gutscheinen für ihre Getreidelieferungen abgespeist wurden.

Nach wie vor sind die Bauern oft unfähigen Parteikadern, korrupten Polizeibeamten und marodierenden Banden ausgesetzt. Je abgelegener die Gegend, um so schlimmer sind die Horrorstories über Beamte und Uniformierte, die sich aufführen, als ob sie noch im Kaiserreich dienten. Diese Gefahr hat die Parteiführung um Jiang Zemin erkannt. Ihre Kampagnen gegen Korruption zielen auf diese Mißstände. Dabei wird allerdings mit zweierlei Maß gemessen. Enthüllt eine Parteizeitung einen Korruptionsfall, so ist er amtlich und verdammenswert; enthüllt ein ausländischer Journalist einen Korruptionsfall, kann dies als antichinesische Propaganda ausgelegt werden; enthüllt ein chinesischer Bürger einen Korruptionsfall, so muß er sich vorher genau vergewissern, ob der Beamte, dem er berichtet, nicht gar selbst der Obermafioso ist.

Bis die Modernisierung Chinas auch den einzelnen Bürger vor Übergriffen des Staates schützt, werden sich die Chinesen auf eine Struktur verlassen, die den einzelnen mehr geschützt hat als alle Beamte der Kaiser und Parteikader zusammen - auf ihre Familie und deren Beziehungsgeflecht.

7. „Clan“ und „Guanxi“
Das lebensnotwendige Beziehungsgeflecht

Die Straßen sind gepflegt, von Blumenrabatten umsäumt. Haus für Haus strahlt einen gewissen Wohlstand aus. Die meisten sind mit Marmor verkleidet. Einige Hektar groß ist dieser Stadtteil von Manila, der sich wohltuend von den Hütten und Slums abhebt, die ihn umgeben. Es handelt sich um den chinesischen Friedhof. Dessen solide Grabhäuser gehören nicht nur den wohlhabenden Chinesen der philippinischen Hauptstadt, sondern hier haben auch ärmere chinesische Familien ihren Ahnen eine Wohnstatt errichtet, die wesentlich komfortabler ist als die Hütte, in der sie selbst im Diesseits wohnen.
Längst steht der chinesische Friedhof auf jedem Touristenprogramm. Die westlichen Besucher amüsieren sich zum Teil köstlich über diese chinesische Tradition, die für sie schierer Aberglaube ist. In den großzügigen Grabstätten gibt es oft mehrere Räume, ausgestattet mit Kühlschrank, Sitzgruppe, Farbfernseher und Telefon. Den Toten soll es an nichts mangeln. Ein gemauerter Ofen auf dem Grundstück ist extra dazu angelegt, um darin das Geld zu verbrennen, das dann den Ahnen im Jenseits eine sorglose Ruhe ermöglicht. Dabei hat sich der Pragmatismus der Lebenden immerhin soweit durchgesetzt, daß es für die Toten in den chinesischen Gemeinden in aller Welt eine Einheitswährung bündelweise zu kaufen gibt. Ein Hauch von echtem Gold ist schon dabei, damit das Gewissen beruhigt wird, auch wenn die Verstorbenen mit dem Falschgeld eigentlich hintergangen werden. Im wohlhabenden Taiwan wurden solche Mengen von Papiergeld verbrannt, daß die Regierung bat, zum Schutz vor Luftverschmutzung doch Kreditkarten für das Totengeld zu benutzen, die wären genausogut.

Dominiert werden die Grabhäuser von riesigen Gemälden der Verstorbenen. Diese sind somit immer dabei, wenn am Wochenende Mitglieder des Familienclans vorbeikommen, um hier ihre Freizeit zu verbringen. Da wird gekocht, gelacht, gespielt, geruht und vor allem der ganze Familientratsch aufgewärmt. Die Kinder wachsen auf diese Weise in der Familiengemeinschaft auf, im Zusammenhalt vieler Generationen. Und im Grab der Ahnen lernen sie ihre Verwandten kennen, spielen mit Cousins vieler Verwandtschaftsgrade. Die Grabstätten sind der Mittelpunkt des ganzen Familienclans.

Die neuen Hotels in der Volksrepublik haben genauso wie die Hotelpaläste in Taiwan, Singapur oder Hongkong alle mehrere große Ballsäle. Hier wird mehr Umsatz gemacht als durch Übernachtungen und Staatsbankette. Die Festlichkeiten, die das Geld bringen, ähneln sich überall, wo Chinesen feiern. Auf runden Tischen, an denen zehn bis zwölf Personen Platz finden, drehen sich Scheiben mit den köstlichsten Speisen. Die Tische sind im wahrsten Sinne des Wortes überladen. Die Gäste unterscheiden sich allerdings sehr. Da gibt es Tische, an denen eindeutig gebildete und gutangezogene Leute sitzen, die ruhig und vornehm ihre Speisen verzehren. Und es gibt Tische, wo einfache Leute mit derben Gesichtern auf ihre Art feiern: mit viel Alkohol, lautem Gesang und auch schon mal einer Schlägerei. Das Ganze ist dann ein chinesisches Familientreffen oder eine Hochzeit. So unterschiedlich die Gäste auch sind, sie gehören alle zur Verwandtschaft, zum großen Clan, der bei Hochzeiten noch durch Arbeitskollegen und Freunde ergänzt wird.

An den Tischen herrscht bei allem vordergründigen Durcheinander eine strenge Rangordnung. Am Ehrentisch bei den internen Familienfesten sitzen die Chanbei, die Mitglieder der ältesten Generation. Nach dem Alter abgestuft folgen dann die Gäste an den weiteren Tischen. Gehören bei uns zu einem Familienfest im engen Kreis die Eltern, Geschwister und vielleicht noch Tanten und Onkels, so umfaßt ein chinesisches Familienfest im engen Kreise auch noch die Verwandten vom angeheirateten Schwiegersohn, deren Ehepartner und deren Kinder und vielleicht auch noch deren Schwiegereltern. Verwandtschaft wird weit gefaßt und steht im Zentrum des chinesischen Lebens. Wir haben Familienfeiern in Taiwan erlebt, wo Sippen, die vor 40 Jahren vom Festland ausgewandert waren, aus der ganzen Welt zusammengekommen sind, oft über 620 Menschen. Der frühere Präsident der Bank von Bangkok etwa, ein Chaozhou-Chinese, lud seine Sippe ein und konnte entsprechend seiner Stellung die Flugtickets bezahlen. In der Presse war dann zu lesen, daß sich über 2 500 Verwandte eingefunden hatten.

In Tianjin in der Volksrepublik benötigte ein deutscher Investor eine Genehmigung zur Einfuhr von Maschinen. Ein Geschäftspartner versicherte ihm, das sei kein Problem, weil der zuständige Sachbearbeiter beim Zoll ein Verwandter sei. Das Problem wurde tatsächlich auch schnell gelöst. Später erfuhr der Investor, daß es sich bei dem

„Verwandten“ um einen Schwager des angeheirateten Neffen vom Schwiegersohn des Cousins gehandelt hatte.

Dies alles sind Beispiele dafür, wie sehr die Familie in China im Mittelpunkt des einzelnen steht, wo er seine Verpflichtungen sieht und wo er eingebunden ist. Äußerlich unterscheidet sich die Familienverbundenheit kaum von südeuropäischen Familientraditionen. Doch während bei uns das christliche Gebot „Liebe deinen Nächsten wie dich selbst“, auch wenn es nicht täglich und ständig eingehalten wird, in unserem Gewissen verankert ist, haben die Chinesen kein solch universelles Liebesgebot. Ihre Einstellung zum Nächsten ist statt dessen geprägt von einer persönlichen Beziehung zum Gegenüber, und damit verändert sich sein Verhalten von Fall zu Fall.

Dies hat Konsequenzen: Soziale Verantwortung und soziales Verhalten sind von Person zu Person verschieden. Das bedeutet auch, daß gruppenegoistisches Familieninteresse Vorrang hat vor den Staatsinteressen. Wenn in China von Gemeinnutz gesprochen wird, muß damit nicht notwendigerweise der Nutzen für die gesamte Gemeinschaft gemeint sein. Der Gemeinnutz kann sich durchaus auf einen kleinen Personenkreis beziehen, sprich die Familie, den Clan oder die nächste Umgebung des Redners. Ein Chinese betrachtet es auch nicht als egoistisches Verhalten, wenn er die Interessen seiner eigenen Familie vor die Interessen des größeren Clans stellt. Aber die Interessen des Clans sind immer noch wichtiger als die Interessen des Staates.

Jeder einzelne muß sich eine Beziehungswelt aufbauen, sonst geht er unter. Und diese Beziehungswelt sind die Familie und der Clan. Wesentliches Merkmal dieser Beziehungen ist ihre strikte Wechselseitigkeit. Um es mit den Worten eines Bankangestellten auszudrükken: In einer Beziehung zu Chinesen sollte immer darauf geachtet werden, daß das Beziehungskonto ausgeglichen ist und man nicht in die roten Zahlen gerät. Hilft der Schwiegersohn des Cousins, so hat er ein Beziehungskonto eröffnet. Das muß dann irgenwann ausgeglichen werden. Die Hilfe des weitläufig Verwandten für den deutschen Investor in Tianjin wird so leicht erklärbar.

Außer der Familie baut sich jeder Chinese auch unter Mitschülern, Freunden aus gemeinsamer Militärzeit und Geschäftspartnern ein Beziehungsgeflecht auf. Je enger dies ist und je mehr wichtige Persönlichkeiten dazugehören, desto sicherer ist die eigene Position. Erkrankt zum Beispiel ein Teilnehmer dieses Beziehungsnetzes oder hat er finanzielle Probleme, kann er sicher sein, daß ein Mitglied des Netzes ihm hilft. Widerfährt dem Helfer in Zukunft ein ähnliches Schicksal, kann er seinerseits aber auch sicher sein, daß ihm ebenfalls geholfen wird, da ja noch eine Rechnung offen ist. Wenn keine Beziehungen bestehen, wie dies unter Fremden der Fall ist, fehlt die innere Verpflichtung zu helfen. So kommt es vor, daß ein Verkehrsopfer nach einem Autounfall längere Zeit auf der Straße liegen bleibt, einfach deshalb, weil niemand den Betreffenden kennt. Der langjährige ARD-Korrespondent Jürgen Bertram berichtet, wie er vor einem Dorf die Leiche eines erfrorenen Wanderarbeiters findet, um den sich niemand kümmert, weil er ja nicht zum Dorf gehört.

Der Aufbau und die Nutzung dieser verschiedenen Arten von Beziehungen oder „connections“ hat es den Menschen in China auch in den schlimmsten Zeiten möglich gemacht, auf ihre Art und Weise in der Gesellschaft zurechtzukommen, auch wenn dies mit unserem westlichen Ethos nicht unbedingt im Einklang steht.

Seit Urgedenken ist dem Chinesen ins Bewußtsein eingegraben, daß die Familie und der Clan seine Sicherheit bedeuten. Dies hat historische und philosophische Wurzeln. Die feudalen Regierungsstrukturen, in denen der Herrscher über sein Volk wie der Patriarch über seine Familie regierte, waren schon in der Zhou-Dynastie, deren Regierungszeit 1100 v. Chr. begann, ausgeprägt und haben sich über 3 000 Jahre kaum wesentlich verändert. Neben einer Gerichtsbarkeit durch den Kaiser gab es immer auch das Recht des Familienoberhaupts, Urteile zu fällen und zu vollstrecken. Eine weitverbreitete Form der Familienstrafe war das Ausschlagen der Zähne. Die Familie verkörperte in der Gemeinschaft des eigenen Clans einen kleinen Staat.

Die Verantwortung der Familienmitglieder füreinander und die Strenge, mit der Fehlverhalten geahndet wird, haben eine jahrhundertealte Tradition. Schon in der Qing-Dynastie 221 v. Chr. gab es eine kaiserliche Verfügung, die das ganze Volk in Gruppen von fünf bis zehn Familien einteilte. Sie alle waren füreinander verantwortlich, auch für die Fehler einzelner Mitglieder der jeweils anderen Familien. Bei Fehlverhalten wurde die ganze Familiengruppe getötet. Dabei wurden die Betroffenen zwischen vier Pferdewagen gespannt, die sie dann in vier verschiedene Richtungen auseinanderrissen.

Die Macht des Staates über den einzelnen ist in China bis heute enorm groß. Das Feudalzeitalter hat nie aufgehört, auch wenn der letzte Kaiser 1911 gestürzt wurde. Es folgten Bürgerkriege, Kriege und die Kommunisten. Mao Zedong hat sich der Qing-Dynastie besonders verbunden gefühlt, und seine Volkskommunen erinnerten in ihren Überwachungsstrukturen stark an die Praxis der vorchristlichen Zeit. Die Staatsmacht stellt in der Volksrepublik bis zum heutigen Tag eine Bedrohung für das Individuum dar, die Familie dagegen einen sicheren Schutz.

So wie wir Europäer von griechisch-römisch-christlichen Werten geprägt sind, so sind die Lehren des Konfuzius das Rückenmark der Chinesen. Auch wer bei uns überzeugter Atheist ist, ist von den Werten des Christentums geprägt. Ebensowenig kann ein Chinese, der die Lehren von Konfuzius als Relikt des Feudalismus ablehnt, aus dem Korsett der konfuzianisch geprägten Gesellschaft heraus. Damit ist jeder Chinese auch bewußt oder unbewußt in die konfuzianische Familienordnung eingebunden.

Der große Weise Chinas hat wie kein anderer Philosoph das Denken von Millionen Menschen über Generationen geprägt. Er lebte 551 bis 479 v. Chr. und zog als Staatsmann und Gelehrter von Herrscher zu Herrscher, um seine Dienste anzubieten. Sehr beliebt war er nicht: Zu rigoros waren seine moralischen Vorstellungen, zu anspruchsvoll seine Anforderungen an die Könige. Wir können Konfuzius durchaus als den Urvater unserer modernen Consulting-Unternehmen betrachten. Allerdings war er finanziell sicherlich nicht so erfolgreich. Die politische Macht sollte nach Konfuzius’ Ansicht immer in den Händen der Fähigsten liegen und deren Güte dem Volk als gutes Beispiel dienen - damals wie heute eine unbequeme Lehre für die Mächtigen. Da Konfuzius nie sehr lange an einem Hof verweilen durfte, war es ihm auch nie möglich, seine Theorien einmal in die Praxis umzusetzen. Dennoch hatte er noch zu seinen Lebzeiten insgesamt 72 Schüler und mehr als 3 000 Anhänger aus allen Bereichen der chinesischen Gesellschaft.

Es gibt viele Strömungen des Konfuzianismus quer durch die chinesische Geschichte mit unterschiedlichsten Interpretationen seiner Lehren. Da erging es Konfuzius wie anderen großen Philosophen und Religionsstiftern auch: Je nach Bedarf suchten sich Herrscher die Interpretation aus, die ihnen gerade paßte, und das ist heute noch so. Und wie Christen im Namen des Christentums andere Völker zwangsweise bekehrten oder umbrachten, so errichteten die chinesischen Kaiser im Namen von Konfuzius einen feudalistischen Unterdrückungsapparat. Zur Zeit muß der große Weise für die kommunistische Regierung in Beijing herhalten. Außer von zwei Herrschern, dem Kaiser Qinshihuang, der von 221 bis 207 v. Chr. regierte, und dessen Bewunderer Mao Zedong, der von 1949 bis 1976 die absolute Macht ausübte, wurde Konfuzius nie in Frage gestellt.

Qinshihuang war Maos großes Vorbild, war der einzige Kaiser, den er respektierte. Qinshihuang ist aus zweierlei Gründen einer der berühmtesten chinesischen Kaiser. Er hat die Spurweite der Wagen festgelegt, Straßen gebaut, Dämme errichtet, Maße und Gewichte im ganzen Reich standardisiert, China also modernisiert. Bei uns ist er bekannt durch seine Terrakotta-Armee, die zu seinem Grabmal gehört und die unsere Bewunderung über die chinesische Kultur noch vergrößert hat. Durchgesetzt hat Qinshihuang diese Reformen mit einer Brutalität, die seine Vorgänger, welche auch mit schierem Terror regiert hatten, bei weitem in den Schatten stellte. Seine Spezialität: Er ließ seinen Untertanen bei den kleinsten Vergehen die Hände und Füße abhacken. Zur Abschreckung ließ er einmal einen ganzen Berg aus Füßen aufschichten.

Basis der Lehren von Konfuzius sind die „fünf menschlichen Beziehungen". Sie regeln das Verhältnis zwischen Fürst und Untertan, zwischen Vater und Sohn, zwischen Ehemann und Ehefrau, zwischen älterem und jüngerem Bruder und zwischen Freund und Freund. Diese Beziehungen hat Konfuzius zur Grundlage seiner Sittenlehre gemacht. Sie sind das Fundament des *li*, des chinesischen Anstandes. In dieser Lehre finden sich aber keine Rechtfertigungen für Unterdrükkung, Gewalt oder Ausbeutung - weder jene des Volkes durch den Herrscher noch jene der Frau durch den Mann, um nur zwei Beziehungen zu nennen, für deren Mißbrauch Konfuzius gerne verantwortlich gemacht wird. Für fast alles, was in seinem Namen geschieht, gibt es ein Zitat aus den Niederschriften seiner Schüler. Und wenn es nicht paßt, wird es erfunden. Doch folgendes Zitat ist echt: „Wenn *li* zu Hause regiert, dann unterscheidet sich alt von jung. Wenn *li* im Dorf regiert, dann haben die großen Familien gute Beziehungen untereinander und leben in Harmonie. Wenn *li* am Hofe regiert, dann sind die ‚offiziellen Ämter' entsprechend gut geführt."

Die Revolutionäre, die 1911 das Kaiserreich stürzten, waren sich der Schwäche der chinesischen Gesellschaft durchaus bewußt. Die Jahrtausende ohne individuellen Schutz vor dem Staat hatten gleichzeitig ein gemeinsames chinesisches Staatsbewußtsein verhindert.

Sun Yatsen schreibt dazu: „Die Chinesen haben ein stark ausgeprägtes Familien- und Sippenbewußtsein. Dabei fehlt uns grundsätzlich ein chinesisches Staatsbewußtsein. Ausländer sagen, wir Chinesen seien ein Haufen losen Sandes. Das Zusammenhalten der Familien und Sippen ist ungeheuer stark. Um Angehörige ihrer Familie zu schützen, opfern sie freiwillig Geld und Gut, Leib und Leben. Niemals aber gibt es in bezug auf den Staat einen derartigen Geist der Aufopferungsbereitschaft.“

Mehr als 80 Jahre sind seit dem Sturz des Kaiserreiches vergangen, und noch immer hat sich nicht viel an Suns Analyse geändert. Die Familie ist nach wie vor wichtiger als der Staat. Denn noch immer gibt es keine individuelle Sicherheit vor dem autoritären Regime, noch immer ist die Familie der einzige verläßliche Schutz.

Die kommunistischen Führer erwecken in ihren Untertanen den Eindruck, daß die Verhaltensnormen aus dem Kaiserreich noch heute gelten und von republikanischer Offenheit noch nichts zu spüren ist. Deng Xiaoping hat nach seinem Sturz 1966 unter nichts so gelitten wie unter der Trennung seiner Familie. Seit er in Beijing die Macht übernommen hat, beweist er sich als gutes Familienoberhaupt und hat seine Kinder für die erlittene Erniedrigung während der Kulturrevolution entschädigt. Dazu gehört vor allem sein querschnittsgelähmter Sohn Deng Pufang, den die Roten Garden zum Krüppel gemacht haben. Heute kontrolliert Dengs weitläufige Familie 14 Aktiengesellschaften in Hongkong mit einem Wert von ungefähr 2 Milliarden Dollar, wie das Magazin „Asia Inc.“ in Hongkong nachgewiesen hat.

Die Führungsschicht der kommunistischen Kader entwickelt ein Beziehungssystem, das längst nicht mehr auf einer ideologischen Übereinstimmung und Kampferfahrung beruht, sondern auf immer enger werdenden familiären Banden. Schon Li Peng stammt aus dem engsten Führungskreis der ersten Revolutionsgeneration. Er ist Zhou Enlais Adoptivsohn.

Wie in allen guten Beziehungsnetzen ist der Aufstieg nach oben leichter, wenn die Väter schon ganz oben dabei sind. Der Sohn von Marschall Ye Xuanning ist Präsident der Kaili Corporation, die der Armee gehört. In Poly Technologies ist der Sohn des früheren Präsidenten Yang Shangkun Manager, und Vizepräsident Rong Yirens Sohn ist Hongkongstatthalter von Chinas größter Gesellschaft CITIC, die der Vater selbst aufgebaut hat. Die Liste könnte noch lange fortgeführt werden.

Guanxi sagen deshalb China-Kenner, sei das wichtigste und erste Wort, das man in China lernen und dessen Bedeutung man verstehen muß. *Guanxi* heißt Beziehung. Aber es meint eben mehr als nur die guten Beziehungen, die auch in Deutschland helfen. Es ist ein Beziehungsnetz, und die Stärke des Netzes wird bestimmt durch die Stärke ihrer Knotenpunkte. Jedes Beziehungsnetz stellt sich so dar, als wenn man einen Stein ins Wasser wirft. Im Zentrum wird ein Kräftefeld ausgelöst, um das herum viele Kreise entstehen. All diese Kreise sind Teil eines Beziehungsgeflechtes. Werfen wir nun zwei Steine nicht weit voneinander entfernt ins Wasser, überschneiden sich die Kreise. Werfen wir 1,2 Milliarden Steine ins Wasser, dann haben wir Milliarden Berührungspunkte, ein Netz von sich begegnenden Kreisen, haben Milliarden von Beziehungsnetzen. Das ist China.

Die Beschreibung der chinesischen Familie und der sich aus dieser Tradition ergebenden Beziehungsgeflechte haben wir nicht so ausführlich dargestellt, um die Kultur Chinas zu erklären, sondern weil die Unkenntnis der Regeln viele Geschäftsbeziehungen scheitern läßt. *Guanxi* ist zwar ein Wort, das jedem einigermaßen informierten Manager mit auf die Chinareise gegeben wird, aber es bedeutet eben mehr als Biertrinken, Schulterklopfen und gemeinsam Karaoke singen. Wer Sensibilität und Menschenkenntnis mitbringt, wer nicht alles auf die deutsche Weise machen muß, wer die Feinfühligkeit besitzt, den anderen Menschen verstehen zu wollen, der kann auch in China - ohne dort jahrzehntelang *Guanxi* aufgebaut zu haben - Verluste vermeiden. Wir haben folgendes Beispiel eines Infrastrukturprojektes erlebt. Nur die Namen sind geändert:

Für den ersten Bauabschnitt wird von der zuständigen Staatsstelle ein Auftrag in Höhe von einer Milliarde Dollar vergeben. Die chinesische Firma Laifu hat den Auftrag erhalten und veröffentlicht nun eine internationale Ausschreibung nach sehr strengen Bedingungen. Sie drückt die Anbieter auf einen Preis, der schon fast nicht mehr zu akzeptieren ist. Schließlich steigen die meisten Interessenten aus, weil sie für 600 Millionen Dollar einfach nicht liefern können. Ein europäisches Unternehmen hat sich dagegen geschworen, um jeden Preis in den asiatischen Markt einzudringen. Also werden nun von der europäischen Seite Beziehungen zu dem asiatischen Inhaber geknüpft.

Die chinesischen Partner werden eingeladen, es finden Präsentationen statt, und chinesische Lobbyisten werden mit Geld versorgt, damit sie den Auftrag landen. Die Ingenieursabteilungen zerbrechen sich die Köpfe, die Banker freuen sich auf die Finanzierung, und die Anwälte haben Brot und Arbeit. Bid bond, performance bond und zusätzliche Bankgarantie werden gegeben. Man hat schließlich beste Beziehungen und eigene Experten, die diesen Superdeal gefingert haben.

Bei der Planung und Beauftragung der Subunternehmen vor Ort beginnt dann der Ärger. Die europäische Firma verpflichtet nur ihnen lang bekannte Subunternehmen, denn bei der knapp bemessenen Zeit und der Nullmarge darf kein Fehler unterlaufen. Das große Geld, so die Überlegung, wird ja schließlich beim Nachfolgeauftrag verdient. Die asiatische Seite, Vertrag hin oder her, mischt sich in die Vergabe von Zulieferaufträgen ein und will amerikanische Firmen begünstigen. Verhandlungen, Ärger.

Der Chairman des asiatischen Unternehmens redet nicht mehr mit dem Projektmanager, nur noch mit dem Chairman in Europa. Wertvolle Zeit geht verloren. In einer chinesischen Zeitung erscheint der erste Artikel darüber, daß es bei der Durchführung des Projekts Schwierigkeiten gibt, weil die europäische Seite die asiatische Seite durch die Wahl einiger Zulieferer ausbooten will. Der Chairman aus Europa reist an. Eine Kompromißlösung wird nach viel *maotai* gefunden, und man einigt sich darauf, eine weitere Bankgarantie in Form eines gemeinsamen Bankkontos in Asien einzurichten.

Doch damit nicht genug. Die von chinesischer Seite versprochene Hilfe bei der Beschaffung qualifizierter Arbeitskräfte bleibt aus. Es müssen Schlafstätten zur Verfügung gestellt und höhere Löhne gezahlt werden, um in der Zeit zu bleiben. Der asiatische Chairman spricht mittlerweile mit niemandem mehr. Der weitere Ablauf ist schnell erzählt: viel Streit und ein Riesenverlust der Europäer, den sie freilich nicht zugeben - im Gegenteil: In ihrer offiziellen Erklärungen heißt es: Nach manchmal bitteren Erfahrungen habe man sich nun bestens für Nachfolgeaufträge positioniert, nicht zuletzt durch die ausgezeichneten Beziehungen. Soweit das Projekt aus europäischer Sicht.

Nun die chinesische Realität. Über die Konkubine des Generalsekretärs, eines der höchsten Staatsmänner des Landes, wird von der zuständigen Behörde der Auftrag in Höhe von einer Milliarde Dollar an die Firma Laifu vergeben. 40 Prozent werden als Anzahlung sofort an Laifu bezahlt. Einen Teil davon erhält der Generalsekretär. Der wiederum zahlt damit die Konkubine, und die zahlt alle anderen aus, die mit dem Deal zu tun hatten. Es ist von vornherein klar, daß Laifu nicht die Erfahrung hat, ein solches Projekt durchzuziehen, also schreibt Laifu öffentlich aus.

50 der 400 Millionen Dollar Anzahlung sind hier und da bereits abgeflossen, bleiben 350 Millionen. Damit eröffnet der Chairman der Laifu Corp. die Laifu Bank im Ausland und beginnt, seinen eigenen Geschäften nachzugehen. Für das ausländische Unternehmen stehen also nur 60 Prozent eines eigentlich angemessenen Budgets zur Verfügung. Deswegen muß bei der Ausschreibung der Preis auf die 600 Millionen Dollar gedrückt werden, die das europäische Unternehmen schließlich akzeptiert.

Den Chairman interessiert dies herzlich wenig, denn er hat sein Geld bereits verdient und mit dem Projekt nur insofern etwas zu tun, als daß er es über die Bühne bekommen möchte. Er hat allerdings, noch ehe er selbst den Zuschlag von der zuständigen Staatsstelle erhalten hat, amerikanischen und japanischen Firmen, die über das Projekt natürlich früher informiert waren als die Europäer, gegen nützliche Abgaben Sublieferantenverträge versprochen. Als die Europäer nicht nach seinen Regeln spielen wollen, bekam das Projekt die ersten Risse. Fazit: Eine Bankauskunft alleine genügt nicht. Hätte die europäische Firma eine saubere Analyse des Beziehungsgeflechtes der Firma Laifu, ihrer Gesellschafter und Familienangehörigen angefertigt und deren Interessen gekannt, wäre sofort klar geworden, daß dieses Projekt ein wirtschaftlicher Flop sein mußte, weil es von vornherein linksgestrickt war.

Teil 2

Der mühsame Weg vom erstarrten Kaiserreich in einen aufgeklärten Staat

8. Im gelben Land am Gelben Fluß
4000 Jahre Tradition und Geschichte

Graugelb ist die Stadt und staubig. Eine acht Kilometer lange Straße, getrennt in etwa gleichbreite Fahrbahnen für Autos und Radfahrer, zieht sich schnurgerade durch eine Häuserreihe aus allen Baustilen und Materialien, die in den letzten 40 Jahren gerade üblich waren. Hunderte kleiner Läden, Restaurants, kleine Märkte und überall Tausende Menschen bestimmen das Bild. Mitten in dieser unattraktiven Häuseransammlung ragt eine mächtige Säule in den Himmel, gekrönt von einer klotzigen Opferschale. Der Sockel ist verziert mit über 2 000 Jahre alten chinesischen Schriftzeichen und Kreisen, die Yin und Yang darstellen, die chinesischen Ursymbole, in denen sich die ganze Weltordnung ausdrückt. Das sind die einzigen Hinweise darauf, daß wir uns auf historischem Boden befinden. Mehr noch, wir sind am Mittelpunkt der Welt, wie die Chinesen glauben, in Luoyang. Rund 500 000 Einwohner hat diese Stadt heute, und sie lebt von der größten Traktoren- und Landmaschinenfabrik Chinas.

Im „Buch der Geschichte", einer Dokumentensammlung, die schon Konfuzius als Vorlage galt, wird die Region von Luoyang als Zentrum der Welt beschrieben. Alle 300 li (ein li entspricht zirka 600 Meter) wird nach dieser Überlieferung die Welt barbarischer. Luoyang findet man auf der Karte südlich des Gelben Flusses in der Provinz Henan, mitten im heutigen China. Touristen kommen noch selten in diese Region, die erst seit 1992 für Ausländer geöffnet ist. Ihr Hauptziel gilt nicht so sehr der Frühzeit, sondern den buddhistischen Tempelwänden am Yi-Fluß, wo einmal über 10 000 Buddhastatuen standen, bevor Diebe und Kulturrevolutionäre verschiedener Generationen sie fast alle vernichteten oder verkauften.

Uns führt Bai Xianzhang, auf der Visitenkarte ausgewiesen als der 54. Nachfahre des großen Dichters Bai Juyi aus dem 9. Jahrhundert. Hinter der profanen Fassade bewahrt Luoyang sein Geschichtsbewußtsein. Wir fahren hinaus zu den Mang-Bergen, etwa 30 Kilometer von der Stadt entfernt. Die Landschaft ist übersät mit Grabhügeln. Fünf solcher Grabfelder gibt es rund um Luoyang, und jedes besteht aus Hunderten von Grabhügeln. Nur ganz wenige sind erforscht. Die Regierung hat jetzt verfügt, daß keine Gräber mehr geöffnet werden dürfen. Hier haben noch Generationen von Forschern zu tun, um die früheren Kulturen der Chinesen noch besser verstehen zu lernen. Wie viele Terrakotta-Armeen ähnlich denen im 500 Kilometer entfernten Xian liegen hier noch verborgen, und wie viele Erkenntnisse über diese frühen Hochkulturen können hier noch enträtselt werden?

Wir kommen an einem Dorf vorbei, wo einige hundert Bauern in einem Tempel Räucherstäbchen opfern und eine Statue anbeten, wie wir sie so noch nie gesehen haben. Bai Xianzhang erklärt uns, daß hier Fuxi angebetet wird, nach der chinesischen Mythologie der erste zivilisierte Mensch der Welt, der in dieser Region gelebt haben soll. Die Statue erinnert an einen gutmütig dreinblickenden, riesigen Chinesen, der mit einem Lendenschurz aus grünen Blättern bekleidet ist und mit seinen Füßen in grünen Ranken steht. Neben ihm steht das Drachenpferd. Der Überlieferung nach ist dieses Tier, das den Körper eines Pferdes und den Kopf eines Drachens hat, den Fluten des Huang He, des Gelben Flusses, entsprungen. Auf seinem Rücken ist eine Karte mit geheimnisvollen Symbolen gezeichnet, die Fuxi deuten konnte. Es ist die Karte der Ordnung dieser Welt. Fuxi „öffnete den Himmel“ und beseitigte das Chaos in der Welt. Und diese Weltordnung sind die Zeichen von Yin und Yang - die beiden gegensätzlichen Pole, die aber gemeinsam die Harmonie des Universums bilden.

Es ist ein eigenartiges Erlebnis. Da beten Menschen eine mythische Gestalt an, von der sie überzeugt sind, daß sie vor 8 000 Jahren Ordnung in diese Welt gebracht hat. Der Gegensatz zu den Glas- und Stahlorgien, mit der die kommunistische Führung China gerade in die Moderne jagt, könnte nicht größer sein. Der Fuxi-Tempel ist in der Kulturrevolution zerstört worden. Doch jahrtausendealte Überlieferung, die wahre Kultur des Landes, siegt. Die Bauern setzen den Tempel wieder in Stand, und sie beten zu diesem Urahn, erhoffen von ihm Glück und Wohlstand - und nicht von den Kadern und Uniformierten.

Hier, im Zentrum des Landes, begann die lange chinesische Geschichte. Die fruchtbaren Lößböden, die die innerasiatischen Winde hier bis zu 200 Meter Höhe aufgetürmt haben, boten den Bewohnern die landwirtschaftliche Grundlage für ihre frühe Hochkultur. Die Täler des Gelben Flusses und seiner Nebenarme eigneten sich hervorragend zur Besiedlung. In die Lößberge ließen sich leicht Wohnhöhlen graben, die Schutz vor der Witterung und vor Feinden boten. Bis zum heutigen Tag werden solche Lößhöhlen bewohnt. Von diesen weiten

Tälern Zentralchinas, in denen Landschaft und auch Flüsse durch den Boden wirklich „gelb“ ist und in der auch die Flüsse gelb sind, von hier aus begann die kulturelle Großtat der „gelben Rasse“, der „Han-Chinesen“. Sie formten das riesige Reich am östlichen Rand des euroasiatischen Kontinents, das wir heute als China kennen.

Ungefähr 2100 v. Chr. bildeten sich die ersten historisch dokumentierten Königreiche, die Xia. Es die Zeit, in der in Kreta die minoische Kultur in höchster Blüte steht. Die erste Dynastie, von der Ausgrabungen vorhanden sind und über die die Forschung mehr weiß als nur das, was die Beschreibungen aus dem „Buch der Geschichte“ hergeben, ist die der „Shang“, die etwa von 1700 v. Chr. immerhin rund 600 Jahre das „Gelbe Land“ in Zentralchina beherrschte. Interessant für das chinesische Selbstbewußtsein aber wird es erst danach. Der Begriff *Tianming* - „Mandat des Himmels“ - taucht auf. Die Zhou, die mit verschiedenen Herrscherhäusern dann sogar 900 Jahre dominierten, suchten eine Legitimation dafür, daß sie die Shang besiegt und vertrieben hatten.

Der siegreiche Fürst der Zhou erklärte den Machtwechsel mit dem himmlischen Auftrag, mit dem auch bei uns Könige und Kaiser, die „aus Gottes Gnaden“ bis 1918 herrschten, das Volk in Schach hielten. Dagegen war kein Argument möglich. Wer gegen den weltlichen Herrscher revoltierte, der stellte sich gegen Gott. In China war es kein personaler Gott, sondern bis 1911 der Himmel. Der Fürst der Zhou, der gerade seinen Vorgängern, den Shang, die Macht abgenommen hatte, erklärte seinen Untertanen den Sieg mit der Gunst der himmlischen Macht: „... der erhabene Himmel hat der Shang-Dynastie das Mandat entzogen ... und ihre Herrschaft damit beendet ... Aber am Ende der Shang-Herrschaft lebten die weisen und guten Menschen in Not... Der Himmel hatte Mitleid mit ihnen und übergab sein Mandat an den Führer der Zhou.“ Das himmlische Interesse an den Vorgängen auf Erden mußte jedesmal herhalten, wenn es einem neuen Clan um die Macht ging. Aber auch darin unterscheiden sich die Chinesen nicht sehr vom feudalen Europa.

Der Grundgedanke des Mandats des Himmels spiegelt sich in der Äußerung eines der Fürsten der Zhou wider: „Das ‚Mandat des Himmels' steht über allem und ist ein Geschenk des Himmels und der Erde ... Der König erhält das Mandat des Himmels, um das Volk zu lehren. Indem der König das Mandat annimmt, steht er im Zentrum zwischen Himmel, Erde und Menschen und ist dafür verantwortlich, daß diese Kräfte miteinander harmonieren."

Dieses Mandat des Himmels hat 4 000 Jahre lang zur Erklärung der Weltenläufe herhalten müssen und ist sicher auch heute noch tief im Bewußtsein eines jeden Chinesen verankert. Der Herrscher übt dieses Mandat im Bestreben aus, moralisches und sittliches Vorbild zu sein und sein Volk entsprechend als Vorbild mit Güte und Weisheit zu regieren. Er beschützt es vor Feinden, sichert das Glück und die Wohlfahrt. Dafür ist er mit absoluter Macht ausgestattet, ist dem Volk enthoben, stellt die Harmonie zwischen Himmel und Erde her.

Während der Zhou-Dynastien lebte auch Konfuzius (551-479 v. Chr.). Die Macht des zentralen Herrscherhauses war zu diesem Zeitpunkt weitgehend zerbrochen. Einzelne Königreiche kämpften um Macht, Einfluß und Land, eine konfuse Periode, die in die Zeit der „Streitenden Reiche" überging. Das Verlangen nach einer Ordnung war groß. Der sittliche Verfall löste eine große soziale, moralische und geistige Unsicherheit aus. Es war das Jahrhundert der Philosophen, die mit ihren Rezepten das geistige Vakuum zu füllen suchten. Für dieses Durcheinander schuf Konfuzius eine Lehre, die wieder ein geordnetes menschliches Zusammenleben in einer moralisch gefestigten Gesellschaft ermöglichen sollte. Konfuzius lieferte das geistige Gerüst, und China übernahm es als politische Sittenlehre gegen die Unordnung bis auf den heutigen Tag.

Konfuzius ging davon aus, daß der Mensch gut ist und damit einem guten Beispiel folgt. Die legendären Herrscher in seinen Lehren sind weise und gütig. Für das gesellschaftliche Durcheinander schafft er eine klare Ordnung von oben und unten, weil die Menschen nach seiner Überzeugung nicht gleich sind. Daher gab es bei ihm Herrscher und Beherrschte. So wurde Konfuzius zum geistigen Stammvater des chinesischen Feudalismus. Aber wie bei allen großen Philosophen: Jeder liest sich das heraus, was für seine Herrschaft gerade paßt. Die Lehren aus dem Konfuzianismus, die das Recht zum Widerstand gegen den moralisch minderwertigen Herrscher ausdrücklich garantieren, ja sogar herausfordern, werden von den Feudalherren und autoritären Regierungen Asiens immer verschwiegen. Einen konfusen Konfuzianismus nennt das der britische „Economist".

Ursprünglich meint das Mandat des Himmels die Führung des Volkes durch einen Menschen, der moralisch herausragt, ist also die Festschreibung einer gütigen und gerechten Sozialordnung. Herausgekommen aber ist ein absoluter Feudalismus. Es gab in den 2 200 Jahren chinesischen Kaisertums auch einige gütige Kaiser, die dem Mandat des Himmels gerecht wurden. Die Mehrzahl aber waren grausame Herrscher, die ihr Volk knechteten und ausbeuteten und die das Mandat des Himmels nur benutzten, um Kritiker um so brutaler verfolgen zu können.

Doch auch hier ist China keine Ausnahme. Alle Herrscher, die sich auf ein Mandat des Himmels beriefen, auf „Jehova“, auf eine Regentschaft „aus Gottes Gnaden“, auf „Allah“, auf „Quetzalqualcos“ und auf welche Götter, Geister, Himmel oder sonstige Hinweise aus dem Jenseits auch immer - sie alle haben gemordet und ihr Volk unterdrückt. Und immer wurde dabei ein „Gott“ oder „Himmel“ in Anspruch genommen. Die Folterkammern der chinesischen Kaiser und der römischen Inquisition sind austauschbar. Überwunden wurden alle diese „himmlischen Herrscher“ erst mit dem Ende des Feudalzeitalters. Der Irrglaube vom guten autoritären Herrscher stirbt langsam und ist noch immer nicht ganz ausgerottet. Zur republikanischen Demokratie gibt es keine Alternative. Chinas Tragik ist, daß sie bis heute noch nicht verwirklicht ist.

Ungefähr hundert Jahre nach Konfuzius taucht zum erstenmal bei Menzius, einem seiner Schüler, der Begriff des „Reichs der Mitte“ auf. Er benutzte dabei die beiden Schriftzeichen *zhong* für „Mitte“ und *guo* für „Land“. Mit diesem Begriff wurde die Überlegenheit des chinesischen Reiches als Mittelpunkt der Welt festgeschrieben. Menzius übernahm die Zeichen aus dem „Buch der Geschichte“, das neben dem Reich der Mitte auch die Barbarenstämme in den Randgebieten des Königreiches zu den Untertanen des Herrschers rechnete.

Die chinesischen Herrscherhäuser in den Lößregionen entwickelten eine kulturelle, wirtschaftliche und militärische Kraft, die bis zum Beginn unserer Zeitrechnung schon das ganze nördliche China bis ungefähr zum Yangtze-Fluß unter ihre Kontrolle brachte. Dies führte zu ständigen Kriegen und Reibereien mit den Barabarenstämmen. Letztere waren mit den Han-Chinesen zum Teil ethnisch eng verwandt, zum Teil aber gehörten sie zu mongolischen, türkischen, tibetanischen und altaischen Volksstämmen. Die sicherlich größte Leistung der chinesischen Kultur ist darum der Umgang mit diesen Nachbarn, ist das Aufsaugen, die Sinisierung der Völker, die heute China umfaßt.

Da der Herrscher das Mandat des Himmels hatte, waren alle Völker, die unter dem Himmel leben, seine Untertanen. Zwar waren all diejenigen Barbaren, die nicht im Reich der Mitte lebten, aber dessen Grenzen waren fließend. Landesgrenzen in unserem Sinne konnte es nicht geben, denn der Himmel hört nicht auf. In der Zeit der „Streitenden Reiche", in der fast alle klassischen philosophischen Schriften entstanden sind, gab es viele Könige, die alle das Mandat des Himmels für sich allein beanspruchten. Und jeder von ihnen hielt sich einen Philosophen.

Einer dieser Könige wollte von Menzius einmal eine Antwort auf die Frage nach der vollkommenen Zufriedenheit. Menzius sagte: „Vollkommene Zufriedenheit ist nichts anderes als die Erweiterung des Königreichs, die Stämme der Qin und Chu in die Knie zu zwingen, damit die Herrschaft über das zentrale Königreich zu erlangen und die Barbaren in den Randgebieten zu zähmen." Während der König davon ausging, die Vereinigung der Barbaren unter seiner Herrschaft durch Gewaltanwendung zu erlangen, ergänzte Menzius: „Frieden im Königreich ist nur zu erreichen, wenn alle Staaten in einem Reich zusammengefaßt werden." Auf die Frage, wer diese Aufgabe übernehmen könne, stellte Menzius fest: „Ein Herrscher, der gegen die Tötung von Menschen ist."

Einer der effizientesten Herrscher Chinas, der bereits erwähnte Qinshihuang (221-207 v. Chr.), verbannte die Sittenlehre des Konfuzius, verbrannte dessen Schriften und verfolgte die Gelehrten. Er räumte mit dem feudalen System auf und stellte jeden Bürger vor dem Gesetz gleich. Seine Grundphilosophie war der Legalismus, das Gesetz. Während Konfuzius davon ausging, daß die Menschen von Natur aus gut sind und durch Weiterbildung ihren Charakter vervollkommnen können, regierte Qinshihuang nach der Maxime: Die Menschen sind egoistisch, und das Schlechte im Menschen kann nur mit harten Gesetzen in Schach gehalten werden. Er folgte damit dem Begründer der legalistischen Denkschule Chinas, Han Feitzu. Wie wenig er im Vergleich zu Konfuzius auf die gesamte Geschichte Chinas Einfluß hatte, zeigt sich daran, wie wenig er über China hinaus bekannt geworden ist. Trotz der Grausamkeiten, trotz der unbestrittenen Erfolge hatte der legalistische Kaiser nur 14 Jahre Zeit, seine Vorstellungen durchzusetzen. Als Revolten gegen ihn ausbrachen, meldeten die Beamten diese nicht weiter, weil sie Angst davor hatten, lebendig gekocht zu werden. Ähnliche Lügen haben dann auch die große Hungersnot unter Mao Zedong verursacht, der ja, wie schon angedeutet, der größte Bewunderer des brutalen und effizienten Kaisers Qinshihuang war.

Doch ganz ist die legalistische Lehre von Han Feitzu auch in den Jahrhunderten dazwischen nicht verschwunden. Die Kaiser, denen es gelang, eine vernünftige Mischung aus den Lehren von Konfuzius und Han Feitzu für ihre praktische Regierungsarbeit zu entwickeln, waren erfolgreich. Die Balance zwischen beiden Philosophien ist bis heute nicht erreicht, und daher gibt es kein sicheres Fundament, das China seinen Bürgern bieten könnte. So wie Mao den Legalisten hervorholte, so haben seine Nachfolger wieder Konfuzius entdeckt.

Im Umgang mit den Barbaren verhielten sich die Chinesen wie im Weltraum ein „schwarzes Loch“. Sie saugten die Völker regelrecht in ihre Kultur auf. Und die verschwanden darin, assimiliert, sinisiert, als eigenständige Völker wegradiert. Die Chinesen entwickelten dabei die hohe Kunst, den ethnischen Zusammenstoß zu überleben. Wenn sie militärisch stärker waren, haben sie die Gegner ausgerottet, wenn sie gleich stark waren, haben sie flexibel verhandelt, und wenn sie schwächer waren, haben sie kleinlaut beigegeben.

Im 5. Jahrhundert n. Chr. befahl zum Beispiel der Kaiser dem kleinen Volk der Topa, Chinesen zu heiraten und chinesische Namen anzunehmen. Von diesem Stamm hat man nie wieder etwas gehört. Mit den Xiongnu, einem mächtigen Volk im Norden, prügelten sich die Chinesen mehrere Jahrhunderte, bis diese endlich vereinnahmt waren. Obwohl die Xiongnu anfänglich fast alle Schlachten gewannen, hatten die Chinesen sie am Ende regelrecht ausgelaugt. Wegen der Xiongnu wurde übrigens die chinesische Mauer gebaut, die nie auch nur einen Krieg verhindert hat. Die Barbaren haben sich von diesem Bauwerk nicht abhalten lassen.

Weil die Xiongnu militärisch nicht zu besiegen waren, verlegten sich die Chinesen auf Beschwichtigungen. Sie lieferten ihren Feinden Lebensmittel und verheirateten eine Tochter der kaiserlichen Familie mit dem Stammesfürsten der Xiongnu. Die Übergabe von Bräuten wurde dann zur Regel, nicht nur bei den Xiongnu. Je nachdem, wie gefährlich der Gegner war, wurden die Bräute ausgesucht. War die chinesische Position schwach, wurde tatsächlich eine Prinzessin übergeben. War aber der Gegner schwach, wurde ein x-beliebiges Bauernmädchen vom König adoptiert und dann zur fürstlichen Hochzeit des fremden Stammes geschickt. Auf diese Art und Weise hatten irgendwann fast alle Barbarenstämme der Nachbarschaft chinesisches Blut der Herrscherfamilien in den Adern.

Südlich des Yangtze lebten malayische Stämme, Völker des Südens. Doch je dichter die Ebenen des Nordens besiedelt wurden, um so mehr drängten die Han-Chinesen über den Yangtze. Aus dem Rinnsal der Siedler wurde nach dem Zusammenbruch der Han-Dynastie 220 n. Chr. eine Flut. Die Ordnung im Norden brach zusammen, barbarische Heere zogen durch das Reich, Könige stritten miteinander. Die Menschen flohen vor dem Chaos nach Süden. Wie die Russen ihre Verbannten nach Sibirien, die Briten ihre Häftlinge nach Australien schickten, so verbannten die Chinesen jahrhundertelang ihre Verbrecher, Aufsässigen und überflüssigen Menschen in den Süden. Die Assimilierung erfolgte dort völlig anders als im Norden. Heute sind das die wohlhabenden Küstenregionen von Schanghai bis Guangdong. Dort vermischten sich die einwandernden Chinesen mit Meos, Yeos und Thais. So entstanden die südlichen chinesischen Sprachen. Als wirklich kulturell gleichwertig werden die Südstaatler heute immer noch nicht angesehen, und um so verkniffener betrachtet der Norden ihr neureiches Gehabe.

Die Politik der Sinisierung zeitigte für die Chinesen ganz unerwartete Ergebnisse. Neben der Han-Zeit gilt die Tang-Dynastie als die große Blütezeit der chinesischen Kultur. Vieles, was wir heute wegen seiner feinen künstlerischen Ausdrucksweise in der chinesischen Kunst bewundern, ist damals entstanden: Porzellan und Jadeschnitzereien, Gedichte und Malkunst. Damals, also zwischen 600 und 900 n. Chr., war die chinesische Kultur den Europäern weit überlegen. Längst hatten sie Kompaß, Papier und Schießpulver.

Die Chinesen hören es nicht gerne, aber die ersten drei Generationen der Gründer der Tang-Dynastie nahmen jeweils nicht chinesische, sondern türkischstämmige Frauen, so daß der vierte Kaiser nur noch zu einem Achtel Chinese war. Auch sonst hatten die Tang ein hervorragendes Verhältnis zu den Barbaren und dadurch hundert Jahre lang Frieden. Als dann an der Nordgrenze ein türkisch-persischer Rebell das echte chinesische Volk aufwiegelte, standen im chinesischen Heer auch türkische und kithanische Truppen samt deren Generälen. Rebellen und Gegner behaupteten aber alle, chinesischer Herkunft zu sein. So wurden mit Hilfe echter Barbaren die vermeintlichen Barbaren, die aber echte Chinesen waren, besiegt.

Die ersten offiziellen fremden Herren waren die Mongolen. Die Reiterhorden Dschingis Khans hatten nicht nur weite Teile Europas, Persiens und Indiens überrannt, Kublai Khan unterwarf China. Diesmal halfen den Chinesen alle bisherigen diplomatischen und militärischen Tricks nicht mehr. Die Mongolen hielten sich an keine Regeln. Sie waren echte Barbaren. Als Yuan-Dynastie haben sie Eingang in die chinesische Geschichte gefunden. Die Mongolen waren damals die einzigen, die nicht in das schwarze Loch fielen. Das passierte ihnen dann aber unter den Qing, zirka 300 Jahre später. Ihre ehemalige Regentschaft über China haben die Chinesen dann zum Anlaß genommen zu behaupten: Wer uns regierte, gehört zu unserem Land. So haben sie 1630 die Innere Mongolei, 1691 die Äußere Mongolei und schließlich 1757 die Westliche Mongolei zu ihrem Hoheitsgebiet erklärt. Über Hunderte von Jahren versorgten die Chinesen dann die Mongolenfürsten mit Frauen, sie hatten es Anfang dieses Jahrhunderts fast geschafft, die Mongolen als eigenständige Rasse auszulöschen.

Mit Hilfe der neuen Sowjetunion befreiten die Mongolen im 20. Jahrhundert den nördlichen Teil, die Äußere Mongolei, aus der chinesischen Umklammerung, und so entstand der zweite kommunistische Staat der Geschichte, abhängig von Moskaus Gnaden. Mao Zedong mußte, von Stalin gezwungen, die Mongolei zähneknirschend anerkennen. Seither ist die Mongolei auch völkerrechtlich getrennt. Der nördliche Teil ist ein unabhängiger Staat, der südliche Teil als Innere Mongolei eine Provinz Chinas. Die Guomindang-Regierung in Taiwan hat diese Abtretung übrigens nie akzeptiert und zeichnet auf ihren Landkarten die gesamte Mongolei noch als chinesisches Staatsgebiet ein.

Auch die anderen Nachbarn der Chinesen, die in diesem Jahrtausend das Han-Volk besiegten und die Kaiserfamilie stellten, sind schließlich in das schwarze Loch gefallen. Die Mandschus im Nordosten Chinas gehörten zur mongolischen Völkerfamilie. 1644 überrannten sie Korea und China und setzten sich auf den Thron des Himmels. Sie nannten sich gleich *Da Qing*, die „große Qing-Dynastie", und ordneten sich so in die Reihe der chinesischen Kaiserreiche ein. Trotzdem machten sie einen deutlichen Unterschied zwischen dem Han-Volk, das sie beherrschten, und ihrem eigenen Stamm. Die Han-Chinesen mußten als Zeichen der Unterwerfung die vordere Stirnhälfte glatt rasieren und den berühmten chinesischen

Zopf tragen. Fast dreihundert Jahre dauerte diese Erniedrigung, bis die Republikaner 1911 die Zöpfe endlich abschnitten. Die Mandschus selbst trugen keine Zöpfe. Sie verboten Mischehen ihres Volkes mit Chinesen und achteten sehr darauf, daß sich keine chinesischen Siedler in ihrem Stammland am Amur niederließen.

Doch ihre Herrschaft zerbrach an all den Widersprüchen, die sie selbst und die chinesische Feudalzeit aufgebaut hatten. Die Qing entwickelten sich in ihrem Herrschaftsgebaren chinesischer als die chinesischen Kaiser vor ihnen. Ihre Prunksucht, ihre Intrigen, ihre Eunuchenherrschaft, dies alles wurde seit dem 18. Jahrhundert von den Europäern herausgefordert. Als die Mandschu-Kaiser davongejagt waren, verloren sie auch ihre Heimat, die Mandschurei. Diese im Nordosten Beijings gelegene Region wurde erst von den Russen und dann von den Japanern dominiert. Diese okkupierten das Land später und schufen dort ihren Vasallenstaat Mandschukuo, in dem sie den unglücklichen Puyi, den letzten Kaiser, noch einmal als Marionette zappeln ließen.

Nach 1945 wanderten Millionen von Chinesen in diese fruchtbaren Täler, und um die von den Japanern entwickelte Schwerindustrie herum bauten die Kommunisten ihre Wirtschaft auf. Heute leben die Mandschus als Minderheit unter 60 Millionen ethnischen Han-Chinesen in ihrem früheren Reich. Die Region ist unbestritten zu einem Teil Chinas geworden. Die Chinesen hatten wieder einmal einen Nachbarn im schwarzen Loch verschwinden lassen.

9. Alle Fremden sind Barbaren
Das Selbstverständnis des chinesischen Kaiserreiches

Nach chinesischer Vorstellung waren, wie beschrieben, schon die allernächsten Nachbarvölker Barbaren. Aber da sich mit der Entfernung die Wildheit und Kulturlosigkeit potenzierte, mußten die ersten Europäer auf die Chinesen wie Gestalten aus einer gänzlich unzivilisierten Welt wirken. Sie hatten keine Ahnung, wie weit die Heimat dieser Barbaren weg war, und es interessierte sie eigentlich auch wenig. Da ja alles unter dem Himmel zu ihrem Reich gehörte, mußten sich die Fremden ihnen unterordnen, waren diese also ihre Untertanen. Die Fremden brachten unnützen Kram, Waren, mit denen die Chinesen nichts anfangen konnten, und wollten dafür beste chinesische Produkte. Sie gaben sich als Händler aus, und die standen sowieso ganz unten auf der Skala der chinesischen Gesellschaft.

Das Schlimmste an diesen Barbaren aber war, daß sie sich überhaupt nicht benehmen konnten. Sie hatten keinen Anstand, denn sie verhielten sich gegenüber den Mandarinen nicht unterwürfig. Sie mißachteten die chinesische Etikette, spürten nicht, wenn sie längst abgewiesen waren, weil sie die deutlichen Signale der Beamten nicht verstanden. Sie verlangten Verträge über so triviale Dinge wie Handelsbeziehungen. Mit einem Wort, sie waren wirklich furchtbare Barbaren.

Dabei hatte sich über die Jahrtausende ein festes Regelwerk im Umgang mit den Barbaren etabliert. Schon über den Gründer der Shang-Dynastie, also 1700 v. Chr., ist im „Buch der Geschichte" nachzulesen: „Er, der Sohn des Himmels, trug seine Anweisungen an die ausländischen Staaten mit Bedacht vor. Alle Staaten, ob groß oder klein, zahlten ihm Tribut und er beschützte sie dafür. So erhielt er sich die Gunst des Himmels."

Jedesmal, wenn ein untergebener Staat den Tribut zahlte, war dies für die Chinesen der Beweis, daß der Sohn des Himmels das Mandat auch wirklich innehatte und daß das Beziehungsdreieck zwischen Himmel, Erde und Menschheit in Einklang miteinander stand. Die Wahrung dieser Harmonie war die wichtigste Aufgabe des Sohnes des Himmels. Indem die Gesandten der Barbaren dem Sohn des

Himmels ihren Tribut überbrachten, erwiesen sie dem Kaiserreich damit gleichzeitig auch einen großen Dienst. Es war deshalb selbstverständlich, daß sie dafür freundlich behandelt wurden.

Entsprechend der fast religiösen Bedeutung der Tributzahlungen waren die Gesandten in ein perfektes höfisches Zermoniell eingebunden. Jeder Herrscher eines Vasallenstaates hatte ein bestimmtes Symbol, das er seinen offiziellen Gesandtschaften mit auf den Weg gab. In der Tang-Dynastie war dieses Symbol zum Beispiel eine „weibliche" Fischhälfte aus Bronze. Die Fischhälften waren numeriert, und in jede war der Name des Landes eingraviert, dem sie zugeteilt worden war. Die „männliche" Hälfte blieb im Palast. Bei der Ankunft der Gesandtschaft in der Hauptstadt fügten die Behörden die weibliche mit der männlichen Hälfte zusammen. Wenn sie zueinander paßten, erhielt der Gesandte einen goldenen Gürtel, eine farbenprächtige Staatsrobe, einen chinesischen Berater und die Kopie eines konfuzianischen „Klassikers". Außerdem erhielt er einen Beutel aus Brokat, in dem er sein Symbol aufbewahren konnte. Anschließend ging er zu einer der vier staatlichen Herbergen, die sich, nach den vier Himmelsrichtungen ausgerichtet, an den Toren der Stadt befanden. Die ausländischen Gesandten hatten sicher keinen Grund, sich zu beschweren, da die Chinesen alles taten, sie zu beeindrucken und somit auch von der Stärke und Macht der Dynastie zu überzeugen.

Der größte Tag eines Gesandten während seines Aufenthaltes in China war der Empfang beim Kaiser. Er begann mit dem Kotau, der Unterwerfung. Der Gesandte mußte sich mit beiden Knien auf den Boden werfen und mit der Stirn mehrfach den Boden berühren. Erst dann konnte er einige wertvolle Produkte aus seiner Heimat als Tribut abliefern. In der Zeit, in der sich die Gesandtschaften in der Hauptstadt aufhielten, durften sie Handel treiben. Und das zahlte sich bei den reichen Chinesen immer aus.

Die Chinesen machten freilich Unterschiede zwischen den Gesandtschaften der einzelnen Barbarenstämme. Zwar erhielten die weiter entfernt lebenden Stämme größere Lebensmittelrationen, logischerweise scheint aber den Barbaren in der näheren Umgebung des chinesischen Kaiserreiches mehr Aufmerksamkeit entgegengebracht worden zu sein. Dies war nur natürlich, weil sie eine reale und ernsthafte Bedrohung des Kaiserreiches darstellten und die Oberhoheit des Kaisers als erste herausforderten.

Während die Chinesen die Anzahl der Tribut zahlenden Gesandtschaften als Maßstab für die Güte und Rechtschaffenheit des Kaisers ansahen, bewerteten dies die Barbaren, die ausländischen Staaten also, ganz anders. Für sie war der Tribut nichts weiter als die Lizenz, Handel zu treiben, und die Zeremonie der Preis, damit die Handelsdelegationen, die die Gesandtschaften grundsätzlich begleiteten, auf ihre Kosten kommen konnten. Das Tributsystem zwischen China und den Barbaren beruhte auf der konfuzianischen Weltordnung und damit immer auf einer Beziehung zwischen „Ungleichrangigen". Selbst die weibliche Fischhälfte war im Rang niedriger als die männliche Fischhälfte.

Während die Chinesen den Ausländern an ihrem Hof jedes Detail vorschrieben und diese sich ohne Widerspruch beugen mußten, traten chinesische Gesandte bei den Barbaren konsequenterweise arrogant und anmaßend auf. Sie dachten überhaupt nicht daran, sich den Sitten bei fremden Herrschern zu unterwerfen. Nicht alle sogenannten Barbaren waren bereit, ein solches Verhalten zu akzeptieren. 1286 zum Beispiel machte der König von Burma kurzen Prozeß mit zehn chinesischen Gesandten und tötete sie. Sie hatten sich geweigert, barfuß vor den König zu treten, weil ihnen ihre Würde verbot, die Schuhe auszuziehen.

Solange die den Chinesen bekannte Welt nach ihren Regeln spielte, war trotz aller Kriege und Aufstände das Mandat des Himmels gesichert und damit ihr Universum in Ordnung. Sowie aber ein Volk diese Ordnung nicht anerkannte, waren fast irrationale Reaktionen die Folge. Ihre Welt brach im wahrsten Sinne des Wortes zusammen.

Ab dem Jahre 1300, also während der Ming-Dynastie, mußten sich die Chinesen intensiv mit den Japanern auseinandersetzen. Japanische Piraten waren entlang der chinesischen Küste zu einer wahren Plage geworden. Sie überfielen die Küstenstädte Chinas, plünderten sie aus und brannten sie nieder. Ihre schnellen Schiffe waren denen der Chinesen überlegen. Für Kaiser Hongwu waren diese regelmäßigen Überfälle ein großes Ärgernis. Die hohen Kosten für die Befestigung der Küstenstädte und die Stationierung der Armee leerten seine Staatskasse. Er versuchte, die Piraterie mit Hilfe der Diplomatie zu stoppen und Japan dazu zu bringen, seinen Tribut zu zahlen. Jahr für Jahr schickte er eine Gesandtschaft nach Japan, und jedes Mal kehrte diese mit leeren Händen zurück. Im Jahr 1380 war seine Geduld zu Ende, und er schrieb dem „König von Japan" einen geharnischten Brief:

„Ihr dummen Barbaren im Osten jenseits des Meeres ... Ihr seid hochmütig und treulos. Ihr erlaubt Euren Untertanen, Schlechtes zu tun.“

Hochmut und Ignoranz des chinesischen Kaisers Hongwu werden in diesen Zeilen deutlich. Daß Japan auch einen Kaiser hatte, kam ihm gar nicht in den Sinn. Er ging natürlich davon aus, daß Japan ein Vasall Chinas war. Zwei Jahre später antworteten die Japaner: „Himmel und Erde sind weit und nicht einem Herrscher allein unterstellt ... Die Welt gehört der Welt und nicht einer einzigen Person.“ Die Vorstellungen der Japaner waren für die Chinesen inakzeptabel. Sie brachen die Beziehungen zu Japan ab. Die Japaner rächten sich, indem sie die Piraterie entlang der chinesischen Küste verstärkten. Dieser Zwist zwischen China und Japan darum, wer die Vormacht in Asien besitzt und ob es überhaupt eine Vormacht in Asien gibt, ist bis heute nicht ausgetragen. Das gegenseitige Mißtrauen der beiden Staaten ist heute nicht kleiner als damals.

An der Nordgrenze Chinas tauchte dann im 17. Jahrhundert mit Rußland die erste europäische Großmacht auf, die sich hier festsetzen konnte. Seither hat China im Norden eine Grenze mit Europäern. Von Anfang an entwickelte sich eine Beziehung, die von gegenseitiger Abneigung, von Mißtrauen und Taktik geprägt ist. Am Amur, bei der heutigen Stadt Albazino, fanden die beiden ersten Schlachten mit den Kosaken statt, die die Chinesen eindeutig für sich entscheiden konnten. Trotzdem blieben die Chinesen sehr vorsichtig, denn im Norden lebten auch ihre alten Feinde, die Mongolen, das einzige Volk, dem es bis dahin gelungen war, ganz China zu besetzen. Deshalb sandte Kaiser Kangxi am 28. Oktober 1683 an Zar Peter den Großen einen Brief, in dem er sein „väterliches Wohlwollen“ zum Ausdruck brachte, aber auch seinen Anspruch, als „Sohn des Himmels“ für alle Völker zu sprechen: „Wir beherrschen die Welt nach dem Prinzip, daß Chinesen und Nicht-Chinesen gleich behandelt werden sollen, daß alle Menschen unsere Kinder sind. Kürzlich überquerte eine Gruppe Kosaken den Fluß Amur und traf auf unsere Regierungstruppen. Über 30 Kosaken ergaben sich freiwillig. Wenn uns nicht alles täuscht, sind wir beide, Kaiser und Zar, der Auffassung, daß der Himmel jedem sein Leben wünscht. Also schonten wir ihr Leben. Nicht einen Kosaken haben wir getötet, statt dessen gaben wir ihnen zu essen und bedienten sie großzügig ... Wenn die Kosaken ihre Pläne, unsere Grenzregionen zu verwüsten, allerdings weiter verfolgen, müssen sie mit einem himmlischen Feldzug rechnen. Dann würden sie allerdings nicht wieder freigelassen, sondern bestraft und getötet werden.“ Auf eine Antwort der Russen wartete Kaiser Kangxi vergeblich, was sein Bild von deren Tücke bestätigte und den Beweis für den mangelnden Anstand der Barbaren erbrachte.

Die Fortsetzung der Politik von Zuckerbrot und Peitsche im Umgang mit den Russen führte im Jahr 1689 letztendlich zum berühmten Vertrag von Nertschinsk. Dieser wurde in der europäischen Geschichtsschreibung oft als der „erste von den Chinesen geschlossene Vertrag unter Gleichgestellten“ bezeichnet. In Wahrheit kann jedoch kein Zweifel darüber bestehen, daß hier ein Vertrag zwischen Sieger und Verlierer geschlossen wurde, bei dem von einer gleichberechtigten Stellung keine Rede sein konnte. Es war ein Vertrag, der den Interessen der Chinesen diente. Dies wird aus den Berichten des chinesischen Verhandlungsführers Langtan deutlich: „Bevor ich Heilongjiang verließ, erhielt ich eine geheime Anordnung ... Heute Nacht soll ich die starke Armee der acht Banner und die von Ninguta über den Fluß führen. Die Soldaten sollen sich in den benachbarten Wäldern und Tälern der Stadt verstecken. In der Morgendämmerung wird mit den Russen verhandelt, als sei nichts geschehen. Wenn sie unsere Vorschläge nicht akzeptieren, werden wir sie mit Gewalt erschrecken. Das wird den Verhandlungen zugute kommen.“

Seit dieser Zeit hat sich die chinesische Ansicht verfestigt, daß es vorteilhaft ist, einen Knüppel in der Tasche zu haben, wenn man mit den Russen verhandelt.

Diese ersten Zusammenstöße mit anderen mächtigen Reichen, mit den Japanern und Rußland, haben bei den Chinesen keinerlei Überlegungen darüber ausgelöst, ob ihr Weltbild vom alleinregierenden Sohn des Himmels aufrechterhalten werden kann. Der Kaiser von Japan und der Zar von Rußland, die nicht bereit waren, sich auch nur pro forma unterzuordnen, wurden einfach zu Oberbarbaren erklärt, zu besonders unanständigen und lästigen Kreaturen. Während sich in Europa seit der Renaissance die geistige Befreiung des Individuums entwickelte, erstarrte China mehr und mehr in seinem eigenen Kulturkorsett.

Die wenigen Begegnungen zwischen den beiden Welten beschränkten sich jahrhundertelang auf sporadische Besuche von Europäern im Fernen Osten. Die meisten waren Händler, die, vom überwältigenden Reichtum Chinas geblendet, in Europa so phantastische

Reiseerzählungen hinterließen wie Marco Polo. Für die Chinesen waren es eigenartige Gestalten, die, obwohl mit offiziellen Papieren ihrer Herrscher ausgestattet, durch ihr ungehobeltes Verhalten keinerlei gleichwertige Menschen sein konnten. Anders verhielt es sich mit den Missionaren. Die bekanntesten sind sicher der Italiener Matteo Ricci und der Deutsche Adam Schall von Bell. Beide haben es am chinesischen Hofe zu offiziellen Ämtern gebracht. Der Preis für diese Anerkennung war die totale Sinisierung. Sie mußten chinesische Kleider tragen und durften das Land nie mehr verlassen.

Die wenigen Informationen, die nach Europa tröpfelten, beruhten auf den Reisebeschreibungen und den Briefen der Missionare, denn unter der Qing-Dynastie kapselte sich das sowieso schon verschlossene Kaiserreich mehr und mehr ab. Die Schiffahrt wurde eingeschränkt. Große seegängige Dschunken wurden verboten. Chinesen durften bei Todesstrafe das Land nicht verlassen, und wer draußen war, konnte nicht mehr zurück. Das einzige Tor nach draußen war das 2500 Kilometer von der Hauptstadt Beijing entfernte Perlflußdelta mit der Stadt Kanton, wo 1699 der Handel begann. In dem Maße wie sich China abschottete, expandierte Europa.

Die Königreiche begannen die Welt unter sich aufzuteilen. Katholische Herrscher in Europas Süden stritten miteinander und machten dann gemeinsam Front gegen die Protestanten im Norden. Alle suchten sie außerdem nach vorteilhaften Häfen und Verträgen in Asien. Das exotische, scheinbar unendlich reiche China wurde von europäischen Kolonialmächten angesteuert. Der Papst, der sein Mandat von Gott, also ebenfalls aus dem Himmel hatte und damit auch für die ganze Welt zuständig war, teilte den Erdball großzügig auf, indem er die westliche Hälfte den Spaniern und die östliche den Portugiesen übergab. Deshalb waren die Portugiesen auch die ersten, die in China auf der unbewohnten Halbinsel Macao schon 1553 einen dauerhaften Handelsstützpunkt errichteten. Den Chinesen diente diese Niederlassung als Chance, sich aus sicherer Entfernung über die Europäer zu informieren.

Der große historische Zusammenstoß mußte kommen. Hier die Macht, die sich selbstgefällig und selbstsicher auf das Mandat des Himmels berief und wußte, daß sie deshalb die Welt beherrschte, und dort die Europäer, die im Wettstreit miteinander dabei waren, die Welt zu erobern. Die einen hatten die Macht, die anderen wollten sie.

Der große Konflikt baute sich somit langsam auf, und immer ging es um Etikette und Handelsfragen.

Nach Portugiesen und Holländern drängte die mächtigste Seemacht Europas, Großbritannien, nach China. Einer ihrer berühmten Kapitäne, John Wedell, kam nach China und benahm sich, wie es sich für einen selbstbewußten Seemann ihrer Majestät gehörte. Als ihm die Chinesen die Einreise verwehrten, schoß er sich auf dem Perlfluß den Weg nach Kanton frei. Dort bestach er die Behörden und wickelte seine Geschäfte ab. Nach seiner Rückkehr schlug er der Krone vor, sich - ähnlich wie die Portugiesen mit Macao - auch einen Stützpunkt in China zu sichern. Die Chinesen wiederum begriffen, daß sie zu irgendeinem Arrangement mit diesen rothaarigen Barbaren kommen mußten, um sie ruhigzustellen.

Im Laufe der Zeit entwickelte sich folgendes System: Der Hoppo, der Chef der chinesischen Steuerbehörde in Kanton, erlaubte einer festgelegten Zahl von Chinesen, den Hong, als Mittler zwischen den Ausländern und den Behörden die Geschäfte abzuwickeln. Die Hong kassierten auch die Handelssteuern. Damit war sichergestellt, daß kaiserliche Beamte mit den Barbaren nicht direkt zu tun hatten. Den Hong erlaubte man mit diesen Monopolen, reich zu werden. So stand das Monopol der Kanton-Händler dem Monopol der britischen Ostindiengesellschaft gegenüber. Das System ging gut, solange beide Seiten daran verdienten.

Doch während das Verlangen der Briten nach Tee und Seide immer größer wurde, hatten sie außer Wolle, die die Chinesen nicht wollten, nichts zu bieten. So mußten die Briten in Silber zahlen, und das wiederum war ihnen auf die Dauer zu teuer. Sie wollten durch Kolonien reich werden, nicht ihr Silber dort abliefern.

Obwohl die Chinesen an dem Handel verdienten, paßte dem weit entfernten Hof in Beijing die ganze Richtung nicht. Die sowieso schon geringe Bewegungsfreiheit der Ausländer wurde weiter eingeschränkt. Der berühmte Kaiser Qianlong (1736-1796), der es auf eine 60jährige Regentschaft brachte, verbot in einem „Zehn-Punkte-Programm" den Ausländern sogar das Erlernen der chinesischen Sprache. Alle Versuche Englands, andere Häfen in China anzulaufen, bessere Handelsbedingungen zu erhalten, den Umgang mit China auf geregelte Verträge und damit rechtlich sicheren Boden zu stellen, schlugen fehl. Die Frustrationen auf beiden Seiten nahmen zu.

In London griff die Regierung ein. Die Beziehungen sollten nicht mehr länger von den Händlern bestimmt werden. Großbritannien wollte offizielle diplomatische Beziehungen von gleich zu gleich mit dem Hof in Beijing aufnehmen. Für diese Mission wurde ein erfahrener Diplomat, der Ire Lord Macartney, ausgesucht. Seine Reise machte jedoch endgültig die unüberbrückbaren Unterschiede sichtbar, die zwischen dem europäischen und dem chinesischen Weltverständnis klafften - Unterschiede, die zu einem militärischen Zusammenprall führten und schließlich mit einer Kette von Demütigungen für China endeten, die sich bis heute im Bewußtsein der Chinesen tief eingegraben haben.

Kaiser Qianlong war eigentlich über die Ankunft der bevorstehenden Gesandtschaft erfreut und erließ eilig verschiedene Verordnungen, um die perfekte Gastfreundschaft am Hofe zu zeigen. Dies war nicht etwa ein Zeichen des Respekts gegenüber dem Reichtum und der Macht der Briten; vielmehr brachte der Kaiser damit sein Wohlwollen für einen Barbarenstamm zum Ausdruck, der eine einjährige Seereise auf sich genommen hatte, um sich dem chinesischen Kaiser in Demut zu unterwerfen. Die Briten sollten verschwenderisch mit Lebensmitteln bedacht und mit besonderer Sorgfalt behandelt werden. All dies geschah nur, um ihnen die Großartigkeit und das Wohlwollen des chinesischen Kaisers vor Augen zu führen. Er belohnte sie dafür, daß sie sich freiwillig entschlossen hatten, Tribut zu zahlen, und somit ihren Vasallenstatus gegenüber China anerkannt hatten.

Der Kotau, die drei Kniefälle und neun Verbeugungen mit der Stirn auf den Boden, die von jedem Gesandten gefordert wurden, erwiesen sich allerdings als erste unüberwindliche Hürde für Macartney. Er war sich wohl bewußt, daß er mit dem Kotau den Vasallenstatus Englands formal anerkannt hätte. Daher machte er dem kaiserlichen Abgesandten - der ihm eigentlich beibringen sollte, wie man sich richtig auf den Boden warf - klar, daß er dem chinesischen Kaiser nur huldigen würde, wie er dies gegenüber seinem eigenen Herrscher tat. Er schlug noch einen Kompromiß vor. Ein chinesischer Beamter gleichen Ranges sollte den Kotau vor einem Bild König Georges machen. Erst dann wäre er bereit, den Kotau vor dem chinesischen Kaiser zu machen. Eindeutige Aussagen darüber, wie Lord Macartney die Angelegenheit zu Ende brachte, liegen nicht vor. Jedenfalls hat er keinen Kotau gemacht.

Die kaiserlichen Beamten, die mit der Halsstarrigkeit des Barbaren rechneten, hatten eine Ausrede erfunden, um ihren Kopf zu retten: Sie erzählten dem Kaiser, daß die engen Hosen des Botschafters es diesem unmöglich machten, auf die Knie zu fallen. Der Kaiser war also wirklich der Meinung, daß der ausländische Teufel nicht wie die Chinesen gebaut war. Insbesondere fehlten ihm die Kniegelenke. Die engen Beinkleider, die damals in Mode waren, dienten als Beweis. Sie mußten seine Beine stützen, damit sie nicht einknickten. Wenn also ein ausländischer Teufel niedergeschlagen wurde oder hinfiel, konnte er nicht wieder aufstehen. Der Kaiser wollte natürlich nicht den möglichen Tod des weitgereisten Vasallen verursachen und verzichtete auf den Kotau.

Macartney hatte sich vorgestellt, dem Kaiser seine Bitten persönlich vortragen zu können. Aber bald stellte er fest, daß er bei der Audienz im Park der 10 000 Bäume nur zur Staffage der folgenden Feierlichkeiten anläßlich des Geburtstags des Kaiser am 17. September 1793 diente. Eine weitere Audienz kam nicht mehr zustande. Völlig desillusioniert über den Mißerfolg seiner Reise schrieb er seine Bitten im Oktober nieder.

Aus der Sicht der Chinesen stellt sich die Reise Macartneys völlig anders dar. Die britischen Barbaren waren gekommen, sich der Zivilisation zuzuwenden, hatten ihren Tribut gezahlt, und ihr Wunsch, dem Kaiser zum Geburtstag zu gratulieren, war ihnen gewährt worden. Damit war der Auftrag der Gesandtschaft aus chinesischer Sicht beendet. Ein weiterer Aufenthalt in der Hauptstadt erhöhte lediglich die Gefahr, Unruhe zu verursachen und unerwünschte Präzedenzfälle zu schaffen. So wurde Lord Macartney am 7. Oktober gebeten, Beijing zu verlassen. Er reiste ab, sobald ihm die Antworten auf die Bitten übergeben worden waren, die König George in einem Brief an den chinesischen Kaiser gerichtet hatte. Diese Bitten wurden alle abgelehnt und vom Kaiser wie folgt beantwortet:

1. Den englischen Händlern zu erlauben, Handel zu treiben in Chusan, Ningbo und Tianjin, wird abgelehnt: Es gibt dort weder Übersetzer noch Warenhäuser, die für den Handel geeignet sind. Kein Zutritt.
2. Den Händlern ein Warenhaus in Beijing zu erlauben, in dem sie ihre Waren verkaufen können, wie es zuvor den Russen gestattet war. Antwort: Vor langer Zeit wurde dieses Privileg den Russen

entzogen ... Das Privileg kann den Engländern nicht gewährt werden.

3. Den Händlern zu erlauben, eine kleine unbefestigte Insel in der Nachbarschaft Chusans als Lager für ihre unverkauften Waren und als Wohnung für die Menschen zu nutzen, die auf die Waren achten. Antwort: Weder eine Insel noch eine Bucht des Kaiserreiches kann einer anderen Nation überlassen werden; die Bitte wird abgelehnt.
4. Den Händlern ein ähnliches Privileg wie den Portugiesen mit Macao in der Nähe von Kanton zu erlauben und ihnen einige andere geringfügige Vergünstigungen zu geben. Antwort: Die Händler sollen ihre Geschäfte in Kanton erledigen und können auf Macao bleiben, wenn die Saison zu Ende ist. Nur so können Streitigkeiten zwischen Chinesen und Ausländern vermieden werden. Die Bitte wird abgelehnt.
5. Die Wegezölle zwischen Macao und Kanton sollen abgeschafft oder zumindest auf das Niveau von 1782 herabgesetzt werden. Antwort: Künftig wird kein höherer Zoll mehr verlangt werden als der jetzt festgesetzte.
6. Bitte: Die Forderung von Abgaben von den englischen Händlern, die über den vom Kaiser festgelegten Zoll hinausgehen, soll unterbunden werden; den Händlern soll eine Kopie der festgelegten Zölle ausgehändigt werden, da sie bislang noch nie über eindeutige Richtlinien informiert worden sind. Antwort: Die Zahlung von Zöllen muß der gängigen Praxis entsprechen.

Die Antworten des Kaisers vermitteln ein klares Bild von dem Eindruck, den die Bitten beim chinesischen Kaiser hinterließen. Sie wurden als Ungehörigkeit empfunden, was einen Verweis an den König dieses ungebührlichen Gesandten erforderlich machte. „Die Bitten Eures Botschafters sprechen gegen die Gesetze und Gebräuche in unserem Kaiserreich und sind gleichzeitig völlig nutzlos. Ich kann dieses Verhalten nicht hinnehmen. Ich ermahne Euch erneut, in Übereinstimmung mit meinen Vorstellungen zu handeln, damit wir in Frieden und Freundschaft leben und so zu unserem beiderseitigen Glück beitragen."

Es lohnt sich, diese Passage langsam zu lesen. Wer heute mit China Handelsabkommen vereinbaren will, wer über Gesetzesbestimmungen und deren Anwendung eine klare Auskunft sucht, wer Vorschläge für eine Vereinfachung von Investitionsabläufen macht, der kennt auch solche Antworten. Es ist fast beängstigend, wie virtuos die heutigen roten Mandarine auf der diplomatischen Klaviatur ihrer kaiserlichen Vorfahren spielen.

In der Geschichte nachzulesen ist eben nicht nur ein amüsantes Blättern in der Vergangenheit der Völker. Nicht alles läßt sich mit dem Benehmen der Vorfahren erklären, nicht alles lebt aus der Vergangenheit. Aber es gibt Völker, die sich langsamer aus ihrer Geschichte lösen als andere. Und wenn sich diese Völker, wie es bei China der Fall ist, nur soweit öffnen, wie es gerade unumgänglich ist, dann helfen solche Geschichten aus der Geschichte, so manches besser zu verstehen.

Die Reise von Lord Macartney endete damals als ein totaler diplomatischer Mißerfolg. Lord Macartney hatte weder eine Verbesserung der Bedingungen der britischen Händler in Kanton noch irgendwelche anderen Änderungen erreicht. Die beiden Großmächte konnten keinen gemeinsamen Nenner finden. Der für China ganz normale und zivilisierte Weg, sich nur kurz mit den Ausländern zu befassen, mußte in Europa als eine arrogant zur Schau gestellte Überlegenheit verstanden werden. Wie dem auch sei, China war dem Umgang mit Ausländern nicht abgeneigt, wenn diese, wie im Fall von tributpflichtigen Ländern, die chinesischen Bedingungen akzeptierten. Der Begriff „Gleichheit“ stand nicht im chinesischen Lexikon der Diplomatie. Für ein Königreich wie England war dies selbstverständlich unannehmbar. Die Reise von Lord Macartney ist insofern bedeutsam, weil sie der erste Schritt in eine Richtung war, die unweigerlich zu einer bewaffneten Konfrontation führen mußte, an deren Anfang der unglückselige Opiumkrieg von 1840 bis 1842 stand.

Die Rituale der Qing-Dynastie wurden seit dem 19. Jahrhundert mehr und mehr zu einer Farce eines kaiserlichen Hofes, dem die Macht entglitt. Briten, Franzosen, Russen, Amerikaner, schließlich auch das Deutsche Reich und Japan, sie alle holten sich ein Stück aus dem großen Kuchen China. Die Zeit der „ungleichen Verträge“ begann. Die Europäer fuhren mit ihren Kanonenbooten die Flüsse hinauf und bestimmten, welche Häfen geöffnet werden mußten. Sie nahmen das Recht in die eigene Hand. Chinesen wurden Kulis, Bürger zweiter Klasse im eigenen Staat. „Hunde und Chinesen nicht erlaubt“ - ein Schild in einem Beijinger Park zeigte, wie teuer China seine Starrheit bezahlen mußte. 1895 besiegte Japan China und übernahm die Vorherrschaft in Asien. Die 4 000 Jahre alte Kultur konnte da auch nicht mehr helfen.

China hat sich sicher selbst in diese erniedrigende Lage manövriert. Seine arrogante Überheblichkeit war nicht gegen eine Völkergemeinschaft durchzusetzen, die weit über das traditionelle Weltbild hinausreichte und das „Mandat des Himmels“ nicht akzeptierte. Gleichwohl haben die Sieger dieser Jahre, die Europäer, Amerikaner und Japaner, ihrerseits eine Arroganz an den Tag gelegt, die genausowenig zu rechtfertigen ist. Im Taumel der Nationalstaaten des ausgehenden letzten Jahrhunderts haben sich die europäischen Eindringlinge selbst wie die Barbaren verhalten. Die Errungenschaften, die sie für sich selbst erkämpft hatten und selbstverständlich auch für sich selbst in Anspruch nahmen, diese individuellen Freiheiten, diese Menschenrechte, haben sie den Chinesen nicht eingeräumt.

Die Bitternis aus diesen Jahren schwingt noch heute im Verhältnis zwischen China und den Industriestaaten mit. Die Diskussion jedoch wird nicht mehr zwischen den Vertretern des „Mandats des Himmels“ und den „europäischen Barbaren“ geführt, sondern ist in eine Wertediskussion umgeschlagen: „westliche Werte“ gegen „asiatische Werte“. Und in dieser Auseinandersetzung sind sämtliche Frustrationen verpackt, die sich seit dem Niedergang Chinas und dem ruppigen Verhalten der ausländischen Mächte aufgestaut haben.

Die Weichen für diese geschichtliche Kettenreaktion stellte Kaiser Qianlong in einem Brief an König Georg III. von England, dem wohl berühmtesten Brief, der je in China geschrieben worden ist: „Das Territorium des himmlischen Kaiserreiches ist riesig. Und für alle Gesandten der Vasallenstaaten, die hier in die Hauptstadt kommen, gibt es klar umrissene Regeln für deren Bewegungsfreiheit und deren Unterbringung ... Wie können wir diese Regeln des himmlischen Kaiserreiches ändern, weil dies ein Mensch so verlangt, nämlich Ihr, oh König? Das himmlische Kaiserreich, welches die vier Meere regiert, kümmert sich darum, die Regierungsangelegenheiten mit Anstand auszuüben, und legt keinen Wert auf seltene und kostbare Dinge. Nun habt Ihr, oh König, dem Thron verschiedene Gegenstände angetragen. In Anbetracht Eurer Loyalität, mir Eure Huldigungen aus der Ferne darzubringen, haben wir dem Amt für Barbaren befohlen, diese Darbietungen entgegenzunehmen. Die Tugend und die Macht des himmlischen Kaiserreiches hat die Myriaden Königreiche tief durchdrungen. Diese kommen alle, um Huldigungen darzubieten, und so sind alle möglichen kostbaren Dinge von jenseits der Berge und Meere hier angekommen. Trotzdem haben wir nie Wert auf solche Dinge gelegt. Wir haben auch nicht den geringsten Bedarf für die Waren und Produkte Eures Landes. Ihr, oh König, solltet in Einklang mit unseren Wünschen handeln, Eure Loyalität verstärken und ewigen Gehorsam schwören, um somit sicherzustellen, daß Euer Land die Wohltaten des Friedens teilen möge."

Der Philosoph Bertrand Russell hat über diesen Brief geschrieben: „Solange jemand dieses Dokument als absurd bezeichnet, wird er China nie verstehen." Doch für dieses Dokument gilt auch: „Solange Chinesen dieses Dokument nicht als absurd bezeichnen, verstehen sie nicht, warum sie ihren natürlichen Platz in der Völkergemeinschaft noch nicht gefunden haben."

Sun Yatsens Reisen um die Welt 1909 bis 1911

erste Reise Mai 1909 bis Juli 1910 ⟶

zweite Reise Dezember 1910 bis Oktober 1911 - - - - ->

10. Ein Christ und Demokrat als Vater der Republik
Die Visionen des ehrenwerten Dr. Sun Yatsen

Östlich der alten Kaiserstadt Nanjing erhebt sich am Rande der Purpurberge ein mächtiges Mausoleum. Wer zu ihm hinauf will, muß 392 Stufen steigen, die von herrlichen Kiefern, Zypressen und Himalaya-Zedern gesäumt werden. Auf dem Hauptportal stehen die berühmten Zeichen *tianxia wei gong*, was ungefähr bedeutet: „Die Welt gehört allen." Der Hauptbau besteht aus einer Grabkammer und einer Gedenkhalle, und in deren Mitte befindet sich die sitzende Statue von Dr. Sun Yatsen, dem Vater der chinesischen Republik. Die 80 000 Quadratmeter große Anlage verbindet westliche und chinesische Stilelemente und symbolisiert so das Leben dieses großen Revolutionärs und Denkers. Das Grabmal blieb selbst in der großen proletarischen Kulturrevolution unangetastet.

Ebenfalls im Osten, dieses Mal allerdings in Taipei, der Hauptstadt der antikommunistischen Republik China auf Taiwan: Umsäumt von Hochhäusern, mitten in einer der teuersten Wohngegenden, findet sich in einem wunderschönen Park wieder ein riesiges, prachtvolles Gebäude, ausnahmslos in chinesischem Stil allerdings, und auch hier sitzt in der Halle als Statue Sun Yatsen. Auch hier prangen wieder die Schriftzeichen für „Die Welt gehört allen".

Wer ist dieser Sun Yatsen, der gleichsam eine Klammer für alle Chinesen in der Welt darstellt, der von den Kommunistenfressern genauso respektiert wird wie von den Horden der Roten Garden? Auch wenn in der Hektik der täglichen Berichterstattung der Name Sun Yatsen nicht mehr auftaucht und nur China-Kenner die Bedeutung dieses Idealisten einordnen können, so zeigt allein die Verehrung, die ihm alle chinesischen Regime entgegenbringen, daß seine Ideen und seine Visionen für die Zukunft Chinas immer noch eine entscheidende Rolle spielen. Wenn Sun Yatsen heute so unbekannt ist, dann nicht zuletzt, weil eine ganze Generation von Sinologen nicht mehr wußte, wie sie ihn im vorauseilenden Gehorsam gegenüber der Volksrepublik einordnen sollte und ihn deshalb lieber gleich als unbedeutend abtat. Ein beredtes Beispiel dafür ist das umfangreiche und sehr grundsätzliche „China-Handbuch", erschienen im Bertelsmann Universitätsverlag 1974 als Veröffentlichung der Deutschen Gesellschaft für Ostasienkunde in Verbindung mit dem Institut für Asienkunde, in dem Sun Yatsen unter seinem Namen noch nicht einmal ein eigenes Kapitel gewidmet ist. Nur unter dem chinesischen Begriff *san min zhuyi* wird seine Lehre interpretiert.

Wie alle großen chinesischen Führer stammte auch Sun Yatsen aus einem kleinen Dorf. 1866 wurde er in Cuiheng in der Südprovinz Guangdong, ganz in der Nähe der portugiesischen Kolonie Macao, als Sohn eines Bauern geboren. Aus dieser Küstenregion stammten seit jeher viele Seefahrer und Händler, die in die ganze Welt hinauszogen. Viele von ihnen blieben für immer im Ausland. Fast alle China-Restaurants Amerikas zum Beispiel werden von Kantonesen betrieben. Auch Sun Yatsens Bruder verließ sehr früh sein armes Heimatdorf und baute sich eine Existenz als Einzelhändler in Honolulu auf Hawaii auf. Erstaunlicherweise dachten viele Chinesen um die Jahrhundertwende sehr global. So war es nichts Ungewöhnliches, daß der alte Sun seinen jüngeren Sohn nach Hawaii schickte. Sun Yatsen war begeistert, vor allem von dem viel freieren Lebensstil, den er in der dortigen amerikanischen Kolonie vorfand. Im Englischunterricht erhielt er sogar als einer der Besten eine Auszeichnung.

Mit 18 Jahren zurück in China, empfand er die Rückständigkeit und Lethargie in seinem Dorf als um so erdrückender. Unglücklicherweise verheiratete sein Vater ihn auch noch mit einer zwei Jahre älteren Frau. Die Ehe wurde nicht glücklich und hatte für seinen Lebensweg keinerlei Bedeutung.

Nach dem Tod des Vaters siedelte Sun Yatsen nach Hongkong um, ließ sich von einem Methodistenpriester christlich taufen, weniger aus Verständnis für die christliche Religion als aus Bewunderung für die amerikanische Lebensart, mit der er auch in Hongkong wieder in Berührung kam. Ein glücklicher Zufall wollte es, daß er den amerikanischen Arzt und Missionar Dr. Kerr traf, der ihm anbot, mit ihm nach Kanton zu kommen, um dort in seiner Klinik zu arbeiten. Gleichzeitig bildete ihn Kerr dabei zum Arzt aus. Mit 26 Jahren schloß er sein Studium ab und versuchte sein Glück in der portugiesischen Enklave Macao. Doch dort intrigierten die Kollegen gegen den neuen Konkurrenten, so daß ihm die Lizenz entzogen wurde. Er konnte kein portugiesisches Examen nachweisen.

Sun Yatsen ließen die freiheitlichen Ideen nicht mehr los. 1894 verfaßte er einen Reformvorschlag, der vor allem die Notwendigkeit westlicher Ausbildung beinhaltete. Neben der Förderung des freien Handels verlangte Sun vor allem den Aufbau von Forschung und Wissenschaft mit besonderer Berücksichtigung der Landwirtschaft. Das war noch kein revolutionärer Akt, noch nicht einmal aufrührerisches Gedankengut. Schon seit zirka 30 Jahren hatten Reformer aus allen Regionen Chinas und vor allem aus den wenigen gebildeten Schichten versucht, mit ähnlichen Vorstellungen das Riesenreich aus seiner Lethargie zu befreien, aber ohne jeglichen Erfolg. Sun Yatsen ging es nicht anders.

Voller Idealismus fuhr Sun mit seinem Schwager nach Beijing, um dort dem höchsten Beamten Chinas, dem mächtigen Li Hongzhang, ihre Bittschrift vorzutragen. Aber sie kamen noch nicht einmal bis zum diensthabenden Offizier, weil die Soldaten seinen kantonesischen Dialekt nicht verstanden. Tagelang bemühten sie sich, bis ihnen das Geld ausging. Aber wie die Geschichte so spielt: Der Garten zwischen dem Tiananmen-Tor, dem Platz des himmlischen Friedens und dem Kaiserpalast vor der Verbotenen Stadt, an dem sie damals abgewiesen wurden, trägt heute den Namen Dr.-Sun-Yatsen-Park.

1894 endete die Reise für den Idealisten mit einem monatelangen Fußmarsch über 4 000 Kilometer von Beijing nach Kanton. Sun Yatsen und sein Schwager waren dabei auf die milden Gaben der ausländischen Missionsstationen angewiesen. Als er im November wieder in seiner Heimat angekommen war, stand für ihn fest: Nicht Reformen, sondern nur eine Revolution konnte China verändern und in einen modernen Staat verwandeln.

Noch vor seiner Reise hatte er eine „Gesellschaft für die Wiedergeburt Chinas" gegründet. Da es unmöglich war, im kaiserlichen China offene Opposition zu betreiben, denn die wäre mit sofortiger Hinrichtung geahndet worden, arbeitete Suns Gruppe wie ein Geheimbund. Sun Yatsens Gesellschaft zeichnete sich zunächst dadurch aus, daß sie schlecht organisiert war und kein Geld hatte. Deshalb fuhr Sun noch im Spätherbst 1894 nach Hawaii, um bei seinen kantonesischen Landsleuten Geld zu sammeln. Bei seiner Ankunft in Honolulu hörte er, daß China den Krieg gegen Japan verlieren werde. Diese Schmach bestärkte die national denkenden Revolutionäre in ihrer Überzeugung, daß es so nicht weitergehen konnte.

Mit der beachtlichen Spendensumme kaufte Suns Geheimbund nach dessen Rückkehr im Februar 1895 600 Gewehre und schmuggelte diese nach Kanton. Der kaiserlichen Regierung war es aber schon gelungen, einen Spitzel in die Organisation einzuschleusen. Noch bevor es zu irgendeiner Aktion kommen konnte, umstellten Soldaten das Haus, in dem der Aufstand vorbereitet werden sollte. Waffen, Uniformen und Rebellenfahnen - alles fiel in die Hände der Regierung. Zahlreiche Verschwörer wurden gefaßt, so auch Suns Schwager Luo und seine engsten Genossen. Zwei davon, darunter sein Schwager, wurden enthauptet, einer mit 600 Schlägen zu Tode geprügelt und ein weiterer in Stücke geschnitten. Dieser „Tod in tausend Schnitten" war die offizielle Strafe für Verrat.

Sun Yatsen selbst konnte in Frauenkleidern nach Macao und dann nach Hongkong entkommen. Doch seine Identität war den Behörden jetzt bekannt, und sie setzten ein Kopfgeld mit der damals unglablich hohen Summe von hunderttausend Dollar auf ihn aus aus. Auch in Hongkong war es für ihn zu gefährlich, und so setzte er sich nach Japan ab. Aber selbst im Hafen von Yokohama waren die Vorfälle von Kanton bekannt, und darum reiste Sun wieder nach Hawaii, wo er seine Familie traf. Mit dieser Flucht begann eine Odyssee, die ihn 16 Jahre lang durch die ganze Welt treiben sollte.

Seine nächsten Stationen führten ihn von San Francisco über den ganzen amerikanischen Kontinent bis nach New York. Dabei faszinierte ihn der Präsidentschaftswahlkampf zwischen dem Demokraten Bryan und dem Republikaner McKinley. Sun hoffte, so frei würde es eines Tages auch in China zugehen. Seine eigentliche Mission war freilich weniger erfolgreich. Die Überseechinesen in den USA hatten andere Probleme, als sich um die vielen Revolutionäre und Bittsteller zu kümmern, die aus dem Mutterland anreisten und Geld wollten. Doch die Regierung der Mandschu-Kaiser hatte ihn aufgespürt. Als sie den Versuch machen wollte, ihn in Amerika zu fangen, war er allerdings schon mit dem Schiff nach Großbritannien unterwegs, wo er bei seinem Doktorvater, Dr. Cantlie, Quartier beziehen wollte.

Die chinesische Regierung handelte dieses Mal schnell. Noch vor seiner Ankunft in Southampton wußte die chinesische Gesandtschaft in London, wer da anreiste. Ein Dolmetscher namens Tang war bereit, Sun Yatsen für 100 000 Dollar zu überführen. Er machte sich an Sun heran und gab sich als ehemaliger Kommilitone aus. Erneut zeigte Sun, daß er eher ein Träumer und Vordenker war als ein mißtrauischer Geheimbündler. Gutgläubig folgte er seinem Begleiter in dessen angebliche Wohnung, die sich als Falle der chinesischen Gesandtschaft herausstellte. In einem Dachzimmer wurde er eingesperrt und sollte mit einem chinesischen Frachter zurück nach Shanghai gebracht werden.

Dr. Cantlie wunderte sich, daß sein Gast verschollen blieb, und ging sowohl zur Polizei wie auch zur chinesischen Gesandtschaft, um Nachforschungen anzustellen. Letztere gab sich natürlich unwissend. Es gelang Sun Yatsen, durch das Dachfenster eine Nachbarin auf sich aufmerksam zu machen, die sofort Dr. Cantlie verständigte. Daraufhin spielte sich etwas ab, was auch heute noch zu den vorsichtigen Diplomaten paßt. Die englische Regierung wollte wegen eines chinesischen Dissidenten keinen Ärger, stand sie doch gerade in konkreten Wirtschaftsverhandlungen mit dem Kaiserreich. Sie erklärte sich einfach für nicht zuständig. Doch Dr. Cantlie schaltete die Presse ein, und die entfachte einen Sturm der Entrüstung. Demonstrationen vor der chinesischen Botschaft und vor dem Auswärtigen Amt wurden für Premier Salisbury zu einer innenpolitischen Belastung. Er verfaßte ein höfliches Schreiben an den chinesischen Gesandten mit der Bitte um Freilassung des Herrn Dr. Sun. Noch am selben Tag konnte dieser als freier Mann die Gesandtschaft verlassen. Die kaiserliche Regierung in Beijing erhöhte daraufhin sein Kopfgeld auf 500 000 Dollar.

Dieser Zwischenfall hob Sun Yatsen aus der Masse der Revolutionäre heraus. Mit einem Schlag war er ein berühmter Mann geworden. Die Chinesen hatten einen Helden, ein Symbol. Sun Yatsen nutzte die Gunst der Stunde. Er gab Interviews, verband sein Schicksal mit seinem Anliegen, der Befreiung Chinas. Dabei wurde immer deutlicher, daß er die westliche Vorstellung eines freien demokratischen Staates als Endziel seiner Revolution auch für China ersehnte. So schrieb er: „Bestärkt im Wissen und Gefühl, was eine konstitutionelle Regierung und aufgeklärte Bevölkerung bedeutet, bin ich nun noch stärker motiviert, weiter aktiv die Sache des Fortschritts, das Erziehungswesen und die Zivilisation in meinem heißgeliebten, aber unterdrückten Lande voranzutreiben."

Bis Juli 1897 blieb Sun in London. In dieser Zeit gehörte er zu den gerngesehenen Gästen der Salons. Er war eine internationale Berühmtheit. Zur gleichen Zeit hielten sich auch die Gegner des russischen Zaren in London auf. So machte Sun die Bekanntschaft von Maxim Gorki, der später zum Hofdichter Stalins avancieren sollte. Und so merkte er, daß China nicht allein war und daß in dieser historischen Epoche auch andere Völker um Selbstbestimmung und Befreiung kämpften. Sun erkannte zunehmend, daß seinen romantischen

Revolutionsvorstellungen eine solide philosophische Theorie fehlte. Abrupt sagte er den Salons ade, zog sich für fünf Monate in die Bibliothek des Britischen Museums zurück und las alles, was er über die Helden der französischen und amerikanischen Revolutionen finden konnte, darunter George Washington, Danton, Robespierre und Napoleon. Er ging dann einen Schritt weiter und suchte die intellektuellen Grundlagen dieser Revolutionäre. So befaßte er sich mit den Schriften von Montesquieu und Jean Jacques Rousseau.

Natürlich wurde Sun in London auch auf Karl Marx aufmerksam gemacht. Gemeinsam mit englischen Freunden besuchte er dessen ehemalige Wohnung in der Maidland Park Road 41 und ging hinaus zur Grabstätte in Highgate. Seine Feunde erzählten ihm, Marx sei einer der größten Revolutionäre aller Zeiten und sein Hauptwerk heißt: „Das Kapital". Auf die Frage, wo Karl Marx seine Revolution erfolgreich durchgeführt habe, erklärten ihm die Engländer: „Diese ist nur in seinen Büchern beschrieben. Es ist nur eine Theorie." Sun Yatsen sollte sich über Jahre mit dem „Kapital" und der kommunistischen Theorie beschäftigen, aber zu dem Ergebnis kommen, daß diese Lehren für seine Revolution von wenig Nutzen waren. Er konnte die von Marx benutzten Begriffe noch nicht einmal in die chinesische Sprache übertragen, weil es dafür keinerlei Zeichen gab.

Die Zeit in London machte Sun Yatsen endgültig zum Vordenker der chinesischen Revolution. Hier wurde ihm klar, daß einzelne Theorien und Gedankenansätze westlicher Philosophen nicht einfach in die Geisteswelt und aktuelle Situation Chinas übertragen werden konnten. Hier reiften seine großen Ideen, die er dann als Grundlage für das moderne China postulierte. Sie dienten gleichzeitig in Kurzform als Parteiprogramm für seine revolutionären Ziele. Es sind die „Drei Lehren für das Volk", auf deren Vollendung die chinesischen Massen bis zum heutigen Tag warten.

1. *Minzu zhuyi* - die Lehre vom chinesischen Staatsbewußtsein, die fälschlicherweise in fast allen westlichen Sprachen mit „Nationalismus" übersetzt und darum auch gleich in die falsche Schublade gesteckt wird. Das Wort „Nationalismus" hat in den europäischen Sprachen einen üblen Beigeschmack. Sun nannte die Chinesen „einen Haufen losen Sandes", der kein Zusammengehörigkeitsgefühl im Sinne von Staatsbewußtsein hätte. Traditionell kümmerte sich der Chinese um seine Familie, um seinen Clan und noch um

seine Region. Die Menschen im Riesenreich lebten nach dem Sprichwort: „Der Himmel ist hoch und der Kaiser weit weg.“ Mit *minzu zhuyi* sollte auch das Selbstbewußtsein beschrieben werden, das nötig war, um sich gegen die ausländische Bevormundung zu behaupten, unter der China noch immer litt und die mit dem verlorenen Krieg gegen Japan sogar noch zunahm. Das Land war de facto unter den ausländischen Mächten aufgeteilt. Diese Schmach wurde nicht zuletzt dem Kaiserhaus angelastet, das seit 1644 von den Mandschus - die als Fremdherrscher empfunden wurden - okkupiert war. Sun Yatsens Nationalidee sollte China den Chinesen zurückgeben. Dabei legte er großen Wert darauf, daß diese Machtübernahme sich nicht gegen die vielen Minderheiten im Reich richtete.

2. *Minquan zhuyi* - die Lehre von der Souveränität des Volkes. Auch für diesen Begriff gibt es im Westen viele Übersetzungen, die mehr dem Wunschdenken der Autoren als der Intention Sun Yatsens entsprechen. So wird das Wort *minquan* gern mit „Demokratie“ übersetzt. Doch Sun Yatsen war davon überzeugt, daß ein rückständiger Feudalstaat wie China nicht nahtlos in eine westliche Demokratie übergehen konnte. Diese sah er erst am Ende einer Entwicklung. Für die Zwischenzeit befürwortete er eine Vormundschaft, eine „Tutelage“ für eine längere Periode, in der das Volk durch zunehmend gewährte Grundrechte an die Demokratie herangeführt werden sollte. Dieses verantwortungsvolle Anlernen des Volkes sollte erst die provisorische Regierung und später die dann gegründete Volkspartei, die Guomindang, ausüben. Die demokratische Republik war erklärtes Ziel Sun Yatsens. Freiheit und Gleichberechtigung für das Volk seien in einer Monarchie nicht realisierbar. Das chinesische Kaiserreich hatte sich nach Suns Vorstellung durch seine eigene Korruption um die Legitimation gebracht, weiterhin zu regieren.
3. *Minsheng zhuyi* - die Lehre vom Wohlstand für alle. Auch für diesen dritten Grundsatz lassen die Übersetzungen und Deutungen wieder alle möglichen Interpretationen zu. Sun ging davon aus, daß es in China noch keine Produktion im kapitalistischen westlichen Sinne gab und daß es deshalb auch noch nicht zu den sozialen Spannungen wie im Westens gekommen war. Sein Anschauungsunterricht in England diente als Abschreckung. Solche sozialen Spannungen wollte er in China gar nicht erst entstehen

> lassen. Vielmehr strebte er gleich neben der Erweckung des Staatsbewußtseins und der Erweiterung der demokratischen Herrschaft einen sozialen Staat an. Der beste Weg dafür erschien ihm eine Bodenreform, denn der Wertzuwachs des Grund und Bodens sollte dem gesamten Volk, also dem Gemeinwohl, dienen. Dadurch sollte auch verhindert werden, daß die Produktionsmittel in die Hände einiger weniger Monopolisten gerieten, die dann auf Kosten der Allgemeinheit superreich wurden. Diese Vorstellungen eines Wohlstands für alle basierten auf Suns christlichen Wertvorstellungen. Gerade an diesem dritten Lehrsatz deutelten dann vor allem die Kommunisten der ganzen Welt herum, um Sun Yatsen entweder der fehlerhaften Analyse zu bezichtigen oder ihn durch sozialistische Interpretation für sich in Anspruch zu nehmen.

Diese „Drei Lehren für dasVolk", kennt als *sanmin zhuyi* auch heute noch jeder gebildete Chinese, egal wo er lebt. Sie waren zu Suns Zeit die fortschrittlichste Revolutionstheorie in Asien; vor allem deshalb, weil er der erste war, der auch die soziale Frage in sein Programm aufnahm. Sun Yatsen stieg zum unbestrittenen nationalen Führer auf. Seine Thesen wurden zur Bibel der fortschrittlichen Kräfte Chinas und in der ganzen Welt. Sie hatten in ihrer Zeit eine solche Bedeutung, daß sich sogar der Berufsrevolutionär Wladimir Iljitsch Lenin damit auseinandersetzte. 1907 kritisierte Lenin die drei Volksprinzipien als reines Agrarprogramm, das im Gegensatz zum proletarischen Marxismus stünde. Er kanzelte sie als Utopie ab, verzichtete jedoch darauf, Sun Yatsen persönlich anzugreifen.

Bei allen Erfolgen, die Sun bis 1897 in London feierte, stellte er doch fest, daß zwischen dem Herumgereichtwerden in der Salonschickeria und einer tatkräftigen Unterstützung seiner Ziele durch Geld ein himmelweiter Unterschied bestand. Weil Europa keine Hilfe gewährte, suchte er sie jetzt näher bei China, in Japan. In Yokohama lernte er die neue asiatische Großmacht Japan kennen. Sie demonstrierte durch ihre Erfolge, daß auch Asiaten den westlichen Völkern Respekt abtrotzen konnten. Er lernte Japanisch, verkehrte in konspirativen Kreisen der chinesischen Kolonie und war von Japans asiatischem antikolonialen Weg so begeistert, daß er sich den Haarzopf abschnitt und den japanischen Namen Nakayama annahm, was soviel wie „Zentraler Berg" heißt. Die Schriftzeichen für zentral und Berg sind auf japanisch und chinesisch absolut identisch. Und so heißt auch heute die Stadt, in der Sun Yatsen geboren wurde, nach ihm: Zhongshan-Stadt, „Stadt des Zentralen Berges“.

Sun wurde zu einem unsteten Weltreisenden. Wieder fuhr er nach Hongkong und in die USA, nach Brüssel, Berlin, Paris. Er war zwischendurch in Kanada und erneut in Japan. Mit Zustimmung von Paris versuchte er von der französischen Kolonie Annam aus, dem heutigen Vietnam, einen Aufstand in die südchinesische Provinz Yunnan zu tragen. Die Aktion war ein Fiasko. In diese Zeit der Weltreisen fällt ein für Asiens Selbstbewußtsein entscheidendes Ereignis. Im Krieg 1904/5 wurde die europäische Kolonialmacht Rußland von den asiatischen Japanern zu Lande und zu Wasser vernichtend geschlagen. Damit war bewiesen: Die „Weißen Teufel“ waren besiegbar. Das Ende des Kolonialismus war eingeläutet. In Tokyo gründete Sun Yatsen unter den 8 000 chinesischen Studenten die *Tongmenghui*, die „Revolutionäre Allianz“, die wie alle seine Aktivitäten die Vertreibung der Mandschu-Kaiser zum Ziel hatte. Diese Allianz war eine Dachorganisation, ein Sammelbecken für revolutionäre Ideen aller Art, die aber so unterschiedlich waren, daß sie eigentlich gar nicht alle unter ein Dach paßten.

China in den ersten zehn Jahren unseres Jahrhunderts - das war ein riesiger brodelnder Dampfkessel, der jederzeit explodieren konnte. Selbst die Mandschu-Kaiser hatten eingesehen, daß sie Reformen zulassen mußten. Aber wie bei solchen autoritären Potentaten üblich, sollte dabei nur soviel Dampf wie unbedingt nötig abgelassen werden. Das Kaiserreich selbst stellten sie natürlich nicht in Frage. Deshalb machten ihre Reformen auf die unruhige Bevölkerung wenig Eindruck. Die Mandschu-Dynastie war einfach zum Symbol geworden - für die Demütigungen durch die ausländischen Imperialisten, für die Korruption, für die Verhinderung des Fortschritts und für die Armut der Massen. Das alles drückt sich auch in dem Schwur aus, den Sun Yatsen von allen neuen Mitgliedern seiner Allianz verlangte: Ziel ist, die Mandschus aus dem Land zu werfen, die chinesische Herrschaft wiederherzustellen, eine Republik auszurufen und eine Landreform zugunsten der Bauern durchzuführen.

80 Prozent der damals 450 Millionen Chinesen lebten auf dem Land. Es gab so gut wie keine Eisenbahnen, nur wenige Überlandstraßen, dafür aber Klimazonen von sibirischer Kälte bis tropischer Hitze, von Überschwemmungen bedrohte Tiefebenen von der Größe Deutschlands und unzugängliche Gebirge bis über 7 000 Meter Höhe.

Jeder Landstrich hatte einen anderen Grund, unzufrieden zu sein. Unter diesen Umständen war es schier unmöglich, einen das ganze Land durchdringenden Geheimbund zu organisieren oder gar eine Revolution vom Ausland her zu steuern. Doch es gab in China damals - wie eigentlich immer schon - Tausende von Geheimbünden und regionalen Vereinigungen, die alle aus einer Not heraus entstanden waren: sich gegen eine korrupte Obrigkeit zu wehren. Ohne miteinander in Verbindung zu stehen, hatten sie gleichwohl alle ein gemeinsames Ziel: genau diese Obrigkeit, diese Mandschu-Herrschaft, samt Kaiserreich loszuwerden.

Sun Yatsen wollte nun diese Geheimbünde für seine Revolution nutzen, weil sie bis hinunter auf die lokale Ebene eine Basisorganisation darstellten. Ein weiterer Vorteil dieser Struktur war, daß alle Schichten und alle Klassen irgendwie involviert waren. Auf dem Land waren es fast ausschließlich Bauern und kleine Händler, die unter dem Joch des Landadels darbten. In den Städten stöhnten die Kaufleute über die hohen Steuern, und die Studenten litten unter der Schmach, die China von den auswärtigen Mächten zugefügt wurde und sie zu Menschen zweiter Klasse stempelte. Sun Yatsen legte großen Wert darauf, den Studenten eine führende Rolle in seiner Bewegung zuzubilligen. Was aber das Neue und Entscheidende war: Nicht mehr einzelne Gruppen lehnten sich auf, sondern in dem Rahmen, den Sun Yatsen anbot, konnten sich die unterschiedlichsten Bevölkerungsteile erstmals zusammenfinden.

Am Ende genügte ein kleiner Stoß, um die 267 Jahre alte Mandschu-Dynastie krachend zum Einsturz zu bringen.

11. Die Dummheit und Habgier des Westens
Die ersten Jahre der Republik bis zum Tode Sun Yatsens 1925

Dort wo der Schicksalsstrom Chinas, der Yangtze, durch die drei Städte Hankou, Hanyang und Wuchang fließt, die heute als Wuhan auf den Landkarten zu finden sind, dort, inmitten des Landes, brach das verrottete Kaiserreich nach einem lächerlichen Zwischenfall zusammen. Es war die regnerische, stürmische Nacht vom 9. auf den 10. Oktober 1911. Eine Detonation im Munitionsdepot verriet eine Verschwörung. Eigentlich waren Dilettanten am Werk - eine kleine Gruppe von Soldaten und Offizieren des 8. Pionierbattailons, das zur Geheimorganisation der „Gesellschaft für gemeinsamen Fortschritt" gehörte. Sie sollten in der Nachbarprovinz Sichuan gegen die unruhige Bevölkerung eingesetzt werden. Die kaiserliche Regierung hatte den Bau der Eisenbahn von der Küste in die abgelegene Bergprovinz überraschend ausländischen Konzessionären übereignet, was zu riesigen Kapitalverlusten der chinesischen Geschäftsleute führte. Letztere durften sich noch nicht einmal als Minderheitsaktionäre an dem Eisenbahnbau beteiligen. Es war wieder einmal eine dieser nationalen Demütigungen, die die Soldaten auf die Mandschus wütend machte.

Doch kaum war die selbstgebastelte Bombe explodiert, stürmten reguläre Einheiten aus dem nahegelegenen Hauptquartier die Versammlung der Verschwörer. Sie fanden alle Namenslisten und Pläne der Aufrührer. Die meisten wurden sofort verhaftet, einige gleich erschossen. Bis dahin verlief die Aktion wie etliche andere zuvor: unglückliche Versuche von Revolutionsamateuren. Auch die Wuchanger Rebellen handelten alleine, hatten keine Verbindung zu Sun Yatsens „Revolutionärer Allianz". Aber sie brachten den Stein ins Rollen.

Die Kasernen der Aufständischen wurden umstellt, und anhand der erbeuteten Namenslisten konnte die Polizei jeden identifizieren, der mitgemacht hatte. Für die Offiziere gab es nur noch die Alternative Tod oder Kampf. So riskierten sie alles und setzten den geplanten Aufstand fort, den sie noch gar nicht richtig begonnen hatten.

Im Laufe des 10. Oktobers schlossen sich die meisten Soldaten der anderen Einheiten den Aufständischen an. Auch die lokale Bevölkerung unterstützte die Rebellen. Schon am Abend war die Stadt in den Händen der Aufständischen. Seither gilt der „10.10." als Gründungstag der Republik China. Im chinesischen Kalender, der zwischen glücklichen und schlechten Tagen unterscheidet, ist der Doppelzehnte heute ein besonderes Datum.

Wie konfus die Lage 1911 wirklich war, stellte sich heraus, als die Sieger plötzlich nicht mehr weiterwußten. Ihnen fehlte ein namhafter Führer. Also gingen sie zum Offizier mit dem höchsten Rang, der sich in der Stadt aufhielt. Das war ausgerechnet der Brigadekommandant Li Yuanhong, der noch tagsüber gegen sie gekämpft hatte. Li hatte sich durch besondere Kompromißlosigkeit für die Mandschu-Kaiser ausgezeichnet. Als einer seiner Männer ihn bat, doch die Seiten zu wechseln und mit den Rebellen gemeinsame Sache zu machen, zog er ohne zu zögern den Revolver und erschoß den Soldaten.

Am Morgen des 11. Oktobers offerierten ihm die siegreichen Rebellen sogar den Posten des Militärgouverneurs im neuen Regime. Wiederum zeigte Li Kaisertreue und verweigerte sich. Aber die Revolutionäre ließen einfach nicht locker. Sie verfaßten eine Resolution, in der sie die Republik ausriefen, und verschickten diese im Namen von Li an die umliegenden Stadt- und Provinzregierungen. Auch den ausländischen Vertretungen auf der anderen Seite des Yangtze in Hankou verkündeten sie das Ende des Kaiserreiches. Sie versicherten den Ausländern gleichzeitig, daß sie alle internationalen Verträge anerkennen würden. Denn noch immer glaubten sie der Mandschu-Propaganda, wonach die ausländischen Mächte sofort eine Revolution nutzen würden, um China gleich ganz zu schlucken. Li Yuanhong, mittlerweile vor die Wahl gestellt, endlich mitzumachen und den Gouverneursposten anzunehmen oder als Hochverräter an die Wand gestellt zu werden, entschied sich fürs Weiterleben.

Der Vorgang selbst: eine Mischung aus Komödie und Tragödie. Aber so spielt die Geschichte: Wenn das Kartenhaus einzustürzen droht, gibt es kein Halten mehr. Eine Provinz nach der anderen schloß sich der Republik an, und bereits gut einen Monat später rief Hubei die anderen revolutionären Regierungen auf, Delegierte nach Wuhan zu schicken, um den Aufbau einer provisorischen Zentralregierung zu diskutieren.

Im Wilden Westen der USA, in der Goldgräberstadt Denver am Fuße der Rocky Mountains, sammelte zur gleichen Zeit Sun Yatsen mal wieder Geld bei den Chinesen, die dort in den Bergwerken und beim Eisenbahnbau ausgebeutet wurden. Er wollte gerade nach Kansas City weiterfahren, als er von der erfolgreichen Rebellion hörte. Aus der Zeitung erfuhr er, daß er zu denen gehörte, die in China als zukünftiger Präsident gehandelt wurden. Trotzdem fuhr er nicht über den Pazifik, sondern über New York nach Europa. In Washington und London versuchte er Geld für die junge Republik aufzutreiben. Aber überall zeigte man ihm die kalte Schulter, keiner der etablierten Staaten war bereit, mit den Revolutionären zu verhandeln. Die direktesten Abfuhren erhielt er in Berlin und St. Petersburg, wo ihm die konservativen Monarchien erklärten, sie würden weiterhin die Mandschu-Dynastie unterstützen. Nur das republikanische Frankreich zeigte sich entgegenkommender. Sun wurde sogar von Ministerpräsident Georges Clemenceau empfangen. Aber mehr als gute Worte gab es auch in Paris nicht.

Enttäuscht und mit leeren Händen bestieg Sun in Marseille das Schiff. Am 24. Dezember kehrte er nach 16 Jahren Abwesenheit wieder nach China zurück. Als das Schiff im Hafen von Schanghai einlief, wurde er von einer gewaltigen Menschenmenge begrüßt. Mit ohrenbetäubendem Lärm trugen ihn Zehntausende auf den Schultern durch die Stadt und feierten ihn als „Vater des Vaterlandes", so als sei ihr Befreier zurückgekommen. Instinktiv hatten die Massen recht. Was sich da im Land vollzog, war das Ergebnis von Sun Yatsens jahrzehntelangen Bemühungen. Ohne seine inspirierenden sanmin zhuyi, jene „Drei Lehren für das Volk", hätte der Zwischenfall von Wuhan nicht diesen Flächenbrand ausgelöst. Mit diesen hatte er die westlichen Ideen von Freiheit, Gleichheit und Brüderlichkeit erfolgreich auf die chinesische Welt übertragen.

Er reiste schnell nach Nanjing weiter. China war geteilt. Die Revolution hatte sich nur im Süden ausgebreitet. Im Norden herrschte noch der Mandschu-Kaiser. Wieder einmal bewies sich, daß Sun Yatsens Formulierung, China sei ein „Haufen losen Sandes", ihre Richtigkeit hatte. Die Revolutionäre im Süden verfolgten außer der Vertreibung der Mandschus kein gemeinsames Ziel. Die für Sun so wichtige soziale Frage beachteten sie erst gar nicht. So blieb die Bewegung zersplittert und hatte wirklich nur den weitgereisten integren Doktor als Klammer. Sie wählten ihn zum ersten Präsidenten der Republik China. Er trat sein Amt am 1. Januar 1912 an und schaffte dabei den traditionellen Mondkalender ab, der allerdings bis heute im Volk weiterlebt.

Obwohl Sun Elemente der westlichen Zivilisation übernahm, vergaß er niemals, deutlich zu machen, daß er Chinese war und daß sein Land seinen eigenen Weg finden mußte. Aus diesem Grund war seine erste Amtshandlung ein Gang mit allen Ministern zu den Ming-Gräbern in der Nähe Nanjings, wo die Kaiser der letzten Han-chinesischen Dynastie beerdigt sind. „China wird wieder von Chinesen beherrscht!“, rief er den toten Ming-Kaisern zu. Sun hatte damit die nationale Ehre wiederhergestellt. Die Gräber liegen in denselben Purpurbergen, wo auf Suns eigenen Wunsch hin heute sein Mausoleum steht.

Als er 1911 diese ausladende symbolische Handlung vornahm, wußte er schon, daß er ein Präsident ohne Macht war. In seiner Republik stritten die verschiedensten Fraktionen um Einfluß. Im Norden saß ein mächtiger Gegenspieler, der Kriegsherr Yuan Shikai. Zu diesem Zeitpunkt konnte sich Sun Yatsen nur damit trösten, den Chinesen zu einer Republik verholfen zu haben. Um einen Bürgerkrieg zu vermeiden, war Sun schließlich bereit, Yuan die Präsidentschaft zu übertragen, wenn dieser die Mandschus vom Thron vertrieb. Über diese Zeit und den degenerierten Eunuchenhof hat der italienische Regisseur Bernardo Bertolucci den Film „Der letzte Kaiser“ gedreht, ein optisches Dokument, das besser als alle hier möglichen Beschreibungen zeigt, wie verrottet das chinesische Kaiserreich war und warum es zusammenbrechen mußte.

Sun Yatsen blieb genau vier Monate und vier Tage Präsident der Republik China. Am 12. Februar 1912 war das Kaiserreich endgültig beseitigt, und am 13. Februar legte Sun Yatsen sein Amt nieder. Yuan Shikai wurde von der provisorischen Nationalversammlung zum Präsidenten gewählt; Sun Yatsen gab sich mit dem Posten des Kommissars für das Eisenbahnwesen zufrieden. Dieser Aufgabe widmete er sich sofort mit großem Enthusiasmus. Yuan Shikai erwies sich als ein skrupelloser Tyrann. Es stellte sich schnell heraus, daß die Wuhaner Revolution nichts an den wirklichen Machtstrukturen Chinas geändert hatte. Zwar gab es noch eine Parlamentswahl, aus der die „Allianz“ von Sun Yatsen als stärkste Partei hervorging, doch Yuan sorgte dafür, daß dieses Parlament nicht viel zu sagen hatte. Die 800 Abgeordneten, zersplittert in viele Fraktionen, machten es ihm leicht. Die einzige ernst zu nehmende Gruppierung war jene von Song Jiaoren. Aus Sun Yatsens „Revolutionärer Allianz“ und vier kleineren Splittergruppen formte er die Guomindang, die Volkspartei, die später für China eine entscheidende Bedeutung erlangen sollte. Doch kaum war Song zum Parlamentspräsidenten gewählt, ließ ihn Yuan kurzerhand ermorden. Danach drangsalierte Yuan die Abgeordneten so sehr, daß viele aufgaben.

Zwischen Sun Yatsen mit der Guomindang und Yuan entwickelte sich schnell eine tödliche Feindschaft. Es kam zum totalen Bruch. Sun, schlecht bewaffnet wie immer, aber voller Idealismus, versuchte wieder einen Aufstand in Nanjing, um dort, in der südlichen Hauptstadt, eine neue Regierung auszurufen. Doch gegen den alten Haudegen Yuan Shikai hatte er nicht die geringste Chance und mußte bereits Anfang August 1919 erneut in die Emigration nach Japan. Das erste Parlament in der 4 000 Jahre alten Geschichte Chinas wurde einfach wieder aufgelöst. Yuan drückte ein Ermächtigungsgesetz durch und war nun uneingeschränkter Diktator von China.

Dieses Scheitern des westlich orientierten Christen Sun Yatsen haben die Westmächte wesentlich mitverschuldet. Als er noch in Europa um Geld bat, zeigten sie ihm die kalte Schulter. Dafür fühlten sie sich in der Nähe des brutalen Yuan wohl. Die Engländer waren froh, einen starken Mann in China zu haben, der ihre Karte zu spielen schien.

Das Muster hat leider auch heute noch nicht ausgedient: den eigenen Interessen werden die demokratischen und freiheitlichen Bekenntnisse der Sonntagsreden brutal geopfert.

Zu Sun Yatsen sagte das britische Außenministerium noch 1911 in England, er sei ein Windbeutel. Yuan aber spendierten sie über ein Bankenkonsortium in Beijing einen sogenannten Reorganisationskredit. Damit hatte Yuan das Geld, um sich lokale Militärmachthaber einzukaufen, die Sun militärisch nicht schlagen konnte. Auch sein Sieg gegen Sun Yatsen beruhte nicht zuletzt auf diesem britischen Geld. Ein zentral regiertes Land mit einem Mann, den sie gekauft hatten, war für britische Diplomaten und Banker die beste Garantie, um China auszubeuten. Doch dafür verpaßten die Europäer und vor allem England die große Chance, China schon am Anfang dieses Jahrhunderts zu einem integren Führer zu verhelfen, der den Westen als zivilisatorisches Vorbild akzeptierte. Die Intrigen haben Großbritannien nichts eingebracht. Yuan Shikai starb schon 1916, und in Europa tobte der Erste Weltkrieg. China geriet völlig aus dem Blickfeld.

Das sowieso schon darniederliegende China ruinierte sich nun völlig. In den Geschichtsbüchern wird die Zeit von 1916 bis 1928 als die Periode der „Warlords" bezeichnet, was mit „Kriegsherr" nur unzureichend übersetzt ist. Damit sind skrupellose Militaristen beschrieben, die eine persönliche Privatarmee unterhielten und so eine Provinz oder eine Region absolut beherrschten. Die meisten von ihnen benahmen sich wie Banditen, für die ein Menschenleben nichts zählte. Ihre Macht fiel ihnen zu, weil sie am Ende des Kaiserreiches wichtige militärische Positionen innehatten oder aus dem Dunstkreis des Diktators Yuan Shikai kamen.

Die westlichen imperialen Mächte nutzten diese Schwäche und versorgten die Kriegsherren mit neuen Krediten. Die schwache Beijinger Regierung verpfändete zum Beispiel die Einnahmen aus dem Salzmonopol und die Zolleinnahmen der Hafenbehörden. Im übrigen drängten die Westmächte darauf, daß das entmündigte Reich Deutschland den Krieg erklärte. Dafür, so versprachen sie, würde China das deutsche Schutzgebiet Kiautschau zurückbekommen. China entsprach schließlich dieser Bitte, nachdem der amerikanische Botschafter eine persönliche Erklärung des Präsidenten Woodrow Wilson überbracht hatte. Darin war auch ausdrücklich von dem Selbstbestimmungsrecht der Völker die Rede. China sollte gleichberechtigt in die Reihe der demokratischen Völker aufgenommen werden. Sun Yatsen dagegen warnte vor einem Kriegseintritt. Er schrieb sogar an den englischen Premier Lloyd George und wies darauf hin, daß die Achtung vor den Europäern noch mehr sinken würde, wenn chinesische Arbeiter und Bauern als Soldaten mit anschauen müßten, was sich auf den Schlachtfeldern abspielte. Die sichere Folge sei ein Wiederaufleben des Fremdenhasses in China.

Was die Chinesen nicht wissen konnten, war, daß die Westmächte unter Führung von Großbritannien drei Jahre vorher Japan dieselbe Offerte gemacht hatten. Auch der neuen Großmacht in Asien wurden die deutschen Gebiete versprochen, falls Tokyo Deutschland den Krieg erklärte. Auch die Japaner fielen auf das Versprechen herein. Sie erklärten Deutschland den Krieg, eroberten das Schutzgebiet und brachten die gefangenen deutschen Soldaten nach Japan. Doch die Japaner machten an den deutschen Grenzen nicht halt und wollten sich gleich die ganze Provinz Shandong einverleiben, die wie ein Pfeil ins Gelbe Meer ragt und den maritimen Zugang nach Beijing kontrolliert.

Diese Doppellüge hatte für Großbritannien und seine Verbündeten ungeahnte Folgen. Es war der 4. Mai 1919. Immer mehr Nachrichten trafen von der Versailler Konferenz in China ein, aus denen hervorging, daß China ein weiteres Mal vom Westen belogen und von den Japanern gedemütigt werden sollte. Erneut war die eigene Regierung bestochen worden und hatte den entwürdigenden Verträgen zugestimmt: Nicht China, sondern Japan durfte die ehemaligen deutschen Protektorate, erweitert um die Provinz Shandong, behalten. Ein Schlag ins Gesicht des neuerwachten chinesischen Selbstbewußtseins.

Auf dem Tiananmen-Platz wurde von demonstrierenden Studenten plötzlich die Losung ausgegeben, zum Außenministerium zu marschieren. Doch der Weg führte die Menschen am Haus des Verkehrsministers vorbei, der als japanhörig galt. Die Demonstranten drangen in das Haus des Ministers ein, wo, wie der Zufall es wollte, auch noch der chinesische Gesandte aus Tokyo zu Besuch war, der als Japans Interessensvertreter galt. Während der Botschafter erwischt und verprügelt wurde, konnte der Minister entkommen. Aber die Studenten brannten sein Haus nieder.

Die Polizei reagierte mit aller Härte. Erst wurden nur 32 Studenten verhaftet, aber dann begann ein Treiben gegen die Oppositionellen, und zum Schluß saßen über 1 000 Studenten in den Gefängnissen. Doch dieses Mal hatten sich die Regierung und die Westmächte verschätzt. Von Beijing aus sprang der Funke des Aufruhrs nach Schanghai über und dann weiter in alle großen Städte des Landes. Die wahre historische Bedeutung dieses in die Geschichte als „4.-Mai-Bewegung" eingegangenen Vorfalls ist jedoch, daß sich zum ersten Mal Chinesen aus allen Schichten, aus allen Regionen zusammenschließen und für ihre nationale Souveränität kämpfen: Studenten und Bauern, Arbeiter und Journalisten, Kaufleute und Professoren. Sogar Frauen werden politisch aktiv, gehen mit auf die Straße. Obwohl die Regierung versuchte, alle Nachrichten über die Vorfälle zu unterdrücken, sah sie sich überall in die Defensive gedrängt. Von Schanghai aus breiteten sich Streiks aus, die von Unternehmern und Kaufleuten unterstützt wurden.

Die Regierung mußte nachgeben. Die Studenten wurden freigelassen, die projapanischen Minister entlassen, und der Delegation in Versailles wurde die Anweisung erteilt, die Verträge nicht zu unterschreiben. Auch international hatte der Aufruhr Erfolg. In den Folgeverträgen von Washington mußte Japan ein Jahr später seine ehemals deutschen Besitztümer wieder abgeben. Der erste Lehrsatz von Sun Yatsen trug hier seine Früchte: *minzu zhuyi*, die Lehre vom chinesischen Staatsbewußtsein als Grundlage der Nation.

Diese „4.-Mai-Bewegung“ 1919 wurde später von den großen politischen Strömungen in China unterschiedlich bewertet. Während es die Guomindang unter Tschiang Kaischek in Taiwan bei einem einfachen Aufstand beließ, versuchte die kommunistische Partei diesen „Tiananmen-Aufstand“ als Vorläufer ihrer eigenen Gründung umzudeuten.

Eine weitere verheerende Folge dieses Aufstandes und des britischen Doppelspiels: Nachdem die Chinesen recht bekommen hatten, fühlten sich die Japaner betrogen. Ab sofort wußten sie, daß die Westmächte logen und sie ihre Interessen nur noch allein und mit Waffengewalt durchsetzen konnten. Dies mündete schließlich in dem pazifischen Krieg von 1937 bis 1945.

Dem Vater der Revolution von 1911 aber, Sun Yatsen, sollte es versagt bleiben, bis zu seinem Tode 1925 die Vollendung seiner Visionen zu erleben. Der Schwerpunkt seiner Aktivitäten verlagerte sich in seine Heimatprovinz Guangdong am Rande des chinesischen Reiches, wo er mit wechselnden Verbündeten immer wieder versuchte, eine chinesische Republik nach seinen „Drei Lehren für das Volk“ zu gründen. Doch ihm fehlten Geld, Waffen und die nötige Skrupellosigkeit, jene Voraussetzungen, die damals in China ausschlaggebend waren. Das ging soweit, daß ihn einmal sogar sein eigener Militärbefehlshaber umbringen wollte und er nur mit knapper Not noch fliehen konnte.

In diese Zeit fiel eine persönliche Entscheidung, die bis zum heutigen Tag in der Aufteilung seines intellektuellen Erbes von größter Bedeutung ist: die Heirat mit Soong Qingling. Seit vielen Jahren schon war Charlie Soong einer der engsten Freunde Sun Yatsens und einer seiner wichtigsten Finanziers. Charlie Soong hatte ein Vermögen mit dem Drucken und Verkaufen von Bibeln gemacht. Ähnlich wie Sun war er in jungen Jahren in den USA erzogen worden und dort zum Christentum übergetreten. Soong hatte drei Töchter, die später als die „drei Schwestern Chinas“ in die Geschichte eingehen sollten.

Die Älteste, Qingling, heiratete Dr. Sun Yatsen, Meiling heiratete den Nachfolger von Sun Yatsen als Parteiführer der Guomindang, Tschiang Kaischek, und Ailing heiratete einen Nachfahren von Konfuzius, Dr. Kung, der später als Finanzminister der Republik zu großem Reichtum kommen sollte. Der Sohn von Charlie Soong, T.V. Soong, der die Kassen der Guomindang-Republik plünderte, galt zeitweise sogar als reichster Mann der Welt.

Die ganze Familie Soong war in Amerika auf besten Schulen und Universitäten ausgebildet worden. Sie war sehr christlich und sehr revolutionär. Vor allem die Älteste schwärmte so von dem viele Jahre älteren Sun Yatsen, daß sie, ohne ihre Eltern zu informieren, zu ihm nach Yokohama fuhr und ihn dort schon einen Tag nach ihrer Ankunft ehelichte. Über den Verbleib seiner ersten Frau sagte Sun lediglich, er habe sich scheiden lassen. Qingling blieb nach der Machtübernahme durch die Kommunisten von 1949 in der Volksrepublik und war dort bis zu ihrem Tode Ehrenpräsidentin. Sie bildete die Brücke für die Legitimation der Kommunisten, sich als die wahren Erben Sun Yatsens zu bezeichnen. In Schanghai haben sie ihre Wohnung zu einem Museum hergerichtet, das heute in den offiziellen Stadtführern angepriesen wird. Qingling ist eine der chinesischen Persönlichkeiten, die auch nach der kommunistischen Herrschaft als Verfechterin für ein freies, demokratisches China als Vorbild erhalten bleiben wird.

Ihre Schwester Meiling, die heute über 90jährig in den USA lebt, war dagegen eine herausragende Persönlichkeit im Kampf gegen die Kommunisten und verstand es, der westlichen Welt, vor allem den USA, zu vermitteln, die Nationalchinesen der Guomindang in Taiwan seien die wahren Erben von Sun Yatsen. Die verwandtschaftliche Verbindung machte den Todfeind der Kommunisten, Tschiang Kaischek, immerhin zum Schwager der Ehrenpräsidentin der Volksrepublik China.

Historisch gibt es jedoch noch viel engere Bindungen zwischen der Guomindang-Partei und den Kommunisten als die beiden Schwestern.

Sun Yatsens Bittreisen in den Westen blieben all die vielen Jahre vergebens. In Kanton sah er sich ständig von „Warlords“ bedroht und schaffte es nicht, die vielen herumziehenden Rebellengruppen an sich zu binden. Er brauchte Hilfe, brauchte Waffen. In Rußland hatte eine antiimperialistische Revolution funktioniert. Bald schon entstanden daher erste Kontakte. Nach dem Zweiten Weltkongreß der kommunistischen Internationalen, der „Komintern“, wandte Lenin seine Aufmerksamkeit in Richtung Osten, weil er in den asiatischen Besitzungen der europäischen Kolonialmächte einen fruchtbaren Boden für seine Revolution vermutete. Er verkündete offiziell das Ende des russischen Imperialismus, Töne, die bei allen Nationalisten Asiens Euphorie und Sympathie auslösten. Umgekehrt war auch Sun Yatsen in Moskau kein unbeschriebenes Blatt. Noch immer hielt Lenin den chinesischen Doktor für einen Menschen mit einer „unnachahmlichen, man könnte sagen jungfräulichen, Naivität", aber auch für einen ehrenhaften Mann und aufrichtigen Revolutionär.

1920 trafen die ersten Agenten der Komintern bei Sun Yatsen ein. Noch blieb es bei Gesprächen. Man lernte sich und seine Absichten gegenseitig kennen. Unter den Abgesandten aus Moskau waren auch die deutschen Heinz Neumann und Wilhelm Zeißer, der spätere Minister für Staatssicherheit der DDR. All diese Emissäre nahmen auch mit jenen Chinesen Kontakt auf, die später die ersten kommunistischen Zellen organisierten. Die Schriften von Karl Marx gab es seit 1906 endlich auch auf chinesisch zu lesen. Was Sun Yatsen in London noch nicht einmal übersetzen konnte, wurde nun zunehmend Vokabular der Intellegentija in den Teestuben Chinas.

Doch die angehenden Kommunisten Chinas wurden in Moskau nicht für voll genommen. Wie der Komintern-Agent Pavel Miff schrieb, sei dies eine Gemengelage von „Anarchisten, Bibelsozialisten, legalen Marxisten und Mitläufern, die völlig zerstritten" seien. Im Juni 1921 wird die Kommunistische Partei Chinas (KPCh) ohne Moskaus Zutun gegründet. Lange Zeit blieben die Teilnehmer der Runde geheim. Das Leben und Ende einiger Gründungsmitglieder:

- Chen Duxiu, im August 1927 abgesetzt und 1942 verstorben
- Li Dazhao 1927 von Tschiang Kaischek hingerichtet
- Zhang Guotao, im April 1938 von der KPCh ausgeschlossen
- Zhu Fuhai, später Sekretär Tschiang Kaischeks, danach zu den Japanern übergelaufen
- Chen Gongbo, 1946 von Tschiang Kaischek hingerichtet
- Bao Huisheng, zur Guomindang übergegangen
- Li Hanzhun, 1927 in Wuhan hingerichtet
- Li Da, zieht sich später von der Politik zurück, nach Aussagen von Mao Zedong hingerichtet
- Shao Lize, zur Guomindang übergegangen
- und Moa Zedong, der dem Land seinen Stempel aufdrücken wird

Die schwierige Geburt der Kommunistischen Partei Chinas beschreiben wir im nächsten Kapitel.

Die Spannungen in der Moskauer Weltzentrale des Kommunismus spürten auch die Chinesen. Nicht immer war die Linie der Komintern klar. Großen Einfluß in China hatte ein Holländer mit dem Decknamen „Maring". Er verordnete als offizielle Moskauer Direktive, daß die Kommunisten innerhalb der Guomindang ihre eigenen Ziele vorantreiben sollten. Die sowjetischen Abgesandten boten Sun Yatsen vor allem, was ihm bisher gefehlt hatte: eine praktische Anleitung zur straffen Führung einer revolutionären Partei, eine eigene Parteiarmee und nicht zuletzt Geld und Waffen.

Die Wende kam mit Michael Markowitsch Grusenberg, genannt Borodin, ein Weltreisender in Sachen Revolution. Borodin hatte den Auftrag des Exekutivkomitees der Komintern, eine neue, von den Idealen der Guomindang durchdrungene Armee zu schaffen, die völlig unabhängig von den Söldnertruppen der Kriegsherren war. Zu dieser Zeit befehligte Sun Yatsen in Kanton zirka 40 000 Soldaten, die ihn 26 000 Dollar pro Tag kosteten. Borodin konnte gleich seine Qualitäten unter Beweis stellen. Nicht lange nach seiner Ankunft drohte der ehemalige Verbündete Suns, General Chen, damit, Kanton zu stürmen. Während der Doktor wie üblich schon an Flucht dachte, sammelte Borodin rund 500 Kommunisten aus dem Untergrund um sich und griff mit einer solchen Brutalität und Schlächterei die Truppen von Chen an, daß dieser trotz vieltausendfacher Überlegenheit die Flucht ergriff. Die bolschewistischen Methoden hatten ihren Einzug in China gehalten. Sun aber war von dem Erfolg geblendet. Er begann sofort wieder davon zu träumen, jetzt ganz China zu befreien und einen Staat zu schaffen, in dem seine „Drei Lehren für das Volk" oberste Richtschnur seien.

Anfang Dezember 1922 kam es zu einem richtungweisenden Treffen zwischen dem neuen sowjetischen Botschafter Adolf Joffe und Sun Yatsen. Beide waren sich auf halbem Wege in Schanghai entgegengekommen. Dr. Adolf Joffe war vorher sowjetischer Botschafter in Berlin gewesen, der damals für die kommunistischen Hoffnungsträger zweitwichtigsten Stadt der Welt nach Moskau. Nur in Deutschland gab es noch eine gut organisierte kommunistische Partei. In Beijing sollte Joffe die Kontakte zu den verschiedenen revolutionären Gruppen amtlich überwachen. Aus diesem Grund war er an einem persönlichen Eindruck des in Moskau immer als Naivling bezeichneten sanften Doktor Sun interessiert. Und Sun hatte nach ersten guten Erfahrungen mit Borodin nichts dagegen, weitere Hilfe aus der Sowjetunion zu empfangen. Die Gespräche mit Joffe zogen sich über Wochen hin. Doch bei aller Übereinstimmung machte Sun sehr deutlich, wo für ihn die Grenze der Gemeinsamkeit erreicht war. Zum Abschluß ihrer Gespräche unterschrieben Joffe und Sun Yatsen eine gemeinsame Erklärung: „Dr. Sun hält die Einführung des Kommunismus oder auch nur des Sowjetsystems in China nicht für möglich, da hier die nötigen Vorbedingungen für eine erfolgreiche Anwendung fehlen. Herr Joffe schließt sich voll und ganz dieser Ansicht an."

Ein Ergebnis dieser Gespräche war das Versprechen der Sowjets, eine Militärakademie in China zu gründen. Im Mai 1924 war es dann soweit. Auf der Insel Whampoa im Perlfluß, zirka 16 Kilometer von Kanton entfernt, konnte der Unterrichtsbetrieb aufgenommen werden. Rußland zahlte und stellte die Waffen zur Verfügung. Der Zulauf zu dieser Schule war überraschend stark. Aus den Kreisen patriotischer Studenten der Mittel- und Oberschicht konnten 500 Rekruten ausgesucht werden. Der erste Kommandant und damit Stabschef der sich formierenden Guomindang-Armee war Tschiang Kaischek, ein junger Heißsporn, der Sun bei einem der Zwischenfälle in Guangzhan einmal herausgehauen hatte. Der weitere Lebensweg von Tschiang prägt das Schicksal Chinas in diesem Jahrhundert und wird uns in diesem Buch noch intensiv beschäftigen. Stellvertreter und gleichzeitig persönlicher Assistent von Borodin wurde Zhou Enlai, der sowohl das kommunistische Parteibuch als auch das der Guomindang hatte. Später sollte Zhou neben Mao die wichtigste Persönlichkeit der Kommunisten werden.

Mit Whampoa glaubten die Moskauer Kommunisten, ihrem Ziel, China langsam zu unterwandern, einen wichtigen Schritt näher gekommen zu sein. Auch Sun Yatsen war der Meinung, trotz aller Rückschläge, die er bisher hatte erleiden müssen, doch noch mit Hilfe dieser neuen Soldaten sein China zu schaffen. So lautete seine Grußadresse bei der feierlichen Eröffnung der Militärakademie: „Mit der Gründung dieser Schule wird heute eine neue Hoffnung für uns geboren. Von jetzt an beginnt ein neues Zeitalter für unsere Revolution. Die Schule ist die Basis der Revolutionsarmee, deren Kern ihr Schüler bildet."

Kein Jahr später konnten die Kadetten ihre Feuertaufe bestehen. Die Kantoner Kaufleute wandten sich mehr und mehr von Sun ab, weil sie glaubten, er sei nach links weggerutscht. Die Engländer fürchteten um ihren Einfluß. Über die Hongkong- und Schanghai-Bank finanzierten sie größere Waffenlieferungen an die Kaufleute, die bald eine eigene Privatarmee von 50 000 Soldaten in der Stadt unterhielten. Borodin organisierte den Angriff, bevor die Kaufleute ihrerseits losschlagen konnten. Die Auseinandersetzung endete für Kanton mit einem Fiasko. Die Stadt war weitgehend niedergebrannt, die Kaufleute ruiniert. Borodin und Tschiang hatten gemeinsam einen großen Sieg errungen. Aber Sun hatte seine Hauptstadt verloren. Hier hatte er keine Sympathien mehr von seinen ehemaligen Geldgebern. Er mußte nach Norden, sich eine neue Hauptstadt suchen.

Die vielen Kleinkriege an allen Ecken und Enden des Landes überzeugten den friedlichen Revolutionär, daß vorübergehend drastische Maßnahmen für China notwendig waren. So formulierte er ein „Dreistufenprogramm“, eine Art Ergänzung zu den „Drei Lehren für das Volk“: Als erste Stufe verlangte er eine Militärdiktatur von zwei bis drei Jahren, um die äußere Ordnung wiederherzustellen und China zu vereinen. Danach folgte als zweite Stufe eine Periode der erziehenden Regierung von vielleicht sechs bis acht Jahren, in der seine Partei, die Guomindang, gleichsam als Treuhänderin des Volkes wirken und die Volksbildung überwachen sollte. Die dritte und letzte Stufe war dann der eigentliche Volksstaat mit einem Fünfämtersystem und der Wahl aller Organe durch das Volk.

In Beijing hatte sich ein „christlicher Kriegsherr“ durchgesetzt, der seine Soldaten der Einfachheit halber gleich mit dem Wasserschlauch taufte. Feng Yuxiang, so sein Name, aber wollte Fortschritt. Deshalb mußte jeder Rekrut abends noch ein Schriftzeichen lernen. Nur 25 Prozent der Bevölkerung konnten lesen und schreiben. Dieser Feng nun hatte die Idee, Sun Yatsen das Amt eines gesamtchinesischen Präsidenten anzubieten. Sun, von schwerer Krankheit gezeichnet, machte sich auf den Weg in die wichtigste Stadt Chinas, die ihm so lange verschlossen gewesen war.

Von Japan reiste Sun schließlich nach Beijing, wo er am 4. Dezember 1924 todkrank ankam. Im Krankenhaus stellte sich heraus, daß er einen bösartigen Lebertumor hatte, der nicht mehr operabel war. Sun hatte nur noch wenige Wochen zu leben, in denen ihn seine Frau Qingling aufopfernd pflegte. Sun starb so arm, wie er begonnen hatte. Seine Bücher und Schriften, die den Brand seines Hauses in Kanton überstanden hatten, vererbte er seiner Frau.

Am 12. März 1924 schloß er für immer die Augen. Noch einen Tag zuvor hatte er sein politisches Testament unterschrieben:

„40 Jahre lang habe ich meine Kraft der nationalen Revolution gewidmet, deren Ziel die Freiheit und Gleichberechtigung Chinas ist. Die Erfahrungen von 40 Jahren haben mich davon überzeugt, daß es zur Erreichung dieses Ziels notwendig ist, die Volksmassen zu wekken und verbunden mit denjenigen Völkern der Welt, die unser Volk als gleichberechtigt behandeln, gemeinsam zu kämpfen ... dies ist mein letzter Wille."

Sofort begann das Rennen um Suns politisches Vermächtnis. Ein Rennen, das eher einer Satire glich, so lächerlich benahmen sich die Politgeier.

- Borodin erzählt, daß Sun ihm bei vollem Bewußtsein gesagt habe: „Wenn die Russen nur mit ihrer Hilfe weiterfahren ..."
- Freunde, die den Westen beruhigen wollten, hörten ihn hauchen: „... laßt mir die Christen in Ruhe ..."
- Der ehrgeizige Kommandeur der Kriegsakademie im 3 000 Kilometer entfernten Whampoa, Tschiang Kaischek, wußte zu berichten, mit seinem letzten Atemzug habe Sun seinen Namen genannt.
- Schwager H.H. Kong tröstete die Gemeinde bei der Trauerfeier mit der glaubwürdigsten Version: „Genau wie Christus von Gott in die Welt gesandt wurde, so sandte Gott auch mich." Im zunehmenden Alter verglich sich Sun oft mit Jesus, der wie er ein Revolutionär gewesen sei, um die Armen zu erlösen, die Unglücklichen zu trösten und die mit Ketten Gefesselten zu befreien.

Das alles paßt überhaupt nicht zu der Geschichte, die die Kommunisten erzählen. Die warten mit der unglaubwürdigsten Version auf. Weil sie wußten, daß ihnen kaum jemand glauben würde, haben sie gleich ihr eigenes schriftliches Testament in dem sowjetischen Parteiorgan „Prawda" abgedruckt. Es heißt, Borodin habe es wohl selbst geschrieben.

Faktisch hatte Sun Yatsen wenig erreicht. Und trotzdem zogen Hunderttausende an seinem Sarg vorbei und nahmen Abschied von einem Visionär. Auch als er fünf Jahre später nach Nanjing überführt wurde, wo er neben den Ming-Kaisern seine letzte Ruhe fand, säumten viele Millionen seinen letzten Weg. Sie alle spürten, daß dieser Mann seinem Land eine Idee hinterlassen hatte, die ihnen ihre Würde zurückgeben konnte: „Ein Volk, das einig, gleichberechtigt mit den anderen Völkern in einer Demokratie lebt, die auf sozialer Gerechtigkeit und Wohlfahrt aufgebaut ist.“

Diese Idee ist bis heute nicht verwirklicht.

12. Moskaus ungeliebte Genossen
Mao Zedong und der Beginn der Kommunistischen Partei Chinas

Die Südprovinz Hunan ist von Gebirgen durchzogen, und Bergketten trennen sie vom Meer. Das subtropische Klima ermöglicht zwar bis zu drei Reisernten im Jahr, aber die Bevölkerungsdichte macht Hunan zu einer der ärmsten Provinzen des Landes. Die Hunanesen unterscheiden sich von den anderen Chinesen durch zwei Eigenschaften: Sie essen extrem scharfe Gerichte, und sie gelten als hitzig, draufgängerisch und rebellisch. Hier wurde am 26. Dezember 1893 in einem Dorf Mao Zedong geboren. Das ganze Elend, die ganze Rückständigkeit, die die chinesischen Massen gefangenhielt - es war die Welt, in der Mao aufwuchs. Es ist sicher kein Zufall, daß bis auf Zhou Enlai alle chinesischen Reformer, ob sie nun auf der Seite der Guomindang oder der Kommunisten kämpften, aus solchen erbärmlichen, die Menschen erniedrigenden Dörfern kamen.

So wie den Massen der ausgebeuteten Industriearbeiter im Frühkapitalismus mit Karl Marx ein Prophet erwuchs, der ihnen eine gerechte und gleichberechtigte Gesellschaft verhieß, so war es zwangsläufig, daß auch die Bauern Asiens einen Retter herbeisehnten, der sie aus doppelter Unterdrückung befreien würde: von den ausländischen Imperialisten, die ihr Land aussaugten, und dann auch noch von ihren Feudalherren, die sie in persönlicher Unfreiheit und Knechtschaft hielten.

Mao Zedong ist so eine Lichtgestalt, die Generationen junger Menschen in der ganzen Welt in ihren Bann zieht. Wirklichkeit und Legenden verschwimmen dabei. Das 20. Jahrhundert hat in vielen Staaten, nicht zuletzt in Europa, der Demokratie und damit der Freiheit zum Durchbruch verholfen, es hat das Ende des Kolonialismus eingeläutet und damit weitgehend die Befreiung von Fremdherrschaft ermöglicht. Aber das 20. Jahrhundert hat auch mit die grimmigsten Massenmörder hervorgebracht, die nicht nur ihre Staaten, sondern ganze Erdregionen tyrannisierten. Hitler und Stalin sind dabei nur die bekanntesten. Andere waren auch nicht viel besser, konnten aber nicht so viele Menschen umbringen, weil ihr Herrschaftsbereich nicht so weit reichte. Die beiden chinesischen Revolutionäre aber, Mao

Zedong und Tschiang Kaischek, gehören sicher mit mehreren Zehnmillionen Toten, die sie während ihrer Laufbahn zu verantworten haben, zu den größten Menschenvernichtern aller Zeiten.

Jetzt, am Ende des Jahrhunderts, geht der Zusammenbruch des Kommunismus mit der systematischen Entmystifizierung Mao Zedongs einher. Die Millionen und Abermillionen Chinesen, die seine wirtschaftlichen und kulturellen Experimente mit dem Leben bezahlen mußten, verdunkeln das strahlende Bild des Befreiers. Die Berichte seines Leibarztes über das ausschweifende Leben des alternden Revolutionärs erinnern eher an einen orientalischen Potentaten als an einen sozialistischen Staatsmann. Mit dem Erfinder des chinesischen Weges zum Sozialismus ist kein Staat mehr zu machen.

Wie bei all diesen überhöhten Volksbeglückern gibt es Anekdoten aus der Kindheit und Jugend, die beweisen sollen, daß er ein vorherbestimmter, ein auserwählter Übermensch war. Über Mao wird zum Beispiel berichtet, wie er mit seinem Vater aneinandergeriet. Diese Geschichte ist deshalb wichtig, weil damit auch sein Bruch mit der gesamten chinesischen Tradition des Gehorsams vom Sohn gegenüber dem Vater gerechtfertigt wird. Diese konfuzianische Tugend ist eines der Fundamente, auf denen die vormaoistische chinesische Gesellschaft beruhte und die Mao bekämpfte.

Die Familie Maos war nicht wirklich arm. Der Vater hatte durch Reishandel ein wenig Geld verdient und beschäftigte sich intensiv mit Konfuzius. Als der Lehrer der Schule vorschlug, den begabten Sohn Mao auf eine weiterbildende Schule in der nächstgelegenen Kreisstadt zu schicken, opponierte der Vater. Er meinte, der älteste Sohn gehöre ins Haus. Mit einem Zitat von Konfuzius belegte er seinem Sohn, daß er zu gehorchen habe. In allen offiziellen Biographien Maos steht, daß Mao aber mittlerweile so fleißig Konfuzius studiert hatte, daß er seinem Vater mit anderen Konfuzius-Zitaten widersprechen konnte: „Ein vorbildlicher Herr wird keine Sekunde auch nur daran denken, den Pfad der Tugend zu verlassen. Dies gilt für ihn auch in Zeiten der Hast und Gefahr.“ Mao begründete so, daß es bei seiner Begabung eine Tugend sei, zu studieren, damit er dem Kaiser als Beamter dienen könne.

Mao war 13 Jahre alt, als Hunan von einer verheerenden Hungersnot heimgesucht wurde. Doch während die kommunistische Geschichtsschreibung diese frühe Konfrontation mit der brutalen Wirklichkeit als einen Grund angibt, warum Mao sich für den Weg eines

Sozialrevolutionärs entschied, bleibt die Antwort aus, warum Mao in seinen Kampagnen vom „Großen Sprung nach vorn“ 1957 und der „Großen Proletarischen Kulturrevolution“ 1966 wieder Millionen Bauern verhungern ließ und dabei keinerlei Mitgefühl entwickelte, ja die Wahrheit ihn noch nicht einmal interessierte. Wer sie ihm gegenüber erwähnte, der fiel in Ungnade und wurde vernichtet.

Wie sehr Mao samt seinen Untaten selbst im Westen verklärt wurde, zeigt ein Zitat aus dem Bertelsmann „China-Handbuch“: „Der große Sprung war nicht nur ein esoterischer Zufall in der Geschichte der chinesischen kommunistischen Ideologie, sondern Teil eines Trends der Weltmeinung über das Problem, die Armut zu beseitigen.“

Maos schulische Leistungen verhalfen ihm, als 17jähriger in der Provinzhauptstadt Changsha in die Universität aufgenommen zu werden. Hier hörte er von einem Aufstand, den Sun Yatsens „Revolutionäre Allianz“ in Kanton organisierte. Dabei wurden 27 Rebellen gefangengenommen und öffentlich hingerichtet. Später, als Mao Staatschef war, ernannte er diese 27 Rebellen zu „Märtyrern des gelben Blumenhügels“ und setzte ihnen ein Denkmal. Sie wurden damit von der revolutionären Tradition der Kommunisten vereinnahmt, obwohl die Opfer das Wort „Kommunismus“ noch nicht einmal kannten.

Für all die Menschen und frühen Mitstreiter, die Mao selbst später hinrichten ließ, nur weil sie eine seiner vielen ideologischen Launen nicht mitmachten, könnte heute in jeder chinesischen Kleinstadt ein Denkmal stehen. Sein Terror reichte in jeden Winkel des Riesenreiches.

Kurz vor seinem 18. Geburtstag, am 10. Oktober 1911, explodierte jene Bombe in Wuhan, die das Kaiserreich zum Einstürzen brachte. Die rebellische Provinz Hunan stand sofort in Flammen und war eine der ersten, die mit den Rebellen gemeinsame Sache machte. Auch die Universität in Changsha wurde vom republikanischen Fieber erfaßt. Lehrer und Studenten schlossen sich republikanischen Milizen an. Auch Mao machte als einfacher Soldat mit. Doch wie bereits geschildert, schloß sich Sun Yatsen bald dem Beijinger Machthaber Yuan Shikai an, und so war auch Maos Karriere als Revolutionssoldat rasch wieder zu Ende. Er ging zurück zur Universität und gründete seinen eigenen Schwurbund, der sich einige Statuten zulegte, so zum Beispiel: Wir machen keine Glücksspiele um Geld, wir geben uns nicht mit Prostituierten ab, wir verfallen nicht in träge Untätigkeit.

Später, wie wir jetzt wissen, hielt sich dieser junge Asket dann einen ganzen Harem.

Es war damals üblich, daß chinesische Organisationen vielversprechenden Jugendlichen die Chance boten, ins Ausland zu gehen, um dort zu studieren. Sie sollten von dort das Wissen mitbringen, das China benötigte, um sich aus seiner Abhängigkeit von den Kolonialmächten zu befreien. Kaufmannsbünde wetteiferten regelrecht darum, genug Geld für die Stipendien zu sammeln. Im Ersten Weltkrieg, vor allem nach der Kriegserklärung Chinas an Deutschland, Österreich und Ungarn, verlangten die Achsenmächte, daß der neue Kriegsverbündete Hunderttausende von Kulis nach England und Frankreich schickte, damit die Arbeiter ersetzt werden konnten, die an der Front kämpften. Diese Arbeiter wiederum wurden von Studenten begleitet, die für sie dolmetschten und sie betreuen sollten. Auch Mao stand auf einer Liste, um nach Frankreich eingeschifft zu werden. Aber in letzter Minute sprang er ab. Damit unterscheidet er sich von allen anderen bekannten Revolutionären, die China später regieren sollten. Sie waren alle kürzer oder länger im Ausland und lernten dort den Kommunismus kennen. Die Beijinger Propagandisten machten aus Maos Scheu indes eine frühe Erleuchtung. Er sei damals schon so mit dem Schicksal der Bauern verbunden gewesen, daß er sie nicht mehr alleine lassen wollte. Doch trifft für Maos Entscheidung wohl eher der abgewandelte Spruch zu: „Was der Bauer nicht kennt, das macht er nicht."

Es folgen die Jahre in Beijing, in denen Mao viel las. Dazu hatte er ausreichend Gelegenheit, weil er in der Universitätsbibliothek damit beschäftigt war, den Besuchern die gewünschten Bücher zu bringen und abends wieder die Bibliothek aufzuräumen. In der Universität lagen zahlreiche Flugblätter, wie zum Beispiel „Die neue Frau", „Das neue China" und „Die Stimme Hunans". Doch mehr als diese Zeitungen beeindruckte ihn der Leiter der Universitätsbibliothek, Professor Li Dazhao. Dieser gehörte später zu den Männern der ersten Stunde, als die Kommunistische Partei Chinas gegründet wurde.

Selbst Mao zugeneigte Sinologen haben Schwierigkeiten, sein Wirken und seine ideologischen Grundlagen zu deuten. Dieser Mann vom Land mit seinem kurzen Aufenthalt in den Studierzimmern der Beijinger Universität wird von dem bekannten Sinologen Stuart R. Schram so beschrieben: „Die dialektische Denkweise, die sich von Anfang an bei Mao findet (zum Beispiel in seinen Notizbüchern von

1918) entspricht eher der taoistischen Dialektik der Gegensätze, die sich einer in den anderen verwandeln, als der Hegelschen marxistischen Dialektik der Gegensätze, die in gegenseitiger Wechselwirkung eine höhere Synthese hervorbringen. Mao Zedong ist in erster Linie ein politischer Denker, wobei Politik im weitesten Sinne zu verstehen ist, einschließlich militärischer Probleme, Ethik, Erziehung und Kultur ..." Schram faßt Maos junge Jahre im folgenden Zitat als den Höhepunkt seiner Gedanken zusammen: „Eines Tages wird die Reform des chinesischen Volkes tiefgreifender sein als die jeden anderen Volkes, und die Gesellschaft des chinesischen Volkes wird strahlender sein als die jedes anderen Volkes." Da kann Mao recht behalten. Aber die entsprechende Reform hat dann Deng Xiaoping erst nach Maos Tod eingeläutet.

Man sieht auch bei Schram die Mühe, aus wenig Substanz viel herauszulesen. Hier ist ein idealistischer, ziemlich ungebildeter, aber intelligenter Bauernbursche, der aufgrund der sozialen Mißstände auf dem Land unzufrieden ist und der, wie Millionen andere Chinesen auch, die nationale Demütigung nicht länger hinnehmen will. Er sucht nach einer Plattform, nach einer Idee, der er sich anschließen kann, um diese für China existentiellen Fragen zu lösen. Diese findet er unter den angebotenen Ideologien aus Europa nicht, weder beim Kapitalismus noch beim Liberalismus, und auch nur unzureichend beim Moskowiter Kommunismus, so wie er nach China durchsickerte.

Lenins erste Abgesandte aus der Komintern nach China waren sich nach ihrer Rückkehr auch nicht einig, wie dort eine marxistisch-leninistische Revolution zustande gebracht werden sollte. Der eine, Grigori Woitinski, wollte unbedingt nach russischem Vorbild die Arbeiterschaft in eigenen kommunistischen Zellen organisieren, die dann die Revolution vorantreiben sollten, der andere, der Holländer Maring, wollte die Guomindang Sun Yatsens unterwandern und parasitär aushöhlen. Aber auch er wollte die Revolution in den Städten mit den Arbeitern beginnen. Doch in ihrer ideologischen Verblendung hatten sie übersehen, daß es zum Beispiel im China des Jahres 1921 gerade mal eine Million Industriearbeiter gab, aber 160 Millionen Kleinbauern, die am absoluten Existenzminimum lebten und deshalb ständig für Unruhe sorgten.

Es ist Maos historisches Verdienst, daß er den Unterschied zwischen einer Million und 160 Millionen erkannt hat. Außerdem ist es wenig verwunderlich, daß er bis zu seinem Lebensende Moskauer Emissären kritisch gegenüberstand.

Und so soll die Geburtsstunde der Kommunistischen Partei Chinas ausgesehen haben: 14 Studenten und Professoren fuhren gemeinsam auf einem Vergnügungsboot in der Nähe von Schanghai über einen See. Vorher hatten sie sich in einer Mädchenschule getroffen. Bei beiden Gelegenheiten diskutierten sie unter anderem die Fragen, wie die Massen organisiert und erzogen werden könnten, um den Klassenkampf und die sozialistische Revolution durchzuführen, damit am Ende eine proletarische Diktatur herauskäme. Ansonsten muß dieses Treffen unter der Überschrift „Nichts genaues weiß man nicht" eingeordnet werden. Gleichwohl bezeichnen die chinesischen Kommunisten dies als ihren ersten Parteikongreß. Die Komintern-Agenten hatten mit der Organisation des Treffens nichts zu tun und waren somit auch nicht dabei.

Am Abend dieser romantischen Gründung der Kommunistischen Partei Chinas beschrieb Li Dazhao, Maos Literaturprofessor aus Beijing, den Reiz, den der Kommunismus auf die Intelligentija Chinas ausübte: „Laßt uns Chinas Position unter den Nationen der Welt analysieren. Während die anderen bereits von der freien Marktwirtschaft die Weiterentwicklung in die sozialistische Kollektivgesellschaft geschafft haben, sind wir dabei, unseren eigenen Anfang zu machen - das heißt, in die Fußstapfen der anderen zu treten. Wenn wir unter diesen Umständen uns den anderen angleichen und mit den anderen koexistieren wollen, dann müssen wir den Prozeß vom Feudalismus über den Kapitalismus in den Sozialismus dadurch abkürzen, daß wir gleich in die sozialistische Wirtschaftsform springen."

Ein Jahr später hatten die Komintern-Agenten Moskaus den Zweiten Kongreß dann schon fest im Griff. Das gute Dutzend Delegierte vertraten gerade mal 123 eingeschriebene Parteimitglieder. Bevor dieser Parteitag überhaupt begann, waren alle Entscheidungen bereits in Moskau gefallen. Selbst die seitenlange Resolution verriet den europäischen Ursprung der geschulten Agitprop-Spezialisten. Alles geschah hier einstimmig. Und so sehen Parteikongresse der kommunistischen Parteien auf dieser Welt noch heute aus. Eines der Gründungsmitglieder fehlte allerdings bei diesem zweiten Treffen: Mao Zedong. Der war aus Versehen nach Schanghai gefahren, obwohl der Kongreß im 200 Kilometer entfernten Hangzhou stattfand.

Bis heute ist nicht geklärt, ob er absichtlich fehlgeleitet wurde oder sich einfach verfahren hat.

Eine der Anweisungen dieses Zweiten Kongresses ging nach Europa. Dort hatten sich in Paris 70 junge Chinesen als Sympathisanten in einer „Kommunistischen Partei" zusammengeschlossen. Ab sofort mußten sie sich „Kommunistischer Zirkel Chinas in Europa" nennen. Der Hauptzelle in Paris waren zwei weitere Zellen in Brüssel und Berlin untergeordnet. Aus diesem Jugendverband sind die bedeutendsten Führer der Kommunistischen Partei Chinas außer Mao hervorgegangen, darunter etwa Zhou Enlai und Deng Xiaoping.

Als Zhou Enlai 1920 in Marseille europäischen Boden betrat, hatte er schon eine Schul- und Universitätsausbildung an einer amerikanischen Missionsschule hinter sich. Der Sohn eines hohen Beamten, eines Mandarins, hatte erst eine klassisch-chinesische Erziehung genossen. Die Familie litt unter der Diskriminierung der Chinesen durch die Russen, von denen sie als „gelbe Hunde" beschimpft wurden. Dagegen setzte der junge Zhou Enlai seinen glühenden Patriotismus. Bis er China verließ, hatte er schon alle Demütigungen hinter sich, die Nationalisten damals erleiden mußten. Bei Demonstrationen verhaftet, ins Gefängnis gesteckt und von der Polizei verprügelt, wurde er zum Helden.

In Frankreich stellte er schnell fest, daß sein Geld nicht zum Studium ausreichte. Der in China wohlhabende Jüngling wurde Arbeiter, um in Nordfrankreichs berüchtigten Kohlegruben sein Geld zu verdienen. Diese Region war ein Brutkasten der französischen radikalen Linken. In den Bergwerken lernte Zhou das Proletariat der Industriegesellschaft und sein erniedrigendes Dasein kennen, und hier lernte er auch, was Marxismus-Leninismus ist. Es ist sicher nicht falsch, zu behaupten, daß die chinesische kommunistische Zelle, die Zhou Enlai in Frankreich gründete, die einzige war, die zu diesem Zeitpunkt mit der Moskauer Ideologie übereinstimmte.

Seine praktische Intelligenz bewies Zhou schon ein Jahr später durch den Umzug nach Berlin. Die galoppierende Inflation in Deutschland verbesserte seine durch harte französische Franc abgesicherte Lebensqualität erheblich. In Berlin und später in Göttingen schrieb er sich als Student der Naturwissenschaften ein. Der gutaussehende und wohlerzogene Chinese machte Eindruck auf die 18jährige Kunigunde Staufenbiel aus Hundshagen. Aus dieser Verbindung stammt Zhous enge Beziehung zu Deutschland. Hier lebte sein Sohn Kuno Staufenbiel, bis er im Krieg fiel. Und hier lebt immer noch sein Enkel Wilfried. Dessen Stiefvater war Vopo-Offizier in Zwickau in Sachsen.

Im gleichen Jahr wie Zhou Enlai kam auch Deng Xiaoping in Marseille an. Auch Deng gehörte nicht zu den ganz Armen. Wegen seiner guten Leistungen in der Schule war er mit einem Stipendium der Sichuaner Kaufleute nach Europa geschickt worden, um dort zu studieren und dann mit seinem Wissen die Provinz zu modernisieren. In Paris erfuhr Deng das gleiche Schicksal wie Zhou Enlai: Das Geld reichte hinten und vorne nicht. Die chinesischen Studenten waren allein gelassen, auf sich selbst gestellt. Von Studium konnte keine Rede sein. Also mußte auch Deng in die Fabriken. So wurde aus einem hoffnungsvollen Reformer ein marxistischer Revolutionär.

In dem kommunistischen Jugendverband war Deng der Jüngste und Unerfahrenste, während Zhou Enlai den Ton angab. Sie gaben eine Zeitung heraus, für die Zhou die Artikel schrieb, während Deng die Schriftzeichen sorgfältig auf Wachsmatrizen ritzte und sie dann vervielfältigte. Diese fast väterliche Beziehung Zhous zum jüngeren Deng hat nie aufgehört. Die beiden sollten auch später im lebensgefährlichen Olymp Mao Zedongs immer zusammenhalten, und es heißt - hier greifen wir der Entwicklung weit vor -, daß es Zhou Enlai war, der bei der Kulturrevolution seine schützende Hand über Deng hielt und ihn so vor dem Tod bewahrte.

In Europa begann die Polizei die chinesischen Kommunisten zu überwachen, einzusperren und auszuweisen. Da traf es sich gut, daß in Moskau eine Kaderuniversität für Chinesen gegründet worden war, die nach dem gerade verstorbenen Volkshelden Sun Yatsen benannt wurde. 19 Chinesen aus Frankreich erhielten ein Stipendium, als jüngster wiederum der erst 20jährige Deng. Anders als in Paris mußten sie hier nicht arbeiten, sondern konnten gleich mit dem Lernen beginnen. Neben dem notwendigsten Fachwissen stand vor allem Marxismus-Leninismus auf dem Unterrichtsprogramm. Der Ausflug nach Westeuropa hatte die jungen Chinesen letztlich nicht mit den faszinierenden Gedanken der Freiheit vertraut gemacht, sondern mit Ausbeutung und Diskriminierung.

Doch auch die Sun-Yatsen-Universität stand unter einem unglücklichen Stern. Ihr größter Förderer war Leo Trotzki, und nach seinem Zerwürfnis mit Stalin fanden sich alle Protagonisten der Universität dem Verdacht ausgesetzt, Trotzkisten zu sein, darunter auch die jungen Chinesen. So sollte sich auch die Begeisterung für Moskaus Kommunismus in Grenzen halten.

Ein anderer, sogar erst 16jähriger Chinese war direkt aus seinem Heimatland nach Moskau gekommen, wo er sich nur zwei Monate nach Deng an der Universität einschrieb. Es war Tschiang Tsching-kuo, der Sohn aus Tschiang Kaischeks erster Ehe, des Kommandanten der Militärakademie Whampoa. Vater und Sohn waren später Präsidenten der Republik China auf Taiwan, Deng dagegen Präsident und KP-Chef in Beijing.

Westeuropa hatte mit seinen kurzsichtigen kolonialen Interessen jeden Einfluß auf die nächste Generation der chinesischen Führer verloren, den dann Moskau ausübte. Bis zum heutigen Tage hat dieser Fehler vielen Millionen Chinesen das Leben und die freie Welt Milliarden Dollar gekostet.

In Whampoa, der vom Komintern-Agenten Borodin gegründeten Militärakademie, agierte mittlerweile der auch aus Europa zurückgekehrte Ziehvater Dengs, Zhou Enlai, als Stellvertreter von Tschiang Kaischek. Da Zhou gleichzeitig persönlicher Sekretär von Borodin war, ist wohl davon auszugehen, daß es Zhou war, der den Sohn seines Kommandanten nach Moskau vermittelte. Er sollte eine Investition für die Zukunft werden und später dafür sorgen, daß die Guomindang und die Kommunisten nach bewährter kommunistischer Volksfrontmethode miteinander verschmolzen.

Von all den Moskauer Intrigen, von den Richtungskämpfen der Leninisten, Stalinisten und Trotzkisten, von den detaillierten Plänen der Kommunisten mit Sun Yatsens Partei - von all diesen Dingen wußte Mao Zedong wenig oder gar nichts. Er hatte im Spiel der Moskauer Strategen keine Rolle. Diese Phase des beginnenden Kommunismus in China wurde von der Komintern gesteuert. Doch der Tod Sun Yatsens brachte mit Tschiang Kaischek einen Militaristen an die Spitze der Guomindang, der das feingewobene Intrigennetz Moskaus zerriß.

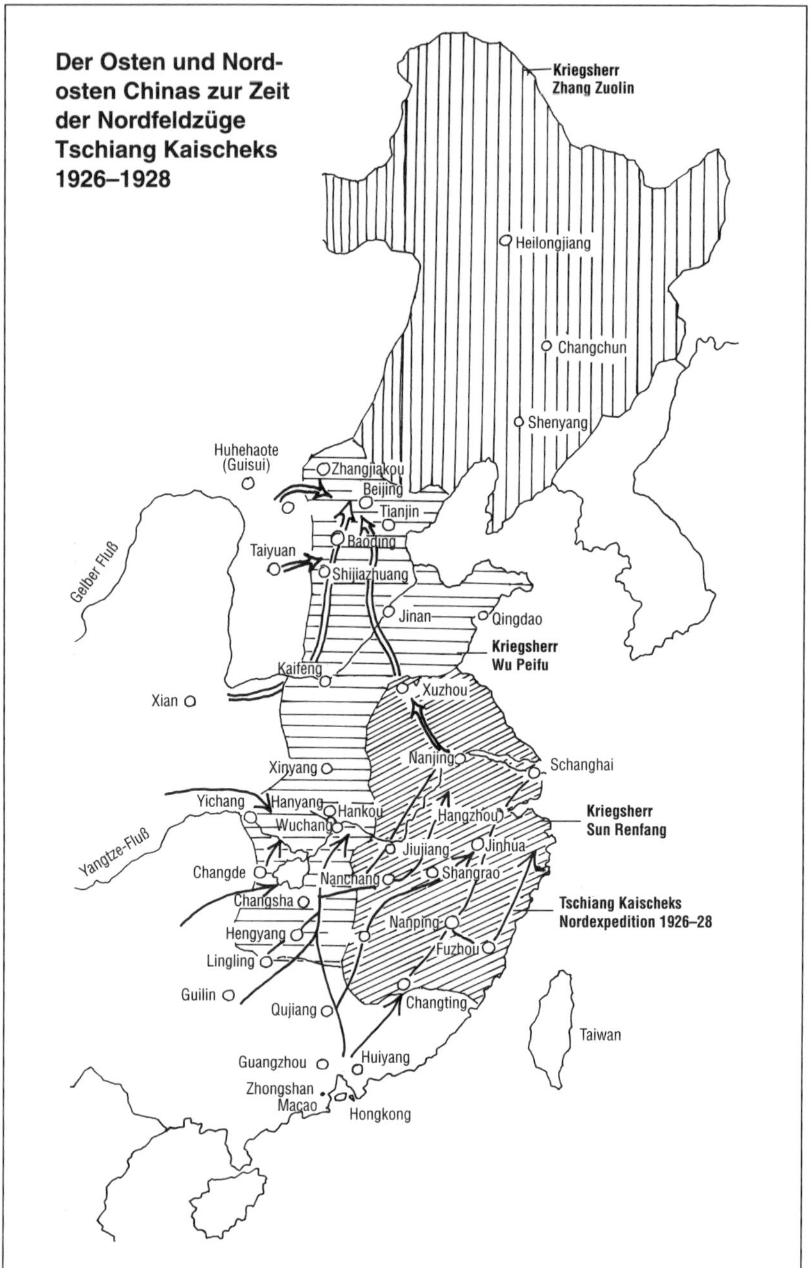
Der Osten und Nordosten Chinas zur Zeit der Nordfeldzüge Tschiang Kaischeks 1926–1928
Kriegsherr Zhang Zuolin
Heilongjiang
Changchun
Shenyang
Huhehaote (Guisui)
Zhangjiakou
Beijing
Tianjin
Baoding
Taiyuan
Shijiazhuang
Gelber Fluß
Jinan
Qingdao
Kriegsherr Wu Peifu
Kaifeng
Xuzhou
Xian
Nanjing
Schanghai
Xinyang
Yichang
Hanyang
Hankou
Hangzhou
Kriegsherr Sun Renfang
Wuchang
Yangtze-Fluß
Jiujiang
Jinhua
Changde
Nanchang
Shangrao
Changsha
Tschiang Kaischeks Nordexpedition 1926–28
Nanping
Hengyang
Fuzhou
Lingling
Guilin
Changting
Qujiang
Taiwan
Guangzhou
Huiyang
Zhongshan
Macao
Hongkong

13. Der Militarist
Der Aufstieg von Maos Gegenspieler Tschiang Kaischek bis 1927

Auch die dritte Hauptrolle, nach Sun Yatsen und Mao Zedong, im Drama um die revolutionäre Befreiung Chinas vom Imperialismus besetzte die Geschichte mit einem Akteur, der in einem südchinesischen Dorf geboren wurde. Tschiang Kaischek prägte das Bild Chinas im Westen bis weit in die Mitte der fünfziger Jahre hinein. Lange war er viel bekannter als sein letztlich erfolgreicher Gegenspieler Mao Zedong. Heute können junge Leute mit seinem Namen kaum mehr etwas anfangen.

Es ist eine Wiederholung, und trotzdem schreiben wir sie wieder, weil sie zeigt, wie ignorant die damaligen westlichen Staatslenker und Denker waren, als sie China immer nur als Selbstbedienungsladen betrachteten und ihre intriganten Spiele für die hohe Kunst der Diplomatie hielten. Wie Mao und Sun, ging es Tschiang darum, die Ausländer aus seinem Land zu vertreiben. Er war ein glühender Nationalist und Patriot. Auch um seine Jugend ranken sich Legenden, die je nach Freund- oder Feindbild entsprechend verlogen sind. Obwohl aus einer Kaufmannsfamilie stammend, lernte er noch als junger Mann die Allmacht der korrupten lokalen Verwaltungen kennen. Weil sein Vater früh gestorben war, trug er die Verantwortung für die Familie. So hatte sich ein Dorfbewohner einmal davongemacht, ohne die Reissteuer zu bezahlen. Tschiang mußte dafür geradestehen, obwohl er nichts damit zu tun hatte. Falls er das Geld nicht bezahlte, so drohten ihm die Beamten in einer inszenierten Gerichtsverhandlung, würde er ins Gefängnis geworfen. In seinen Memoiren schrieb Tschiang Kaischek, damals sei sein revolutionäres Bewußtsein geweckt worden.

Weil er Familienoberhaupt war, mußte schleunigst eine Braut her und eine Hochzeit arrangiert werden. Als 14jähriger ließ er die chinesische Ehezeremonie mit dem drei Jahre älteren Dorfmädchen Mao Fumei geschehen. Diese Ehe hatte für ihn emotional keinerlei Bedeutung, was er sowohl die Frau wie auch seine Umgebung wissen ließ. Gleichwohl hatte diese Verbindung für China eine bedeutende Konsequenz gehabt. Denn Mao Fumei gebar einen gemeinsamen Sohn,

Tschiang Tschingkuo, der, wie schon erwähnt, mit 16 Jahren auf die Sun Yatsen-Universität nach Moskau geschickt wurde und später als Staatspräsident die Lehren von Sun Yatsen verwirklichte.

Im Gegensatz aber zum Gelehrten Sun und dem aufsässigen, antiautoritären Bauern Mao liebte Tschiang das Militär. Mit 18 Jahren verließ er seine Frau, erhielt genügend Geld von seiner Mutter und besuchte in der nächsten Kreishauptstadt Fenghua eine einfache Mittelschule. Selbst dort faszinierten ihn am meisten die Schriften des chinesischen Kriegstheoretikers aus dem 4. Jahrhundert v. Chr., Sun Tzu. Der Kernpunkt von dessen Lehre der erhabenen Kriegskunst lautet: „Lieber List als brutale Gewalt, lieber Tricks und Intrigen statt offenes Gefecht." Diese Lehre beherzigten dann Tschiang Kaischek und sein Gegenspieler Mao Zedong in Kriegen, mit denen sie China bis 1949 überzogen.

Der Sieg der Japaner 1905 über das europäische Rußland versetzte Tschiang in Begeisterung. Asiens erfolgreichste Armee wurde sein Vorbild, und deshalb wollte er an Japans Kriegsakademie studieren. Von seiner Mutter erpreßte er sich das Geld. Zum Entsetzen des ganzen Dorfes schnitt er seinen Zopf ab, jenes Symbol der Gehorsamkeit gegenüber dem Mandschu-Kaiser. Doch in Japan stellte er fest, daß nur Schüler akzeptiert wurden, die von der Beijinger Regierung offiziell vorgeschlagen wurden. In Tokyo traf er Chen Qimei, einen Mann aus seiner Heimatprovinz, der ihn unter seine Fittiche nahm und ihn beschützte. Dieser Chen war ein prominentes Mitglied von Sun Yatsens Revolutionärer Allianz. Er verhalf dem jungen Freund über einen Umweg zu einem zweiten Aufenthalt in Japan, wo Tschiang dann seine Ausbildung als Armeeoffizier erhielt. 1910 kam Tschiang nach China zurück und sollte ein Jahr später seinen Dienst in der japanischen Armee in der Konzession in Schanghai aufnehmen. Doch bevor es so weit kam, platzte die Bombe am 10. Oktober in Wuhan, und sein alter Freund Chen übertrug ihm das Kommando der 83. Brigade der Revolutionsarmee, ein Söldnerhaufen aus 300 schlechtbewaffneten Männern. So begann Tschiangs militärische Karriere für die mittlerweile gegründete Guomindang.

Sein Mentor Chen stieg rasch innerhalb der Guomindang auf. Er wurde Militärgouverneur der wichtigsten Stadt Chinas, Schanghai, und der umliegenden Provinzen. Und so konnte er auch Tschiang an seinem Aufstieg teilnehmen lassen. Dieser war so etwas wie der Mann fürs Grobe. So erschoß er Chens Rivalen im Krankenhaus und mußte schnell nach Japan fliehen, um seiner Verhaftung zuvorzukommen.

Chens Macht basierte nicht auf den Bauern, sondern auf der neuen Klasse der Kaufleute und Fabrikanten Schanghais, die sich in einer Kammerorganisation zusammengeschlossen hatten. Diese neureiche Klasse war zwar auch antikolonial, aber sie wurde gleich von zwei Seiten in die Zange genommen. Mit jedem Jahr, das verstrich, wuchs zum einen der Einfluß der revolutionären Linken auf die Arbeiterschaft. Zum anderen verlangten auch die nationalchinesichen Revolutionäre hohe Spenden. Denn Chens Truppen wuchsen, und somit stiegen seine Ausgaben. Ohne viel Federlesens sammelte er die Geldmittel ein. Zum Beispiel belieh Chen einfach die bedeutende Schiffahrtsgesellschaft, die „China Merchant`s Steam Navigation Company“, um einen ausländischen Kredit abzusichern. Als die Besitzer davon hörten, gingen sie aus verständlichen Gründen die Wände hoch. Auf den Straßen gab es blutige Krawalle. Schließlich ging auch Chen den Weg fast aller Revolutionäre: er wurde ermordet. Tschiang indes wurde von Chens Freunden und Ratgebern aus der Guomindang protegiert, in der er dadurch fest verankert wurde.

Über diese jungen Jahre Tschiang Kaischeks ist wenig Schmeichelhaftes bekannt. Wie Hunderttausende seiner Zeitgenossen war er in die verschiedenen lokalen Aufstände und wechselnden Allianzen von Geheimbünden verstrickt. Es war das Leben von Söldnern in den Vergnügungsvierteln der Städte im Kampf ums Überleben, garniert mit revolutionärem Überbau. Jähzornig soll er gewesen sein, sprunghaft, vergnügungssüchtig - also das genaue Gegenteil des gelehrten Sun Yatsen.

In dieser Zeit traf er bei seinen vielen Streifzügen durch die Bordells auf das Kindermädchen Yao Yiqing, die ihm so gut gefiel, daß er sie gleich mit zu seiner Mutter nahm, wo sie als seine offizielle Konkubine aufgenommen wurde. Damals tauchte auch sein zweiter Sohn Weikuo auf, über dessen Herkunft nur feststeht, daß er von Yao Yiqing aufgezogen wurde. Gerüchte, zu denen Tschiang selbst beitrug, besagten einmal, er sei der Sohn eines Freundes, mal der Sohn einer japanischen Geliebten, mal der Sohn des Kindermädchens selbst. Doch in späteren Jahren wurde Weikuo offiziell als Sohn Tschiang Kaischeks in den Biographien geführt. Tschiang Weikuo fühlte sich zeit seines Lebens zurückgesetzt.

Tschiang Weikuo hat die Liebe des Vaters zum Militär geerbt. 1937 wurde er von den Gebirgsjägern in Mittenwald ausgebildet, und er singt heute noch das Gebirgsjägerlied „Wir sind die Buam von Mittenwald“. Tschiang Weikuo ist immer noch Ehrenpräsident des deutsch-chinesischen Kultur- und Wirtschaftsverbandes in Taipei und fühlt sich Deutschland eng verbunden. Als Bonn mit Beijing diplomatische Beziehungen aufnahm, wurden in falsch verstandenem, unterwürfigem Gehorsam gegenüber den Kommunisten alle Chinesen der Insel Taiwan wie politisch Aussätzige behandelt. Tschiang Weikuos Bitte um eine Einreiseerlaubnis nach Deutschland wurde ihm bis Ende der achtziger Jahre versagt. Dann endlich konnte er seine alten Kameraden in Mittenwald besuchen, sofern sie überlebt hatten.

Tschiang Kaischek machte sich in der Umgebung von Sun Yatsen als wortgewandter militärischer Mitarbeiter nützlich. Seine Stunde kam, als der sowjetische Botschafter Joffe den „naiven“ Sun Yatsen nach Moskau einlud, damit er sich dort aus erster Hand von dem sowjetischen Experiment und der Loyalität zu China überzeugen konnte. Doch Sun wollte das Land in dieser Krisenzeit nicht verlassen und schickte einige Monate später Tschiang mit einer Delegation nach Moskau. Von den vier Männern war nur einer Mitglied der KPCh. Im Sommer 1923 unternahm Tschiang die mühsame Reise mit der transsibirischen Eisenbahn, ausgestattet mit Empfehlungsschreiben des Komintern-Agenten Maring, die den Eindruck erweckten, alle vier seien Kommunisten.

An der gottverlassenen Grenzstation in der Mandschurei mußten sie auf den russischen Zug warten. Hier nun kam es zu einem Vorfall, der möglicherweise Tschiangs Verhalten gegenüber den Kommunisten ein für allemal festlegte. Zu der kleinen Reisegruppe stießen die Komintern-Agenten Borodin und Galen. Beim Tee ließen sie die Katze aus dem Sack, weil sie sich unter ihresgleichen glaubten. Entgegen dem Kommuniqué, das sie gerade mit Sun Yatsen gemeinsam unterschrieben hatten und das die Einführung des Kommunismus in China als nicht durchführbar bezeichnete, packten sie die Pläne aus: Das Proletariat Chinas müsse bewaffnet werden. Rußland sei bereit, die nötigen Waffen zu liefern. Ausgangspunkt der Revolution seien die Arbeiter. Bauern könnten nur rebellieren.

Der einzige Kommunist unter den Chinesen, der die gefährliche Verwechslung hätte aufdecken können, sprach leider kein Englisch. Tschiang war alarmiert. Die Komintern-Agenten hatten ihr Doppelspiel enthüllt. Tschiang sah sich als Chinese bestätigt, der keinem Ausländer trauen konnte. Auch die Sowjets stellten sich nun als Imperialisten heraus, waren also „weiße Teufel“ und keinen Deut besser als die westlichen Imperialisten. Statt sich in Moskau von der Propaganda einlullen zu lassen, hielt er daher die Augen auf, um nach weiteren Beweisen für die Verlogenheit der sowjetischen Führung zu suchen. Er traf sogar auf Trotzki. Der erzählte ihm zwar auch, daß nur mit dem Proletariat eine Revolution erfolgreich zu machen sei und Bauern dazu höchstens als Packesel dienen könnten, doch der Militarist Tschiang Kaischek übernahm vom Gründer der Roten Armee eine andere Lehre: Nur mit starker Hand, mit der Ausbildung des Militärs in Kaderschmieden und mit brutaler Entschlossenheit sei China in den Griff zu kriegen.

Nach einem knappen halben Jahr kam Tschiang Kaischek desillusioniert und mißtrauisch bis unter die Haarspitzen aus Moskau zurück, gerade noch rechtzeitig, um am ersten Guomindang-Kongreß in Guangzhou teilzunehmen. „Wir dürfen den Sowjets nur 30 Prozent von dem glauben, was sie erzählen.“ Den sowjetischen Internationalismus beschrieb er als nichts anderes als „Imperialismus im neuen Stil“. Bei Sun Yatsen prallten diese Warnungen ab. Die Sowjetunion war das einzige Land, das ihn bisher wirklich unterstützt hatte. Vom Westen erwartete er nichts mehr, und so setzte er alles auf die Moskauer Karte. Dort hatten die Machthaber längst richtig erkannt: Sun Yatsen war ein Träumer.

Tschiang Kaischek wurde, wie bereits beschrieben, zum ersten Kommandanten der neugegründeten Militärschule Whampoa ernannt. Der Komintern-Agent Borodin hatte keine Ahnung, wen er da ausbildete. Denn Tschiang verstand es meisterhaft, die beiden Kommunisten Borodin und Zhou Enlai ins Leere laufen zu lassen. Die Schüler von Whampoa schwor er auf seine Person ein. Später hatte er dadurch die Parteiarmee der Guomindang auf seiner Seite. Das hatte er von den Kommunisten gelernt: Man muß dort befehlen, wo die Waffen sind, und man muß seine eigenen Kader ausbilden. Das Gerangel um Sun Yatsens Nachfolge war bald zu seinen Gunsten entschieden, nicht zuletzt, weil er auch Kommandant der Parteiarmee war. Genau ein Jahr und acht Tage nach Suns Tod begann Tschiang mit den Linken aufzuräumen. Unter dem Vorwand, sie hätten ihn kidnappen wollen, ließ er im März 1926 die Kommunisten in Guangzhou und in der Militärakademie verhaften. Er zwang alle russischen Berater, ihre

Koffer zu packen. Zwei Monate später war er Parteivorsitzender der Guomindang. Sein nächster Schritt: Er schlug der Partei vor, Kommunisten nicht mehr als politische Kommissare in der Armee zuzulassen. Und zwei Jahre nach seiner Machtübernahme wurden die Politkommissare bei der Armee tatsächlich beseitigt. Die Volksfrontträume Moskaus waren zerstoben.

Auch Stalin spielte Tschiang in die Arme. Der schnauzbärtige Georgier hatte nicht vergessen, daß die chinesischen Kommunisten vor allem von seinem parteiinternen Todfeind Leo Trotzki gefördert worden waren. Er traute der chinesischen KP weniger als der Guomindang Tschiang Kaischeks und verlangte deshalb immer noch, daß es keine eigene chinesische kommunistische Partei geben sollte, die außerhalb der Guomindang agierte. Die Attacken Tschiang Kaischeks nahm Stalin fast kommentarlos hin.

Doch irgendwie grenzte die Doktrin Moskaus, vorerst weiter innerhalb von Tschiangs Guomindang weiterzumachen, an Masochismus. Denn Borodin akzeptierte Tschiangs demütige Entschuldigungen, alles seien Mißverständnisse, und gemeinsam fing man die Planung für das nächste große Unternehmen an: den sogenannten Nordfeldzug von 1926/27. Geplant und strategisch durchgeführt wurde das Unternehmen von dem russischen Komintern-Taktiker Galen. Ziel war die Niederschlagung der lokalen Kriegsherren bis hinauf zum Yangtze-Fluß. Zwei Heere marschierten los. Das eine, das mehr im Inland marschierte, zielte auf die mittlerweile wichtige Industriestadt Wuhan und wurde von Galen selbst angeführt. Das andere sollte entlang den Küstenprovinzen bis nach Schanghai, der neuen Wirtschaftsmetropole Chinas, vorstoßen.

Drei Monate später schon war Wuhan in den Händen der Guomindang-Streitkräfte. Sofort zog die Regierung von Guangdong nach, darunter Qingling, die Witwe von Sun Yatsen. Zwei britische Konzessionsgebiete wurden zerstört, und London sah sich gezwungen, diese Handelsposten praktisch aufzugeben. Dies trug wiederum zum Prestige der Revolutionäre bei. Sieben Provinzen mit einer Bevölkerungszahl von 170 Millionen Menschen waren nun unter der Herrschaft der Aufständischen. Es sah alles so aus, als ob Sun Yatsens Traum doch noch in Erfüllung gehen sollte.

Der Vormarsch der Guomindang-Truppen wurde von der Bevölkerung enthusiastisch begrüßt. Sie wurden wie langersehnte Befreier empfangen. Bauern versorgten sie mit Proviant, Eisenbahnarbeiter sabotierten die Kommunikationslinien der Feinde, die Studenten übernahmen die Agitation. Die Inlandsarmee setzte sich noch aus allen Fraktionen der Goumindang zusammen. In ihr kämpften Rechte, Anhänger der Mitte und Linke, wobei unter den Linken sowohl Kommunisten als auch Nichtkommunisten waren. Es wurde aber schnell deutlich, daß die Komintern-Berater gute Arbeit geleistet hatten. Kaum war eine Stadt eingenommen, kamen ihre Leute, organisierten die Gewerkschaften und besetzten alle Posten, die für eine spätere Machtausübung notwendig waren.

Die Küstenarmeen dagegen verhielten sich erstaunlich zurückhaltend. Tschiang Kaischek drückte sich im mittelalterlichen, industrielosen Städtchen Nanchang herum und machte keine Anstalten, auf Schanghai vorzurücken. In Chinas Industriemetropole hatten die Kommunisten in der Zwischenzeit eine feste Basis aufgebaut. Das menschliche Elend dieser schnell wachsenden Metropole hatte fürchterliche Ausmaße angenommen. Massen von landflüchtigen Bauern, die von einem Elend ins andere gestürzt wurden, Industriearbeiter, die unter frühkapitalistischen Bedingungen für Hungerlöhne schuften mußten und die trotzdem regelmäßig zu Zigtausenden als Arbeitslose auf der Straße landeten, und nicht zuletzt die Rikschafahrer, jene menschlichen Zugtiere, die bis zum Umfallen die neuen Herren zogen. Sie alle hatte die kommunistische Partei in ihren Bann gezogen.

Angesteckt von den Erfolgen der revolutionären Truppen in Wuhan erhoben sich in Schanghai die Gewerkschaften und die im Untergrund organisierten Zellen der Linken. Doch Tschiang kam nicht zur geplanten Zeit an, und so schlugen die Soldaten der Kriegsherren und die Polizei der Ausländer den Aufstand blutig nieder. Auch ein zweiter Versuch scheiterte. Die „New York Times“ berichtete damals über die Köpfe der Enthaupteten, die auf Stangen durch die Stadt getragen wurden.

Es vergingen Monate, und Tschiang Kaischek machte immer noch keine Anstalten, Schanghai einzunehmen. Statt dessen kam Zhou Enlai und organisierte die Kommunisten und die Arbeiterschaft der Guomindang für einen Coup. Immer noch erklärten die Kommunisten und Tschiang nach außen hin, daß ihre Allianz intakt sei. Dabei warteten beide Seiten nur auf den Moment, den anderen umzubringen. Innerhalb Schanghais wurden die neuen Kapitalisten und die Ausländer in ihren Konzessionen regelrecht weich gekocht. Die Stadt brodelte. Als neuer Termin zur endgültigen Einnahme wurde der 20. März

1927 festgelegt. Am Abend dieses Tages begann der Putsch mit nahezu 80 000 Arbeitern, die in einem Generalstreik die Stadt lahmlegten. Zhou Enlai stürmte persönlich das Polizeibüro. Am 22. März war die Metropole in der Hand der Linken, doch Tschiang Kaischek war erneut nicht gekommen.

Es steht heute historisch außer Frage, daß Tschiang Kaischek in diesen Tagen intensiv verhandelte. Die Bourgeoisie der Stadt sah in ihm die einzige Rettung, um sich vor der Räterepublik zu schützen. Selbst der japanische Generalkonsul Yada besuchte Tschiangs engste Freunde, damit diese auf den General Einfluß ausübten. Japan würde sich erkenntlich zeigen. Die größte britische Zeitung in Schanghai, die „North China Daily News", forderte Tschiang regelrecht auf, schnell und rücksichtslos durchzugreifen, um die Stadt vor den Roten zu retten. Und je länger die Reichen und Kolonialherren in Schanghai schwitzten, um so mehr waren sie bereit, Tschiang Kaischek die Macht auf einem silbernen Tablett zu servieren.

Tschiang war immer bewußter geworden, daß in der neuen Klasse der Kaufleute und Fabrikbesitzer ein Potiential entstand, das der revolutionären Guomindang gefährlich werden konnte. Wenn sich diese Kreise zu einer neuen Partei zusammenschlossen, so hatten sie durch ihre finanziellen Möglichkeiten die Chance, die Guomindang auszubluten, die dann zwischen rechts und links zerrieben würde. Er hatte seit seiner Moskauer Zeit immer in Verbindung mit den Schanghaier Kapitalisten gestanden und eine gemeinsame Plattform gesucht. Jetzt war der Moment gekommen, das Kapital auf seine Seite zu ziehen. Den Kaufleuten blieb keine andere Wahl.

Der 12. April 1927 läutete das Ende einer zehnjährigen kommunistischen Strategie aus Moskau ein, wie China zu erobern sei. An diesem Tag wurden die Linken in Schanghai massakriert. Mit von der Partie waren die Gangster und Geheimbünde der verrufenen Hafenstadt. Tschiang und die Bourgeoisie hatten keinerlei Berührungsängste gegenüber den Verbrecherbanden, die einträgliche Geschäftszweige wie Prostitution und Opiumhandel unter ihrer Kontrolle hatten. Wenn es um die Macht geht, sind die wenigsten Politiker wählerisch.

Die Verbindung zwischen Politik und organisiertem Verbrechen ist nicht von Tschiang erfunden worden und hat nicht mit dem Putsch 1927 in Schanghai aufgehört. Die japanischen Yakuzas haben dafür ein schönes Bild: „Ein Körper besteht aus dem Mund und dem Darm. Der Mund ist schön, aber der Darm muß die Dreckarbeit machen, sonst kann der Körper nicht leben." Und unter diesem Motto arbeiten Verbrechersyndikate und Regierungen bis heute zusammen. Da ließen die Amerikaner nach dem Ende des Zweiten Weltkrieges in Sizilien die Bauernbünde von der Mafia zusammenschießen, die der Geheimdienst extra aus den USA heranschaffte. Im Tokyo der achtziger Jahre durften die organisierten Verbrecher die Bevölkerung einschüchtern, damit sie ihre Grundstücke an Spekulanten verkauften, die wiederum mit dem führenden Politiker der Regierungspartei Shin Kanemaru zusammenarbeiteten. Das alles soll keine Entschuldigung für Tschiang Kaischek sein, nur seine historische Einordnung erleichtern.

Wie viele Menschen in Schanghai getötet wurden, ist nicht genau bekannt. Aber fast alle Schätzungen belaufen sich um zehntausend Tote. Fast die gesamte fähige Linke wurde vernichtet. Unter den wenigen, die entkommen konnten, war Zhou Enlai. Der „Schwarze April" von Schanghai beendete auch die verlogene Zusammenarbeit zwischen Kommunisten und Guomindang. In diesem Zweckbündnis gab es auch viele Idealisten, die sich jahrelang als Genossen ansprachen, um ein gemeinsames Ziel zu erreichen, nämlich China vom Imperialismus zu befreien. Diese Idealisten wurden oft in schwere innere Konflikte gestürzt, und viele mußten die zwielichtigen Machtspiele mit dem Leben bezahlen. Jetzt aber war die Zeit der Heuchelei vorbei, jetzt schlachteten sie sich gegenseitig ab, was mit Unterbrechungen bis 1949 andauerte.

Die eigentliche Guomindang-Regierung, die in Wuhan residierte, mußte tatenlos zusehen, wie im fernen Schanghai das Vermächtnis von Sun Yatsen verraten wurde. Beide Seiten mißbrauchten seine „Drei Lehren für das Volk" nur noch als Überschrift für ihre Machtspiele. Die Kommunisten versuchten, die Revolution ab sofort mit einer eigenen Partei weiter voranzutreiben. Die Guomindang dagegen stieß den linken Flügel ab, vergaß die „dritte Lehre" Sun Yatsens, die „Wohlfahrt für alle" und entwickelte sich zu einem Machtinstrument, auf dem Tschiang Kaischek alleine eine Melodie spielte, die gut zu den Faschisten in Europa gepaßt hätte.

Die Chance, in China eine liberale Demokratie aufzubauen, war für Jahrzehnte vertan. Schuld daran hatten viele, auch die Staaten, die heute Tränen wegen des Tiananmen-Massakers von 1989 vergießen. Die westlichen Mächte, die soviel von ihren Menschenrechten und ihrer Zivilisation halten, haben sich seit langem in China als skrupellose Händler und Schacherer eingeführt. An dem Christen und Humanisten Sun Yatsen konnten sie nicht genug verdienen. Das Massenelend auf dem Land hatte nur ein paar Missionare gestört. Die Verelendung durch die Zwangseinfuhr von Opium wurde aufgewogen mit schwindelerregenden Profiten, die in der Bank von England landeten. Bis zum Schluß, bis zum Massaker von Schanghai, dachten sie alle nur an sich selbst. Und damit haben sie gerade die Führer befördert, deren Machtapparate seit 1927 das Schicksal Chinas bis zum heutigen Tag bestimmen.

Mit einem hilflosen Appell forderte die Wuhaner Guomindang-Regierung Tschiangs Verhaftung. Doch die Kommunisten dankten es den aufrechten Idealisten mit einer Intrige. Hinter dem Rücken des Regierungschefs Wang Jingwei, der immer noch an der Fiktion einer gemeinsamen nationalen Front festhielt, befahl die KPCh die Bewaffnung eigener Einheiten und stiftete die Bauern an, die Großgrundbesitzer zu enteignen. Daraufhin warf auch Wang die Kommunisten aus seiner Regierung.

Die Kommunisten waren ab sofort in ganz China in den Untergrund gedrängt. Die Frau von Sun Yatsen, Qingling, ging verbittert nach Moskau und kurz darauf nach Berlin ins Exil, wo sie bescheiden und fast inkognito lebte. Sie hatte ein für allemal mit Tschiang Kaischek gebrochen, der Ende 1927 sogar noch ihr Schwager werden sollte. Die Komintern-Agenten verließen zum Teil China. Ihre Mission war gescheitert. Später sollten sie alle, Borodin, Joffe und auch Galen, von Stalin ermordet werden. Es ist immer wieder faszinierend, wie sich gläubige Sozialisten aller Schattierungen für diese Menschheitsbeglückungsidee aufopferten, um dann doch von dem eigenen Regime eliminiert zu werden. Ein Vorgang, der sich immer von neuem wiederholt, von den Gläubigen dieser Ideologie verdrängt und bis zum heutigen Tage wegdiskutiert wird. Im Moment sind solche Verblendeten in Deutschland wieder in der PDS zu besichtigen.

Der Sturm von Schanghai blies bis ins 2 000 Kilometer entfernte Beijing. Das diplomatische Korp sah eine Chance, die ungeliebte Sowjetunion zu demütigen, und erlaubte der Polizei Beijings, die Gebäude der sowjetischen Botschaft zu durchsuchen, die ja eigentlich unter diplomatischem Schutz stand. Die Polizeitruppen verschafften sich gewaltsam Einlaß in das hermetisch abgeriegelte Gebäude und beschlagnahmten alle Papiere, die die Sowjets nicht schnell genug verbrennen konnten. In der Botschaft fanden sie 36 chinesische

Kommunisten und Guomindang-Mitglieder, unter ihnen Li Dazhao, jener Professor und Bibliothekar, der der geistige Vater Mao Zedongs und einer der wichtigsten Mitbegründer der Kommunistischen Partei Chinas war. Ein Prozeß gegen ihn und 19 andere war nur das Vorspiel zu einer schnellen Hinrichtung.

Auch in Moskau warf das Schanghaier Massaker einen jungen Mann aus seiner Lebensbahn. Der 18jährige Sohn von Tschiang Kaischek, Tschiang Tschingkuo, der gerade sein Studium an der Sun Yatsen-Universität beendet hatte, fühlte sich und die Revolution verraten. In einem öffentlichen Brief schrieb er:

„Tschiang Kaischek war mein Vater und ein revolutionärer Freund. Jetzt ist er mein Feind geworden. Vor einigen Tagen ist er als Revolutionär gestorben und als Konterrevolutionär auferstanden. Er machte schöne Worte über die Revolution, aber bei der ersten passenden Gelegenheit verriet er sie ... Nieder mit Tschiang Kaischek, nieder mit dem Verräter."

Doch auch diese Distanzierung aus Überzeugung bewahrte ihn nicht vor der Sippenhaft Stalins. Er mußte in ein Goldbergwerk nach Sibirien, aus dem er erst nach zwölf Jahren befreit wurde. 1937 war von Stalins Seite nämlich wieder einmal eine Zusammenarbeit von Guomindang und Kommunisten angesagt.

Der lange Marsch – die Route Maos

14. Korruption, Terror und Tod
Die wirren Jahre von 1927 bis 1937

Tschiang Kaischek und Mao Zedong waren die Politiker, die Chinas wirre Zeit bestimmten. Aber sie waren nicht die Sieger. Vor lauter Kriegen und Parteiintrigen, Aufständen und Revolutionären blieben die eigentlichen Sieger dieser Kriegswirren im Hintergrund: die Finanziers, die in ihrer gediegenen Welt der leisen Töne unermeßlich reich wurden.

Nach Aufständen, Revolutionen, Krieg und Bürgerkrieg, nach fast 80 Jahren dauerhafter Zerstörung und dem Tod von mindestens 100 Millionen Menschen gab es zwei Männer, deren Reichtum nicht mehr zu fassen war, die zu den wohlhabendsten Personen der Welt gehörten. T. V. Soong und H. H. Kong. Beide verbrachten später ihren Lebensabend in den USA, beide zogen es vor, sich nach dem Sieg der Kommunisten in China auch nicht auf Taiwan niederzulassen. Beide waren Christen, und beide waren eng miteinander verwandt. H. H. Kong hatte die Schwester von T. V. Soong geheiratet. Und die hatten noch zwei Schwestern, nämlich Qingling, die Witwe von Sun Yatsen, die ihr Leben in bescheidensten Verhältnissen in der Volksrepublik China beenden sollte, und Meiling, die intrigante Frau von Tschiang Kaischek, die ebenfalls zu gigantischem Reichtum kam. Was für eine Brut!

H. H. Kong hatte das große Glück, daß er in direkter Linie vom überragenden chinesischen Gelehrten Konfuzius abstammte. Sein Vater besaß eine Kette von Pfandleihhäusern, aus der er erst Kolonialwarenläden machte und später eine Bank. Nebenbei sorgten sie für die Finanzgeschäfte der lokalen Kriegsherren, das sicher einträglichste Geschäft, wie uns schon die Fugger in Augsburg gelehrt haben. Während die meisten jungen Chinesen damals im Ausland unter dem Motto „Arbeiten und studieren“ vor allem die miserablen Lebensumstände des Proletariats in den Fabriken Europas am eigenen Leib erfahren durften, ging H. H. Kong standesgemäß den Weg des Geldadels nach Amerika: zum gediegenen Oberlin College in Cleveland und dann an die Eliteuniversität in Yale. Hier lernte man kennen, wer in der Welt der Wirtschaft und Gesellschaft Einfluß hatte. Kong wurde für die Amerikaner zu einer vertrauenswürdigen Anlaufstelle im fremden China. In den USA konvertierte Kong zum Christentum, ohne es seiner Familie zu verraten.

Enttäuscht von dem Verlauf der republikanischen Revolution ging Kong 1913 wie viele chinesische Liberale nach Japan und wurde dort zum Verwalter des „Christlichen Vereins junger Männer". So blieb es nicht aus, daß er bald ins Haus des Bibelverlegers und strengen Christen Charlie Soong eingeladen wurde. Natürlich war Kong, wie alle jungen Chinesen seiner Zeit, gegen die Mandschu-Kaiser und die Privilegien der Ausländer. Aber während im Hause von Charlie Soong die verträumte Qingling von den Utopien einer Revolution schwärmte, glänzten die Augen ihrer Schwester Ailing, wenn sie den Klang von barer Münze hörte. So blieb es nicht aus, daß sich Ailing und H. H. Kong über die gemeinsame Faszination für die Geldvermehrung auch sonst noch näherkamen. Mit großem Prunk wurde im japanischen Yokohama die Hochzeit gefeiert. H. H. Kong war damit auch in den inneren Kreis der Freunde und Förderer Yatsens und später der Guomindang aufgenommen.

Zwei Kinder von Charlie Soong konnten bei der Hochzeit nicht anwesend sein, weil auch sie gerade an der Ostküste der Vereinigten Staaten eine standesgemäße Erziehung erhielten. Meiling studierte mit den Töchtern der angesehensten Familien auf dem Wellesly-College, und ihr Bruder T. V. Soong erlernte an der Harvard Universität die Geheimnisse des Kapitals. Beide hatten eine Menge amerikanische Freunde, bewegten sich im Ostküsten-Adel, so als seien sie für diese Welt geschaffen. T. V. Soong fand auch sofort eine Anstellung in New York bei der International Banking Corporation und belegte abends noch Kurse an der Columbia Universität. Welch ein Unterschied zur Heimat China, wo Revolutionen und Kriege tobten, Menschen verhungerten und ausgebeutet wurden. Doch in diesem armen China machte er später seine Milliarden.

1923 begann T. V. Soongs Karriere als Finanzchef der Guomindang. Seine revolutionsbegeisterte Schwester Qingling hatte ihn dazu überredet, die chaotischen Staatsfinanzen in Ordnung zu bringen. T. V. Soong begann mit einer Reihe drakonischer „Notmaßnahmen": Importsteuern auf Gummi, Methylalkohol und Ammoniumsulfat. Steuern auf Medizin, kosmetische Artikel, Hochzeiten, Begräbnisse, religiöse Feiern und Rikschafahrten. T. V. Soong jedenfalls gelang es, ein modernes effizientes Finanzsystem zu etablieren, das schnell in ganz China wegen seiner Solidität bekannt wurde. Die Banknoten der

Guomindang wurden deshalb auch außerhalb der revolutionären Zonen akzeptiert.

T.V. Soong blieb Finanzchef der Guomindang-Regierung, sogar noch in Wuhan. Er vermittelte zwischen den verschiedenen Guomindang-Fronten. Aber dann sollte er als Familienoberhaupt eine Entscheidung treffen, die ihm, wie alle seine Zeitgenossen aus jenen Tagen berichten, wirklich schwer fiel. Drei Wochen nach dem Massaker in Schanghai hielt Tschiang Kaischek um die Hand der letzten Soong-Schwester an. Ausgerechnet die widerspenstige Meiling, die, mittlerweile 30 Jahre alt, alle Partien ausgeschlagen hatte, wollte der Haudegen zur Frau. Für ihn eine blendende Partie:

Er heiratete die Schwägerin des verstorbenen Sun Yatsen und konnte damit seinen Anspruch auf das Vermächtnis des hochangesehenen Vaters der Revolution verstärken. Qingling würde einen Miterben bekommen.

Er heiratete die Schwägering von H. H. Kong, dem reichen Finanztycoon mit vielen Beziehungen nach Amerika.

Er heiratete die Schwester von T. V. Soong, der sich als brillanter Finanzier der Revolution erwiesen hatte und der ebenfalls über exzellente Kontakte zur Bankenwelt New Yorks verfügte.

Und schließlich kannte sich seine Braut Meiling selbst ja auf dem amerikanischen Bankett mindestens so gut aus wie in China.

Doch gegen Tschiang Kaischek als Ehemann sprachen handfeste Skandale: Neben zwei Ehefrauen lebte er mit mehreren Konkubinen, hatte mehrere Kinder, war wegen Mordes, bewaffneter Raubüberfälle und Erpressung angeklagt. Kein feiner Herr also, der in diese Verwandtschaft gepaßt hätte. Auf der anderen Seite hatte sich Tschiang als skrupellos genug erwiesen, die radikale Linke zu unterdrücken, und eindeutig militärisches Geschick bewiesen. Der finanziellen Macht der Kong-Soong Gruppe fehlte die politisch-militärische Ergänzung, und die konnte Tschiang Kaischek bieten. Nach langem Zögern stimmte T. V. zu. Und was alle Freunde der Familie noch mehr erstaunte: selbst Meiling brauchte nur drei Wochen, um Tschiang ihr Ja-Wort zu übermitteln. Fehlte noch die Mutter, eine fundamentalistisch eingestellte Methodistin, die sich wieder einmal in Japan aufhielt. Tschiang machte sich auf den Weg nach Kamakura und versicherte ihr, daß er all seine früheren Ehen und Beziehungen in Ordnung gebracht habe. Doch Madame Soong wollte wissen, wie er es mit dem Christentum halte, und da traf Tschiang Kaischek den richtigen Ton. Er werde die Bibel lesen und sein Möglichstes tun. Aber er könne noch nicht endgültig antworten, weil er ja das Christentum noch nicht kenne. Doch wenn er das Christentum verstehe, werde er Christ.

Und so heiratete Tschiang Kaischek in Schanghai Meiling Soong. Dies war damals immerhin ein so bedeutendes Ereignis, daß es die „New York Times" an prominenter Stelle meldete. Die USA-Connection funktionierte vom ersten Tag dieser Verbindung zum Wohle der Tschiangs.

Während sich so die Familienbande formierten, lief es auch politisch und militärisch für Tschiang recht gut. Der Nordfeldzug von 1927/28 endete tatsächlich mit dem Sieg über 34 Kriegsherren-Armeen und der Einnahme Beijings. Der neue Regierungssitz aber blieb Nanjing, und dort konnte Tschiang, der selbst zwischendurch mal zurückgetreten war, sich aber wieder hatte rufen lassen, sogar die Anerkennung der ausländischen Mächte als rechtmäßige Regierung Chinas entgegennehmen. Der Name Beijing, der übersetzt „Nördliche Hauptstadt" bedeutet, verschwand von der Landkarte. Da stand jetzt Beiping - der „Nördliche Frieden".

Nach heutigen politischen Maßstäben hatte Tschiang Kaischek überhaupt keine Chance, mit seiner Regierung einen auch nur ansatzweise soliden Staatshaushalt zu verabschieden. Das Land war ruiniert, die Finanzen in einem Zustand, daß China nach unserer modernen Einteilung zur „Vierten Welt" gezählt hätte. Tschiang selbst hatte von Wirtschaft keine Ahnung. Für ihn bestand die ganze Welt aus Soldaten.

Für das Militär wurden allein von 1928 bis 1937 jährlich 48 Prozent der Staatseinnahmen ausgegeben. Dazu kamen zirka 36 Prozent für den Schuldendienst. Diese Zinsen kassierten die ausländischen Banken ein, nachdem sie die früheren Eskapaden der Kriegsherren finanziert hatten. Als Garantie hatte China seine Zukunft verpfändet: die Einnahmen aus Bodenschätzen, aus Salz und Importzöllen waren weitgehend abgetreten. Das ging soweit, daß sogar die Ausländer in den Zollämtern saßen und die Verwaltung führten. Die Zweitklassigkeit Chinas hätte nicht deutlicher gemacht werden können. Für Sozialleistungen blieb da kein Pfennig. Die dritte Lehre von Sun Yatsen, die die „Wohlfahrt für alle" forderte, blieb ein abstraktes Wunschgebilde.

In dieses Finanzchaos versuchte T. V. Soong entsprechend seiner amerikanischen Ausbildung Ordnung zu bringen. Als Banker verdiente er jedoch gleichzeitig auch daran. In beidem war er erfolgreich, so widersprüchlich das auch klingt.

Das Bankensystem, das sich gerade entwickelte, hat mit unserer Vorstellung von einer Bank fast nichts zu tun. Es waren Pfandleihhäuser und Instrumente zur Finanzierung einer Regierung, die permanent bis über die Ohren in Schulden steckte. Vier Banken durften sogar selbst die Geldnoten drucken. Sie fungierten etwa wie eine Notenbank, nur mit dem Unterschied, daß sie nicht über die Stabilität der Währung wachten, sondern nur über ihre Profite. Diese vier Banken standen alle unter Kontrolle engster Freunde oder sogar Verwandter von Tschiang Kaischek:

1. Die Central Bank of China unter H. H.Kong
2. Die Bank of China unter T. V. Soong
3. Die Farmers Bank of China unter der Kontrolle der höchsten Offiziere der Armee und schließlich
4. Die Bank of Communications unter den Chen-Brüdern, die als CC-Clique bekannt wurden. Sie waren die Neffen von Tschiangs ehemaligem Förderer in Japan, Chen Qimei.

Die Macht dieser vier Regierungsbanken wird an ihrem Wachstum deutlich. 1928 hatten sie 550 Millionen chinesische Dollar Einlagen (1 chinesischer Dollar entsprach 3 US-Dollar), und 1936 waren es schon 2,4 Milliarden. Das war über die Hälfte der gesamten Bankeinlagen Chinas. Einen Vorteil hatte diese Konstruktion: Die Vorherrschaft der ausländischen Banken wurde gebrochen. Auch die 128 anderen neuen chinesischen Banken saßen alle in den Küstenstädten, vor allem in Schanghai. Damit fehlte eine moderne Finanzwirtschaft dort, wo sie am dringendsten gebraucht wurde - auf dem Land. Die Bauern blieben wie bisher dem feudalen Geldwesen, den Wucherzinsen der Großgrundbesitzer ausgesetzt.

Es grenzt schon fast an ein Wunder und zeigt das Finanzgenie T. V. Soongs, daß es ihm unter diesen Umständen dennoch gelang, die Geldwirtschaft und den Haushalt zu strukturieren. 1931/32 legte er den ersten Staatshaushalt Chinas nach modernen Prinzipien vor. Und dies auch noch nach der Weltwirtschaftskrise. Innerhalb von vier Jahren wurde das Defizit von 100 Millionen auf Null abgebaut. Die Militärausgaben wurden von knapp 50 auf zirka 35 Prozent gesenkt, und der Auslandsschuldendienst sank von 36 auf 25 Prozent. Auch der Außenhandel verbesserte sich für China. Waren es 1931 noch 900 Millionen Dollar Defizit, so 1936 nur noch 250 Millionen. Die Beziehungen zwischen T. V. Soong und Tschiang waren in all den Jahren eher gespannt. Soong fühlte sich häufig von Tschiang im Stich gelassen. Außerdem gab der für sein Gefühl immer noch zu viel fürs Militär aus. Ganze Armeen standen nur auf dem Papier, wurden aber trotzdem bezahlt. Die Korruption der Regierung blühte - auf Kosten des Volkes.

So schön die offizielle Konsolidierung auch aussah, die Mischung aus dem Wirtschaftsliberalismus des T. V. Soong und der militaristischen Gedankenwelt Tschiang Kaischeks konnte nicht gutgehen. In einer Gesellschaft, in der jede demokratische Kontrolle fehlt, werden freifließende Kapitalströme schnell in die Taschen einzelner gelenkt, und da haben dann jene einen Vorteil, die auf den Gewehren sitzen. Mit dem Versuch einer gerechten Besteuerung scheiterte T. V. Soong regelmäßig an der Lobby der Klasse der neuen und alten Kapitalisten. Jedesmal, wenn er eine neue Steuer zu erheben versuchte, kam es zu lokalen Unruhen. Jedesmal, wenn er eine solide Finanzierung der Staatshaushalts eingeleitet hatte, machte Tschiang sie mit seinen Winkelzügen wieder zunichte. 1933 gab jener frustriert auf und wurde von seinem Schwager H. H. Kong ersetzt, der Tschiang nicht mit grundsätzlichen Überlegungen belästigte.

So wie die Staatsverschuldung nach außen abgebaut wurde, erhöhte sie sich nach innen. Gleich 400 Millionen US-Dollar genehmigte sich die Regierung aus einem geheimen Fond, den die bereits erwähnten vier Banken zu einem Minimalzins von 20 Prozent bereitstellten. Im Detail sah das so aus: Die Regierung verkaufte staatliche Schuldverschreibungen, zum Beispiel mit einem Nominalwert von 100 Dollar, die sie aber für 60 bis 70 Dollar abgab. Der Nominalzinssatz belief sich zwar nur auf 8,4 Prozent, dafür mußte das Finanzministerium aber zwischen 12 und 16 Prozent an Zins und Tilgung aufbringen. Dies brachte 20 bis 30 Prozent Gewinn für den Inhaber eines Schuldpapiers. Das waren bei den Machtverhältnissen die schönsten Insidergeschäfte. Sie brachten so massig Geld, daß sich die Finanzherren um Tschiang Kaischek nicht mehr mit täglicher Korruption abgeben mußten. Das war kein Schwindel im Stil des Einzelhandels, das war Selbstbedienung im Großhandel.

Die Zinsen, die der Staat dafür abzuführen hatte, zahlten die kleinen Leute mit den direkten Steuern auf die täglichen Konsumgüter. So finanzierte die einfache Bevölkerung die reichen Besitzer der Anleihenpapiere, und das waren vor allem die Tschiangs und ihre Freunde. Dieser Teufelskreis von Staatsverschuldung und Selbstbedienung verhinderte auch notwendige Investitionen in die Wirtschaft. Wer Geld hatte, konnte aus der Spekulation viel mehr verdienen, als er durch eine Investition in Fabrikanlagen erzielt hätte. Und wer kein Geld hatte, konnte sich keinen Kredit leisten, weil die Zinsen so hoch waren.

An der unsozialen Finanzierung von Staatsschulden hat sich bis zum heutigen Tage nichts geändert. Die Schuldenkrise der Entwicklungsstaaten wird immer noch nach diesem Prinzip verursacht und abgewickelt. Das Bewußtsein, daß Staatsschulden höchst unsozial sind, ist auch heute bei Politikern weltweit leider noch nicht gewachsen.

So chaotisch die Finanzsituation war, so rückständig war China auch in allen anderen Bereichen. 85 Prozent der Bevölkerung konnten weder lesen noch schreiben. Dies hatte in China besonders negative Folgen, weil die Verständigung nur über die Schrift möglich ist. In China gibt es acht unterschiedliche Sprachgruppen mit Hunderten von Dialekten, nicht mitgerechnet die Sprachen der über hundert Minderheiten. Aber sie alle schreiben dieselben Schriftzeichen. Die Nanjinger Regierung setzte nun im ganzen Land das Mandarin ein, eine chinesische Hochsprache auf der Basis des Beijinger Dialektes. Diese Kulturreform schaffte zumindest theoretisch die Basis dafür, daß sich erstmals jeder Chinese mit jedem anderen auch aus noch so entfernten Provinzen unterhalten konnte. Doch wie groß diese Aufgabe war, zeigen die Zahlen. Nach zehn Jahren hatte sich die Analphabetenquote erst von 85 Prozent auf 75 Prozent gesenkt. Es fehlten damals nicht weniger als 700 000 Lehrer.

Doch weder die Verdienste, die sich die Tschiang-Regierung trotz allem in der Zeit von 1928 bis 1937 erwarb, noch ihre Finanzgeschäfte, ob positiv oder negativ, entschieden über ihren späteren Niedergang, sondern ihr völliges Versagen, den 90 Prozent der Bevölkerung, die auf dem Land lebten, auch nur einen Schimmer von Hoffnung zu vermitteln.

Der kleine Landadel drangsalierte wie eh und je die Bauern, und diese wiederum saugten die Arbeitskraft der Tagelöhner aus, die im wahrsten Sinne des Wortes mit den Schweinen lebten. Der Landadel selbst weckte mit seinem sehr bescheidenen Wohlstand die Begierde des durchziehenden Militärs, das ihm folglich Steuern und Abgaben aufbürdete. Eine Hackordnung, die China seit Jahrtausenden zu erdulden hatte. Die einzige Alternative bestand in der Flucht in die Stadt, wo dann die Tagelöhner der Bauern zu Tagelöhnern der neuen Kapitalisten wurden. Es gibt Schätzungen, daß im Schanghai der zwanziger Jahren pro Jahr 20 000 Menschen in den Elendsvierteln an Unterernährung und fehlender medizinischer Betreuung starben.

Kraftlos unternahm die Guomindang-Regierung einen zaghaften Versuch, ein Landreform-Gesetz zu erlassen. Danach sollten die ungenutzten Flächen abwesender Grundbesitzer gegen Entschädigung enteignet werden. Doch selbst dieser zögerliche Reformversuch wurde erst 1936 beschlossen. Ein Jahr später begann dann schon der Krieg mit den Japanern.

Über die sozialen und wirtschaftlichen Hintergründe der Nanjing-Regierung ließen sich mehrere Kapitel füllen, ebenso wie über die politischen und militärischen Winkelzüge der zu dieser Zeit Mächtigen. Tschiang Kaischek war alles andere als ein unumstrittener Herrscher. In der Guomindang mußte er sich immer wieder neuer Strömungen und Widersacher erwehren. Wegen seines sprunghaften Charakters wurde er auch als „Mimose mit Maschinengewehr“ beschrieben.

Viele der Kriegsherren, die er bei seinem Feldzug angeblich besiegt hatte, dachten gar nicht daran, ihre Provinzen jetzt unwidersprochen von einer Zentralregierung verwalten zu lassen. Vor allem diejenigen, die, statt zu kämpfen, einfach nur versprochen hatten, mit ihm loyal zusammenzuarbeiten, spielten sich in ihrem Herrschaftsbereich wie selbständige Regierungschefs auf. Die Provinzen im Süden, Westen und Norden wurden von ihren Militärmachthabern praktisch autonom regiert. Aber auch sonst mußten ständig irgendwo kleine und große Revolten niedergeschlagen werden.

Mit dem Massaker in Schanghai Anfang 1927 hatte Tschiang den Kommunisten zwar eine schlimme Niederlage bereitet, sie aber nicht vernichtend geschlagen; obwohl 25 000 Mitglieder der KPCh der Verfolgung zum Opfer fielen und nur knapp 10 000 Menschen überlebt haben sollen. Die Vernichtung der direkt von Moskau gesteuerten Kommunisten machte aber den Weg frei für den bisher eher im Abseits stehenden Mao Zedong, der nie aufgehört hatte, an einen eigenen chinesischen Weg zur kommunistischen Machtübernahme zu glauben. Mao, der im Gegensatz zu fast allen anderen führenden Revolutionären nie im Ausland gewesen war, hatte dadurch auch nie seine enge Verbindung mit dem Leben und Denken der Menschen in den Dörfern verloren. Statt von europäischen Philosophen abgeleitete Ideologien zu predigen, blieb er der Praktiker. Erst in seiner Heimatprovinz Hunan, dann als Leiter des Guomindang-Ausbildungsinstituts für Kader der Bauernbewegung in Guangdong wurde ihm immer deutlicher bewußt, daß die Massen in China nicht nur unter der Ausbeutung der Kapitalisten, sondern vor allem unter der Herrschaft der Großgrundbesitzer litten.

Der Zulauf zur kommunistischen Partei begann wie ein immer weiter talwärts fließender Strom anzuschwellen. In nur sechs Jahren von 1927 bis 1933 waren es viele Hunderttausende, die sich zu dieser linken revolutionären Partei bekannten. Statt sich mit großen Eroberungszügen abzugeben, wie dies bisher alle Feldherren in China versucht hatten, entwickelten die Kommunisten eine neue und, wie sich später erwies, höchst effiziente Taktik. Sie setzten sich in einer ländlichen Gegend fest und begannen sofort mit sozialen Reformen. So entstanden im ganzen Land sogenannte „Bauernsowjets", befreite Gebiete. Mit von der Partie war auch damals schon Deng Xiaoping, der im äußersten Süden, über die französische Kolonie Annam kommend, einen „Sowjet" in der Kleinstadt Bose gründete, von der aus er dann immerhin ein Gebiet kontrollierte, das fast so groß war wie Rumänien.

Die Errichtung eines Bauernsowjets ging fast überall nach dem gleichen Muster vonstatten. Erst wurden die Guomindang-Verwalter abgesetzt, korrupte Beamte und despotische Grundherren öffentlich hingerichtet. Als nächsten Schritt gründeten die Bauern dann zusammen mit den Tagelöhnern und Soldaten Räte. Diese erließen alle Schulden bei den Grundbesitzern und teilten das Land unter den Bauern auf. Erst danach begann die politische Aufklärungsarbeit. Meistens hatten diese „Sowjets" nur eine kurze Lebensdauer, bevor Regierungstruppen kamen und die Kommunisten vertrieben. Dengs Republik existierte nur elf Monate; dann waren seine Truppen, immerhin mehr als 20 000 Mann, restlos aufgerieben. Aber die Bevölkerung hatte einen Eindruck erhalten, wie ein Leben ohne Großgrundbesitzer aussehen konnte. Wo immer die Kommunisten vertrieben worden waren, blieben Sympathien für sie zurück.

Die Rache der Guomindang-Truppen kannte kein Pardon. Die Bauern, die von den Kommunisten gerade befreit worden waren, wurden jetzt verhört, gefoltert, ermordet. An ihnen ließ man die Frustration darüber aus, daß es partout nicht gelingen wollte, dem kommunistischen Spuk ein Ende zu bereiten. An ihnen durften sich die Landsknechtshaufen rächen. Und so wuchs bei den Bauern der Haß auf die Guomindang, verklärte sich das Bild der Kommunisten.

Fast genau 50 Jahre später - so als ob man keine Lehren aus den chinesischen Wirren hätte ziehen können - spielte sich das gleiche Drama in Vietnam wieder ab. Bei Nacht kamen die Vietcongs, richteten die lokalen Kapitalisten und Grundbesitzer hin und bauten eine eigene Struktur auf. Wenn das Dorf von Amerikanern erobert wurde, durften sich dann die Südvietnamesen an den Vietcong-Sympathisanten rächen. Dabei kam es immer weniger darauf an, inwieweit ein Bauer auf der einen oder anderen Seite stand. Nach drei „Befreiungen" war das Dorf vernichtet. Und wie in China endete es auch dort mit einem Sieg der Kommunisten.

An der Seite Tschiang Kaischeks tauchten bald deutsche Militärberater auf. Hitlers Faschismus und Tschiang Kaischeks Nationalismus waren sich sehr ähnlich. Bis zu 70 Offiziere schulten und führten Tschiang Kaischeks Truppen, darunter die Generäle Wetzell und von Falkenhausen sowie Generaloberst von Seeckt.

Doch während es gelang, die Basis der Kommunisten im Norden zu zerstören, konnten diese sich erfolgreich in den Bergen des Südens behaupten. In einem Vernichtungsfeldzug nach dem anderen rannte Tschiang Kaischek gegen die Täler und Schluchten von Fujian und Jiangxi an, ohne die Roten zu fassen. Diese schwammen wie U-Boote auf hoher See, die immer dann wegtauchten, wenn Tschiang glaubte, sie eingekreist zu haben. Sein Gegner war Zhu De, der sich seine Militärausbildung als Autodidakt in Berlin zusammengelesen hatte.

Von Nord nach Süd siegte sich die Guomindang-Armee zu Tode. Ihr Terror wurde immer schlimmer. Städte, die den Roten Unterschlupf gewährten, wurden dem Erdboden gleichgemacht. Je moderner Tschiangs Heer ausgerüstet war, desto größer wurden die Zerstörungen. Die Bauern wurden so die besten Kundschafter der Roten. Sie meldeten jede Truppenbewegung der „weißen Armeen", die oft mit 200 000 Mann anrückten und wie Heuschrecken das Land kahlfraßen.

Zwei militärische Entscheidungen wendeten das Blatt zugunsten von Tschiang Kaischek. Obwohl Mao Zedong, der Erfinder der Bauernsowjets, und Zhu De, der wendige Stratege, mit ihrer Taktik die kommunistische Partei im Land so populär und schier unbesiegbar gemacht hatten, bestand die nach wie vor von Moskau gesteuerte Parteiführung darauf, daß Maos Bauernrepubliken von der reinen Lehre abwichen und deshalb zu verurteilen seien. Noch immer befand sich das illegale Hauptquartier der Kommunisten in Schanghai. Von dort aus wurde entschieden, daß der mittlerweile vierte Vernichtungsfeldzug Tschiang Kaischeks mit einer offenen Feldschlacht beantwortet werden sollte. Der Pole Moise Grzyp, der den chinesischen Namen Li De angenommen hatte, führte das Kommando über die 180 000 Mann starke Rote Armee.

Tschiang und seine deutschen Beratern haben es endlich mit einer klassischen Schlacht zu tun. Sie rückten mit einer Million Mann an. Ein polnischer Offizier gegen einen preußischen General. Die Kommunisten wurden vernichtend geschlagen. Ein Drittel fiel, der Rest floh aus Fujian in die noch sichere Sowjetrepublik von Jiangxi, wo Mao Zedong saß. Diese Niederlage schwächte den Einfluß Moskaus entscheidend. Die Schanghaier Parteiführung mußte ebenfalls fliehen und sich in Maos Machtbereich begeben. Für Deng Xiaoping aber hatte diese Niederlage fatale Folgen. Deng hatte sich offen für die maoistische Revolutionstherorie ausgesprochen und galt deshalb als Gegner der Bolschewiken, wie die Moskauer Vertreter in China genannt wurden. Deng, noch außerhalb von Maos Machtbereich, wurde vom moskauhörigen Sekretär des KP-Organisationsbüros, Luo Mai, kritisiert, er verlor seinen Parteiposten und mußte zurück ins unterste Glied. Doppelt gedemütigt wurde er von seiner Frau, die sich nun scheiden ließ und seinen Kritiker heiratete. Deng landete im Gefängnis, entkam aber der Hinrichtung.

Es wird spekuliert, daß Zhou Enlai seine schützende Hand über Deng hielt. Schon damals war der aristokratische Kommunist eine graue Eminenz und sehr wendig. Außer Mao sollte nur er alle Säuberungen, Richtungsänderungen und sogar die Kulturrevolution ohne Kratzer überstehen. Damals, nach der vernichtenden Niederlage, stand er gleichwohl auf der Seite Moskaus und verlangte die strenge Bestrafung aller, die den Sieg nicht errungen hatten.

Die zweite militärische Entscheidung, die den Kommunisten endgültig den Garaus zu machen drohte, hatte Generaloberst von Seeckt herbeigeführt. Der frühere Chef der Heeresleitung der Reichswehr verwandelte den wilden Guomindang-Haufen in eine Armee mit taktischen Finessen. Zwar hatte von Seeckt Mühe, sich gegen den Generalissimus Tschiang Kaischek durchzusetzen, der wie alle Feldherren dieser Zeit bis hin zum letzten Einsatzbefehl alles selbst entscheiden wollte, aber dank seiner Erfolge durfte er seine Strategien umsetzen. Noch heute zählt von Seeckt in China zu den legendären Feldherren.

Die letzte rote Hochburg im Süden von Jiangxi sollte durch den fünften Vernichtungsfeldzug ausgerottet werden. Dies war leichter gesagt als getan, denn das schwierige Gelände erlaubte es den roten Partisanen, jetzt wieder nach bewährter Partisanentaktik zu kämpfen: Nur angreifen, wenn man eine vielfache Überlegenheit hat. - Rückzug ist keine Schande. - Die Bauernmassen als natürliche Verbündete einsetzen. - Hinter der Front den Nachschub des Feindes unterbrechen. Von Seeckt setzte dagegen seine Blockhausstrategie. Rund um die rote Republik, die immerhin noch größer als Belgien war und von 150 000 Soldaten verteidigt wurde, zog er einen Cordon von Blockhütten, die in Reichweite von Gewehrschüssen voneinander entfernt lagen, so daß sie sich gegenseitig verteidigen konnten. Die Bauern konnten die Roten somit nicht mehr von außen mit Lebensmitteln versorgen. Auch Nachschub an Soldaten oder Waffen war unmöglich. Dieser Cordon wurde immer enger gezogen und drohte die Kommunisten zu strangulieren. Zum ersten Mal wurde die Guerillataktik, gerade erfunden, somit geschlagen.

Wie immer auch der Ausbruch aus dem Kessel gelang, ist nicht geklärt. Die Kommunisten machen daraus eine heroische Tat, alte Guomindang-Generäle behaupten, man habe ihnen einen Ausweg gelassen. Wahrscheinlich liegt die Wahrheit irgendwo dazwischen. Was nun begann, ist jedenfalls eine der klassischen Heldentaten, gespickt mit Legenden und Sagen, die der kommunistische Staat zu einer ideologischen Festung ausgebaut hat: „Der Lange Marsch“. Die Flüchtlinge legten über 12 000 Kilometer zurück, die über 18 Gebirgsketten von bis zu 5 000 Metern Höhe führten. 24 Flüsse wurden überquert, gegen die der Rhein ein friedlich dahinplätscherndes Gewässer ist. Wüsten und Sümpfe, Hitze und Schneestürme dezimierten die Flüchtlinge, die zudem von Regierungstruppen verfolgt und in über 200 Schlachten verwickelt wurden. Der dauerhafte Regen erwies sich allerdings auch als Hilfe, weil in den Gebirgen die Aufklärungsflugzeuge und Bomber nichts ausrichten konnten. Ein Jahr und drei Tage dauerte der Marsch, bis er im Norden des Landes, in Yanan, sein Ende fand. Von über 100 000, die aus dem Kessel ausgebrochen waren, haben nur 7 000 überlebt. Unterwegs hatten sich jedoch immer wieder Bauern der Roten Armee angeschlossen, so daß die Rote Republik im Norden mit 25 000 Soldaten begann.

Die Führung der KPCh überlebte ziemlich geschlossen diesen Gewaltmarsch. Hier darf die heroische Tat relativiert werden. Die Spitzenkader hatten sich dabei ohne Rücksicht auf die einfachen Bauernsoldaten vor allem selbst gerettet. Ihnen war klar, daß sie mit dem sicheren qualvollen Tod zu rechnen hatten, wenn sie in die Hände von Tschiangs Truppen fielen. Vor sich die Berge, hinter sich die Folter, da ist die Entscheidung eindeutig. Wenn die einfachen Soldaten krank oder verletzt wurden, blieben sie zurück und mußten sterben. Doch von fast allen Führern der Kommunisten, inklusive deren Ehefrauen, wurde berichtet, wie sie krank und von Fieber geschüttelt von den Soldaten getragen wurden. Es waren also nicht ihre übermenschlichen Kräfte, die sie haben überleben lassen, sondern ihre Privilegien, die sie auch damals schon in Anspruch nahmen.

So beschwerlich und gefährlich die Flucht indes auch war, es blieb Zeit für innerparteiliche Richtungskämpfe und Parteiausschlüsse. So schafften es zum Beispiel die moskautreuen Bolschewiken, daß Maos Bruder nicht mitfliehen durfte und so von den nachrückenden Guomindang-Soldaten getötet wurde. Ein weiteres Beispiel war, daß vor allem Zhu De und die sogannten 28 Bolschewiken, die alle in Moskau studiert hatten, in den Bauern, frei nach Stalin, nur die Packesel der Zivilisation sahen. Deshalb intrigierten sie offen und verdeckt gegen Mao Zedong. Dieser Streit zeigte, wie verquer die Stalinisten argumentierten. Sie wollten eine Revolution mit Arbeitern machen und durchzogen ein Riesenreich, wo sie auf ihrem ganzen Weg weit und breit keinen Arbeiter finden konnten.

In der auch heute noch ärmsten Provinz Chinas, in Guizhou im gebirgigen Südwesten, kam es zum Showdown zwischen den Stalinisten und Mao. Die gottverlassene Kleinstadt Zunyi wurde zum Schauplatz der Weltgeschichte. Wegen der ewigen Streitereien berief man eine Konferenz des Politbüros ein. Die Teilnehmer und der Verlauf sind bis heute geheim. Fest steht, daß Zhou Enlai dabei zum einzigen Mal Ansprüche auf die Führung erhob, heftigst unterstützt von seiner Frau, die gerne First Lady werden wollte. Auch ist bekannt, daß die Taktik der Kriegsführung zentraler Punkt der Auseinandersetzungen war. Schließlich hatten die Frontalangriffe der Moskauer Linie schwerste Verluste zur Folge gehabt. Auch die absurde Grundkonzeption der Bolschewiken von einer proletarischen Revolution wurde ein für allemal beerdigt. Damit war Mao Zedong praktisch unbestrittener Führer der Armee und der Partei.

Zunyi bescherte der Welt eine neue Beglückungsreligion: den Maoismus. Zhou Enlai lebte seither nach der Devise „Anpassung ist die beste Lebensversicherung." Er hat Mao nie mehr widersprochen. Stalin war der ganz große Verlierer in diesem chinesischen Provinznest, denn er hatte in China Roulette gespielt. Er hatte auf die Guomindang und auf eine eigene kommunistische Partei gesetzt, also auf Schwarz *und* Rot. Doch sein Spiel erwies sich als russisches Roulette. Die Kugel traf. Der Schuß erledigte den monolithischen kommunistischen Block. Ab sofort gab es zwei rote Zitadellen: Moskau und Beijing.

60 Kilometer nördlich von Zunyi liegt eine Kleinstadt von nur 10 000 Einwohnern, deren Namen trotzdem jeder China-Reisende kennt: Maotai. Hier wird der berühmt-berüchtigte Hirseschnaps gebraut, der schon so manches Joint-venture besiegelte. Es gibt ein Bild, auf dem Mao Zedong und Tschiang Kaischek in Maotai auf ihre Zusammenarbeit anstoßen. Es ist eine der irrwitzigsten Wendungen in der Geschichte. Da werden Hunderttausende von Menschen auf jeder Seite ermordet, da werden alle Reserven des armen Landes in die Kriegsführung gesteckt, da jagt der eine den anderen über 12 000 Kilometer durch das Land, und am Ende bleibt ihnen nichts anderes übrig, als sich wieder miteinander zu verbünden. Das Bild mit den Schnapsgläsern in den Händen der beiden kalten Machtpolitiker zeigt den ganzen Irrsinn, Widersinn, die ganze Hilflosigkeit der Menschheit gegen Gewalt.

Und es war die genauso brutale, überflüssige und ergebnislose Gewalt der Japaner, die, kaum, daß Mao seinen Marsch beendet hatte, China überfielen und dieses widernatürliche Bündnis von Tschiang und Mao erzwangen.

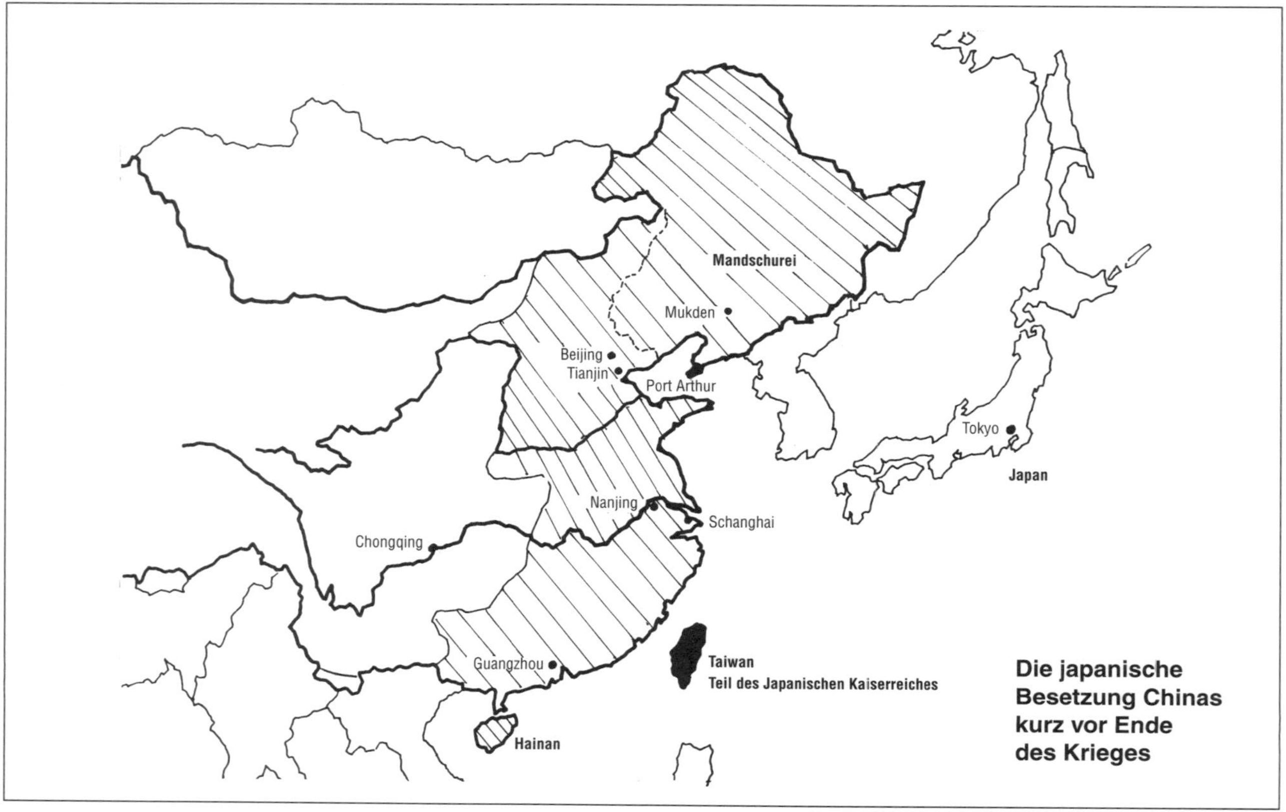
Mandschurei
Mukden
Beijing
Tianjin
Port Arthur
Tokyo
Japan
Nanjing
Schanghai
Chongqing
Taiwan
Teil des Japanischen Kaiserreiches
Guangzhou
Hainan
Die japanische Besetzung Chinas kurz vor Ende des Krieges

15. Der Kampf um China
Der japanische Überfall und der Bürgerkrieg 1937 bis 1949

Östlich von China liegt *wak hou*, das „Land der Gnomen“. In der chinesischen Überlieferung gibt es auch eine Geschichte, wie es entstanden ist. In der Qing-Dynastie, rund 220 v. Chr., floh ein Herr Xu Fu mit einer Schar von Kindern auf einem Schiff nach Osten. Dort strandete er auf unwirtlichen Inseln, die er mit seinen Kindern besiedelte. Und weil die Kinder so klein waren, blieben auch die Nachfahren alle klein. Es handelt sich um Japan und die Japaner, und die Geschichte beschreibt ungefähr den Stellenwert, den das chinesische Kaiserreich diesem östlichen Nachbarn eingeräumt hatte.

Der erste Schock traf die Chinesen 1895, als ausgerechnet diese Gnomen in ihrem ersten Krieg außerhalb der eigenen Inseln China besiegten und ihnen Taiwan abnahmen. Zehn Jahre später, 1905, wurde die europäische imperiale Macht Rußland von Japan vernichtend geschlagen und aus Nordostasien zurückgedrängt. Eine gewisse Freude empfanden da sogar die Chinesen, schließlich waren die Japaner Asiaten. Doch als nächstes wandten sich die Gnomen erneut gegen das Reich der Mitte, gegen China, und demütigten es fast nach Belieben. Seither ist das Verhältnis zwischen den beiden mächtigsten Nationen Asiens geprägt von gegenseitiger Achtung und Angst. Kaum hatten die Japaner um die Jahrhundertwende industriell mit dem Westen aufgeschlossen, schon führten sie sich auf wie alle anderen imperialistischen Staaten auch und zwangen China zu erniedrigenden Verträgen.

Doch während sich die Europäer nach dem Ersten Weltkrieg Stück für Stück zurückzogen, wurden die Japaner immer aggressiver. Und während China mühsam einen Weg suchte, seine nationale Identität neu zu bestimmen, und in seinem Bürgerkrieg europäische Ideologien aufeinanderprallten, fing Japan an, sich ganze Provinzen aus China herauszureißen. Die Mandschurei bot sich als erste Region an. Seit 1905 war sie in eine russische und japanische Interessenzone aufgeteilt, was bedeutete, daß beide Mächte in ihrem Teil Truppen stationieren durften. Zwar erklärten die Sowjets 1945 nach ihrer Machtübernahme mehrfach, sie würden die imperialistische Tradition des

Zaren aufgeben, doch weder zogen sie ihre Soldaten aus der Mandschurei zurück, noch übergaben sie das dichte Eisenbahnnetz, das sie verwalteten, an die Chinesen.

Japan baute ab 1905 in seinem Herrschaftsbereich die stärkste Armee ganz Ostasiens auf.

1931 schlugen die Japaner schließlich zu. Einer ihrer Hauptleute wurde bei einer Demonstration gegen die Ausländer getötet. Die Japaner spielten sich nun als Ordnungsmacht auf, die Ruhe und Sicherheit wiederherstellen mußte. So oder ähnlich klingt das immer, wenn eine Großmacht über einen schwächeren Nachbarn herfällt. Das jüngste Beispiel ist Rußlands Rechtfertigung dafür, daß es Tschetschenien plattmachte. Ziel der japanischen Expansion waren die an das bereits vereinnahmte Korea grenzenden Provinzen Chinas, die gesamte Mandschurei. In der Mandschurei gab es reiche Bodenschätze wie Eisenerz, Kohle und Ölschiefer. Dazu Wälder mit Edelhölzern, viel Tierzucht und landwirtschaftliche Nutzfläche, all das, was in Japan fehlte.

In einem Blitzkrieg besetzte die japanische Armee das große Land in nur fünf Wochen und erklärte, die Mandschurei, die ab jetzt Mandschukuo hieß, habe sich von dem chinesischen Joch befreit und für unabhängig erklärt. Als Herrschermarionette holten sie sich den letzten chinesischen Kaiser, der ja ein Mandschu war, und setzten ihn auf den Thron. Damals gab es den Vorläufer der UNO, den Völkerbund. Und wie heute auch schickte der eine Kommission in die Mandschurei und stellte fest, daß die Aktion der Japaner unrechtmäßig sei. Das war es dann auch schon. Konkrete politische Gegenmaßnahmen wurden nicht eingeleitet. Damals wie heute schaffte es die Staatengemeinschaft nicht, bei solch eklatanten Völkerrechtsverletzungen dem Aggressor rechtzeitig seine Grenzen aufzuzeigen. Nur zwei Länder erkannten ein paar Jahre später diesen japanischen Satellitenstaat an: Adolf Hitlers Großdeutsches Reich und die Sowjetunion.

Aber mit dem Essen kam den Japanern der Appetit. In einer Strafaktion überfielen sie Schanghai und erzwangen während eines Waffenstillstands mit Tschiang Kaischek die Entmilitarisierung eines Gürtels um das Wirtschaftszentrum an der Yangtze-Mündung. Japan hatte damit die anderen Kolonialmächte in der Wirtschaftsmetropole Chinas an den Rand gedrängt. Diese konnten noch ein paar Jahre Geschäfte machen, hatten aber jeden politischen Einfluß verloren. Aus dieser Zeit ist noch eine skurrile Posse zu bemerken, die die Scheinheiligkeit der Westmächte beschreibt. Die französische Regierung war einem Schmugglerring auf die Spur gekommen, der von Schanghai über Hanoi und Marseille bis Korsika ein mächtiges Gangstersyndikat mit Opium versorgte. Als Hintermänner entpuppten sich der korsische Polizeichef der französischen Konzession in Schanghai, Fiori, und der Generalkonsul Koechlin. Die beiden wurden abgelöst und sollten nach Frankreich zurückgebracht werden. Doch der chinesische Pate des Opiumgeschäfts, Du Yuesheng, gab ein großes Abschiedsessen und vergiftete seine Geschäftspartner. Der neue französische Generalkonsul Meyrier war davon so geschockt, daß er ab sofort den Drogenverkehr der Chinesen unter Polizeischutz stellte, damit dieser jetzt in geordneten Bahnen verlief. Er überlebte.

Nur ein Jahr nach dem Schanghai-Überfall war die nächste Provinz Ziel eines japanischen Angriffs: Jehol, das nördlich von Beijing an Mandschukuo angrenzt. Dieses Mal fiel kein Schuß, so wehrlos gebärdete sich die chinesische Regierung.

Doch der Haß des chinesischen Volkes richtete sich zunehmend gegen die Japaner, die sie mehr demütigten, als es die Europäer je getan hatten. Diese hatten wenigstens nicht ganze Provinzen besetzt. Japan konnte sich das alles leisten, weil die beiden rivalisierenden Parteien in China, die Guomindang und die Kommunisten, damit beschäftigt waren, sich gegenseitig umzubringen. Mao Zedong aber erkannte die neue Stimmung im Volk: Wer den Bürgerkrieg gewann, war den Chinesen inzwischen fast egal; sie wollten vor allem die Japaner wieder aus dem Land werfen. So erklärten die Kommunisten, weit weg von allen japanischen Truppen, Tokyo den Krieg. Das machte Mao Zedong zu einem nationalen Helden. Tschiang Kaischek hatte den Schwarzen Peter und machte nun alles falsch. Nach antijapanischen Protesten in Schanghai löste er eine Verhaftungswelle aus und ließ sogar die national gesinnten Anführer hinrichten. Seine Devise lautete: Erst gegen die Kommunisten siegen und sich dann um die Japaner kümmern. Noch weniger Nähe zum Volk war nicht mehr möglich. Der Generalissimus hatte abgehoben.

Beim nächsten Bissen verschluckten sich die Japaner allerdings. Daß der vergiftet war, sollten sie aber erst acht Jahre später herausfinden. Unbeabsichtigt gerieten eine japanische und eine chinesische Patrouille aneinander - im berühmten „Zwischenfall an der Marco-Polo-Brücke“. Es ist der Beginn des Zweiten Weltkrieges in Asien.

Kaum hatte sich Mao in den Lößhöhlen von Yanan eingenistet, wollte ihn Tschiang mit seinem sechsten Vernichtungsfeldzug wieder weiterjagen. Dazu brauchte er die Armeen des „jungen Marschalls“ und Kriegsherren Zhang Xueliang. Der war weitaus intelligenter als die meisten korrupten Militärs, die damals Chinas Provinzen beherrschten. Sein Vater war einst der mächtigste Mann in der Mandschurei gewesen und hatte unumstritten diese reichen Nordprovinzen dominiert, bis ihn die Japaner 1928 samt seinem Zug in die Luft sprengten. Verständlicherweise hatte der Sohn wenig Sympathie für die „Gnomen der östlichen Inseln“. Und folglich war die Kriegserklärung Maos an die Japaner für ihn ein Grund, die Feindseligkeiten gegen die Kommunisten einzustellen.

Und wieder spielte sich eine Geschichte ab, aus der von Operetten bis Dramen alles zu stricken ist und der sich entsprechend die Propagandaabteilungen aller Seiten so angenommen haben, daß es schwer ist, die Wahrheit herauszufinden. Der einzige, der die ganze Wahrheit erzählen könnte, der von Anfang an dabei war und 1995 immer noch lebt, der „junge Marschall Zhang“, schweigt eisern. Der 98jährige stand sogar in Taiwan bis 1961 offiziell unter Hausarrest, konnte aber de facto bis 1992 sein Haus nicht verlassen. Eine seiner ersten Reisen führte den über 90jährigen in die Volksrepublik, wo er in allen Ehren empfangen wurde. Danach reiste er in die USA weiter. Der alte Kämpfer ließ sich endgültig in Hawaii nieder. Den Lebensabend finanziert er unter anderem mit den 4 Millionen Dollar, die er bei der Versteigerung seiner chinesischen Kunstsammlung erzielte.

1936 spielte Zhang eine Hauptrolle im chinesischen Verwirrstück. Er lud Tschiang Kaischek in sein Hauptquartier nach Xian ein, um ihm zu erklären, warum er und die anderen Generäle im Norden es für wichtiger hielten, gegen die Japaner und nicht gegen die Kommunisten zu kämpfen. Der bekam einen Tobsuchtsanfall. Es stellte sich heraus, daß die Gegensätze unüberbrückbar waren. Der „junge Marschall“ beschwor Tschiang, das gemeinsame Oberkommando gegen die Japaner zu führen. Doch der war unbelehrbar: „Die Japaner sind eine Hautkrankheit, aber die Kommunisten ein inneres Geschwür.“ Zhangs Generäle widersprachen: „Die Kommunisten sind keine Banditen, die in Höhlen wohnen und die chinesischen Bauern ausrauben. Im Gegenteil: Sie werden von den Bauern unterstützt.“ Tschiang: „Ich verlasse mich nicht auf Bauern, ich verlasse mich auf meine Armee.“ Und das war falsch nicht nur in dem Moment, wo große Teile seiner Armee ihm nicht mehr folgten, sondern das war sein historischer Fehler, der ihn insgesamt scheitern ließ.

Der Streit eskalierte. Tschiang brach die Unterredung barsch ab und zog sich in heiße Quellen in der Nähe zurück, um sein Rheuma zu lindern. Hier beginnen die Operettenszenen. In den frühen Morgenstunden erfolgte ein Militärputsch. Tschiangs Wache wurde überrumpelt, und er selbst mußte im Nachthemd fliehen. Er kletterte über eine drei Meter hohe Mauer, fiel auf den Rücken und konnte sich danach kaum noch bewegen. Der steile Hang war von Dornengestrüpp überwuchert, durch das der Generalissimus mühsam vorwärts robbte, bis er in eine Felsspalte stürzte. In diesem erbärmlichen Zustand wurde er von meuternden Soldaten entdeckt, die ihn schließlich zum „jungen Marschall" brachten.

Wie sehr diese Episode noch heute die Chinesen beschäftigt, zeigen zwei Darstellungen. Tschiang Kaischek schreibt in seinem Tagebuch, er habe am Vorabend eine Vorahnung gehabt, als ob Gott ihm ein Zeichen geben wolle, als er bei Matthäus 26, 48-50 folgende Stelle las: „Und der Verräter hatte ihnen ein Zeichen gegeben und gesagt: Welchen ich küssen werde, der ist's, den greifet. Und alsbald trat er zu Jesus und sprach: Gegrüßt seist du Rabbi und küßte ihn ..." Die Gegenseite beschreibt, wie er im Nachthemd, barfuß, ohne sein Gebiß, greinend wie ein Häufchen Elend in einer Felsspalte kauerte.

Doch selbst in diesem Zustand gab Tschiang nicht nach. Er blieb Generalissimus. Der „junge Marschall" vermied verbal die offene Rebellion, gab aber auch seinerseits nicht nach. Die starke projapanische Fraktion in der Regierung in Nanjing, angeführt von Verteidigungsminister He, war bereit, Tschiang Kaischek und die alte Kaiserstadt Xian zu opfern. Sie wollte einen Frontalangriff gegen die Rebellen starten. Doch es waren Tschiangs Frau Meiling und Schwager T. V. Soong, die sich als Vermittler nach Norden aufmachten und so der Regierung die Hände banden.

Ein anderer Strippenzieher saß in Moskau. Stalin drückte bei den chinesischen Kommunisten durch, sich erneut in eine gemeinsame Front mit Tschiangs Guomindang einzulassen. Die Todfeinde mußten wieder ins gleiche Boot. Von den Bergen Yanans stieg Zhou Enlai hinab nach Xian und traf dort auf seinen alten Gefährten aus der Zeit, als sie gemeinsam die Militärakademie in Whampoa geleitet hatten. Man kannte sich also.

Stalins Interesse war klar: Er fürchtete nichts mehr als die Japaner. Sie hatten Rußland 1905 besiegt und danach systematisch die russischen Interessen im Fernen Osten zurückgedrängt. Die Weiten Südsibiriens bis hin zum Baikalsee mit all den Bodenschätzen lagen ungeschützt, luden die Japaner regelrecht zu einer Invasion ein. Das einzige Bollwerk für Stalin war China - mit oder ohne Kommunisten. Auf der anderen Seite des Sowjetreiches bedrohte ihn Hitler, und einen Zweifrontenkrieg hätte selbst das riesige Sowjetreich kaum überlebt. Stalin war daher in der Wahl seiner Verbündeten wahrlich nicht wählerisch.

Die Welt wurde in den zwanziger und dreißiger Jahren dieses Jahrhunderts zunehmend von dem Gegensatz zwischen autoritären Militärregimen mit faschistoiden Ideen und kommunistischen Revolutionären geprägt. In vielen Staaten hatten die von Rache und untergehenden Großmachtträumen diktierten Friedensverträge des Ersten Weltkrieges die liberalen, demokratischen Kräfte ins Abseits gedrängt; und die Bevölkerung sah nur noch eine Alternative zwischen Faschisten und Kommunisten, die Wahl zwischen Teufel und Beelzebub. In Spanien und Italien waren es die Schwarzhemden, in Deutschland die Braunhemden, in Tschiangs Reich die Blauhemden. Ideologisch paßten die japanischen Militaristen perfekt in dieses Hemdensortiment. Und das Stillhalten gegenüber den Eroberungen der Japaner hatte sicher auch damit zu tun, daß man sich ideologisch sehr nahestand. Die deutschen Militärberater bei Tschiang waren ebenfalls kein Zufall.

Das „Pech" Tschiangs bestand darin, daß Japan seine Expansionsgelüste auch auf China richtete und dadurch nicht sein Verbündeter werden konnte. Daß die Angst Stalins vor einem chinesisch-japanischen Angriff auf Sibirien nicht unbegründet war, zeigen die intensiven Bemühungen der Japaner bis in den November 1944 hinein, eine Regierung in China zu etablieren, die mit ihnen gegen die Kommunisten kämpfte. Sie hatten dafür den alten Guomindang-Regierungschef und ersten Nachfolger von Sun Yatsen, Wang Jingwei, gewonnen, der wie Petain für die Franzosen in Vichy eine japanhörige Regierung in Nanjing führte, die auch von Berlin und Rom anerkannt worden war. Im Gegenzug waren die Japaner bereit, in ganz China außer in der Mandschurei und auf der Insel Taiwan, die sowieso schon seit 1895 Teil des japanischen Kaiserreiches war, auf ihre sonstigen Vor- und Sonderrechte zu verzichten. Sie wollten damit ein für allemal jeden westlichen Einfluß auf Asien verhindern und nannten als ihr Ziel die „neue Ordnung für Ostasien". Sie wußten genau, daß kein Land auf Dauer ganz China besetzen konnte. Wang Jingwei wurde Ende 1944 ermordet, und damit war auch dieser Spuk vorbei. Erst danach begann wieder eine große japanische Militäroffensive, bei der der Süden Chinas erobert wurde und noch einmal über eine Million Soldaten ums Leben kamen.

1937 einigten sich in Xian Tschiang Kaischek und Zhou Enlai schließlich doch noch. Was blieb ihnen auch anderes übrig? Feuer und Wasser sollten nun auf Druck von außen hin gemeinsam Krieg führen. Das konnte nicht gut gehen. Dafür brauchte man dann um so mehr gemeinsame Erklärungen, Konferenzen und Resolutionen. Der japanhörige Verteidigungsminister wurde abgesetzt, politische Gefangene zum Teil freigelassen. Ein neues Gesetz zur Versammlungsfreiheit schuf für die Kommunisten die Basis, in ganz China wieder mit der Agitation zu beginnen. Und hinter den Linien ließ Tschiang immer noch Kommunisten mal offen und mal weniger offen umbringen. Pro forma unterstellten die Kommunisten sogar die von ihnen kontrollierten Regionen als Gebietsverwaltungen getarnt der Zentralregierung.

Wie wenig dieses Bündnis im Kriegsalltag bedeutete, zeigte der Siegesmarsch der Japaner. Sie marschierten durch China wie ein Messer durch weiche Butter. Nur zwei Monate nach dem Zwischenfall an der „Marco-Polo-Brücke" war der gesamte Norden Chinas schon in den Händen Japans. Dagegen wirken die späteren Erfolge von Hitlers Blitzkriegen in bezug auf Landnahme und Menschenmassen, die in Bewegung gerieten, recht überschaubar. Im September stürmten die Japaner Tschiangs Hauptstadt Nanjing und machten sie in einer Blutorgie nieder. 300 000 Zivilisten wurden niedergemetzelt. Die Japaner hatten die Stadt ihren Truppen zum Plündern geschenkt.

Wie kein anderes Kriegsverbrechen belastet dieses in Japan verharmlosend nur als der „Nanjing-Zwischenfall" bezeichnete Massaker das Verhältnis zwischen den beiden Nationen. Dies wird sich auch bei allem Pragmatismus im täglichen Geschäftsleben nicht ändern, bis Japan sich dafür entschuldigt und Wiedergutmachung geübt hat. Doch davon ist die Regierung in Tokyo noch weit entfernt. Sie verhindert sogar eine ehrliche Darstellung in ihren Schulbüchern. Noch 1987, als in Bertoluccis Film „Der letzte Kaiser" Originalmaterial von dem Massaker gezeigt wurde, schnitt der Filmverleih in vorauseilender

Unterwürfigkeit diese Szenen heraus, weil sie dem japanischen Publikum nicht zuzumuten seien. 1995 wollte ein patriotischer Verein gar in ganzseitigen Anzeigen in amerikanischen Zeitungen Stellungnahmen veröffentlichen, die das Massaker leugneten.

Was da noch immer verheimlicht werden soll, liest sich bei Augenzeugen so: In der Ginling-Mädchenschule, wo das internationale Hilfskomitee eine Schutzzone eingerichtet hatte, fanden 7000 chinesische Frauen und Mädchen Zuflucht. Doch die japanischen Truppen machten auch hier nicht halt. Nach Massenvergewaltigungen töteten sie alle 7000 Frauen. Die japanischen Offiziere stachelten die Soldaten dabei durch einen Brutalitätswettbewerb an. Sieger war, wer möglichst viele Frauen in möglichst brutaler Weise auf einmal töten konnte. Der kommandierende General Hisao Tani ordnete an, die brutalen Gewaltakte in Filmen zu dokumentieren, damit so die Überlegenheit der japanischen Armee festgehalten werde. In der Gedenkstätte von Nanjing ist heute ein Bild des Soldaten zu sehen, der den „Wettbewerb" gewonnen hat: ein netter Junge „von nebenan". Dieses Dokument beweist, wie Kriege die miesesten Instinkte im Menschen freisetzen können.

Kein anderes Volk außer der Sowjetunion hat so furchtbare Zerstörungen und Menschenopfer im Zweiten Weltkrieg hinnehmen müssen wie China. Nirgendwo kamen so viele Zivilisten um. Vorsichtige Schätzungen sprechen von 25 Millionen Menschen. Aber wer will bei diesen Größenordnungen noch zählen? Rund 3 Millionen chinesische Soldaten sind gefallen. Was den Chinesen an Waffen und Strategie fehlte, konnten sie durch Menschenmassen nicht wettmachen. Nach über 100 Jahren Bürgerkriegen, Scharmützeln und Aufständen raste nun diese Kriegsfurie durchs Land. Die Verwüstungen und der Haß haben bei den Chinesen Spuren hinterlassen, die viele Grausamkeiten verständlich machen. Ein Volk, das keinen inneren und äußeren Frieden über Jahrzehnte erlebt, wird unempfindlich gegen Brutalität. Das ist das vielleicht größte Dilemma, in dem sich China heute befindet. Denn ohne diese jahrzehntelange Verrohung wäre Maos Kulturrevolution nicht so erfolgreich gewesen.

Ein gemeinsames Vorgehen zwischen Kommunisten und Guomindang-Truppen gab es nur auf dem Papier. Wo immer sie sich zu nahe kamen, schossen sie mit mindestens soviel Begeisterung aufeinander wie auf die Japaner. Eine berüchtigter Vorfall ist die Vernichtung der Vierten Armee, die von den Kommunisten rekrutiert worden war. Sie agierte südlich des Yangtze-Flusses und stellte damit eine Bedrohung für die Nationalregierung dar. Unter strategischen Vorwänden wurde sie zur Überquerung von Chinas Schicksalsfluß überredet und dabei von Tschiangs Truppen völlig vernichtet. Den Japanern war die Arbeit abgenommen.

Es gibt trotzdem Berichte von heldenhaften Kämpfen der Chinesen gegen die Eindringlinge, und zwar sowohl von seiten der Kommunisten als auch der Guomindang-Truppen. Im Frühjahr 1938 zum Beispiel wurde die zweite japanische Armee vernichtend geschlagen, als sie versuchte, südlich des Yangtze Hangzhou zu erobern, wohin sich die Regierung geflüchtet hatte. Die schlecht ausgerüsteten Truppen Tschiang Kaischeks hatten der Kriegsmaschinerie der Japaner sogar vorübergehend Einhalt gebieten können, bevor sie dann doch in die Bergprovinz Sichuan fliehen mußten. Im Norden fand zwei Jahre die „Schlacht der Hundert Regimenter" statt. Monatelang hielten 400 000 Mann der Achten Armee, wie die kommunistischen Truppen hießen, die Japaner in Schach und verhinderten deren Vormarsch ins Hinterland. Selbst Tschiang Kaischek sandte damals eine Auszeichnung an den kommunistischen Heerführer Peng Dehuai.

Die beiden Beispiele zeigen, daß Japans militärische Erfolge in China nicht zwangsläufig waren, sondern durch den verheerenden Bürgerkrieg erst möglich wurden. Beide Seiten, Guomindang und Kommunisten, waren alleine schon aus ihrem kulturellen chinesischen Selbstverständnis heraus sicher, daß die Japaner wieder aus dem Land vertrieben werden würden und daß sie sich dann wieder als Todfeinde im Bürgerkrieg gegenüberstehen würden. Beide Seiten hielten sich deshalb mit Truppen und Kriegsmaterial zurück, achteten darauf, daß sie genügend Reserven für den endgültigen Showdown hatten. Die Japaner haben zwar China militärisch gedemütigt, aber sie haben vor allem dazu beigetragen, daß der Bürgerkrieg um ein Jahrzehnt verlängert wurde und China schließlich kommunistisch wurde.

Wie sehr sich beide Seiten belauerten, zeigt eine Aussage von Mao Zedong vor hohen Offizieren: „Der sino-japanische Krieg gibt unserer Partei exzellente Möglichkeiten zur Expansion. Die Grundsätze unserer Parteipolitik lauten: 70 Prozent unserer Energie werden wir darauf verwenden, die Basis der kommunistischen Partei zu verbreitern. 20 Prozent der Energie verwenden wir dazu, die Kontakte mit der Nationalregierung aufrechtzuerhalten, und mit 10 Prozent unserer Kraft bekämpfen wir die Japaner. Wir werden diese Politik in folgenden

Stufen realisieren: In der ersten Stufe arbeiten wir mit der Guomindang zusammen, um unsere Existenz zu sichern und das Wachstum zu garantieren. Während der zweiten Stufe werden wir mit der Guomindang an Stärke gleichziehen, und schließlich werden wir während der dritten Stufe tief nach Zentralchina eindringen, um Stützpunkte für unsere Attacken gegen die Guomindang zu errichten."

Aus weiteren Dokumenten des Politbüros der kommunistischen Partei aus der gleichen Zeit geht hervor, daß Mao Zedong kalt berechnend die Hauptlast des Kampfes gegen die Japaner den Guomindang-Truppen aufbürden wollte, damit diese nach dem Sieg durch große Verluste so geschwächt sein würden, daß er mit seinen intakten Truppen den Bürgerkrieg für sich entscheiden konnte. General Gao Kuize, Kommandeur der 17. Armee, berichtete im Herbst 1939 aus Nordchina, daß die Kommunisten sogar Kader eingeschleust hatten, um für sich Guerillabasen zu etablieren. Sie nutzten dabei die japanische Besatzungsarmee, indem sie die Guomindang-Truppen verrieten und so der Vernichtung preisgaben.

Es ist müßig, darüber zu streiten, wer China mehr den japanischen Aggressoren ausgeliefert hat, anstatt sein Vaterland zu verteidigen. Kommunisten und Nationalchinesen haben bei diesem Katz-und-Maus-Spiel viel Schuld auf sich geladen. Aber sicher ist, daß die Kommunisten die kaltblütigeren Taktierer waren. Daß es ihnen dabei gelang, sich auch noch besser als die wahren Hüter der Nation darzustellen, verdanken sie ihrer erfolgreichen Propaganda, die bis zum heutigen Tage in den Geschichtsbüchern aller Welt zu lesen ist.

Die Tatsachen sprechen für sich: Bei der japanischen Kapitulation im August 1945 bestand die intakte Achte kommunistische Armee aus 2,5 Millionen Soldaten. Sie beherrschte ein Gebiet, in dem 95,9 Millionen Menschen lebten, von denen 570 000 Mitglieder der KPCh waren. Vor dem Krieg hatten die Kommunisten gerade mal noch ein paar Landkreise im öden Nord-Shanxi mit knapp 3 Millionen Bewohnern unter Kontrolle gehabt. Ihre Armee hatte aus den 25 000 Soldaten bestanden, die die Flucht des langen Marsches überstanden hatten.

Mit der Guomindang verlor auch Stalin. Widerwillig hatte er 1937 zur Kenntnis genommen, daß er an Mao Zedong nicht vorbeikam. Ein chinesischer Komintern-Agent namens Wang Ming überbrachte in die Höhlen von Yanan eine persönliche Botschaft aus Moskau, zusammen mit einem Radio und einigen Flak-Geschützen. Stalin akzeptierte damit, daß der Genosse Mao nun zum Führer der Kommunistischen

Partei Chinas aufgestiegen war. Allerdings vermißte Stalin bei Mao eine ausreichende Kenntnis in der Theorie und Ideologie des Marxismus. Deshalb schickte er gleich einen Trupp Komintern-Berater mit.

Mao haßte diese aus Moskau geschickten Bolschewiken. Er nannte sie „Priester“ einer realitätsfernen Universallehre. Zu ihren Lehrsätzen sagte er: „Mit Hundescheiße kann man noch Felder düngen, was aber kann man mit Dogmen machen.“ Im Frühjahr 1943 wurde Mao schließlich zum uneingeschränkten Vorsitzenden des Politbüros und des Zentralkomitees gewählt. Stalin hatte ausgespielt. Der Personenkult um Mao begann. Er hieß jetzt offiziell „Weiser Führer und Bannerträger der Partei“.

Die Rechnung Mao Zedongs, daß der chinesisch-japanische Krieg ihm in die Hände spielen würde, war aufgegangen. Aber leider fing er dann selbst damit an, sein Volk mit Dogmen zu füttern.

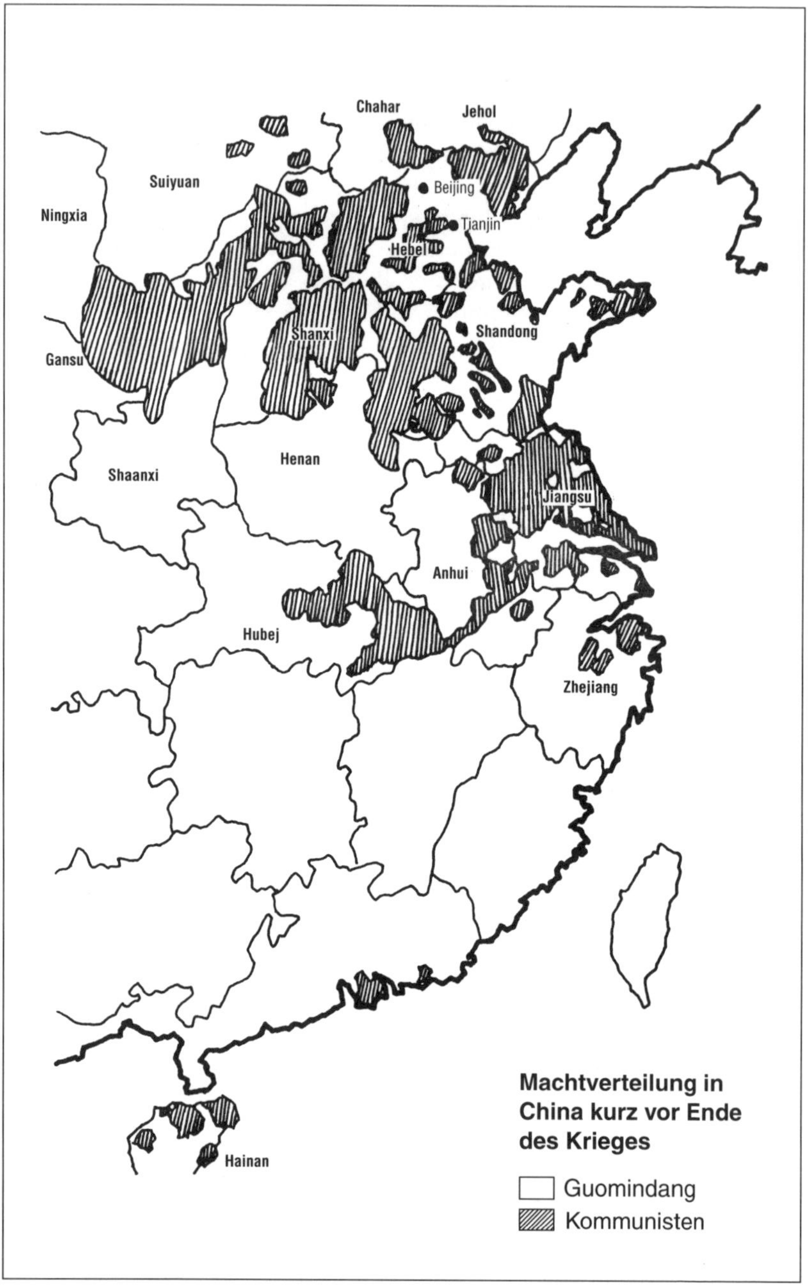
Chahar
Jehol
Suiyuan
Ningxia
Beijing
Tianjin
Hebei
Shanxi
Shandong
Gansu
Shaanxi
Henan
Jiangsu
Anhui
Hubej
Zhejiang
Hainan
Machtverteilung in China kurz vor Ende des Krieges
Guomindang
Kommunisten

16. Wer will schon die Wahrheit wissen? Wie Amerika in den chinesischen Sumpf gerät

Auf der anderen Seite des Pazifiks kümmerte sich die Großmacht USA recht wenig um die Wirren in China. Die Japaner bereiteten den Amerikanern zwar einige Kopfschmerzen, weil sie gar zu eklatant gegen die Völkerrechtsordnung verstießen, aber am Ende standen nicht mehr als ein paar Drohungen und ein bißchen Wirtschaftsboykott. Eine Zeitung in Philadelphia machte die Stimmung über Japans Einfall in der Mandschurei deutlich: „Dem Amerikaner ist es scheißegal, wer Nordchina kontrolliert. Der Ferne Osten ist fern und die Weltwirtschaftskrise ist nah." Die Beziehungen waren eher privater Natur. Schließlich hatten die Soong-Schwestern alle in den USA studiert und, wie bereits erwähnt, unterhielt Bruder T. V. Soong exzellente Beziehungen zur amerikanischen Hochfinanz.

Claire Lee Chennault war der erste Amerikaner, der tiefer in den chinesischen Sumpf einsank. Er war, wie einer seiner Chronisten schrieb, ein „Mensch, der sich mit Höchstgeschwindigkeit und immer auf die Hupe gelehnt durchs Leben bewegte". Diesen pensionierten amerikanischen Offizier warb Meiling Soong persönlich an, um ihn überprüfen zu lassen, warum die eigene chinesische Luftwaffe nichts taugte. Meiling hatte mit ihrer persönlichen Geheimwaffe, einem auf amerikanische Junggesellen wirkenden unwiderstehlichen Charme, nicht nur bei Chennault Erfolg. Was immer sich später bei den Beziehungen zwischen den USA und der Guomindang entwickelte, nichts ist ohne den persönlichen Einsatz dieser Frau und ihre hohe Kunst, Amerikaner um den Finger zu wickeln, vorstellbar.

So wie Hitlers Armeegeneräle Tschiang Kaischek gegen die Kommunisten halfen, war Mussolini bereit, die chinesische Luftwaffe aufzubauen. Sogar ein Montagewerk für Fiat-Jagdmaschinen gab es bei Schanghai. Chennault schaute sich diese Luftwaffe an, und sein Bericht darüber liest sich wie eine Satire:

„ ... die italienische Flugschule in Luoyang diplomierte jeden chinesischen Kadetten, der den Schulungskurs überlebte. Die Kadetten wurden nur aus der chinesischen Oberschicht rekrutiert. Damit sich diese aber nicht anstrengen müssen, weil dies sonst zu Beschwerden der einflußreichen Eltern führte, ließ man sie in Ruhe. Die italienische Methode löste zwar dieses soziale Problem, aber sie ruinierte die

Luftwaffe. Die Italiener waren auch für einige wunderliche Praktiken der chinesischen Luftfahrtkommission verantwortlich. Kein Flugzeug wurde je von der offiziellen Diensttabelle gestrichen. Folglich umfaßte die Luftwaffe bei Kriegsausbruch fünfhundert Flugzeuge, aber nur einundneunzig waren einsatzbereit."

Chennault krempelte die Luftwaffe um. Er heuerte Söldner aus dem spanischen Bürgerkrieg an, kaufte von einem amerikanischen Privatmann Langstreckenbomber und organisierte ein Alarmsystem. Vor allem aber empfing er amerikanische Journalisten und machte diese mit Meiling bekannt. Er sorgte so dafür, daß in den USA der ferne Krieg zwischen den gelben Völkern überhaupt wahrgenommen wurde. Zwei Publikationen, die der Familie Claire und Henry Luce gehörten, „Time" und „Life", nahmen sich der Sache Tschiang Kaischeks an. Tenor: Ein unerschrockener edler Ritter, ein zum Christentum übergetretener Chinese, der die Kommunisten verfolgt, wird von der Welt im Stich gelassen. Wörtlich hieß es in „Life": „Er ist ein konvertierter Methodist, dem die Beispiele von Drangsalen in der Bibel nun zum Trost gereichen."

Henry Luce war als Sohn eines Missionars in China geboren worden und setzte nun die damals wohl einflußreichsten Zeitungen der USA für seine eigene China-Mission ein. Sein Erfolg bestimmte die amerikanische China-Politik mit, bis Henry Kissinger und Richard Nixon in den siebziger Jahren eine Kehrtwendung vollzogen, weg von Nationalchina hin zu Beijing.

Doch die ersten Erfolge der China-Lobbyisten waren beim genauen Hinsehen nichts anderes als schlichte Geschäftemacherei der amerikanischen Banken auf dem Rücken der Chinesen. Für einen 25-Millionen-Dollar-Kredit verlangte die Export-Import-Bank einen Zinssatz von 100 Prozent. So waren die Chinesen von ihren Kolonialmächten auch schon früher über den Tisch gezogen worden. Seit Sommer 1940 hielt sich auch T. V. Soong wieder in Washington auf. Er war es, der bei der Regierung immer neue Kredite herausschwatzen sollte. Systematisch baute er um Finanzminister Richard Morgenthau ein Beziehungsnetz auf, das zu weiteren Krediten führte: mal 20 Millionen und dann noch mal 100 Millionen Dollar. Doch damals wie heute ging es zu, wie bei all diesen Kriegsgeschäften: die Beteiligten werden ungeheuerlich reich.

T.V. Soong gründete damals unter anderem zwei Firmen: die Universal Trading Corporation mit Sitz im Rockefeller Center und die

China Defense Supplies in Washington. Die eine Gesellschaft ersuchte um die Hilfsgelder, die andere bestellte die Waren bei US-Firmen, und einiges davon kam dann auch wirklich an der Front an. Vorher summierten sich die Kosten für Spesen, Verhandlungen, Vermittlungsgebühren und so weiter. Es war für T. V. Soong sicher auch hilfreich, daß seine amerikanischen Geschäftsführer engste familiäre Verbindungen ins Weiße Haus und zum Vorläufer des CIA, dem OSS (Office of Strategic Services) hatten. Doch all diese Summen waren Almosen im Vergleich zu dem, was der Krieg in China noch in Bewegung setzen sollte.

Schließlich kamen die Japaner den Chinesen zu Hilfe. Mit ihrem Überfall auf Pearl Harbor im Dezember 1941 hatte Amerika plötzlich einen Feind, und genauso plötzlich bemerkte man, daß dieser Feind seit vier Jahren die Chinesen überfiel und mordete. Jetzt flossen die Gelder erst richtig: über private Spenden, staatliche Kredite sowie über direkte Zuschüsse zum Kauf von Kriegsmaterial. Bis zum Ende des Bürgerkriegs 1949 addierte sich das alles auf mehrere Milliarden Dollar. Mao sprach von über 5 Milliarden. Aber im offiziellen Bericht des Departments of State Nummer 3573 werden an Spenden 2,422 Milliarden Dollar und an Krediten 1,1 Milliarden bis 1949 ausgewiesen. Damals eine ungeheure Summe Geld, die deutlich macht, wie tief die USA in den China-Konflikt hineingezogen wurden. Sie wollten vor allem die Japaner bekämpfen, endeten aber als aktiver Partner im Bürgerkrieg. Und nicht immer wußten sie genau, was sie taten. Denn zumindest in der Phase, als es gegen Japan ging, wurden auch die Kommunisten als Partner akzeptiert. Und was sich unten auf dem Kriegsschauplatz abspielte, hatte ganz oben seine Fortsetzung, als Präsident Roosevelt Stalin auf die Schulter klopfte, „Good old Joe" nannte und ihm nebenbei Osteuropa überließ.

So massiv die amerikanische Hilfe für Tschiang Kaischek auch war, so unkoordiniert und widersprüchlich wurde sie eingesetzt. Der alte Haudegen Chennault schaffte es, daß für ihn die amerikanischen Gesetze außer Kraft gesetzt wurden. Er besorgte sich mit Hilfe wohlgesonnener Politiker und mit der kräftigen Unterstützung von „Time-Life" Kampfflugzeuge, die gegen die Japaner eingesetzt werden sollten. Nun fehlten die Piloten. Da es Angehörigen der amerikanischen Streitkräfte nicht erlaubt war, in ausländischen Armeen zu dienen, durften US-Piloten offiziell ihren Abschied nehmen und konnten sich für 750 Dollar bei Chennaults privater Gesellschaft verdingen. Dafür wurden von den amerikanischen Behörden sogar Pässe gefälscht. Chennaults Truppe war eine der erfolgreichsten im wirren Krieg. Sie bemalten ihre Flieger mit Haifischmäulern und hießen im Volksmund nur die „Flying Tigers“. Als Söldnertruppe hörten sie 1942 auf zu existieren, als sie zwangsweise in die US-Armee überführt wurden.

Während Tschiang Kaischek Hilfe gegen die von Norden anrükkenden Japaner benötigte und sich gleichzeitig mit den Kommunisten im Nordwesten herumschlug, standen in seinen Armeen einem Soldaten pro Monat gerade fünf Patronen zur Verfügung. Es ist eigentlich ein Wunder, daß die Guomindang-Armeen überhaupt solange Widerstand leisten konnten. Zu allem Unglück schafften es die Japaner auch noch, die Briten in Burma zu besiegen, und machten sich daran, den indischen Subkontinent zu erobern. Dadurch entstand die Gefahr, daß sich antibritische und antikoloniale Kräfte mit den „asiatischen Befreiern“ verbündeten und damit die angelsächsische Weltherrschaft bedrohten.

Für die Amerikaner hatte deshalb die Burma-Front Priorität. So fand sich Tschiang Kaischek plötzlich zu einem Zwei-Fronten-Krieg gedrängt, als er auf amerikanische Forderung seine Elitetruppen in den burmesischen Dschungel schickte, wo sie fast gänzlich aufgerieben wurden. Nationalchina gehörte ab sofort zur amerikanischen Interessenzone, und Washington übernahm praktisch die chinesische Armee. Tschiang Kaischek war zwar noch Generalissimus, aber das Sagen hatten die Amerikaner, die schließlich das Geld und die Waffen lieferten. In Lashio in Nordburma traf der Generalissimus auf seinen neuen Oberbefehlshaber im China-Krieg, auf General Joseph W. Stilwell.

Stilwell entwickelte eine sofortige Abneigung gegen alles, was sich am Hofe Tschiangs abspielte. Tschiang selbst wertete er als „Peanut“ ab, nicht zuletzt wegen seiner Kopfform und das, was Stilwell darin vermutete. Der General, der gut chinesisch sprach, kam schnell zu der Überzeugung, daß China wirtschaftlich und militärisch am Abgrund stand. So schrieb er:

„Ich beurteile die Guomindang und die Gongchandang (KP) aufgrund dessen, was ich sah: Guomindang - Korruption, Vernachlässigung, Chaos, Steuern, Worte ohne Taten, Hamstern, schwarzer Markt, Beziehungen mit dem Feind.

Das kommunistische Programm: Senkung der Steuern, Mieten und Zinsen, Hebung der Produktion und des Lebensstandards, Anteil an der Regierung, Übereinstimmung von Wort und Tat.

Tschiang Kaischek steht einer Idee gegenüber und unterliegt ihr ... eine schreckliche Verschwendung an Menschenleben, ein zynisches Übergehen aller Menschenrechte."

Stilwell wurde gewarnt. Seine Analysen und Urteile würden in Washington nicht gerne gehört. Sein Freund, General Georg Marshall, schrieb ihm: „Sie werden Dich in der Luft zerreißen." Aber schließlich war es sogar Marshall selbst, der meinte, Stilwell gehe mit Tschiang Kaischek um, als sei dieser nicht der Führer von 450 Millionen Menschen, sondern der Sultan von Marokko. Als Stilwell nach Amerika zurückberufen wurde, mußte er vom Flughafen direkt auf seinen Landsitz fahren und durfte nicht mit Pressevertretern sprechen. Auch später wollte kein amerikanischer Politiker die undiplomatischen Ansichten Stilwells hören. In den Salons der Politiker gilt der subtile Selbstbetrug. Die Geschichte sollte am Ende Stilwell recht geben.

Was sollte ein General auch gegen die geballte Macht einer perfekten orientalischen Selbstdarstellerin ausrichten, die Amerika betörte? Meiling Soong, die macht- und geldgierige Frau des Generalissimus, tourte durch die Vereinigten Staaten und spielte jede von ihr verlangte Rolle. Mal kämpfte sie patriotisch als Racheengel für ihr geschundenes China, das Gerechtigkeit für die sich aufopfernden Soldaten forderte, mal traf sie als Ehrengast von John D. Rockefeller auf 270 Mitglieder der New Yorker Hochfinanz. Dann wieder faszinierte sie 50 000 Landsleute in der New Yorker Chinatown. Ihr Codename im Innenministerium war „Schneewittchen". Denn eigentlich gab es die Erfolge dieser an den besten Schulen erzogenen Chinesin nur im Märchen.

Diese Frau hat das Image des antikommunistischen Chinas mehr geprägt als alle chinesischen und amerikanischen Diplomaten zusammengenommen. Solange sie in den USA war, erhielt sie über tausend Briefe pro Tag, die Sympathie und Hilfe für ihr Land bekundeten. Hollywood feierte sie. Was sollte dagegen die Wirklichkeit ausrichten? Selbst der alte Tschiang Kaischek war später über die Raffgier und Prunksucht seiner Frau oft entsetzt, und die Beziehung zwischen den beiden schwankte bald zwischen Gleichgültigkeit und Kälte. Doch für die Unterstützung aus den USA war sie zuständig, und diese Aufgabe erledigte sie mit Bravour. Was sie an Sympathie aussäte, konnte ihr Bruder T. V. Soong dann in barer Münze an Unterstützung ernten.

Doch alle Dollars aus den Vereinigten Staaten, ob als Staatskredit oder als private Spende, halfen nicht, die völlig verworrene wirtschaftliche Situation im Reiche Tschiangs zu verbessern. Die Inflation stieg von Jahr zu Jahr, 1942 lag sie schließlich bei 235 Prozent. Die Zigarettenwährung war auch damals schon einer der wenigen zuverlässigen wirtschaftlichen Indikatoren. Offiziell betrug der Wechselkurs vom US-Dollar zum chinesischen Yuan 1:20. Für 5 US-Dollar erhielt man offiziell ein Paket Zigaretten. Doch auf dem Schwarzmarkt gab es für 5 US-Dollar 162 Zigarettenpakete. Verantwortlich für dieses Chaos war der völlig überforderte Finanzminister H. H. Kong.

Die Folgen dieser Kriegswirtschaft sind in Korrespondentenberichten nachzulesen. Selbst Theodore White vom Leib-und-Jubel-Blatt „Time-Life“ berichtet von unvorstellbaren Grausamkeiten: „In einem Kinderheim stank es schlimmer als alles, was ich je gerochen habe ... Zu viert wurden die Kinder in eine Krippe gelegt. Da stanken sie nach Kot und Erbrochenem, und sobald sie tot waren, wurden sie weggeschafft. Tschiangs Armee hatte in Henan mehr an Getreidesteuer eingetrieben, als in dieser Gegend an Getreide geerntet worden war. Sie hatte die Gegend leergefegt ... Sie hatte die Bedürfnisse der Bevölkerung mißachtet.“

Ein Foto aus dieser Zeit trägt die Bildunterschrift „Nationalchinesische Soldaten bewachen ein Stadttor“. Zu sehen sind drei Kinder in abgerissenen Kleidern mit lächerlichen Gewehren ohne Munition und mit toten Augen in ausgemergelten Gesichtern. Während die chinesischen Massen so kämpften, starben und verhungerten, fingen die Großmächte an, die Welt für die Zeit nach ihrem Sieg neu zu ordnen. Sie trafen sich in Kairo, Teheran, Jalta und schließlich in Potsdam. In Kairo durfte sogar auch Tschiang Kaischek mit Roosevelt und Churchill aufs gemeinsame Foto. Danach war er jedoch wie die Vertreter aller anderen vom Krieg heimgesuchten Staaten nur noch Zaungast. Roosevelt, Churchill und Stalin teilten die Welt unter sich auf. Der zunehmend kranke und senile Roosevelt bildete dabei eine Achse mit Stalin, erfüllte all dessen Wünsche, nur damit dieser seinem Wunschtraum zustimmte: den Vereinten Nationen, die ein für allemal Kriege verhindern sollten.

Diese drei „Großen" haben die Welt verändert. Jetzt, über 50 Jahre nach Kriegsende, nach dem Ende des „kalten Krieges", dem Zusammenbruch der verhängnisvollen Weltordnung von Jalta und Potsdam, seien einige despektierliche Anmerkungen über diese Konferenztruppe erlaubt. Da saßen zusammen: der Massenmörder und Erzkommunist Stalin, ein von kommunistischen Agenten beratener, todkranker amerikanischer Präsident Roosevelt und der zynische, aber klarblikkende europäische Staatsmann Churchill, der sofort nach Kriegsende abgewählt wurde.

In Europa schenkte Roosevelt Stalin Ost- und Mitteleuropa. Diese Konsequenzen, einschließlich der Teilung Deutschlands, sind uns alle geläufig. In Asien legte Roosevelt die Wurzeln für weitere Kriege, indem er Hunderte von Millionen Menschen Unterdrückungsregimen überließ, die zum Teil bis zum heutigen Tage ihre Bürger drangsalieren. In Jalta, wo die Chinesen nicht zugelassen waren - hier sei noch einmal daran erinnert, daß sie mit zirka 25 Millionen Toten die Hauptlast des Zweiten Weltkrieges tragen mußten - erfüllte Roosevelt alle Wünsche Stalins. Er sollte die Mandschurei mit 1,2 Millionen Quadratkilometern und über 30 Millionen Einwohnern als Geschenk erhalten. Dazu noch die Einflußsphäre in Xinjiang und der Inneren Mongolei, alles in allem Gebiete, die heute 30 Prozent Chinas ausmachen. Schiere Unwissenheit führte dann noch zur Teilung Koreas, das somit wieder zum Opfer wurde, kaum daß es der japanischen Vernichtung entgangen war.

Mindestens so wichtig wie die Landgewinne war indes die andere Beute, die damit den Sowjets überlassen wurde. In der Mandschurei stand bei Kriegsende die völlig intakte, 2 Millionen Mann starke Kwangtung-Armee der Japaner mit modernsten ungenutzten Waffen. In der Mandschurei befand sich außerdem die Schwerindustrie Chinas, die den Sowjets zur Demontage überlassen wurde. Der Wert dieser Beute wird auf einige Dutzend Milliarden Rubel geschätzt. Stalins Gegenleistung: Nach dem Abwurf der Atombombe auf Hiroshima trat er noch für eine Woche in den Krieg gegen Japan ein, als alles schon entschieden war. Es gibt wohl kaum ein besseres Geschäft, das je ein Diktator mit einer Demokratie gemacht hat.

Es wird viel über die Hintergründe gerätselt, die Roosevelt zu soviel leichtsinnigen Entscheidungen getrieben haben. Sein engster Berater auf diesen Konferenzen, Alger Hiss, wurde später als kommunistischer Agent enttarnt. Aber das allein erklärt noch nicht, warum

Roosevelt zum Beispiel den New Yorker Kardinal beruhigte: „Nur keine Angst! Ich weiß schon, wie man mit Stalin spricht. Er ist ein praktischer Mann, der Frieden und Wohlstand sucht."

In einem weiteren Punkt waren sich Stalin und Roosevelt einig: Beide erkannten als einzige rechtmäßige chinesische Regierung diejenige Tschiang Kaischeks an. Mao Zedong war und blieb für Stalin ein dummer Bauer mit trotzkistischen Ideen, also eine Unperson.

Die Rolle der Amerikaner in China füllt sicher ein eigenes Buch. Seit Chennaults privatem Vertrag mit Meiling bis zum Ende des Vietnam-Krieges und der Anerkennung Beijings als einzige rechtmäßige Regierung Chinas 1979 stolperte die pazifische Weltmacht von einem Irrtum in den anderen, war sie geprägt von Unsicherheit und historischem Unverständnis. Dazu eine von vielen Affären, die zeigen, wie krakenhaft die weltbeglückende Idee des Kommunismus sich damals ausgebreitet hat.

Im Februar 1945 las rein zufällig ein Agent des CIA-Vorläufers OSS namens Kenneth E. Wells in der Zeitschrift „Amarasia" einen Artikel mit dem Titel „Der Fall Thailand". Er traute seinen Augen nicht. Da standen zum Teil exakt seine Formulierungen und ganze Absätze einer streng vertraulichen Abhandlung, die er für den Geheimdienst verfaßt hatte. Er meldete diesen Vorfall sofort, und sein Amt nahm die Untersuchung auf. Es stellte sich heraus, daß der Chefredakteur der Zeitschrift, Phillipp Jacob Jaff, engen Kontakt zu kommunistischen Organisationen in den USA hatte und auch für deren Zeitungen Artikel verfaßte.

Die Untersuchungen wurden ausgeweitet und stießen in ein Wespennest. Bei Jaff fand man über 300 zum Teil streng geheime Dokumente der amerikanischen und britischen Geheimdienste, des US-Außenministeriums und der US-militärischen Abschirmdienste. Von hier führte die Spur weiter nach China. Als eine direkte Quelle wurde John Stuart Service ausgemacht, der im diplomatischen Dienst Chefberater von General Stilwell war. Aus einem Gespräch zwischen Service und Jaffe, das im New Yorker Stadler Hilton abgehört wird, geht deutlich hervor, daß eine Gruppe US-Diplomaten hinter dem Rücken von Tschiang Kaischek mit den Kommunisten verhandelte und dabei auch schon mal die einen oder anderen Militärpläne verriet.

In der späteren Kommunistenverfolgung der USA durch Senator Joseph McCarthy wurde diese Gruppe von sechs Mann wegen antiamerikanischer Umtriebe aus dem Dienst entlassen. Jaffe hatte sich vorher schon für schuldig erklärt und kam deshalb mit einer kleinen Geldstrafe davon. Ein zweiter, der Journalist Marc Julius Gayn, Sohn russischer Eltern und angestellter Journalist bei „Amerasia", setzte seine Karriere hinter dem eisernen Vorhang fort, und ein dritter, Andrew Roth, früher Aufklärungsoffizier der US-Navy, kämpfte dann in Vietnam - allerdings auf der Seite Ho Chi Minhs.

Es ist unklar, inwieweit diese Gruppe tatsächlich die amerikanische China-Politik dieser Jahre beeinflußt hat. Doch immerhin gelang es ihnen, durch ihre einseitigen Berichte das Bild aus der Zeit von 1943 bis 1948 nachhaltig zu verzerren. Sie haben eine eindeutige Aktenlage geschaffen, aus der immer wieder zitiert wird, deren Korrektheit aber durch die konspirative Zusammenarbeit angezweifelt werden muß. Unklar ist auch, ob sie tatsächlich überzeugte Kommunisten waren oder einfach nur naiv. Angewidert von der Korruption des Guomindang-Lagers glaubten sie gar zu gern der Propaganda der Leute um Mao Zedong. So schrieb John Stuart Service an General Stilwell: „Sie (die Kommunisten) führen demokratische Reformen durch, und sie erwarten von den Vereinigten Staaten Unterstützung und wohlwollende Zustimmung. Das kommunistische politische Programm ist einfach: 'Demokratie'. Es ist weitaus mehr amerikanisch als sowjetisch in seiner Form und in seinem Geiste."

Diese gefährlichen Naivlinge waren die frühen Vorläufer ganzer Horden von Diplomaten, Sinologen, Politikern und Journalisten, die in Mao Zedong den guten Kommunisten suchten im Gegensatz zum bösen Stalin. Diese Betrachtungsweise hat Mao Zedong 40 Jahre lang geholfen, seine Verbrechen zu vertuschen oder sie gar noch von westlichen Besuchern als unvermeidliche Konsequenz einer Politik für eine bessere Zukunft umdeuten zu lassen.

Die Ausgangslage in China 1945: US-Diplomaten gegen US-Militärs, Sowjets gegen Mao Zedong, Sowjetunion als Besatzungsmacht in Nordchina, Tschiang Kaischek ausgelaugt mit korrupten Freunden in Chongqing, die Nation zerstört, Bürgerkrieg zwischen Guomindang und Kommunisten. In diesen Kuddelmuddel fällt die Kapitulation der Japaner. Nur hoffnungslose Träumer konnten da auf einen Frieden hoffen.

Während die schlecht ausgerüsteten Truppen im Süden von den Guomindang entwaffnet wurden, behielten die Sowjets die Waffen der intakten Nordarmee. Die sowjetischen Truppen lehnten jede Verbrüderung mit den chinesischen Kommunisten ab. Im Gegenteil, sie machten sogar Anstalten, die Vierte und Achte Armee Maos mit Gewalt am Einmarsch in die Mandschurei zu hindern. In diesen Nordostprovinzen rissen die Sowjets alles ab, was nicht niet- und nagelfest war, und schleppten es über die Grenze nach Sibirien. Sie benahmen sich im Freundesland China, als ob es besiegtes Feindesland gewesen wäre. Massenvergewaltigungen, Morde, mutwillige Zerstörungen: das Andenken an die Sowjets in der Mandschurei unterschied sich in nichts von ihrem Einmarsch in Ostdeutschland. Der Schaden, den sie im Nordosten Chinas hinterlassen haben, wird auf zwei Milliarden Dollar geschätzt. Wer solche Freunde hat, braucht keine Feinde mehr.

Doch die Amerikaner glaubten in ihrem grenzenlosen Optimismus immer noch, die chinesischen Todfeinde versöhnen zu können. Der amerikanische Botschafter Hurley machte sich zu den Lößhöhlen der Kommunisten auf und brachte diese mit viel Überzeugungskraft nach Chongqing. Mao und Tschiang posierten hier für das Maotai-Bild, das wir schon an anderer Stelle beschrieben haben. Sie verhandelten 14 Tage und belogen sich dabei so offensichtlich, daß jeder wußte, daß der andere keinen Frieden wollte. Nur die Amerikaner durchschauten das Spiel nicht. Nach 15 Jahren gegenseitigen Mordens bringt ein Handschlag keine Versöhnung. Als der Beleidigungen, Verdächtigungen und schönen Kommuniqués genug ausgetauscht waren, gingen beide Seiten auseinander und begannen mit dem Endkampf.

Leider wollten dies die Amerikaner nicht wahrhaben. Sie schickten sogar noch den lauteren General Georg M. Marshall, der weitere Jahre darauf verschwendete, die beiden Bürgerkriegsparteien zu versöhnen. Eine Zeitlang belieferten die Amerikaner sogar die Kommunisten, um ihren guten Willen zu zeigen.

Auch Stalin trieb das Verwirrspiel weiter. Während er nach außen an seiner Abneigung gegen Mao festhielt, spielte sein General Malinowski den chinesischen Kommunisten in die Hände. Als die Sowjets 1949 schließlich die geplünderte Mandschurei verließen, sorgten sie dafür, daß die japanischen Waffen in die Hände der Kommunisten fielen, bevor Tschiang Kaischek überhaupt etwas davon erfuhr.

Nach vier Jahren weiterer Vernichtung und Zerstörung in China verlor Tschiang Kaischek den Bürgerkrieg. An Waffen hatte es ihm nicht gemangelt, nur an Munition. Es ist auch mühsam zu spekulieren, ob er ein schlechter Feldherr war, ob Mao die bessere Taktik hatte oder ob noch mehr Unterstützung der Amerikaner Tschiang gerettet hätte. Der wahre Grund für Tschiangs Niederlage ist wohl in seinem Unvermögen zu suchen, das Volk für sich zu gewinnen. Dazu eine Geschichte, die verdeutlicht, was wir meinen. Sie wurde uns von General Wang Chih berichtet, der damals Verbindungsoffizier zwischen Tschiang Kaischek und Mao Zedong war und später als Geschichtsprofessor in Taipei lehrte:

Wenn die Truppen der Guomindang bei ihren Kriegszügen in ein Dorf kamen, um sich zu verpflegen, dann spielte sich das in der Regel so ab: Sie schlachteten Schweine und Hühner, so vieler sie gerade habhaft werden konnten, ohne Rücksicht auf die Versorgungslage der Bauern. Wie es in China üblich war, bauten sie ihre Schlafstätten, indem sie die Türen der Häuser aushängten und sich darauf legten. Meistens verbrannten sie dann diese Türen als Lagerfeuer. Wenn sie weiterzogen, zwangen sie die Söhne mitzuziehen.

Die Kommunisten mußten sich auch von den Dörfern ernähren. Sie aber bezahlten ihren Proviant, behandelten die Bauern höflich und achteten darauf, daß ihnen noch genug zum Leben blieb. Auch sie bauten aus den Türen Schlafstätten, allerdings hängten sie die Türen am nächsten Morgen wieder ein. Da sie als Befreier von Großgrundbesitzern und den Guomindangtruppen betrachtet wurden, zogen die Söhne meistens freiwillig mit.

Am 10. Dezember 1949 bestieg Tschiang Kaischek ein Flugzeug, das ihn nach Taiwan brachte. Er sollte nie mehr aufs Festland zurückkehren. Mit ihm flüchteten 1,6 Millionen Soldaten und Anhänger, die sich auf der kleinen, armen Insel Taiwan niederließen.

17. Vom Armenhaus zum kleinen Tiger
Tschiang Kaischeks Republik auf Taiwan

Über ein seichtes Meer geht der Blick auf die Berge der gegenüberliegenden Küste, die zum Greifen nah ist. An der engsten Stelle sind es gerade mal 1,5 Kilometer. Und trotzdem trennt diese schmale Bucht Welten. Wir stehen auf der Insel Kinmen, die als Quemoy im Westen bekannt wurde, als sie von August bis Oktober 1958 täglich Schlagzeilen machte. Eine Zeitlang sah es so aus, als ob es wegen dieser kleinen, nur 178 Quadratkilometer umfassenden Insel zur großen Auseinandersetzung zwischen den USA und der Volksrepublik China kommen könnte. Quemoy ist eine Schmach für die chinesische Volksbefreiungsarmee. Beim Rückzug der geschlagenen Guomindang-Armeen Tschiang Kaischeks nach Taiwan wurden einige Inseln direkt vor der chinesischen Küste nicht sofort von den Kommunisten überrannt. Auf der Insel Quemoy kam es im Oktober 1949 zu einer kurzen, aber heftigen Schlacht, in der 15 000 Soldaten getötet wurden. Am Ende hatten die Nationalchinesen die Oberhand behalten.

Es dauerte einige Jahre, bis die Beijinger Führung die Inseln vor dem Festland „säubern" wollte. 1955 überrannten die kommunistischen Truppen die Insel Tachen vor der Küste Zhejiangs. Damals flohen alle 35 000 Menschen vor der Roten Armee. 1958 sollte dann Quemoy fallen. Dieses Mal aber leisteten die Truppen Taiwans erbitterten Widerstand. Auf jeden Quadratkilometer von Quemoy waren im Durchschnitt 3 160 Geschosse niedergegangen, ein Weltrekord. Aber es hat nichts genutzt, die Insel gehört bis heute zu Taiwan.

Mit einer Sondererlaubnis der taiwanesischen Armee durften wir 1989 nach Quemoy fliegen und dieses Unikum der politischen Geographie besuchen. Quemoy liegt in der Bucht von Xiamen, eine der explodierenden Sonderwirtschaftszonen. Die Insel ist von drei Seiten vom Festland umgeben und ragt nur 258 Meter aus dem Meer heraus. Es ist kaum zu glauben, daß es der ganzen militärischen Macht Chinas nicht gelungen ist, diesen Stachel in der Bucht von Xiamen zu beseitigen. Das taiwanesische Militär genießt die Überraschung der Besucher, ihr ungläubiges Staunen und ihren Zweifel an der Schlagkraft der Volksbefreiungsarmee: Wenn die Festlandchinesen schon nicht in der Lage sind, eine solch kleine Insel, die von drei Seiten in

Schußweite von Mörsern liegt, zu erobern, dann kann es mit ihren militärischen Fähigkeiten ja nicht soweit her sein. Wie motiviert und fähig aber muß dagegen eine Armee sein, um 150 Kilometer von den Nachschublinien entfernt diese Insel zu verteidigen!

Quemoy gleicht auch heute noch einer Festung. Zwar dürfen seit einigen Jahren Touristen die Insel besuchen und die Einwohner von Quemoy nach Taiwan reisen, aber das Militär bestimmt das Bild. Riesige Lautsprecherbatterien, in Beton gegossen, plärrten jahrelang Parolen aufs Festland, und von dort schallte die kommunistische Propaganda zurück. Nachts ist die schmale Meeresstraße mit Scheinwerfern beleuchtet. Doch das war und ist alles schon ein Fortschritt im Vergleich zu den Artillerieduellen, die sich die verfeindeten Bürgerkriegsparteien hier lieferten. Als damals die Rotchinesen merkten, daß sie die Insel nicht im Handstreich einnehmen konnten, ritualisierten sich die Kriegshandlungen. Die Rotchinesen erklärten einseitig, sie würden Quemoy nur noch montags, mittwochs und freitags beschießen, und die Taiwanesen schossen dienstags und donnerstags zurück. Das Ritual wurde immer alberner. Schließlich schossen die Kommunisten mit Pfeffer. Quemoy sollte daran erinnert werden, daß Krieg herrschte, aber gleichzeitig begann eine ruhigere Phase der Beziehungen zur abtrünnigen Provinz Taiwan. 1978 hörte die Knallerei um Quemoy auf. Beide Seiten sahen wohl keinen Sinn mehr darin.

Doch die Festung Quemoy ist nicht geschliffen. Im Gegenteil: Die Insel ist heute auf den neuesten Stand der Militärtechnik hochgerüstet. Die Berge sind ausgehöhlt. An einem Modell im unterirdischen Hauptquartier führt uns ein Offizier die verschiedenen Schichten von Quemoys Maulwurfsleben vor. Ganze Panzerkolonnen können in den Tunnels herumfahren. Der Lebensmittelvorrat reicht für Monate. Kasernen, Munitionslager, Krankenhäuser, alles ist Stockwerk für Stockwerk in den harten Granit hineingesprengt. Ein Labyrinth von verwinkelten Gängen endet an den Raketenbatterien, die aufs Festland zielen. An einem anderen Modell aus Plexiglas zeigen uns die taiwanesischen Offiziere, wie sie das Bombardement jahrelang aushalten konnten und es ihnen dabei sogar gelang, auch noch zwei unbewohnte Felseninseln, die Quemoy vorgelagert sind, zu verteidigen.

Es war ein drückend heißer Tag mit einer Luftfeuchtigkeit, die jede Bewegung in Schweißströme umsetzte. Trotzdem lud uns der kommandierende General zu einem üppigen Mittagessen mit viel chinesischem Pflaumenschnaps ein. Er gab sich optimistisch, damals

1989. Die Ruhe um Quemoy würde zwar nicht die Wachsamkeit des taiwanesischen Militärs einschläfern, aber er könne sich nicht vorstellen, daß die beiden Teile Chinas noch einmal aufeinander schießen würden. Es war die Zeit, als immer mehr Taiwanesen aufs Festland reisen durften, als die taiwanesischen Unternehmer den Arbeits- und Absatzmarkt auf dem Festland entdeckten und die Beijinger Führung sich über das taiwanesische Kapital freute. Die Beziehungen schienen sich zu entkrampfen, ein Weg gefunden zu sein, der ein vernünftiges Neben- und Miteinander der ehemaligen Bürgerkriegsparteien möglich machte.

Während wir dieses Buch schreiben, rasseln die Festlandchinesen jedoch wieder mit den Säbeln. Im Sommer 1995 hielten sie Manöver in der Taiwan gegenüberliegenden Provinz Fujian ab. Sie zielten mit ihren Raketen auf Taiwan, und amerikanische Satelliten entdeckten, daß chinesische Raketen sogar über die Insel geflogen waren. Quemoy, direkt vor der Küste des eigenen riesigen Reiches, könnte das erste Ziel der Volksrepublik werden, wenn sie ihre Drohung wahrmacht, die Wiedervereinigung mit Taiwan notfalls auch mit Gewalt zu erzwingen. Ein Beschuß von Quemoy könnte sich freilich schnell als Bumerang herausstellen. Die Zerstörungen, die die dortige Artillerie heute in der Wirtschaftssonderzone von Xiamen anrichten könnte, wären viel größer als die Zerstörung der oberirdischen Militäreinrichtungen auf Quemoy. Außerdem wäre mit einem solchen Artillerieduell der Friede „Großchinas“ beendet und damit auch der Kapitalzufluß der Überseechinesen.

Die Kriegsgefahr in und um Taiwan zwingt die westliche Welt dazu, sich mit der Insel zu beschäftigen, die jahrelang zwar Schlagzeilen mit ihrer erfolgreichen Wirtschaft machte, aber politisch wie eine Leprastation gemieden wurde.

Taiwan, die Ilha Formosa, die Wunderschöne, so jedenfalls empfanden sie die ersten europäischen Entdecker aus Portugal, als die Insel 150 Kilometer vor dem chinesischen Festland auf dem Wendekreis des Krebses vor ihren Schiffen auftauchte. Für die Seefahrer ein unwirkliches Einland, denn damals lebten auf der Insel polynesische Menschenfresser, die Europäer verzehrten, sobald sich diese auf der Insel niederlassen wollten. 1624 schafften es die Holländer, das Fort Zeelandia an der Westküste zum Schutz der Seefahrtsrouten nach Japan aufzubauen. Ins Innere der Insel drangen sie erst gar nicht ein. Die Spanier waren auch kurz da, um das Christentum zu verkünden, was jedoch ein völliger Fehlschlag wurde. Schon nach knapp 40 Jahren mußten die Holländer das Feld dem chinesischen Rebellenführer Koxinga überlassen. Dieser Held der chinesischen Geschichte, hatte sich gegen die Machtübernahme der mandschurischen Qing-Dynastie aufgelehnt und mußte daher mit seinen Armeen fliehen. Die folgende erste chinesische Besiedlung Taiwans beschränkte sich auf den schmalen Küstenstreifen im Westen der Insel. Denn Taiwan, so groß wie die Schweiz, wird von einem wilden Bergkamm mit über 30 Gipfeln von 3 000 bis fast 4 000 Meter Höhe durchzogen.

Erst 1885, also vor gut 100 Jahren, erklärten die Qing Taiwan zu chinesischem Staatsgebiet. Wie uninteressant und abweisend die Insel erschien, wird dadurch deutlich, daß keine der europäischen Kolonialmächte die Insel in ihr Kolonialreich eingliederte. Wer wollte schon Sümpfe und undurchdringliche Berge mit Menschenfressern. Doch kaum hatten die Chinesen ihre Ansprüche angemeldet, mußten sie sie auch schon an die Japaner abtreten, weil diese China 1895 in einem Krieg besiegten und Taiwan als Beute haben wollten.

Japan betrachtete fortan Taiwan als Teil des Kaiserreiches, nicht als Kolonie. Entsprechend effizient wütete die imperialistische japanische Verwaltung. Die feindliche Natur Taiwans forderte von den japanischen Siedlern einen schweren Tribut. Sie starben massenhaft an Tropenkrankheiten. Malaria und Cholera waren bis in die fünfziger Jahre unseres Jahrhunderts hinein endemisch. Die polynesischen Eingeborenen trieben die Japaner in die Berge und sperrten sie dort in Reservate ein. Das ging ähnlich blutig zu wie bei den Indianern in Nordamerika. Ganze Dörfer wurden ausradiert, Zehntausende von Menschen massakriert. Die chinesischen Siedler in der Küstenregion blieben weitgehend verschont, denn diese brauchten die Japaner als Arbeitskräfte. Taiwan diente Japan vor allem als Reiskammer. Für die Chinesen blieben Süßkartoffeln. Doch gleichzeitig bauten die Japaner Eisenbahnen, Schulen und Verwaltungsgebäude, zum Beispiel den heutigen Präsidentenpalast. Als Japan 1945 den Zweiten Weltkrieg verloren hatte und Taiwan an die Nationalregierung Tschiang Kaischeks in Nanjing abtreten mußte, hinterließen sie eine Insel, die weiter entwickelt war als die meisten chinesischen Provinzen.

Während von 1945 bis 1949 auf dem Festland der Bürgerkrieg tobte, wütete in Taiwan der Guomindang-Gouverneur Chen Yi, der die Insel wie ein Feudalherr regierte. Entsprechend unbeliebt, ja verhaßt waren die Nationalchinesen. Es kam zu Protesten der Taiwanesen, zu Aufständen und schließlich zu einem Massaker am 28. Februar 1947, bei dem zwischen 18 000 und 28 000 Demonstranten zusammengeschossen wurden. Das fand in der Welt damals so gut wie keine Beachtung. Es gab noch kein Fernsehen, noch keine Berichterstattung, die jeden Winkel der Welt abdeckte. Über dieses Massaker durfte in Taiwan noch nicht einmal gesprochen werden. Erst 45 Jahre später, 1992, wurde der Vorfall offiziell untersucht, und das Parlament legte eine Gedenkminute ein.

Diese Insel, die bisher in Chinas 4 000jähriger Geschichte kaum eine Rolle spielte, die jahrhundertelang keiner haben wollte, diese Insel wurde im September 1949 zum letzten Fluchtpunkt der geschlagenen Guomindang-Regierung unter Tschiang Kaischek. 1,6 Millionen Soldaten setzten in Schiffen und Booten über die 150 Kilometer breite Meeresstraße. Dies war die größte amphibische Massenflucht der Geschichte. Auf dem Festland geschlagen, wurden diese Soldaten die neuen Herren über die 6 Millionen Taiwanesen. Sie sprachen eine andere Sprache und brachten eine grundsätzlich andere Lebensweise mit. Der Konflikt war vorprogrammiert. Die Guomindang-Soldaten führten sich auf wie eine Besatzungstruppe, marodierten, wie sie es im Bürgerkrieg gelernt hatten.

Tschiang Kaischek konnte sich trotz dieser brutalen Unterdrükkung seiner neuen Untertanen als Freund der Amerikaner und des freien Westens feiern lassen. Der kalte Krieg wurde in Asien zum heißen Krieg. In Korea überrannten die Kommunisten den Süden, und nur mit Mühe hielten die Amerikaner im Auftrag der UNO einen kleinen Zipfel, bevor sie die Nordkoreaner zeitweilig bis an den Yalu-Fluß an der Grenze zu China zurückdrängten. Tschiang Kaischek verdankte die Absicherung seiner Regierung und ihre Anerkennung als die einzig rechtmäßige Vertretung Chinas vor allem der Entscheidung Mao Zedongs, eine Million sogenannter Freiwilliger in Korea einzusetzen. Taiwan wurde nun für die USA zum unsinkbaren Flugzeugträger vor der Küste Chinas zur Eindämmung des Kommunismus. Tschiang erhielt 4 Milliarden Dollar Wirtschafts- und Militärhilfe zwischen 1951 und 1965. Als Republik China vertrat Taiwan ganz China bei den Vereinten Nationen. Fast alle westlichen Staaten außer der Bundesrepublik Deutschland unterhielten Botschaften in Taipei. Die Republik China beharrte auf dem Alleinvertretungsanspruch für ganz China. Die Doktrin des Staates lautete: Es gibt nur ein China, und in Beijing sitzen die Usurpatoren.

Die Niederlage auf dem Festland hatte bei Tschiang Kaischek aber auch eine Wandlung zum Besseren ausgelöst. Er selbst schrieb einmal, daß sein größter Fehler die Vernachlässigung der „dritten Lehre“ von Sun Yatsen gewesen sei, nämlich die soziale Wohlfahrt für das Volk. Diesen Fehler wollte er in Taiwan nicht wiederholen. Eine seiner erfolgreichsten Umsetzungen dieses Prinzips war die Landreform: „Wer das Land bearbeitet, soll es auch besitzen“, lautete die Devise, fast gleichlautend mit dem Schlagwort, mit dem die Kommunisten auf dem Festland die Bauernmassen auf ihre Seite gezogen hatten. Zu Beginn der Landreform 1949 waren 60 Prozent der Bevölkerung Taiwans Bauern, davon 39 Prozent Pächter, 25 Prozent Teilbesitzer, und nur 36 Prozent gehörte das Land, das sie bestellten. Das waren dann lächerliche 1,4 Hektar pro Familie. Die Pächter mußten mehr als die Hälfte der Ernte den Großgrundbesitzern abgeben. Diese kassierten aber die Pachtgebühren nach einer geschätzten Ernte schon bei der Aussaat, so daß die effektive Pacht bis zu 70 Prozent ausmachte.

Als Tschiang mit der schrittweisen Umsetzung der Landreform anfing, lag die landwirtschaftliche Produktion gerade beim Volumen von 1910. Entsprechend weit verbreitet waren Hunger und Unterernährung mit all dem Elend, das daraus erwächst. Noch 1949 begrenzte Tschiang die Pacht auf maximal 37,5 Prozent der Ernte. 1951 wurde das frühere japanische Farmland an die Bauern verkauft und ab 1953 das Land der Großgrundbesitzer den Pächtern übergeben. Der Kaufpreis entsprach 250 Prozent der jährlichen Ernte, so daß sichergestellt war, daß der neue selbständige Bauer die finanzielle Last auch tragen konnte und seine Schulden in zehn Jahren abbezahlt hatte. Die Großgrundbesitzer wurden mit Aktien der gerade neu gegründeten Staatsbetriebe abgefunden.

Die Landreform verbesserte schlagartig die Lage der Bauern. Ihr Einkommen stieg in nur drei Jahren um 81 Prozent. Zu diesem Zeitpunkt mußten die Bauern auf dem Festland schon feststellen, daß sie den falschen Parolen aufgesessen waren. Denn zu diesem Zeitpunkt dachte Mao Zedong schon nicht mehr daran, sein Versprechen einzulösen, den Bauern das Land zu übereignen. Während Tschiang in seinem zweiten politischen Leben aus den Fehlern gelernt hatte und wußte, daß nur eine Regierung, die die soziale Not des Volkes lindert, Bestand hat, stürzte Mao sein Land in eine der größten von Menschen verschuldete Hungersnot der Weltgeschichte. Die Bauern auf dem

Festland mußten bis 1978 warten, ehe Deng endlich die Versprechen einlöste, die den Kommunisten 1949 zum Sieg verholfen hatten.

Deng Xiaoping, der ja noch zur Generation gehört, die am Anfang von Chinas revolutionären Jahren mit den Guomindang zusammengearbeitet hat, konnte 1978 nur mit Neid feststellen, was auf der kleinen Insel Chinesen alles vollbracht hatten. Die 20 Millionen Taiwanesen hatten einen größeren Anteil am Welthandel als die 1,1 Milliarden Festlandchinesen. Sie hatten keine Auslandsschulden und verdienten ihr Geld so schnell, daß sie bis heute mit rund 100 Milliarden Dollar über das größte Devisenpolster der Welt verfügen. Vor allem aber gibt es eine Erfolgsstatistik für Taiwan, die jeden Kommunisten entzücken müßte: Die OECD bestätigt Taiwan, obwohl es nicht Mitglied dieser Organisation ist, daß es die ausgeglichenste Relation zwischen Arm und Reich aller Industrie- und Industrieschwellenländer hat. Das Beispiel Taiwan müßte Deng beweisen, daß Chinesen nicht dazu verdammt sind, in einem unterentwickelten, ständig vom Hunger bedrohten Land zu leben. Denn auch Taiwan hatte 1957 noch ein Pro-Kopf-Einkommen von nur 159 US-Dollar im Jahr, soviel wie die erfolgreiche Küstenprovinz Fujian erst Ende der achtziger Jahre hatte.

Mit Tschiang Kaischek waren nicht nur Bürgerkriegssoldaten nach Taiwan geflohen. Wirtschaftler, Techniker und Industrielle, die den Kommunisten nicht trauten, konnten in Taiwan ihre Fähigkeiten entfalten. Architekt des taiwanesischen Wirtschaftswunders war Li Guoding, ein Naturwissenschaftler. Li setzte auf eine staatlich gelenkte Marktwirtschaft, bei der von Anfang an klar war, daß der Staat sich mit jeder Entwicklungsstufe weiter zurückziehen würde. Für die staatliche Initialzündung sprach, daß Taiwan zunächst über keinerlei Industrie und keinerlei Basis für eine moderne Wirtschaft verfügte. Alles mußte neu begonnen oder wiederaufgebaut werden.

Stahl, Petrochemie, Schiffsbau, Raffinerien - alle diese Schlüsselindustrien begannen als Staatsbetriebe, von denen die enteigneten Grundbesitzer Aktien hielten. Mit jeder Entwicklungsstufe wurden diese Staatsbetriebe in echte Aktiengesellschaften umgewandelt und an der Börse angeboten. Die Europäer haben Taiwans Wirtschaftsentwicklung jahrelang nicht beachtet. Die Insel wurde nur wahrgenommen als Exporteur von Formosa-Spargel und von Champignons. Und dieses Image hatte sie noch, als sie längst Computer baute.

Die Industrialisierung wurde in vier Phasen vorangetrieben. Nach der Landreform wurde in den fünfziger Jahren die Importsubstitution betrieben. Auch hier war Pragmatismus und nicht Ideologie angesagt. Zum Beispiel wurde die US-Baumwolle bei der Einfuhr subventioniert und dann der jungen Textilindustrie zur Verfügung gestellt. Dieser Textilindustrie wurde dann auch dabei geholfen, ihre Produkte im In- und Ausland abzusetzen. Auf diese Weise entwickelten sich solche Giganten wie die Far Eastern Textiles, die heute natürlich ohne jegliche Staatshilfen auf dem Weltmarkt agieren können.

1958 begann die systematische Entwicklung der Exportindustrie, wobei die arbeitsintensiven Industrien gefördert wurden, weil immer noch Millionen Festlandsflüchtlinge und ehemalige Bauern in die Wirtschaft eingegliedert werden mußten. Ab 1976 stand der Aufbau der kapital- und technologie-intensiven Schwerindustrie im Mittelpunkt. Seit 1984 lag dann der Schwerpunkt auf Hochtechnologie, Wissenschaft und Forschung. Mit jedem Entwicklungsschritt gingen eine Liberalisierung der Einfuhren und weitere Öffnungen des Marktes einher, so daß die Wirtschaft gezwungen war, sich den Weltmärkten zunehmend aus eigener Kraft zu stellen.

In der Währungs- und Finanzpolitik haben sich die Taiwanesen äußerst konservativ und restriktiv verhalten. Der Taiwan-Dollar wurde immer leicht unterbewertet gegenüber dem US-Dollar gehandelt. Auch nach heftigen Drohungen der Amerikaner hat Taiwan seine Währung nur langsam dem realistischen Wechselkurs angepaßt. Bis zum heutigen Tag ist der Taiwan-Dollar nicht frei konvertierbar, und durch das starre Finanzwesen hinkt das taiwanesische Bankwesen der allgemeinen Wirtschaftsentwicklung hinterher. Aus diesem Grund ist Taiwan als Bankenplatz im Vergleich zu Hongkong und Singapur unbedeutend.

Wirtschaftliche Rahmenbedingungen aber bleiben Theorie, wenn sie nicht von Menschen mit Leben erfüllt werden. Bei allen Eingriffen und Rahmenplänen hat die taiwanesische Regierung ihren Bürgern die Freiheit gewährt, sich in einer Art und Weise wirtschaftlich zu betätigen, von der wir in unserer überregulierten Gesellschaft nur träumen können. Diese Freiheiten sind hauptsächlich dafür verantwortlich, daß sich ein breiter Mittelstand mit Tausenden von Firmen gebildet hat, die im Gegensatz zu Südkorea und Japan nicht in der Abhängigkeit von einigen Riesenkonzernen stehen. Der Markt war die ganze Welt, jeder durfte exportieren.

Ein Beispiel chinesischen Wirtschaftens: Ohne einen Pfennig waren vier Cousins von Schanghai nach Taiwan geflohen und hatten eine Handelsgesellschaft gegründet. Für einen Chinesen ist es sehr viel attraktiver, selbständig zu sein, als in abhängiger Arbeit andere Leute reich zu machen. Die vier mieteten einen Musterraum, der leer war, und ein einfaches Büro, das sie spärlich mit zehn Schreibtischen möblierten. Jeder der vier brachte zwei Verwandte mit, und so waren die zehn Schreibtische erst einmal besetzt. Aufwand trieben sie allerdings mit den zehn Telefonapparaten, für jeden Schreibtisch einen, obwohl sie nur eine Leitung hatten. Jetzt sah das Ganze schon wie ein ordentlicher mittelständischer Betrieb aus.

Mitte der siebziger Jahre bildeten sich allein in Taipei 35 000 Handelshäuser, und alle wollten Muster haben, was für die Produzenten unmöglich war. So blieb vorerst auch der Musterraum der vier Cousins leer. Zur Lösung des Problems wurde ein amerikanisch aussehender ausländischer Student angestellt und in einen Anzug mit Krawatte gesteckt. Seine Rolle: Er mußte als ausländischer Einkäufer für Geschenk- und Sportartikel gegenüber taiwanesischen Produzenten auftreten. Damit signalisierten sie den Produzenten: „Wir haben einen Einkäufer und damit möglicherweise ein Geschäft“, was die Bereitschaft der Produzenten, den leeren Musterraum zu bestücken, erhöhte.

Damals gab es eine Firma, die eine staatlich geduldete Dienstleistung für die Handelshäuser erbrachte, die jedem deutschen Datenschutzbeauftragten die Haare zu Berge stehen lassen würde. Bei der Einreise am Flughafen mußte jeder Ausländer ein Formular ausfüllen und folgende Angaben machen: den Grund der Reise, die Geschäftsbranche, den Namen seiner Firma, die Adresse und Telexnummer seiner Firma, die Dauer seines Aufenthalts und sein Hotel in Taiwan. Das hat brav fast jeder gemacht, spätestens dann, wenn der Zöllner ihn auf das Formular hinwies. Eine gesetzliche Grundlage für diese Ausfragerei gab es nicht. Die erwähnte Firma verfügte über enorm gute Beziehungen zum Zoll und begann nun nachts die Einreiseformulare nach Branchen zu sortieren, tippte die Informationen ab und vervielfältigte das Verzeichnis der am Tage eingereisten möglichen Kunden. Je nach Jahreszeit saßen da massenhaft Angestellte, die auf Adressenmaschinen bis morgens um vier Uhr die Listen fertig haben mußten. Bis sechs Uhr wurden die Listen an Tausende von Handelshäuser ausgeliefert, die für diesen Service umgerechnet etwa 100 Mark im Abonnement bezahlen mußten.

Auch bei den Cousins stand um sechs Uhr schon einer der vier bereit und fuhr sofort in die Hotels, um einen potenten Kunden aufzusuchen. So mancher Einkäufer aus dem Ausland wunderte sich, daß er so aus dem Bett geholt wurde. Diese Effizienz hatte meistens zur Folge, daß die Einkäufer bereit waren, mit in das Handelshaus zu kommen. Bei den vier Cousins waren dann alle zehn Schreibtische besetzt, damit es so aussah, als ob es sich hier um ein respektables Unternehmen handelte.

Noch während die ersten Muster begutachtet wurden, kam schon der eigentliche Hersteller angefahren. Selbstverständlich ordnete er sich dem Cousin unter und spielte die Posse mit, indem der Cousin als Unternehmer, er selbst aber nur als Produktionsleiter auftrat. Damit wurde dem Einkäufer vorgegaukelt, er könne den Zwischenhandel ausschalten. Verhandlungen über die Handelsspannen entfielen.

So war das Büro an einem Tag ein Handelshaus für Geschenkartikel, am nächsten Tag für Sportartikel und dann wieder für Eisenwaren. Dieses Konzept paßte für alles. Das brachte die erste Million, und dann ging es weiter. Aus dem Handel mit Geschenkartikeln wurden Videospiele. Aus dem Handel mit Videospielen wurde eine Montage für Videospiele, wobei die Teile noch aus Japan importiert wurden. Danach stellte man auch die Platinen selbst her. Es folgte die Produktion von Monitoren, Tastaturen und Platinen. Nur die Chips wurden noch eingeführt. Als dann die Nachfrage für PCs explodierte, stellten die vier Cousins fest, daß sie fast alle Bauteile selbst herstellten, und so war es nur noch ein kleiner Schritt zur Computerfirma. Dies ist eine Erklärung dafür, warum heute in Taiwan weltweit jeder zweite Farbmonitor für Computer produziert wird. Und so ließen sich viele Erfolgsstories aus vielen Branchen erzählen.

Alle Erfolgsstories haben eines gemein: Wenn morgens um sechs die Infos vom Zoll kamen, stand einer der vier Cousins persönlich da und kümmerte sich um das Geschäft. Deswegen ist er aber noch lange nicht nach acht Stunden nach Hause gegangen. Und ob es Sonntag war oder Feiertag oder abends spät - wenn ein Käufer auftauchte oder ein Hersteller bei Laune gehalten werden mußte, war man für ihn da.

Wenngleich Tschiang Kaischek erkannt hatte, daß er für die soziale Wohlfahrt seiner Bürger sorgen mußte, so blieb er doch ein Militärherrscher. Von politischen Freiheiten und Pluralismus war in seiner „Republik China“ nichts zu spüren. Er half damit das Vorurteil im Westen zu bestärken, daß es in China keine Demokratie geben könne, daß Chinesen nicht in einem freiheitlichen Staat zu regieren seien. Eine der Grundlagen für die Diktatur war der andauernde Kriegszustand mit der Volksrepublik. So real die Gefahr auch war, so diente der Ausnahmezustand doch zugleich für sämtliche Unterdrückungsmechanismen, die Tschiang in Taiwan benutzte. Dazu zählten Militärtribunale, die totale Kontrolle der Presse und eine Indoktrinierung durch Arbeits- und Jugendorganisationen. Die Guomindang unterschied sich kaum von einer Kaderpartei. Solange Tschiang noch lebte, kam es noch nicht einmal zu ernsthaften Richtungsdiskussionen. Er beherrschte die Guomindang total.

Die Festlandchinesen besetzten den Militär- und Regierungsapparat. Nicht zuletzt deshalb hielten die Spannungen zwischen Taiwanesen und Festlandsflüchtlingen bis in die achtziger Jahre hinein an. Dazu trug auch bei, daß die taiwanesische Sprache in den Schulen und Behörden verboten wurde. Nur das Hochchinesisch, das Mandarin, war erlaubt. Für die Taiwanesen blieb vorerst nur die Betätigung in der Wirtschaft, und dies führte dazu, daß sie, so wenig sie auch politisch zu sagen hatten, bald die wirtschaftliche Elite stellten. Ökonomisch hatte das zur Folge, daß die Taiwanesen das Geld besaßen, während die Festlandchinesen, die als Beamte und Militärs regierten, mehr und mehr zur wirtschaftlichen Mittelklasse absanken.

Tschiang Kaischek hat nie den Anspruch aufgegeben, die einzige rechtmäßige Regierung Chinas zu stellen. Die letzten Wahlen auf dem Festland kurz vor der Flucht, wie korrekt sie auch immer gewesen sein mögen, haben zu einem Parlament mit Abgeordneten aus ganz China geführt. Diese Abgeordneten traten jetzt in Taiwan zusammen und hielten die Fiktion aufrecht, sie würden ganz China demokratisch repräsentieren. War das zu Beginn der Regierungszeit noch ein geschickter Schachzug Tschiangs, so wurde dieses Parlament im Lauf der Zeit immer mehr zum absurden Theater.

Kurz vor seiner Auflösung im Jahr 1989 hatten wir Gelegenheit, eine Parlamentssitzung zu besuchen. Wir schämten uns fast, die Kamera einzuschalten. Da kamen, gestützt auf Helfer, schleichend auf Krücken, gefahren in Rollstühlen, die Invaliden, die mittlerweile über 80 Jahre alt waren, immer noch ihren Wahlkreis auf dem Festland vertraten, den sie seit über 40 Jahren nicht mehr gesehen hatten. Eine eigene Krankenstation sorgte für die Greise und Greisinnen, und da war meistens mehr Betrieb als im Plenarsaal. Trotzdem war der Widerstand der Gerontokratie enorm, als das Parlament, das für Taiwan zu einer Peinlichkeit verkommen war, endlich aufgelöst wurde. Obwohl den Abgeordneten der Abschied mit enormen Pensionen leichtgemacht werden sollte, mußten einige aus dem Plenarsaal hinausgetragen werden, weil sie sich einfach nicht vorstellen konnten, daß dieser Abschnitt der chinesischen Geschichte endgültig zu Ende gegangen war.

Eine konstante wirtschaftliche Entwicklung bei gleichzeitiger innenpolitischer Repression kennzeichnete somit die Regierungszeit Tschiang Kaischeks. Für die Vereinigten Staaten war Taiwan ein wichtiges Glied in der Verteidigungsfront amerikanischer Interessen in Asien. Nach dem Koreakrieg kam der Krieg in Vietnam, und wieder waren die USA froh, auf den Verbündeten in Taiwan zurückgreifen zu können. Sie gingen allerdings nicht soweit, das Angebot Tschiangs zu akzeptieren, den Vietnam-Krieg weitgehend zu übernehmen, falls sie dafür das Material zur Verfügung stellten. Taiwan wollte auch noch die US-Unterstützung, falls die Armee anschließend durch Vietnam nach China weitermarschieren und das Festland zurückerobern sollte. Immerhin durften dann Hunderttausende US-Soldaten in Nachtbars und Bordellen ihr Geld abliefern. Noch Jahre danach hatte dann die taiwanesische Regierung ihre Mühe, die Geschlechtskrankheiten wieder zu beseitigen, deren Verbreitung vorher staatlich geduldet worden war.

Das sicherheitspolitische Arrangement, das Tschiang Kaischeks Republik China einen Sitz im Sicherheitsrat der Vereinten Nationen unter den großen Fünf der Welt garantierte, brach Anfang der siebziger Jahre krachend zusammen. Vor die Wahl gestellt, mit der Sowjetunion gegen China oder mit China gegen die Sowjetunion eine neue Sicherheitspolitik aufzubauen, entschied sich der außenpolitische Fuchs Richard Nixon, der mittlerweile das Weiße Haus erobert hatte, trotz Vietnam-Krieg, trotz Kulturrevolution und Mao für die China-Karte. Und damit waren Tschiangs große Träume endgültig gescheitert. Vier Jahre später starb er. Vorher mußte er noch erleben, wie ein westliches Land nach dem anderen seine Botschaft in Taipei schloß und diplomatische Beziehungen mit Beijing aufnahm. 1971 mußte er seinen Sitz bei den Vereinten Nationen räumen, den nun die Machthaber in Beijing einnahmen. Tschiangs Enttäuschung und Verbitterung waren so groß, daß er damals einen für Taiwan wahrscheinlich lebensgefährlichen Fehler beging, ohne den die Insel heute die Auseinandersetzung mit Beijing viel gesicherter bestehen könnte. Die

Chance, Mitglied in der UNO zu bleiben, die damals noch bestand, bezeichnete er nämlich als Hochverrat. Er bestand auf seinem Alleinvertretungsanspruch für ganz China und hielt diesen lieber als Fiktion aufrecht, als einer Politik zuzustimmen, die den Realitäten entsprach.

18. Das Experiment in der Quarantänestation
Taiwans erfolgreicher Weg zur ersten Demokratie in China

Tschiang Kaischek hinterließ seinen Nachfolgern eine Insel, die selbst keine Provinz der Volksrepublik sein wollte, aber auch kein eigener Staat sein durfte. Taiwan geriet zunehmend aus dem Blick der Weltöffentlichkeit. Es fand einfach nicht mehr statt. Innenpolitisch blieb es ruhig. Tschiang Tschingkuo, der Sohn des alten Tschiang, übernahm zunehmend eine wichtige Rolle innerhalb der Guomindang. Er hatte, wie schon beschrieben, in Moskau studiert und dort eine Russin geheiratet. Nach der Flucht auf die Insel war er maßgeblich daran beteiligt, die alte Guomindang zu reformieren. Tschiang Tschingkuo gehörte damals zu dem Gremium, das von 555 000 Parteimitgliedern 220 000 das Parteibuch abnahm und damit die Partei nach seinen Vorstellungen verändern konnte. Zusammen mit dem linken Flügel rückte er die „soziale Wohlfahrt" des Volkes ins Zentrum der politischen Ziele. Nach einer dreijährigen Übergangszeit, in der er als Ministerpräsident amtierte, übernahm Tschiang Tschingkuo 1978 schließlich das Präsidentenamt.

Zehn Jahre später: Hunderttausende Chinesen aller Einkommensschichten, jeder Abstammung, aller Altersgruppen stehen stundenlang an, bis sie am offenen Sarg von ihrem Präsidenten in der Halle des Märtyrerschreines Abschied nehmen können. Dies war keine staatlich verordnete Trauer. In seiner Regierungszeit war der Sohn aus dem dunklen Schatten seines Vaters herausgetreten und hatte sich die Zuneigung der Taiwanesen erworben. Tschiang Tschingkuo wurde etwa zwanzig Kilometer außerhalb von Taipei in einer Landschaft beigesetzt, die an seine Heimat auf dem Festland in der Provinz Zhejiang erinnern soll.

Obwohl mit seinem Tode eine Ära in der chinesischen Geschichte zu Ende ging, wurde die politische Isolation Taiwans selbst bei seiner Beerdigung aufrechterhalten. Nur die Staatschefs von rund 20 kleinen karibischen und afrikanischen Staaten, dazu die Vertreter von Südkorea und Saudi-Arabien erwiesen dem Toten die letzte Ehre. Weil wir als einzige Fernsehanstalt eines bedeutenden Industriestaates Bilder dieser Beerdigung per Satellit den Weltnachrichten anboten, erhielten wir einen Ehrenplatz auf dem Lastwagen, der direkt vor dem Wagen mit dem aufgebahrten Sarg von der Innenstadt Taipeis bis hinaus in die Berge fuhr. Es war eine eindrucksvolle Fahrt, ein Erlebnis, das wir nie vergessen werden. Da kommen Millionen Menschen, um ihr Staatsoberhaupt auf seinem letzten Weg nicht alleine zu lassen, und die Welt schaut weg. Kein Stück der vielen Kilometer war nicht gleich von mehreren Menschenreihen gesäumt. Es gab keine Lücke. Christen standen da mit Kreuzen. Buddhisten hatten ihre Trauergewänder angezogen, Taoisten Altäre mit Schweinsköpfen und Obst aufgebaut. Und die Menschen weinten, wenn der Wagen mit dem Sarg vorbeifuhr.

Während der Westen den Trauerfeierlichkeiten fernblieb, um Beijing nicht zu irritieren, sandte Zhao Ziyang, damals Generalsekretär der kommunistischen Partei in Beijing, ein Telegramm an den Generalsekretär der Guomindang nach Taipei, in dem er sein Beileid aussprach und gleichzeitig versicherte, daß Tschiang Tschingkuo auch in seiner Heimat Zhejiang beigesetzt werden könnte. Die Regierung in Beijing würde ihm immer ein ehrendes Andenken bewahren, da Tschiang ein großer Chinese gewesen sei, der immer an der Einheit des Landes festgehalten habe.

Tschiang Tschingkuo erwarb sich das Vertrauen seines Volkes, weil er sich entgegen der chinesischen Erfahrung mit Staatsoberhäuptern nicht in einen Autokraten oder in einen Kaiser verwandelte, sondern Mensch blieb. Ohne einen Schweif von Höflingen fuhr er ins Land, fragte die Bauern in ihren Häusern, wo der Schuh drückte, und kam das nächste Jahr wieder und wollte wissen, ob es besser geworden war. In der Hauptstadt besuchte er kleine Händler und große Industriebetriebe. Solche bürgernahen Aktionen lassen sich auch westliche Staatsoberhäupter einfallen, doch dann ist sichergestellt, daß jede Szene entsprechend publizistisch ausgewertet wird. Tschiang Tschingkuo suchte diese Bühne nicht - vielleicht auch, weil er nicht vom Volk gewählt werden mußte. Er wollte wirklich wissen, was das Volk denkt. Bis dahin und auch unter seinem Vater war es in China üblich gewesen, daß diese Volksmeinung durch mehrere Schichten von Mandarinen gefiltert wurde, ehe sie den Kaiser erreichte. Tschiang Tschingkuo aber war überzeugter Republikaner.

Tschiang Tschingkuo war seinem Vater nicht nur als Präsident, sondern auch als Vorsitzender der Guomindang gefolgt. Was er dort vorfand, war, wie schon beschrieben, eine zentrale Kaderpartei, die

die Wünsche des Vorsitzenden ausführte. Dafür verteilte der Vorsitzende Pfründe und Privilegien. Tschiang machte sich nun daran, die Guomindang zu dezentralisieren. Dazu waren manchmal ungewöhnliche Anordnungen nötig. So mußte er den Befehl zum Widerspruch erteilen, damit die Mitglieder des Zentralkomitees überhaupt den Mund aufmachten.

Die latente Spannung im Land zwischen den einheimischen Taiwanesen und den eingewanderten Festlandchinesen entkrampfte er, indem er systematisch Taiwanesen im Militär und im Staatsdienst förderte. Mitte der achtziger Jahre waren schließlich 45 Prozent des Zentralkomitees der Guomindang und 75 Prozent der Funktionäre gebürtige Taiwanesen. Damit hat er Brücken geschlagen über Risse, die die Gesellschaft spalteten, eine wirtschaftliche zwischen Arm und Reich, eine politische zwischen Einheimischen und Festlandchinesen.

Die Krönung seiner innenpolitischen Reformen war die Aufhebung des Ausnahmezustandes und damit des Kriegsrechts von 1987. „Taiwan ist eine pluralistische Gesellschaft mit unterschiedlichen Interessen", hatte er schon 1984 erklärt und hinzugefügt: „Es ist das Recht der Menschen, andere Ansichten als die der Regierung zu haben." Eine solche Aussage fehlt bis zum heutigen Tag auf dem Festland. Schon 1986 ließ Tschiang zu, daß sich die Oppositionspartei „Demokratische Fortschrittspartei" (DPP) gründete, die mittlerweile Abgeordnete im Parlament, Landräte und sogar den Bürgermeister von Taipei stellt.

Mit dem Ende des Kriegsrechts verwandelte sich Taiwan in atemberaubender Geschwindigkeit in eine pluralistische Gesellschaft, was sich zum Beispiel in den Schulen, in der Presse und in Bürgerinitiativen für den Umweltschutz zeigte. Zum erstenmal hatte ein Taiwanese das Recht auf einen Paß und konnte als Tourist ins Ausland reisen. Das Leben wurde bunter, vielfältiger, ziviler, paßte sich auch äußerlich - nicht zuletzt wegen der ungezwungenen Haltung der Jugend - dem Bild einer westlichen Großstadt an. Kein Wunder also, daß das Volk sich dieses Präsidenten erinnerte, als er zu Grabe getragen wurde.

Die Liberalisierung innerhalb der Guomindang war ein schwieriges Unterfangen. Viele Hardliner waren entsetzt, nicht zuletzt, weil ausgerechnet ein Tschiang die Kaderpartei aufweichte. Doch der Sohn knüpfte dort wieder an, wo sein Vater die Linie des Parteigründers Sun Yatsen verlassen hatte. Der hatte zwar auch eine Phase der

Militärdiktatur akzeptiert, aber nur solange China zerrissen und vom Ausland bedroht war. Danach sah er eine Phase, wo die Partei in einer Art Vormundschaft die Regierung über das Volk ausübt, bis dieses mündig geworden ist und ihm die Herrschaft über sich selbst übergeben werden muß. Tschiang Tschingkuo hat diesen Schritt für Taiwan eingeleitet. Die wirtschaftlichen Erfolge hatten das Volk mündig gemacht und den Pluralismus erzwungen. Tschiang entsprach dieser Entwicklung.

In seine Regierungszeit fiel aber auch die endgültige politische Isolierung der Insel, und dagegen konnte er nichts unternehmen. Es ist einer jener Widersprüche in der Geschichte, eine jener Ungerechtigkeiten, die hilflos machen. Der Diktator Tschiang Kaischek, der sich aller nur denkbaren Menschenrechtsverletzungen schuldig gemacht hatte, dieser Tschiang gehörte zu den engsten Verbündeten und Freunden der USA und damit des ganzen Westens. Dem Sohn Tschiang aber, der sein Land behutsam demokratisierte, stellte man den Stuhl vor die Tür und wandte sich dem Regime in Beijing zu, welches sich noch schlimmerer Menschenrechtsverletzungen schuldig gemacht hatte und immer noch macht. „Realpolitik" heißt so etwas in der Diplomatensprache.

Es war nachts um drei Uhr, als Präsident Jimmy Carter am 21. März 1978 Tschiang Tschingkuo anrief und ihm mitteilte: „It´s over." Was nichts anderes bedeutete als: Wir schließen die Botschaft und ziehen unsere Truppen ab. Taiwan mußte sich vorkommen, als ob es in diesem Moment Beijing ausgeliefert worden wäre. Die Enttäuschung der Bevölkerung schlug in Wut und Angst gleichermaßen um. Ein deutscher Student, der ahnungslos morgens zur Universität wollte, bekam gleich einen Stein von einem Kind an den Kopf geworfen. Vor Schreck ging er in seine Wohnung zurück und hörte dann im Radio, was passiert war. Die bisher so beliebten weißen Ausländer waren über Nacht wieder zu fremden Teufeln geworden. Vorsichtshalber schrieb der Student dann auf ein Plakat mit chinesischen Schriftzeichen: „Ich bin Deutscher" und heftete dies an seine Tasche. Weiße wurden verprügelt, der amerikanische Supermarkt belagert. Polizei war an diesen Tagen nicht zu sehen, man ließ das Volk gewähren.

Gleichzeitig bildeten sich lange Schlangen vor der amerikanischen Botschaft. Die Leute wollten raus aus Taiwan. Hier konnten die ausländischen Studenten wieder Geld verdienen. Sie stellten sich gegen

Gebühr für Chinesen an, damit diese in der Zwischenzeit ihren Geschäften nachgehen konnten. Die USA ließen Taiwan indes nicht ganz im Stich: Im Kongreß wurde der sogenannte „Taiwan Relations Act“ als Gesetz verabschiedet, der die Verteidigungsfähigkeit Taiwans durch Waffenlieferungen sicherstellt. Außerdem steht in diesem Gesetz, „daß die diplomatische Anerkennung der Volksrepublik Chinas auf der Erwartung beruht, daß jedwede Anwendung von Gewalt oder Einschüchterung gegenüber Taiwan eine Bedrohung des Friedens und der Sicherheit des westlichen Pazifiks darstellen und dies schwerwiegende Bedenken in den USA auslösen würde“.

Die Beziehungen zu Beijing schweben seither erst recht wie ein Damoklesschwert über Taiwan. Die Kommunisten haben eine Kriegserklärung und militärische Übernahme der Insel für drei Fälle angekündigt: bei einer Unabhängigkeitserklärung Taiwans und damit praktisch einer Spaltung Chinas, beim Bau einer Atombombe durch Taiwan und im Falle, daß ausländische Truppen Taiwan als Stützpunkt gegen das Festland benutzen. Diese Drohungen werden seither in allen möglichen Variationen wiederholt.

Umgekehrt macht die Volksrepublik auch Angebote. Schon 1979 schlug sie in einem Vier-Punkte-Programm vor, die Post-, Handels- und Verkehrsverbindungen wiederherzustellen. Taiwan antwortete darauf mit der offiziellen „ Drei-Nein-Politik“: „Kein Handel, kein Verkehr, kein Kompromiß.“

Offiziell gilt diese Politik immer noch, aber sie ist löchriger als ein Schweizer Käse. Mit der Aufhebung des Kriegsrechts begannen auch die Reisen der Taiwanesen aufs Festland. Es war für viele unfaßbar, als es in der Innenstadt von Taipei plötzlich Landkarten der Volksrepublik zu kaufen gab. Die Reiseberichte der ersten Taiwanesen waren die Sensation. Aber das alles wurde bald zur Gewohnheit, denn es dauerte nicht lange und eine Million Taiwanesen hatten sich in der Volksrepublik umgesehen. Und was sie dann auf ihrer Insel zu Hause darüber erzählten, machte das Festland nicht gerade sympathischer.

Reisen ist für autoritäre Regime immer gefährlich. Es gibt Statistiken darüber, wie sich die Besuche der Taiwanesen in der Volksrepublik auswirkten: Sie haben zum Beispiel durchschnittlich 5 000 US-Dollar ausgegeben und damit die offizielle kommunistische Propaganda widerlegt, daß die armen Insulaner schnell aus ihrem Elend befreit werden müßten. Die Festländer dagegen stellten fest, daß sie selbst die armen Schlucker sind. Der reiche Onkel aus Taiwan führte dazu, daß sich auf dem Festland unzählige Verwandte fanden, die alle natürlich auch ein Geschenk erwarteten. Im Durchschnitt hatte ein taiwanesischer Besucher mit 40 Festlandchinesen Kontakt, wie Untersuchungen der taiwanesischen Regierung ergaben. So kommt über Jahre die stattliche Zahl von über 400 Millionen Gesprächen zwischen Volksrepublikanern und Taiwanesen zustande. 400 Millionen Gespräche, die selten zugunsten Beijings ausgingen, selbst wenn sie völlig unpolitisch waren.

Viele Taiwanesen zogen es bald vor, ihre Verwandten nach Hongkong einzuladen, weil das immer noch billiger war als ein Besuch im ehemaligen Familiendorf. So mancher Taiwanese kam aus dem kommunistischen Machtbereich zurück wie Europäer aus der früheren Sowjetunion: alles bis aufs Hemd war verschenkt. Diese erste Welle des gegenseitigen Bestaunens ist vorbei und hat sich normalisiert. Taiwanesen sind heute nach den Japanern die wichtigste Touristengruppe in der Volksrepublik. Umgekehrt aber können Festlandchinesen immer noch nicht als Touristen in Taiwan einreisen. Ein bißchen Schein der „Drei-Nein-Politik" soll noch gewahrt bleiben.

Ende der achtziger Jahre, parallel zu dieser Öffnungspolitik, hatte Taiwans Wirtschaftsboom den Arbeitsmarkt leergefegt. Großprojekte konnten nicht mehr angefangen werden, denn es gab keine Bauarbeiter. In den Textilbetrieben durften 10 Prozent Ausländerinnen, meisten Philippinas, beschäftigt werden. Und gleichzeitig trieb der Arbeitskräftemangel die Löhne deutlich nach oben. An den Fabriktoren wurden sogar Prämien bezahlt, wenn ein Arbeiter einen neuen Kollegen auftreiben konnte. Folglich mußte für die taiwanesischen Unternehmer der Festlandsarbeitsmarkt wie ein Paradies erscheinen. Und weil Dengs Öffnungspolitik alle einlud, die Geld zum Investieren mitbrachten, waren ausgerechnet die Taiwanesen in kürzester Zeit nach Hongkong die zweitgrößten Investoren. Jetzt wurde die „Drei-Nein-Politik" völlig zur Farce. Auch die Tatsache, daß nach wie vor keine Direktinvestitionen erlaubt waren, stellte kein Hindernis dar; als Vermittler profitierte eben Hongkong von der komplizierten politischen Gemengelage.

Am Anfang durfte ein Taiwanese für drei Monate auf Verwandtenbesuch in die Volksrepublik einreisen. Schnell entwickelte sich die Formel: „Vier Brüder gleich eine Fabrik." Die pragmatische Haltung der Chinesen zum Geschäft überwand alle ideologischen Hürden. Während im Westen die Unternehmen noch darüber nachdachten, ob sie sich in Taiwan oder auf dem Festland wirtschaftlich engagieren sollten, um das jeweils andere China nicht zu verärgern, liefen die taiwanesischen Betriebe in der Volksrepublik China schon auf Hochtouren.

Es gibt keine genaue Zahl, wie hoch das Investitionsvolumen der taiwanesischen Unternehmer in der Volksrepublik inzwischen ist. Das verhindern alleine schon die politisch erzwungenen Umwegfinanzierungen, aber bis zu 30 Milliarden Dollar sind es sicher, und damit auch etwa 30mal soviel wie Anfang 1996 die viel größere Bundesrepublik investiert hat. Es gibt keine Entwicklungszone mehr in der Volksrepublik, die nicht stolz auf eine taiwanesische Investition verweist. Auch das leidige Aufenthaltsproblem ist gelöst. Die Volksrepublik stellt den taiwanesischen Managern einfach einen zweiten Paß aus.

Die taiwanesische Regierung betrachtet diese wirtschaftliche Verschmelzung mit gemischten Gefühlen. Zwar ist Taiwan der wirtschaftlich deutlich überlegene Partner, allerdings hat sich eine schleichende Abhängigkeit vom ungeliebten Festland entwickelt. Schon sind es knapp 10 Prozent des Exports, den Taiwan mit dem Festland abwickelt. Und das heißt ganz einfach: Bekommt Beijing einen Husten, wird Taiwan von wirtschaftlichen Fieberanfällen geschüttelt.

So unkompliziert die beiden verfeindeten chinesischen Brüder auch wirtschaftlich zusammenarbeiten, so kompliziert sind die politischen Beziehungen. Seit Anfang 1996 halten Schlagzeilen die Welt in Atem. Über Taiwan wird wieder regelmäßig berichtet. Es geht die Angst um, die Volksrepublik China könnte sich die Insel mit Gewalt einverleiben. Und die Volksrepublik hat Angst, daß auf der Insel eine chinesische Republik entsteht, die ihr nicht nur wirtschaftlich überlegen ist, sondern die auch den Traum aller Intellektuellen und mehrerer hundert Millionen Händler, Arbeiter und Bauern von einer „demokratischen chinesischen Republik" verwirklicht.

Dieser Traum ist mit einem Namen verbunden, mit dem Nachfolger Tschiang Tschingkuos, dem gebürtigen Taiwanesen Lee Tenghui. Mit ihm ist ein völlig neuer Typ chinesischer Politiker in das Rampenlicht getreten, der weder vom Langen Marsch wie die alten Herren in Beijing noch von den Bürgerkriegszeiten der Guomindang-Generäle geprägt worden ist. Lee Tenghui war in seiner Zeit einer von 35 auserwählten Taiwanesen, die eine japanische Universitätsausbildung genießen durften, und seinen Doktortitel in Agrarwissenschaften erwarb er sich auf der amerikanischen Eliteuniversität Cornell. Dieser international versierte Intellektuelle hat die demokratischen Reformen in Taiwan vollendet. Nach und nach wurde jede Institution in Taiwan durch frei gewählte Repräsentanten besetzt.

Der frühere monolithische Block der Guomindang-Partei, der nun Lee vorstand, gab dabei freiwillig die Kontrolle über die Gesellschaft ab. Das liest sich so einfach. Aber es bedeutete, daß in den Berufsvereinigungen, im Militär, in den Behörden, in den Medien, überall da, wo die Guomindang als Monopolpartei über Jahrzehnte einen natürlichen Vorsprung hatte, nun den pluralistischen Kräften in der Gesellschaft Zugang gewährt wurde. Am deutlichsten wird dies wohl in der starken Umweltbewegung sichtbar, ohne deren Mitarbeit auch in Taiwan heute kein Großprojekt mehr zu verwirklichen ist. Was das in Taiwan heißt, kann nur ermessen, wer einmal an der tiefschwarzen Brühe des „Liebesflusses“ in Kaohsing gestanden hat, der jetzt wieder so sauber ist, daß der Bürgermeister in ihm geschwommen ist. Dieser Reflex von Politikern ist anscheinend international.

Mittlerweile sind alle Kommunal-, Regionalparlamente und das Zentralparlament gewählt. Internationale Beobachter, die noch bei den ersten Wahlen zugegen waren, weil eigentlich niemand so recht glaubte, daß eine Partei mit dieser Vergangenheit eine so tiefgreifende Reform aus innerer Überzeugung auch umsetzt, haben keinerlei Unregelmäßigkeiten entdeckt. Die Guomindang ist auch nach der Demokratisierung noch die stärkste Partei, aber weit davon entfernt, die Politik des Landes zu beherrschen. Dies wird in Taipei am deutlichsten, wo die Opposition den direkt vom Volk gewählten Bürgermeister und den Landrat des umliegenden Kreises stellt. Die Hauptstadtregion mit 5 Millionen Einwohnern bildet so einen politischen Machtfaktor der Opposition. Zur Zeit sitzen im Parlament drei Parteien. Die Guomindang mit 46 Prozent, die DPP mit 33 Prozent und die „New Party“ mit 13 Prozent. Durch das Wahlrecht aber sieht die Sitzverteilung anders aus: Von den 164 Sitzen hat die Guomindang 85, die DPP 54 und die New Party 21.

Daß Taiwans Demokratie wirklich funktioniert, war bei der Wahl des Parlamentspräsidenten im Februar 1996 zu sehen. Da erzielte Shi Ming Teh im ersten Wahlgang ein Patt mit dem Kandidaten der Guomindang, obwohl diese die absolute Mehrheit der Sitze hat. 1979 war Shi Ming Teh Staatsfeind Nummer eins. Über 20 Jahre seines Lebens saß er im Gefängnis. Sein Verbrechen: Als gebürtiger Taiwanese hatte er die Unabhängigkeit Taiwans gefordert. 1989 wurde er aus dem Gefängnis entlassen und ist mittlerweile der Vorsitzende der größten Oppositionspartei DPP.

Jahrzehnte rekrutierte sich die Opposition aus dem Spannungsfeld zwischen der Festland-Guomindang und der einheimischen taiwanesischen Bevölkerung. Sie war radikaldemokratisch, träumte von einem eigenen Staat, der Republik Taiwan. Kaum konnten die Führer aus dem Untergrund auftauchen, wurde auch die Forderung offiziell erhoben, Taiwan solle sich von China loslösen und seine „Unabhängigkeit“ erklären. Aber es gibt kaum eine Frage, die so delikat ist und den Lebensnerv der Insel so trifft wie die Unabhängigkeitsfrage. Da wird bei vielen das kulturelle Selbstverständnis getroffen, für die es nur ein China geben kann; da werden Ängste geweckt, daß die Volksrepublik ihre Drohung wahr machen könnte und die Unabhängigkeit als Kriegsgrund ansieht; da gibt es die Geschäftsleute, die befürchten, daß ihre Investitionen auf dem Festland verlorengehen, und da gibt es die überzeugten taiwanesischen Nationalisten, die lieber heute als morgen ihre Republik Formosa ausrufen möchten. Mit all diesen verschiedenen Strömungen und Ängsten in der Gesellschaft muß jetzt die Oppositionspartei fertig werden. Und weil ihre ideologische Wurzel zu eng mit einer Unabhängigkeitserklärung Taiwans verbunden ist, findet sie keine Mehrheit.

Unter dem ersten gebürtigen taiwanesischen Präsidenten Lee Tenghui hat sich nicht nur de facto der Einfluß der Taiwanesen verstärkt, sondern es hat auch ein Wandel im politischen Klima stattgefunden. Wurden früher die Taiwanesen diskriminiert und dominierten die Festländer das tägliche Leben, so hat sich das nach einer Übergangsphase ins Gegenteil verdreht. Jetzt macht es sich auch bemerkbar, daß die Beamten und Militärs der Guomindang die Taiwanesen jahrelang das Geld verdienen ließen. Die Festländer sind heute nicht nur der finanziell unterpriviligierte Teil der Bevölkerung, jetzt läßt man sie auch spüren, daß die Führungselite ohne sie auskommt.

Die Guomindang hat diese Taiwanisierung auch innerlich mitvollzogen. Sie ist heute Träger dieser Stimmung. Der Präsident selbst erklärt zwar nirgends, daß für ihn eine „De-iure“-Unabhängigkeit von Taiwan in Frage kommt, aber er spielt auf dem Klavier der „De-facto“-Anerkennung. Beijing hat der Guomindang zwar immer das Recht abgesprochen, für ganz China als rechtmäßige Regierung aufzutreten. Aber solange diese Position in Taipei vertreten wurde, war deutlich, daß Taiwan an der Einheit Chinas festhielt. Jeden 10. Oktober, wenn der Jahrestag der Republikgründung in Taiwan gefeiert wurde, prangte für alle sichtbar eine viele Quadratmeter große Karte Chinas vor dem Präsidentenpalast und bildete den Hintergrund für die vom Militär beherrschte Parade. Auf dieser Karte war dann immer ganz unten das kleine Taiwan zu finden. Für uns sah das jedesmal etwas komisch aus; ausgerechnet diese kleine Insel wollte das ganze Festland wiedererobern. Mitten auf der Landkarte war ein Buch zu sehen, auf dem die Zeichen für „sanmin zhuyi" standen, die „drei Lehren für das Volk" von Sun Yatsen, deren Ideologie die Basis der Wiedervereinigung sein sollte.

Diese Karte ist verschwunden. Wer jetzt zu den Feierlichkeiten nach Taipei reist, erlebt einen völlig anderen Staat. Statt der Landkarte hängt nun die ebenso riesig dimensionierte Staatsflagge der Republik Chinas auf Taiwan. Das Militär spielt in der Parade kaum noch eine Rolle. 1993 tanzten dagegen über tausend chinesische Paare lateinamerikanische Standardtänze die Tribüne entlang. Die Freizeitorganisationen fuhren in ihren überdimensionierten Geländewagen vorbei. Alles war betont zivil, fast schon ein bißchen wie Karneval. Aber all das beruhigt Beijing nicht. Im Gegenteil: Jedes noch so subtile Zeichen, das auf Unabhängigkeit hindeuten könnte und die Doktrin des einen China aufweicht, wird genau registriert.

Lee Tenghui bemüht sich, Taiwan wieder als vollwertiges Mitglied in die Vereinten Nationen zu führen. Arme afrikanische Staaten werden mit den Dollar-Millionen Taiwans regelrecht gekauft, damit sie eine Botschaft in Taiwan unterhalten. Der letzte Streich war Senegal Ende 1995. Beijing schäumte vor Wut und rief seinen Botschafter aus Dakar ab. In Südostasien reiste Lee als Golfspieler herum und traf dabei die Regierungschefs der ASEAN-Staaten. Seine Reise im Juni 1995 in die Vereinigten Staaten aber heizte die Spannungen zwischen Beijing und Taiwan an. Die Machthaber auf dem Festland trauen den USA in der Taiwan-Frage nicht. Sie sind sich nicht sicher, ob die einzig verbliebene Weltmacht ihren Anspruch auf Taiwan respektiert.

Diese Politik der auslegbaren Signale sowohl an die eigene Bevölkerung als auch an die Staatengemeinschaft der Welt blieb innerhalb der Guomindang nicht unwidersprochen. Eine Fraktion, die sich ohne Wenn und Aber der Idee von der Einheit Chinas verbunden fühlt, spaltete sich 1993 von der Partei ab und bezeichnet sich als die „Neue Partei", womit sie sich als Erneuerung der Guomindang sieht. Auf

Anhieb schaffte sie bei den Wahlen 13 Prozent und ist heute als drittstärkste Partei fest im politischen Leben etabliert. Sie unterscheidet sich von der Regierungspartei vor allem in der Einstellung zum Festland. Sie will alles vermeiden, was eine Spaltung Chinas zementieren könnte. Sie strebt eine Wiedervereinigung mit dem Festland an, wenn es auf beiden Seiten demokratische Verhältnisse gibt. Bis dahin will sie den Status quo aufrechterhalten und Beijing nicht unnötig provozieren. Sie tritt dafür ein, die offizielle Politik der Kontaktsperre mit dem Festland aufzugeben. Der bisher über Drittländer abgewickelte Handel soll direkt erfolgen. Vor allem aber will die Partei auf allen Ebenen auch in sicherheitspolitischen und außenpolitischen Fragen vertrauensbildende Maßnahmen schaffen, die mit festen Abkommen abgesichert werden. Am einfachsten lassen sich diese Bemühungen mit der Ostpolitik der Ära Brandt/Scheel gegenüber Moskau vergleichen.

Mit der direkten Volkswahl des Staatspräsidenten im März 1996 ist der demokratische Umbau Taiwans endgültig abgeschlossen. Ein historischer Moment in der Geschichte Chinas. Denn zum erstenmal hat sich damit in den 4 000 Jahren seiner Historie in einem Teil des Reiches eine Staatsform aus sich selbst heraus entwickelt, in der die Rechte des einzelnen einklagbar sind, in der der Staat nicht mehr autoritäre Gewalt ausübt, in der eine Demokratie mit einer Gewaltenteilung herrscht. Dies alles vollzog sich ohne Revolution, ohne Blutvergießen. Taiwan hat damit jene Sprüche widerlegt, die entweder rassistisch, sehr einfältig, mit unlauteren politischen Absichten verbunden oder einfach nur dumm sind. Sprüche wie: In China kann es keine Demokratie geben. China ist nicht reif für eine Demokratie, weil die Menschen dazu nicht geeignet sind. Chinas 4 000 Jahre alte Geschichte, so die schlichte Aussage, war immer autoritär und muß deshalb so bleiben. Und schließlich das absolute Totschlagargument: Konfuzius und Demokratie sind unvereinbare Gegensätze.

Mit der Demokratie in Taiwan weiß die Welt nicht so recht, was sie machen soll. Eine Möglichkeit, sich vor der Auseinandersetzung zu drücken, ist, sie einfach totzuschweigen. Das ist auch relativ einfach, weil keine große Nation einen Botschafter in Taiwan unterhält. Die größten Probleme aber bereitet diese Demokratie den Autokraten in Beijing. Ob die Politik Lee Tenghuis geschickt ist oder nicht, darüber kann man sicher streiten kann. Das Trommelfeuer indes, das Beijing vor der Präsidentschaftswahl auf Taiwan niederließ, hatte sicher auch damit zu tun, daß dort überhaupt ein Staatsoberhaupt in einer freien Wahl bestimmt wird, das sich dann auf das Mandat von 21 Millionen Chinesen stützen kann. Für die Kommunisten ein gefährlicher Präzedenzfall. Zwischen der Wahl des Präsidenten und einer Unabhängigkeitserklärung besteht keinerlei Zusammenhang. Wohl aber wird es für die Kommunisten in ihrem Herrschaftsbereich immer schwieriger, dem Volk zu erklären, warum man ihm jene Freiheiten vorenthält, die die Guomindang den Chinesen in Taiwan gewährt.

Vielleicht muß die Welt demnächst wieder wie 1958 auf der Landkarte nachschauen, wo Quemoy liegt. Hier, in Rufweite zum Festland, läßt sich der Konflikt mit Taiwan am leichtesten zuspitzen. Denn die Beijinger Führung bringt sich mit ihren Reden und Ankündigungen über die Vereinnahmung von Taiwan zunehmend in Zugzwang. Da verkündet Jiang Zemin am 31. Januar 1995, daß die Wiedervereinigung mit Taiwan für ihn oberste Priorität habe und sozusagen die Krönung seiner politischen Laufbahn wäre. Nebenbei macht er sich mit solchen Parolen beim Militär beliebt, was im internen Machtkampf Pluspunkte bringen kann. Auf den Tag genau ein Jahr später hält Ministerpräsident Li Peng die große Taiwanrede. Er präzisiert: Nach Hongkong 1997 und Macao 1999 wird die Taiwan-Frage geklärt. Je nach Ankündigung fallen in Taipei die Aktienkurse, oder sie steigen, wird einmal mehr und einmal weniger Angst verbreitet. Das ganze Szenario wird von Beijing unter der Überschrift inszeniert: Hier handelt es sich um eine innerchinesische Angelegenheit, die den Rest der Welt nichts angeht.

Und der Rest der Welt - kann er sich aus diesem Konflikt herausstehlen? Wenn es nur nach der völkerrechtlichen Anerkennung ginge, dann existierte Taiwan gar nicht. Da argumentiert Beijing auf sicherem Boden. Wenn sich hier zwei demokratisch gewählte Regierungen auf die Wiedervereinigung verständigen würden, hätten wir alle auch nichts damit zu tun. Selbst wenn sich Taiwan aus freien Stücken der Volksrepublik anschließen wollte, ginge es uns nichts an. So wie der einzelne Mensch das Recht auf Selbstbestimmung hat, muß das auch für Regionen gelten. Menschenrecht steht sicher über dem Völkerrecht, auch wenn es in der Praxis anders gehandhabt wird. Da sind staatsinterne Abschlachtereien der Bürger eine „innere Angelegenheit" - und deshalb ist Saddam Hussein noch Diktator, darf Jelzin in

Tschetschenien weiter bomben. Keine guten Beispiele für Taiwan, sollte der Beijinger Drache wirklich zuschlagen.

Die gewählte Vertretung der 21 Millionen Taiwanesen sagt nicht, daß sie keine Chinesen sind, nicht, daß sie kein Teil Chinas sind; aber diese 21 Millionen wollen nicht Teil der kommunistischen Gesellschaft der Volksrepublik werden. Und damit wird die Taiwan-Frage doch ein Problem für die ganze Welt. Denn so müssen sich jene Staaten, die nicht müde werden, für Freiheit und Demokratie einzutreten, fragen lassen, ob sie 21 Millionen Menschen gegen ihren Willen einem System ausliefern, in dem die Menschenrechte, so wie wir sie definieren, am 4. Juni 1989 zusammengeschossen worden sind. 21 Millionen, das ist im Vergleich zu den 1,2 Milliarden auf dem Festland wirklich keine große Zahl, das sind ungefähr soviel Menschen, um die die Volksrepublik jährlich wächst. Aber es sind auch ungefähr so viele Menschen, wie in ganz Skandinavien wohnen. Sie einem totalitären Regime zu überlassen, nur um keine wirtschaftlichen Nachteile zu haben, käme einem moralischen Bankrott der freien Welt gleich.

Während das Thema für uns Europäer im Moment noch eine eher lästige Frage ist, spielt es für unsere amerikanischen und japanischen Verbündeten eine immer größere Rolle. Die Horrorvorstellung, die Volksrepublik würde Taiwan mit Gewalt überrollen, dabei Tausende von Menschen töten und politische Oppositionelle einsperren, löst schon jetzt heiße Diskussionen aus. Der Sprecher der republikanischen Mehrheitsfraktion im US-Kongreß, Newt Gingrich, erklärte: „Die Menschen in Taiwan haben das Recht zur Selbstbestimmung. Ich denke, es ist für uns nicht akzeptabel, wenn wir einem freien Volk sagen, daß es kein Recht auf Würde und kein Recht hat, daß man mit ihm nach seinen eigenen Grundsätzen verkehrt." Und diese Grundsätze sind die Grundsätze der freien Welt. Während die Europäer im Frühjahr 1996 auf Tauchstation gegangen sind, hat der amerikanische Kongreß wie in keinem anderen Fall in diesem Jahrhundert schon so früh unmißverständlich klar gemacht, daß die USA diese Grundsätze im Falle Taiwan verteidigen werden.

Beide Seiten, die Volksrepublik und Taiwan, wissen, daß der Schlüssel für Freiheit und Unterstützung in Washington liegt. Viele der Sprüche Beijings sind sicher auch Testballons, um herauszufinden, wo und wann die Geduld Amerikas zu Ende ist und wie die Machtverhältnisse bei den Abgeordneten, in der Bürokratie und im

Weißen Haus in Washington gerade sind. James R. Lilley, früherer Botschafter in Beijing, hat als Antwort auf diese Einschüchterungen den kommunistischen Machthabern ganz undiplomatisch geantwortet: „Wenn ich noch einmal das Wort von der unantastbaren Souveränität Chinas höre, muß ich kotzen ... Ihr Chinesen haßt die Kanonenbootdiplomatie (die sie mit dem Imperialismus der Europäer im letzten Jahrhundert gleichsetzen) ... Und nun redet nicht so, als ob ihr damit selbst anfangen wollt ... Fangt nicht damit an, sie selbst zu praktizieren, fangt nicht an, mit euren Muskeln zu spielen und zu sagen, wenn wir nicht kriegen, was wir wollen, werden wir Gewalt anwenden ...“

Es war eine grausame, blutige Zeit, die China seit den Schüssen von 1911, die das Kaiserreich stürzten, bis zur ersten demokratischen Volkswahl eines chinesischen Staatsoberhauptes in Taiwan durchstehen mußte. 85 Jahre brauchte die Guomindang, bis sie ihre eigenen Ideale, die Sun Yatsen formulierte, auch in die Tat umsetzte. Die Tragik ist, daß sie wegen ihrer Fehler vom Festland vetrieben wurde. Und während die chinesische Provinz Taiwan am Ende des langen revolutionären Weges angekommen ist, ist die Masse der 1,2 Milliarden Menschen gerade dabei, sich auf den Weg aus der schlimmsten Unterentwicklung und Unterdrückung aufzumachen. Die Wege trennten sich erst 1949. Während Tschiang Kaischek aus seiner Niederlage lernte und sich der sozialen Verpflichtung der Regierung ihrem Volk gegenüber besann, vergaß Mao Zedong, warum er den Krieg gewonnen hatte. Er vergaß die Nöte der Menschen. Und er verriet die Ideale seiner Revolution.

19. Der Hungertod als ideologisches Experiment

Die Chaosrepublik des Mao Zedong von 1949 bis 1987

Ein Manager, der gerade aus der Südprovinz Guangdong in die Bundesrepublik zurückkam, war tief von dem wirtschaftlichen Wachstum dieser Region beeindruckt, die mit 23 Prozent im Jahr 1994 Weltrekord schaffte. Aber dann geriet er plötzlich ins Grübeln, weil er dieses Wirtschaftswachstum auch als bedrohlich empfand, denn die Auswirkungen sind bis nach Europa zu spüren. Diese Mischung aus Bewunderung und Bedrohung veranlaßte ihn zu einem zynischen Kommentar: „Wir können Mao auf Knien danken, daß er China jahrelang so konsequent ruiniert und uns die Chinesen damit vom Hals gehalten hat."

So bösartig dieser Satz auch ist, so steckt doch eine für die Chinesen bittere Wahrheit dahinter. Die maoistischen Experimente haben China fast 40 Jahre aus dem Weltmarkt ferngehalten. Der einzelne Chinese darbte unter Ausschluß der Weltöffentlichkeit vor sich hin, ihm ging es keinen Deut besser als in der Feudalzeit. Wenn Mao Zedongs Sprüche allerdings satt gemacht hätten, dann hätte das Land im Überfluß gelebt. So aber gab es eine internationale Arbeitsteilung: Die Chinesen unter Mao mußten leiden, verhungerten und dienten als Versuchskaninchen im kommunistischen Labor des neuen Chinesen, während die Mao-Anbeter im Westen, genährt mit den Segnungen des Kapitalismus, das rote Mao-Büchlein zur Befriedigung ihrer geistigen Unterernährung schwenkten. Kaum einer der großen Staatsmänner dieses Jahrhunderts, die ihre eigene Bevölkerung gleich millionenfach auf die Schlachtbank geführt haben, kommt so gut weg wie Mao.

So gesehen ist der Maoismus im nichtkommunistischen Ausland ein Phänomen, über das sich nachzudenken lohnt und das sicher aus mehreren geistigen Quellen gespeist wird. Grob lassen sich die Typen, die Mao mit dem vernebelten Blick durch ein Milchglas betrachteten, in drei Kategorien einteilen:

1. Die Romantiker, die den bäuerlichen, Gedichte schreibenden Revolutionär hervorhoben, der die Massen aus dem Elend führte.

2. Die Realpolitiker, die in ihm den Gegner der Sowjetunion sahen und ihn als Helfer in ihre Träume einbezogen, wie das Moskowiter Reich zu stürzen sei, und schließlich
3. die Revolutionäre, die an die Geburt des neuen Menschen glaubten und für die Mao eine Alternative zum völlig diskreditierten sowjetischen Reich darstellte, dessen realexistierender Sozialismus zwischen Stalinismus und Bürokratismus gerade mal noch deutsche Spießer wie Honecker, Krenz und Modrow anziehen konnte, aber keinen echten Revolutionär.

Die geistige Rechtfertigung für die Romantiker lieferten ausgerechnet die Amerikaner. Über John Stuart Service, den Berufsdiplomaten, haben wir schon geschrieben. Zu dieser Kategorie zählten auch noch Carter Vincent und John Patten Davies. Ihre Berichte an das amerikanische Außenministerium, die mit Recht Tschiang Kaischek heftig kritisierten, aber zu Unrecht die Kommunisten verniedlichten, dienten Generationen von Chinaforschern zum Quellenstudium, und so vervielfältigten sich ihre Aussagen in ganzen Jahrgängen amerikanischer Sinologen. Die wiederum galten den Europäern als unverdächtig. So werden Legenden geboren.

Einer der bedeutendsten Hofsänger war Edgar Snow, ein amerikanischer Journalist, der mit Mao eine Symbiose zu beiderseitigem Nutzen eingegangen war. Snow berichtete immer wieder über die Führer dieses geheimnisvollen Landes, war in ihrer Nähe geduldet und hatte damit ein sehr einträgliches Monopol. Daß sie ihn regelmäßig empfingen, lag nicht zuletzt an der Art seiner Erzählungen. Seine literarische Beschreibung des Langen Marsches „Roter Stern über China", den er zum Teil als Kriegsberichterstatter sogar selbst mitmachte, wurde weltweit ein Bestseller. Aus dem Lager der Kommunisten in Yanan beschrieb er die fröhlichen Revolutionäre, die sich herzlich und erdgebunden der Sache der Bauern geweiht hatten. Ihren strahlenden Optimismus, die Welt mit den bloßen Händen verändern zu können, hat Snow in brillanter Weise dem Westen vermittelt.

Es ist müßig, darüber zu spekulieren, ob Snow bewußt oder unbewußt in die Rolle eines Propagandisten geraten ist. Viel interessanter sind die Aussagen Maos über ihn, denn er wußte, was er an Snow hatte und wie dieser einzusetzen war. So erzählt Mao seinem Leibarzt Li Zhisui: „Ich glaube bestimmt, daß Snow für den CIA arbeitet. Wir müssen ihm mal wieder ein paar Insider-Informationen geben." Mao glaubte, daß Snow diese Informationen an seine Vorgesetzten im CIA weitergab. 1965 zum Beispiel erzählte er Snow, daß er bald Gott treffen werde, nur um eine Reaktion der US-Regierung auf seinen möglichen Tod herauszufordern. Denselben Test machte Mao mit einem anderen Romantiker, dem ehemaligen französischen Kulturminister André Malraux.

Am Anfang war es ja auch leicht, auf Mao hereinzufallen. Bis ins letzte Dorf begann gleich nach der Machtübernahme eine Landreform. Parteikader suchten die Dörfer auf und identifizierten dort die Feinde der Revolution, fast immer die Großgrundbesitzer und Wucherer. Diese wurden entsprechend ihren „Vergehen" entweder gleich erschossen oder mußten sich vor einem öffentlichen Tribunal verantworten. Theoretisch sollten danach die armen Rächer das Land übernehmen gemäß dem Schlagwort „Wer das Land bearbeitet, dem soll es auch gehören". Das war alles sehr populär. Nach Jahrhunderten der Ausbeutung hofften die Bauern endlich auf Gerechtigkeit. Die Parteikader suchten dann unter den Dorfbewohnern besonders aktive „Proletarier", die den örtlichen Parteikader bildeten und den Fortgang der kontinuierlichen Revolution zu überwachen hatten.

Dieser Teil der „Bauernbefreiung" war die große Tat Maos, weil er damit Jahrhunderte der Ungerechtigkeit und Unterdrückung zu beseitigen schien. Die einigen Millionen Großgrundbesitzer, die dabei umkamen oder zur Zwangsarbeit abgeurteilt wurden - was einem Todesurteil auf Raten gleichkam -, wurden billigend in Kauf genommen. Mit ihnen hatte kaum jemand Mitleid. Dies muß man auch vor dem andauernden Kriegsgemetzel sehen, welches das Land verrohen ließen.

Doch während die Romantiker noch die Bauernbefreiung feierten, konnten oder wollten sie nicht mehr wahrnehmen, was dann geschah. Auch hier dient uns das schon mehrfach zitierte Bertelsmann „China-Handbuch" von 1974 als Vorlage. Da steht dann für die Zeit nach der Enteignung der Großgrundbesitzer und der Übergabe des Landes an die Bauern so verwirrend und verniedlichend: „Dadurch (durch die Enteignung) wurde der Übergang zur zweiten Etappe, zur Kollektivierung der Landwirtschaft, sehr schnell möglich. Diese aber wurde in verschiedenen Stufen verwirklicht: Aus den provisorischen ‚Organisationen für gegenseitige Hilfe' wurden ‚ständige Organisationen für gegenseitige Hilfen', dann ‚halbsozialistische Genossenschaften' und schließlich ‚sozialistische Kollektive' im eigentlichen Sinne. Dadurch wurden den Bauern der Volksrepublik die Schrecken einer ‚Entkulakisierung' erspart. Der Prozeß der Kollektivierung wurde seit dem Sommer 1955 beschleunigt, kam 1956/57 durch das zögernde Verhalten eines Teiles der Bauernschaft vorübergehend ins Stocken und führte schließlich zur Zeit des ‚Großen Sprungs nach vorn' zur eigentlichen Kollektivierung. Die Schwierigkeiten, die sich aus dem ‚Großen Sprung nach vorn' ergaben, entstanden zum Teil aus mangelnder Kooperationsbereitschaft, bisweilen sogar Verzweiflung vieler von denen, die das Land bebauten, und durch die Spannungen zwischen den Mitgliedern der bäuerlichen Volkskommunen und den kommunistischen Kadern."

Soweit die trockene Schönschreiberei eines ungeheuerlichen Betruges an den Bauern. Was alle Romantiker übersehen hatten, war, daß Mao Zedong, Moskau hin oder her, zuviel kommunistisches Ideengut aufgesaugt hatte, als daß er wirklich noch ein Bauernbefreier hätte sein können. Gerade mal fünf Jahre konnten sich die Bauern über ihr neu im Grundbuch eingetragenes Land freuen. Das war allerdings wenig genug, denn dort, wo es fruchtbar ist, betrug der durchschnittliche Familienbesitz knapp einen Hektar. Das machte die Zusammenarbeit in Genossenschaften von Anfang an nötig, das machte die Bauern aber auch nicht finanziell unabhängig. Das Hauptproblem der Überbesiedlung und Landknappheit war durch die schematische Vertreibung der Großgrundbesitzer nicht gelöst worden.

Diese unzulängliche Struktur nutzte Mao dann ab 1955, um den Bauern mit seinem „Großen Sprung nach vorn" alles wieder abzunehmen, was er ihnen vorher gegeben hatte. Die Eigentumsrechte an Grund und Boden gingen alle auf den Staat über und damit auf die örtlichen Parteikader. Während die Kooperativen noch aus überschaubaren 50 Familien bestanden hatten, fanden sie sich nach der Landenteignung in Großkollektiven von 500 Familien wieder. Selbst das kleinste Stück Land durfte nicht mehr für den Eigenbedarf genutzt werden. Jeder Bauer wurde nur noch nach Arbeitspunkten bezahlt, die er für das Kollektiv zu entrichten hatte. Die sechs Schichten staatlicher Verwaltung, die jetzt auf ihm lasteten, haben wir bereits ausführlich beschrieben.

Was im „China-Handbuch" wie der technische Vorgang einer Umorganisation beschrieben wird, kostete in Wirklichkeit Millionen Bauern das Leben. Der „Große Sprung nach vorn" ist nur zu vergleichen mit der Zwangskollektivierung Stalins in der Sowjetunion. Dort hat sie zirka zehn Millionen Menschen das Leben gekostet. Doch Maos Experiment hat mindestens dreimal soviel Tote gefordert. Sie wurden von der Partei nicht eigenhändig umgebracht, man ließ sie einfach um der Ideologie willen verhungern.

Im Gegensatz zu den Mao-Jublern im Westen, die über die Leichen hinwegsahen, berichtete damals der Generalsekretär der Kommunistischen Partei, Deng Xiaoping, in einer Sitzung des Politbüros von dem Massenelend. Auch der Oberbefehlshaber der Streitkräfte und erfahrene Bürgerkriegsgeneral Peng Dehuai war vom Sterben in Maos Heimatprovinz Hunan so erschüttert, daß er eine Revision des Kurses forderte. Doch der „strahlende Held Mao" servierte seine Kritiker ab. Dengs Position in der Partei wurde von seinem Mentor Zhou Enlai gerade noch gerettet, Peng Dehuai hingegen landete im Gefängnis, wo er 1974 76jährig starb. Der Bauernbefreier Mao war zum großen Bauernvernichter mutiert.

Der entscheidende Mann im Dorf war nach der kommunistischen Machtübernahme der Parteisekretär, der mehr Macht hatte als früher ein Großgrundbesitzer. Er beschloß, wieviel Getreide abgegeben werden mußte, und entschied damit über Leben und Tod. Er entschied sogar, wer wen heiraten durfte. Aber auch er selbst war letztlich wieder abhängig von seinem Kreisparteisekretär, und so zog sich die Linie weiter bis ganz nach oben. Damit war wieder die Beziehung, *guanxi*, wichtiger als die eigene Leistung. Und Beziehungen werden mit Korruption geschmiert. Seit dem „Großen Sprung nach vorn" ist beides, Beziehung und Korruption, wieder lebenswichtig. Das zum Thema „Bauernbefreier Mao".

Aber damit des Irrsinns nicht genug. Ausgerechnet der auch im Westen so hochgeschätzte rote Mandarin Zhou Enlai verkündete und verlangte den Schwachsinn, der das Land um Jahrzehnte zurückwarf: „Im Zuge des Zwölfjahresplanes stellt jeder Mann 250 und jede Frau 125 Arbeitstage zur Verfügung, was 44,4 Milliarden Arbeitstage für ganz China darstellt. Da aber die Arbeit auf dem Felde nur zwei Drittel des bäuerlichen Arbeitstages in Anspruch nimmt, stehen immer noch 14,8 Milliarden Arbeitstage für die Produktionssteigerung zur Verfügung."

Einen Teil dieser überschüssigen Zeit mußten die Bauern dann zum Eisenbraten benutzen. Denn viel mehr war es nicht, was sich im „Großen Sprung nach vorn" in mindestens 15 000 Klein- und Kleinstöfen abspielte. Mit der Abgehobenheit eines Kaisers auf dem

Zenit seiner Macht wollte Mao Großbritannien in der Stahlproduktion überholen. Denn, so Zhou Enlai: „Ein Tag sozialistischer Produktion ist soviel wert wie ein Jahr kapitalistischer Produktion.“ Es folgten die Jahre, in denen überall in China die Feuer brannten, auf den Feldern, auf den Hinterhöfen, in den Schulen, den Parks und selbst in den Krankenhäusern. Jede Danwei, jede Einheit, hatte eine bestimmte Menge Eisen abzuliefern.

Ein Augenzeuge berichtet, wie so ein Stahlkocher aussah: Es war ein zusammengezimmerter Ofen aus Ziegeln und Mörtel, etwa vier bis fünf Meter hoch. Drinnen brannte ein starkes Feuer, in das man alle möglichen Haushaltsgeräte hineinwarf: Töpfe, Pfannen, Türklinken, Schaufeln. All dies wurde geschmolzen, und die örtlichen Parteichefs erzählten nun Mao: „Das ist Stahl.“ So wurden unregelmäßige Klumpen von nicht zu definierenden Legierungen hergestellt. Das war wiederum das Ausgangsmaterial für neue Produkte aus Stahl wie Töpfe, Pfannen, Türklinken und Schaufeln. So ganz recht weiß der Erzähler auch nicht, warum erst eingeschmolzen wird, was hinterher wieder zum gleichen Produkt, nur mit schlechterer Qualität, wurde. Aber die Produktionszahlen vom Stahl schossen in die Höhe. Selbst Mao wunderte sich bei einem Besuch der Hintertreppenöfen. Er fragte seine Begleiter: „Wenn diese Hinterhofhochöfen soviel Stahl produzieren können, warum bauen dann die Ausländer so riesiggroße Stahlwerke? Sind die Ausländer wirklich so blöd?“

In der Zeit der Stahlküchen wurden auch Chinas Wälder verheizt. Kein Baum, kein Strauch war mehr sicher. Nur noch 13 Prozent des Landes sind heute mit Wald bedeckt. Die Erosion frißt die Böden. Jeder Landbewohner weiß, daß Mao daran Schuld hat. Aber noch wird dies nicht allzu laut ausgesprochen.

Mao hat irgendwann auch begriffen, was er angerichtet hatte. Zu viele seiner langjährigen Weggenossen verübelten ihm den „Großen Sprung nach vorn“, wenn sie auch aus Angst vor dem Schicksal Peng Dehuais lieber ruhig blieben. Doch es rumorte in der Partei und der Volksbefreiungsarmee. Für Mao war es deshalb ein ideologischer Befreiungsschlag, als er ausgerechnet den integren Sun Yatsen als den Vater der Revolution Chinas zu Hilfe nahm, ihn als seinen Vorgänger bezeichnete und zitierte: „In China wird ein großer Sprung stattfinden.“ Doch was Mao da inszenierte, war ein großer Schritt zurück.

Diesem Vernichtungsfeldzug gegen die chinesische Landwirtschaft und der Zerstörung von Haushaltsgeräten aller Art, die dann in den absurden Stahlbratanlagen ihren Höhepunkt fand, diesem absurden wirtschaftspolitischen Quatsch, der nur einem irrlichternden Bauern einfallen kann, widmet das bereits zitierte „China-Handbuch" folgende Ausführungen des berühmten Sinologen Stuart S. Schram, der an der Universität London lehrt:

„Die ideologischen Implikationen dieses Schrittes waren weitreichend, denn er hatte den Aufbau der organisatorischen Form zu Inhalt - und zwar zuerst auf dem Lande -, die als Baustein der zukünftigen kommunistischen Gesellschaft hingestellt wurde; so wurde das Land in bezug auf seinen Grad an revolutionärem Bewußtsein für fortgeschrittener erklärt als die Städte. Trotz vieler Wandlungen der Folgezeit in bezug auf Organisation und Entscheidungsprozeß in den Kommunen ist gerade ihre Existenz ein Zeichen für die hybride Natur des chinesischen Weges zum Sozialismus und für die Ablehnung von Lenins Lehrsatz, daß die Städte immer und unter allen Umständen das Land anleiten müssen."

Diesem offensichtlichen Unsinn schlossen sich die westlichen Mao-Forscher an, um zu rechtfertigen, warum der Potentat mal eben 30 Millionen Menschen hatte verhungern lassen. Sie sind es, die heute weiterhin im Kaffeesatz lesen und den Kapitalismus chinesischer Interpretation in der Volksrepublik, der offiziellen Lesart entsprechend, in eine sozialistische Marktwirtschaft umdeuten, damit ihr Weltbild nicht völlig zusammenbricht.

Maos Einfluß in der Partei nach dem „Großen Sprung nach vorn" war sichtbar gesunken. Vorsitzender der Partei wurde Liu Shaoqi, der zusammen mit dem Generalsekretär Deng Xiaoping versuchte, die Wirtschaft wiederaufzurichten. Doch der Egomane Mao duldete keinen anderen Machtblock in China. Bevor er das Land verlor, richtete er es lieber zugrunde. Ehe ein anderer die kommunistische Partei führte, vernichtete er sie lieber. Das Ergebnis seines Feldzuges gegen die Parteigenossen und den eigenen Staat ist als die „Große Proletarische Kulturrevolution" in die Geschichte des Jahrhunderts eingegangen. Liu Shaoqi überlebte sie nicht, wie so viele Millionen andere Menschen in China auch.

Was macht eine Partei, eine Nation, mit dem Mann, dem sie ihre Existenz verdankt und der sich als skrupelloser Mörder entpuppt? Für die Reformer in der Volksrepublik ist die Einordnung Mao Zedongs in den Ablauf der Geschichte Chinas unendlich kompliziert. Seine unbestreitbaren historischen Verdienste bei der Einigung der Nation, der Vertreibung der Ausländer samt den sowjetischen Beratern und die Tatsache, daß China nach Jahrhunderten der Demütigungen und Erniedrigungen endlich wieder die Rolle des Reiches der Mitte, die angestammte Rolle in der eigenen Hemisphäre, einnehmen kann, dieses historische Verdienst wird offiziell als größer eingestuft als der Schaden durch alle seine späteren fürchterlichen Experimente mit seinem Land. Damit jeder Kader weiß, wie er Mao zu bewerten hat, befaßte sich im Juni 1981 das 6. Plenum des 11. Nationalen Parteikongresses des Zentralkomitees ausführlich mit dessen Untaten und Verdiensten. Eine 35 000 Worte umfassende Resolution wurde verabschiedet, in der „gewisse Fragen in der Geschichte unserer Partei seit der Gründung der Volksrepublik China“ behandelt werden: „Die Hauptverantwortung für die schweren linken Irrtümer der Kulturrevolution ... liegt in der Tat bei dem verstorbenen Vorsitzenden Mao Zedong“, heißt es da unter anderem. Aber in der offiziellen Bewertung steht auch: „ ...sein Anteil an der chinesischen Revolution wiegt bei weitem seine Irrtümer auf ... Sein gewaltiger Beitrag ist unsterblich.“ Die chinesischen Kommunisten versuchen den Drahtseilakt, das Land zu „entmaoisieren, ohne Mao zu stürzen“. Zu lange wurde die ganze Nation auf ihn eingeschworen, wurde er zum Ersatzgott und Übervater hochstilisiert, als daß er jetzt als Verbrecher eingestuft werden könnte, wie dies Chruschtschow mit Stalin machte.

Eine deutsche Studentin, die zufällig am Jahrestag seines 100. Geburtstags in Changsha, der Hauptstadt von Maos Heimatprovinz Hunan, lebte, berichtete von überschwenglichen Feiern. Menschen aller Altersgruppen und Schichten zeigten, wie stolz sie darauf waren, daß einer aus ihrer Provinz es zum großen Revolutionär, zum Gründer des modernen Chinas gebracht hatte. Es waren Menschen aus derselben Provinz Hunan, aus der der Bürgerkriegsgeneral Peng Dehuai vom Massensterben der Bauern berichtet hatte, die Mao alle während des „Großen Sprungs nach vorn“ ihrer Lebensgrundlage beraubte.

Doch der ideologische Salto mortale ist ein gefährliches Experiment. Denn damit ist es jederzeit möglich, daß eine ultralinke Fraktion in der KPCh Mao wieder mit all seinen verqueren Lehren aus der Asservatenkammer holt und eine neue, wie auch immer geartete Kampagne entfacht. Zur Zeit zitiert Jiang Zemin immer häufiger Maos Sprüche, und schon spekuliert die Welt, ob Dengs Jahre nur eine Episode waren. Deng Xiaoping hat seine vorsichtige Zurückstufung Maos sicher auch in dem Bewußtsein vollzogen, daß eine totale

Ächtung seines Vorgängers den chinesischen Kommunismus insgesamt in eine gefährliche existentielle Krise gestürzt und ihn selbst möglicherweise mitgerissen hätte.

Der Kampf um die Rolle Maos wird mit subtilen Mitteln von den Kontrahenten im Politbüro geführt. Da läßt Deng Xiaoping den Leibarzt Maos, Li Zhisui, ausreisen, wohl wissend, daß dieser gleich Kübel von Schmutz über das Denkmal schütten würde. Tatsächlich beschreibt Li Zhisui in seinem Buch „Ich war Maos Leibarzt" den grossen Vorsitzenden als einen skrupellosen, mädchenvernaschenden Potentaten, der in seiner Dekadenz an die schlimmsten Auswüchse der ausgehenden Qing-Dynastie erinnert. Ein Beispiel: Der geschlechtskranke Mao läßt sich nicht behandeln, obwohl er weiß, daß er damit Scharen von jungen Mädchen ansteckt. Nicht nur sein Privatleben wird in dem Buch in einer so peinlichen Form offengelegt, daß sich eine ganze Nation davon nur mit Entsetzen distanzieren kann, sondern auch der Politiker und Revolutionär Mao wird als ein feiger Zyniker entlarvt, dem Menschenleben genauso egal waren wie seine eigene Überzeugung.

Dieses Buch, das in fast allen Sprachen der Welt zu einem Bestseller wurde, öffnete vor allem den 55 Millionen Überseechinesen die Augen. In Hongkong, das demnächst unter die Herrschaft Beijings gerät, war es Gesprächsstoff Nummer eins, auch unter den sogenannten unpolitischen Hongkong-Chinesen. Deng war sich sicher dieser Wirkung bewußt. Es war eine heftige Dosis Entmaoisierung, die er erst einmal in der chinesischen Welt außerhalb der Volksrepublik verabreichte. In China selbst ist das Buch natürlich verboten. Obwohl Besucher, die sich vorsichtig diesem Thema nähern, oft erstaunt sind, wie viele Einzelheiten aus dem Buch in das Riesenreich eingesickert sind.

Fast zur gleichen Zeit ist auch in der Volksrepublik ein Buch erschienen: „Mao Zedong: Mensch - nicht Gott" von Quan Yanchi. Dieses Buch sei die Innenansicht von Chinas dynamischem Führer und Staatsmann von Weltrang - das Leben und die Gedanken von Mao, dem Bauernsohn, dem Ehemann, dem Vater und dem Waffenbruder. Der Autor beruft sich auf Gespräche mit Li Yinqiao, der 15 Jahre Maos Leibwächter war und trotzdem in der Kulturrevolution im Gefängnis gefoltert wurde, weil Maos Frau Jiang Qing sich an ihm rächen wollte.

Das Buch beschreibt eine revolutionäre Idylle. Einen fürsorglichen, ja lebensfrohen Mao, der aber in keiner Sekunde seine Aufgabe als Erneuerer aus dem Auge verlor. Das Buch ist voll von Geschichten, wie die Kugeln der Guomindang auf wunderbare Weise den großen Staatsmann verschonten, wie er zusammen mit seinen Kindern die gleichen Entbehrungen während der großen Hungersnöte ertrug und so weiter. Es wird allerdings sorgfältig darauf geachtet, daß Mao kein Übermensch war, eben kein Gott - aber ein großes verehrungswürdiges Vorbild. Dies geschieht mit naiver Plattheit, wenn der Weiberheld Mao als treusorgender Vater dargestellt wird, der sich immer wieder bemüht, seine hysterische Frau Jiang Qing zu zähmen. Da wird das Buch manchmal lesenswert komisch. Die fanatische Ehefrau, die gnadenlos die Kulturrevolution inszeniert, wird in dem Buch zu Maos unbezähmbarer Bürde, die ihm sogar den Spaß an der Peking-Oper vergällte. Der Leibwächter Li Yinqiao beendet seine Beschreibung des großen Vorsitzenden so: „Mao war nicht mit allem zufrieden, so wie er die Kommunistische Partei oder die Nation gegründet hatte, und war ständig dabei, etwas zu suchen, um dies zu verbessern. Unglücklicherweise für die chinesische Nation war dieses ‚Etwas' die Kulturrevolution - und dies erwies sich als ein Fehler, der eine zehn Jahre lange Katastrophe auslöste. Dies war Maos allergrößtes Bedauern - und auch das Bedauern der Geschichte." Das ist fast der Wortlaut der offiziellen Erklärung von 1981. So kann man die Ermordung von rund zehn Millionen Menschen und die Zerstörung von über hundert Millionen Lebensläufen auch beschreiben.

Die Episoden, die Li Yinqiao erzählt, sind so überladen mit durchsichtiger Schönfärberei und schlichter Propaganda, daß nur schwer vorstellbar ist, daß sie für Historiker irgendeinen besonderen Wert haben könnten. Auffällig ist allerdings, daß in diesem Buch von 1992 Deng Xiaoping nicht mit einer Silbe erwähnt wird. Alle anderen Führer der KPCh kommen darin vor, selbst Peng Dehuai. Mao wird dabei als Opfer der herrischen und unkameradschaftlichen Art des Bürgerkriegsgenerals beschrieben. Das Buch liest sich wie die Gegenausgabe zu den vernichtenden Offenbarungen des Leibarztes Li Zhisui. Obwohl Deng als Drahtzieher der Leibarzt-Veröffentlichung gilt, ist es erstaunlich, daß schon 1992, als Deng noch nicht krank dahindämmerte, eine solche Rehabilitationsschrift für Mao - wie die des Leibwächters - erscheinen konnte, ohne Dengs Existenz überhaupt zur Kenntnis zu nehmen.

Es ist schwer nachzuvollziehen, welche Rolle Mao heute noch im täglichen Bewußtsein der Chinesen spielt. Sie haben gelernt, vorsichtig zu sein. Ein erlaubtes offenes Wort heute kann morgen einen Berg voller Probleme bringen bis hin zur Vernichtung der Existenz. Also bleibt man auf Beobachtungen angewiesen. Und die lassen sich kurz zusammenfassen. Mao ist noch da, aber es schert sich keiner so recht um ihn. An der Marco-Polo-Brücke von Beijing steht noch auf einem Schornstein „Lang lebe der große Vorsitzende Mao“. Die Farbe vergilbt. Einige Schriftzeichen sind kaum noch leserlich. Niemand kommt auf die Idee, die Schrift zu erneuern, niemand aber auch auf die Idee, die Schriftzeichen zu übermalen. Hier verrichtet die Witterung die Arbeit. In Luoyang steht noch ein Denkmal aus der Kulturrevolution. Aber auch das sieht erbärmlich aus. Mittlerweile umbaut von neuen Hochhäusern, halb verdeckt von einer Satellitenschüssel, schaut niemand mehr hin. Auch hier reißt niemand das Bauwerk ab. Das wäre eine Verschwendung von Arbeitskraft, wird als Begründung angeführt.

Viele Mao-Denkmäler sind verschwunden. Vorbei die Zeiten, wo das runde Bauerngesicht aus Hunan alle Plätze und Kioske verzierte. In Wuhan vor dem riesigen Stahlkombinat Wisco steht noch so eine Kolossalstatue. Der große Vorsitzende mit weit ausladender Hand. Aber das Denkmal ist so dreckig wie die ganze Gegend, die von dem Qualm und den Abgasen des Stahlwerks in einen ewigen Dunst gehüllt bleibt. Der Koloß - eher eine Erinnerung an frühere Zeiten. Und so ist es eigentlich im ganzen Land. Da findet sich noch ein Mao-Zitat im Aushang einer staatlichen Firma. Dort gibt es ein kaum identifizierbares Bild von Maos Besuch im Betrieb, und in einem Schulhof stand sogar noch eines der großen Vorbilder aus Maos Zeit, der Soldat Lei Feng. Dieser Retorten-Übermensch, der Tag und Nacht nur daran dachte, wie er seinem Vorsitzenden einen Gefallen tun, wie er seinem Volk dienen konnte, mußte für zahllose Kampagnen herhalten, mit denen die Jugendlichen verführt und drangsaliert wurden. So war es schon verwunderlich, überhaupt noch eine Statue von ihm zu sehen.

Es finden sich Mao-Bildchen bei Bauern in der Vitrine im Wohnzimmer, bei Taxifahrern am Armaturenbrett und natürlich in den Kiosken an allen Touristenplätzen. Solange es aber in der Partei keine Fraktion schafft, Mao samt seiner Kulturrevolution zu rehabilitieren, hat dies alles mit dem Gedankengut des Maoismus oder mit einem

Bekenntnis zur ultralinken Fraktion in China nichts zu tun. Die langsame Umwandlung vom Mythos der Gottesähnlichkeit über den Menschen zum Unmenschen, wie sie Deng Xiaoping eingeleitet hat, verhindert sicher eher, daß sich eine erfolgreiche Mao-Fraktion sammeln könnte. Wie unkompliziert einfache Chinesen mit dem ehemaligen, alles beherrschenden Mao umgehen, zeigt eine Kioskauslage in der Guangdong-Provinz. Da werden nebeneinander zum gleichen Preis angeboten: eingerahmte Bilder von Mao Zedong, von Jesus Christus, der sein strahlendes, blutendes Herz umgreift, von der Freiheitsstatue und von einem deutschen Schäferhund.

Teil 3

Warum die Reformen unumkehrbar sind und der „himmlische Kapitalismus“ siegen wird

20. Reich werden ist glorreich
Die vier Modernisierungen von Deng Xiaoping

Dem roten menschenverachtenden Ideologen folgte ein roter Pragmatiker, dem physischen Koloß Mao der kleine, aber unbeugsame Deng Xiaoping. Dreimal wurde er aus dem Machtzentrum der Partei vertrieben, weil er sich den Kampagnen Maos oder dessen ultralinkem Hofstaat widersetzte - und immer wieder schaffte er es zurück ins Zentrum der Macht. Mehr noch, er wurde zur prägenden Gestalt der Volksrepublik China, die nur noch vom Staatsgründer Mao Zedong überragt wird. Wer in Zeitungen und Abhandlungen von 1974 bis 1978, also in der Übergangsphase vom todkranken Mao bis zur Festigung von Dengs Position, genau nachforscht, findet keinen einzigen Artikel, der auch nur annähernd die Lage im heutigen China richtig vorausgesagt hätte. Es kam alles anders als vermutet. Niemand hatte geschrieben, daß Deng Xiaoping der große, starke Nachfolger Maos würde. Niemand hatte eine solch rigorose Öffnung des Landes für möglich gehalten. Und wie die Welt sich damals in den siebziger Jahren in Spekulationen und Namen verlor, so rätselt sie 20 Jahre später, am Ende der Ära Deng, wieder. Mehr oder weniger bekannte Namen werden mit mehr oder weniger plausiblen Szenerien verknüpft. Bei solchen Szenarien entstehen dann die Ängste vor einem neuen Linksruck oder gar einer Kulturrevolution.

Doch die heutige Situation ist mit jener von 1976, als Mao endlich gestorben war, nicht zu vergleichen. Damals wütete noch die „Viererbande", jene ultralinke Gruppe um Maos Witwe Jiang Qing, eine Psychopathin, die sich als neue Kaiserin von China gebärdete. Details ihrer Anordnungen und ihrer Rachsucht garantieren ihr einen sicheren Platz in der Galerie der schrecklichsten Frauen der Geschichte. Wo immer sie hinreiste, mußte nicht nur ein Schwimmbad eigens für sie gebaut werden, sondern auch alle Vögel im weiten Umkreis wurden umgebracht, weil deren Gezwitscher sie störte. Menschen, die heute mit ihr zusammenarbeiten mußten oder sonst ihre Wege kreuzten, konnten schon am nächsten Tag heftigsten Anklagen ausgesetzt und verhaftet werden, weil Jiang Qing in ihrer Rachsucht und ihrem Verfolgungswahn immer irgendein Komplott vermutete. Sie machte nicht einmal vor Politbüromitgliedern und den engsten Mitarbeitern Mao Zedongs halt.

Die Viererbande wurde zwar 1976 verhaftet, aber erst vier Jahre später, 1980, vor Gericht gestellt. So lange brauchte die Parteiführung um Deng, um sicherzugehen, daß sie den Angriff auf den maoistisch-linken Flügel auch übersteht. Dazwischen wurde noch eine ganze „Übergangsgeneration“ von Parteikadern um Hua Guofeng verschlissen. Nicht nur die Kommunistische Partei, sondern ganz China befand sich nach der Kulturrevolution tief gedemütigt am Rande der völligen Erschöpfung. Die Menschen waren aller Ideologien überdrüssig. Angst lähmte die Nation. Gerade diejenigen, die einst voller Begeisterung in die Partei eingetreten waren, weil sie fest daran geglaubt hatten, daß die Kommunisten ihrem Land Gerechtigkeit und Zukunft bieten würden, waren besonders mißhandelt worden. Eine Welle ideologischer Phrasen nach der anderen hatte sie unter sich begraben, ihre Aufbauarbeit ruiniert, ihr Gewissen noch mehr belastet. Und mit China war es nach jeder maoistischen Kampagne weiter bergab gegangen. Das war die Ausgangssituation für Deng Xiaoping.

Wie alle führenden chinesischen Revolutionäre stammt Deng Xiaoping aus einem Dorf. Seine Heimat ist die abgelegene Inlandsprovinz Sichuan. Sein Vater war typisch für die sogenannte ländliche Gentry in China. Das waren mittlere Grundbesitzer, die je nach ihrem eigenen Geschick auch die politische, militärische und richterliche Gewalt über einen Bezirk ausübten. Der alte Deng galt als gerechter und liberaler Mittler zwischen den Behörden und den Kleinbauern. Außerdem verstand er sich so gut mit dem regionalen Kriegsherren, daß er es zu einer kleinen Armee von 700 Mann brachte und sich immerhin in einer Sänfte von acht Mann tragen lassen konnte. Vater Deng opponierte in Geheimbünden gegen die Mandschu-Herrschaft und war begeisterter Anhänger einer Modernisierung Chinas. Deshalb schickte er seinen Sohn auch ins Internat der Kreisstadt, wo eine Mittelschule von französischen Jesuiten geleitet wurde. Sein Sohn sollte mehr lernen als das, was chinesische Schulen bieten konnten. Deng Xiaoping ist somit nicht ein Produkt chinesischer Erziehungsmethoden, sondern seit frühester Jugend mit westlichen Ideen vertraut. Seine schnelle Auffassungsgabe beeindruckte die Lehrer, und mit der Zustimmung und dem Geld des Vaters wurde er 1920 schon mit 16 Jahren als Werkstudent nach Frankreich geschickt, wo er sich dann allerdings, wie schon beschrieben, zusammen mit Zhou Enlai dem Sozialismus verschrieb.

Deng hat in der eigenen Familie alle Tragödien erlebt, die China in diesem Jahrhundert seinen Bürgern zumutete. Der Vater wurde in den Zeiten der Räuberbanden und konkurrierenden Kriegsherren überfallen und ermordet. Seine Brüder und Schwestern fanden sich auf beiden Seiten der Bürgerkriegsparteien, der Guomindang und der Kommunisten, wieder. Seine Geschwister hatten Verhaftungen, Umerziehungen und Verfolgungen zu erdulden. Aber auch Privilegien, wenn Deng gerade mal Einfluß hatte. Sein jüngster Bruder, Deng Shuping, erbte den Hof des Vaters, bevor er in die KPCh eintrat. 1967 in der Kulturrevolution wurden ihm diese bourgeoise Vergangenheit und der Sturz seines prominenten Bruders als Parteisekretär der KPCh zum Verhängnis. Er wurde verhaftet, gefoltert und beging schließlich Selbstmord.

Als Deng Xiaoping 1933 das erstemal in Ungnade fiel, verließ ihn seine damalige Frau demonstrativ und heiratete seinen parteipolitischen Gegner. In der Kulturrevolution wurde die Familie auseinandergerissen. Er selbst mußte mit seiner Frau in die abgelegene Jiangxi-Provinz und dort unter schweren Bedingungen als einfacher Arbeiter leben. Am schlimmsten aber traf es seinen Sohn, den Atomphysiker Deng Pufang. Rotgardisten sperrten ihn in ein radioaktiv verseuchtes Labor, aus dem er sich nur mit einem Sprung aus dem Fenster retten konnte, wobei er sich so verletzte, daß er seither querschnittsgelähmt an einen Rollstuhl gefesselt ist.

Doch trotz all dieser Schicksalsschläge ist Deng überzeugter Kommunist geblieben, hält er am Kommunismus wie alle tiefgläubigen Menschen an ihrer Religion fest. In Dengs Fall ist es das Dogma des Führungsanspruchs der leninistisch organisierten Partei. Nur sie kann in seinen Augen China aufbauen. Und für dieses Ziel war er bereit, alle Erniedrigungen zu erdulden. Seit seiner Machtübernahme bis zum heutigen Tag hat er alle Versuche, die Alleinherrschaft der kommunistischen Partei aufzuweichen, konsequent niedergeschlagen. Dafür ist die blutige Niederschlagung der friedlichen Studentendemonstration auf dem Tiananmen-Platz im Juni 1989 nur ein Beispiel, bei weitem aber nicht das blutigste.

Bis zum Tiananmen-Vorfall galt der alte Revolutionär als Liebling der westlichen Medien und Regierungen. Und weil sie sein Image nicht gar so verdüstern wollen, wird Ministerpräsident Li Peng so dargestellt, als ob er die Verantwortung für die Niederschlagung der Studentendemonstration alleine trage. Doch ohne Deng Xiaopings

Befehl wäre Tiananmen nicht möglich gewesen. Über dieses seine Regentschaft überschattende Massaker und dessen Bedeutung für die Geschichte Chinas schreiben wir in dem Kapitel über die Menschenrechte.

Doch so dogmatisch Deng die politische Rolle der Partei verteidigt, so pragmatisch geht er vor, wenn es darum geht, seinem Volk Wohlstand und internationalen Einfluß zu bescheren. Deng Xiaoping ist in Frankreich Kommunist geworden, weil er der Lehre von Karl Marx am ehesten zutraute, daß durch sie den rückständigen, verarmten, ständig vom Hungertod bedrohten Massen Chinas geholfen werden könnte. Die Erfahrungen, die er mit der korrupten Guomindang-Regierung und den Verwüstungen der Japaner im Zweiten Weltkrieg sammeln konnte, bestärkten ihn noch in dieser Vorstellung. All die Jahre war Deng an vorderster Front. Er führte Armeen, war Politoffizier, lebte in Guerillaverstecken, überlebte den Langen Marsch, diente der gemeinsamen Front von Guomindang und Kommunisten gegen die Japaner in der provisorischen Hauptstadt Chongqing und war schließlich einer der Heerführer bei der entscheidenden Schlacht im Bürgerkrieg, als die Kommunisten in Huaihai siegten. Deng hatte so jahrelang Entbehrungen, Gemetzel, Tod und Hunger erlebt. Alles für das große Ziel der Befreiung der chinesischen Massen und für ein modernes China als gleichberechtigten Staat in der Völkergemeinschaft.

So wie Deng Xiaoping in all diesen Jahren für seine Ideale gekämpft hat, so hat er sie auch innerhalb der Kommunistischen Partei vertreten, was ihm, wie schon erwähnt, die mehrfache Verbannung durch Mao einbrachte. Nachdem Deng seine Herrschaft nach 1978 endlich gefestigt hatte, konnte er seine Ideale auch in die Wirklichkeit umsetzen. Die vier Modernisierungen, die Zhou Enlai noch 1975 verkündete, ohne daß sich viel getan hätte, packte Deng jetzt an: Es waren dies die Modernisierung der Industrie, der Landwirtschaft, der Wissenschaft und Technik sowie die Modernisierung der „nationalen Verteidigung“. Alle zusammen sollten China bis zum Jahr 2000 in die Gemeinschaft der Industrienationen führen.

Gleich zu Beginn seiner Herrschaft zeigte Deng Xiaoping, daß er Chinas Vormachtstellung in Asien, die es über Jahrtausende eingenommen hatte, zurückgewinnen wolle. Das bis dahin verbündete Vietnam hatte, ohne zu fackeln, im benachbarten Kambodscha die Roten Khmer vertrieben, die unter dem besonderen Schutz Beijings standen. Dies war für China unannehmbar. So kam es 1978/79 zum im Westen kaum beachteten Krieg zwischen Vietnam und China, in dem China die peinliche Feststellung machen mußte, daß seine Armeen den Vietnamesen unterlegen waren. Spätestens da war jedem in Beijing klar, wie gründlich die ideologischen Purzelbäume selbst die Kampfkraft der Armee ruiniert hatten. Die Notwendigkeit ihrer Modernisierung wurde durch den Krieg gegen Vietnam nur noch unterstrichen.

Die wichtigste und bedeutendste Reform Deng Xiaopings war indes sicherlich, daß er die Bauern endlich aus der Vormundschaft der staatlichen Leibeigenschaft entließ. Mit dem Versprechen, ihnen den Grund und Boden zu übereignen, den sie auch bewirtschafteten, hatten die Kommunisten jene Unterstützung im Bürgerkrieg erfahren, die ihnen den Sieg über die Guomindang ermöglichte. Deng erst löste das Versprechen ein. Die landwirtschaftliche Produktion schnellte Jahr für Jahr in die Höhe, bis sie beim Getreide zum Beispiel 1995 mit 460 Millionen Tonnen einen vorläufigen Höhepunkt erreichte. Zum Vergleich: Während des „Großen Sprungs nach vorn“ waren es nur 170 Millionen Tonnen. Das Einkommen der Bauern stieg am Anfang der Reformen um jährlich 18 Prozent. Und zum erstenmal in der Geschichte des Landes konnten die Bauern die Früchte ihrer Arbeit auch selbst behalten.

Deng war auch völlig klar, daß er die Modernisierung Chinas, vor allem die der Industrie, nicht mit eigenen Mitteln und Ressourcen allein schaffen konnte. Schritt für Schritt wurde auf den Sitzungen des Nationalen Volkskongresses die Öffnung des Landes beschlossen. Die Pragmatiker um Deng wußten, daß sie das internationale Kapital nur in die Volksrepublik umleiten konnten, wenn sie höhere Profite garantierten, als andere Volkswirtschaften sie boten. Und sie wußten, daß sich die Investoren einigermaßen wohl und sicher fühlen mußten. Nach dem Lehrbuch der freien Marktwirtschaft haben sie dann ihr Land auf dem Weltmarkt angeboten.

Ein erster Schritt war die Errichtung der vier Sonderwirtschaftszonen entlang der Südküste, in denen „Kapitalismus pur“ erlaubt wurde. Nahezu steuerfrei, ohne Im- oder Exportzölle, ohne die sonst üblichen endlosen bürokratischen Hürden konnten sich hier Firmen niederlassen, die den erzielten Gewinn wieder voll mitnehmen durften. China stellte vor allem das Land und billige Arbeitskräfte.

Die Privilegien der Sonderwirtschaftszonen gelten noch heute. Es werden jedoch in immer mehr Städten und Regionen ausländische Investitionen zugelassen. Mittlerweile sind zirka 1 200 der 2 000 Landkreise geöffnet, die alle um die Gunst von in- und ausländischem Kapital buhlen und konkurrieren. Dies liest sich so einfach. Aber an dieser Zahl wird auch deutlich, daß immer noch rund 800 Landkreise für Ausländer gesperrt sind und welch gewaltige innere Barrieren in dem Land übersprungen werden müssen, um überhaupt so etwas wie eine Normalität einkehren zu lassen. Übrigens gibt es weder eine Landkarte noch eine offizielle Liste darüber, welche Regionen geöffnet und welche immer noch geschlossen sind. Aber die gesperrten Gebiete wehren sich, denn sie wollen teilhaben am Aufschwung.

Seit der Öffnung 1979 fließt ein ständiger Kapitalstrom nach China. 350 Milliarden Dollar hat das Land von außen erhalten. Davon sind allein rund 100 Milliarden Dollar günstige Kredite der Weltbank - Geld, das so gut wie geschenkt ist. Mittlerweile haben Unternehmen aber auch zirka 133 Milliarden Dollar in 258 000 Projekte investiert. 1994 waren es allein 25 Milliarden Dollar ausländische Direktinvestitionen und 1995 rund 30 Milliarden Dollar - Zahlen, die belegen, daß das Mistbeet, das die Kommunisten dem Kapital vorbereitet haben, auch gerne genutzt wird. Es sind Zahlen, die beweisen, daß die Machthaber in Beijing die Marktmechanismen der internationalen Kapitalströme begriffen haben. Zum selben Zeitpunkt, als die Milliarden nach China flossen, haben sie um Ostdeutschland einen weiten Bogen gemacht.

Die Modernisierung der Forschung und Entwicklung in Universitäten und Unternehmen war besonders schwierig, weil die entsprechenden Einrichtungen während der Kulturrevolution fast völlig zerstört worden waren. Professoren und Lehrer wurden allesamt zur Bourgeoisie gezählt und zur proletarischen Erziehung und Solidarität in abgelegene Dörfer geschickt. Wissen war bourgeois, Einfalt und Dummheit das Vorbild. China fehlt die akademische Kontinuität eines ganzes Jahrzehnts.

Doch auch hier hat Dengs Politik wahre Wunder bewirkt. Jetzt haben allein die Städte Schanghai und Beijing mehr Ingenieure und Wissenschaftler als ganz Taiwan oder Korea. Möglich wurde dies, weil durch die Modernisierung Dengs erhebliche Mittel zum Transfer ausländischer Technologie nach China aufgewendet wurden. Gleichzeitig durften Tausende von chinesischen Studenten ins Ausland. Alleine 50 000 halten sich in den USA auf. Auch dieser Schritt kann in seiner Bedeutung erst erfaßt werden, wenn man daran erinnert, daß es einem Chinesen noch bis 1974 verboten war, überhaupt mit einem Ausländer zu sprechen. Aber auch die chinesischen Universitäten selber wurden wieder aufgebaut und erhielten eine Teilautonomie. Die Aufwendungen für Forschung stiegen sprunghaft, die internationalen Beziehungen wurden intensiv gefördert. Vor allem auf sieben Bereiche konzentriert sich die Modernisierung der Wissenschaft: Biotechnologie, Weltraumtechnik, Informatik, Automatisierung, Lasertechnologie, Energie- und Materialwissenschaft.

Wie rückständig Chinas Militär war, wurde, wie schon erwähnt, im Vietnamkrieg deutlich. Mao Zedong hatte konsequent auf die Devise gesetzt: Wir haben Menschen, wir brauchen keine Waffen. Während der Kulturrevolution sind entsprechend dieser Lehre die Streitkräfte auf 6 Millionen Soldaten angewachsen, soviel wie die USA und die damalige Sowjetunion zusammen besaßen. Dafür wurde an Ausstattung und Ausbildung gespart. Eine der ersten Reformen Dengs war, die Armee um eine Million Soldaten zu verkleinern. Mittlerweile ist die Mannschaftsstärke auf weniger als die Hälfte, nämlich auf 2,98 Millionen, zusammengeschrumpft. Die Militärbezirke wurden neu festgelegt, die Ausbildung verbessert, und vor allem begann eine noch nicht abgeschlossene Modernisierung der Waffen. Die größte Veränderung aber für das Bewußtsein der Armee ist inzwischen, auch wenn dies so nicht beabsichtigt war, daß sie voll in die Wirtschaft integriert ist und ihren eigenen Geschäften nachgehen kann. Dabei verdient sie mehr Geld, als im offiziellen Verteidigungsbudget für sie ausgewiesen ist.

Diese Modernisierungen haben das tägliche Leben, das Bild Chinas, radikal verändert. Aus den „blauen Ameisen" ist wieder ein buntes Volk geworden. Die grauen Städte machen den glitzernden Glas- und Stahlfassaden der Wolkenkratzer Platz. Die Fahrräder weichen den Autos. Leuchtreklamen westlicher Konsumgüter buhlen um die Kaufkraft der Passanten - und diese Kaufkraft wird schon im Jahr 2000 das größte Volumen der Welt haben.

Die vier Modernisierungen Deng Xiaopings haben für jeden sichtbar ein neues China geschaffen. Und wir schreiben es noch einmal, weil dies in seiner historischen Bedeutung gar nicht genug herausgestellt werden kann: Es ist das erste Jahrzehnt in der überschaubaren Geschichte Chinas, in welchem die Menschen genug zu essen hatten, in dem keine größeren Hungersnöte, ausgelöst durch die Natur oder durch die Politik, das Land heimsuchten. Es war auch ein Jahrzehnt, in dem die Menschen vor neuen ideologischen Überfällen sicher waren und in dem der Staat einem Großteil seiner Bürger eine selbstbestimmte wirtschaftliche Entfaltung ermöglichte. Es gibt kein bedeutenderes Menschenrecht als das tägliche Brot. Und was auch immer gegen Deng und die jetzige Führung einzuwenden ist: Es ist ihr großes Verdienst, dieses Menschenrecht in China verwirklicht zu haben.

Über jedes einzelne Detail der Modernisierungen läßt sich diskutieren, ob es so oder so ein bißchen besser gewesen wäre. Aber vom sicheren Turm westlichen Wohlstands und westlicher akademischer Freiheit aus kann man leicht Ratschläge geben. Dort war 1978 ein Volk von damals einer Milliarde Menschen wirtschaftlich und geistig so ausgelaugt, daß es den Anschluß an die Außenwelt verloren hatte. China ist eine Nation, die während ihrer ganzen Geschichte nur von autoritären Herrschern regiert worden ist und in der sich noch nie eine bedeutende eigenständige liberale Idee entwickelt hat. Eine Nation, in der sich jeder Chinese mit Stolz seiner 4 000 Jahre alten Kultur bewußt ist, die aber seit Jahrhunderten nur herumgestoßen wurde, eigentlich keine Rolle mehr spielte, die ihrer Größe und ihrem Selbstverständnis entsprochen hätte. Diese ausgepowerte Nation katapultierte Deng in nicht einmal 20 Jahren in die moderne Welt, er riß Barrieren nieder, brach mit Tabus, setzte seine Landsleute in eine Zeitmaschine, die alle Entwicklungen, die wir oder auch der asiatische Nachbar Japan in 150 Jahren bewältigten, nun in 15 Jahren durchraste.

Und mit dieser stürmischen Entwicklung hat Deng Xiaoping die Büchse der Pandora geöffnet. Mit einem Schlag werden alle lebensbedrohlichen Konflikte sichtbar, die bisher mit Gewalt unterdrückt worden sind. Die gigantischen Probleme, die ein Volk von 1,2 Milliarden Menschen auf einer viel zu kleinen fruchtbaren Fläche hat, lösen jetzt eine Kettenreaktion aus, die vielleicht am besten mit einem Atomreaktor zu vergleichen ist. Dort wird der einmal begonnene Prozeß durch ein sorgfältiges und hochkompliziertes Verfahren kontrolliert und gibt dadurch nur so viel Energie ab, wie gewünscht ist. Wenn der Reaktor mit den Atomspaltungen aber außer Kontrolle gerät, gibt es kein Halten mehr, bis er durchglüht und ein Supergau eintritt. Es gibt auch die Alternative, auf die Energie zu verzichten, dann passiert gar nichts, dann verkümmert ein Volk. Die chinesische Führung hat mit

Recht die Energie entfesselt, und jetzt geht es darum, den chinesischen Wirtschaftsreaktor zwar laufen, aber nicht explodieren zu lassen.

Zugegeben, wenn die Chinesen mit dem Tempo ihre Probleme angehen, wie wir sie in der Bundesrepublik behandeln, wenn sie unsere bürokratische und geistige Erstarrung als Vorbild nehmen, dann ist der Supergau vorprogrammiert. Die massiven Eingriffe in die Natur, die Einschränkung der Individualrechte zugunsten der Gemeinschaft, der Zwang zum Wachstum, das sind alles Antithemen in Europa, vor allem in Deutschland. Aber den Chinesen hier Ratschläge zu geben, unseren Vorstellungen zu folgen, bedeutet, ihnen Selbstmord zu empfehlen - aus Angst vor einem möglichen Tod.

Die Frage, wer Deng nachfolgen wird, ist deswegen wirklich nicht so entscheidend wie die Frage, ob es der chinesischen Führung, wer auch immer sie stellt, gelingt, die Kettenreaktion zu kontrollieren, also das Wachstum und die soziale Balance zu halten. Vor allem in den letzten vier Jahren war der Reaktor ständig überhitzt. Der Boom drohte außer Kontrolle zu geraten, denn er produzierte eine große Ungleichheit zwischen dem Inland, das noch nicht so weit geöffnet war, und der Küste, die viele Privilegien genoß. Dieses Ungleichgewicht heizt auch die Spannungen im Politbüro an. Jene, die glauben, daß durch Verordnungen, per Plan, per Dekret also, die Ungerechtigkeiten zu beseitigen sind, fühlen sich durch die Fehlentwicklungen bestätigt. Die alte lähmende chinesische Weisheit „Ungleichgewicht ist schlimmer, als wenn alle arm bleiben“ gewinnt wieder an Bedeutung. Ein Vertreter der entgegengesetzten Richtung, der Erste Parteisekretär der Sonderwirtschaftszone Zhuhai, die mit das höchste Einkommen in ganz China hat, Liang Guangda, meinte dagegen: „Früher haben wir versucht, daß sich alle gleich schnell entwickeln, das hat uns nirgendwohin gebracht. Jetzt lassen wir Unterschiede zu, und haben Erfolge. Jetzt können die von uns lernen, die noch nicht so erfolgreich sind.“

Alle Aussagen und Indizien weisen darauf hin, daß die verschiedenen ideologischen Richtungen der Führung in Beijing, egal ob sie mehr auf Planwirtschaft oder mehr auf Marktwirtschaft setzen, daß sie alle diese gigantischen Probleme pragmatisch lösen wollen, weil sie sonst selber untergehen. Wer auch immer den Machtkampf gewinnt und dann Fehler macht, ist bald Geschichte.

Die vier Modernisierungen haben, wie beschrieben, auch die Probleme des Landes sichtbar gemacht. Die alarmierendsten Nachrichten stehen oft in der chinesischen Parteizeitung selbst. So war gleich am Anfang des Jahres 1996 in der „China Daily“ ein Artikel von einem gewissen Ye Weizuo zu lesen. Er wurde als Beamter vorgestellt, der mit dem UN-Entwicklungsprogramm zusammenarbeitet. Er schreibt, daß die Umwelt, das Bevölkerungswachstum und die wirtschaftliche Entwicklung die wichtigsten Themen Chinas seien. Die Staatsbetriebe betrachtet er als ein eher einfaches, lösbares Problem im Vergleich zu den anderen, die er in dem Artikel beschreibt.

Der Autor veröffentlicht dabei bittere Wahrheiten. So sei durch die fortschreitende Umweltzerstörung, vor allem durch die Ausdehnung der Wüste, die landwirtschaftliche Nutzfläche auf nur 10 Prozent der Gesamtfläche der Nation zusammengeschrumpft. Nur 20 Prozent der Industrieabfälle und 5 Prozent des Haushaltsmülls würden behandelt. China habe 180 Millionen Analphabeten. Ob die Bevölkerungsmassen einen Segen oder eine Last darstellten, hänge einzig und allein von dem Volkscharakter und dem Grad der Bildung ab. Vor allem kritisierte der Autor den immer größer werdenden Einkommensunterschied zwischen Arm und Reich. Und dann steht in dem Artikel die unglaubliche Zahl, daß 1 000 Personen in China die Hälfte der Ersparnisse der Nation besitzen. Dies verstoße klar gegen die Prinzipien der Vereinten Nationen, die Frieden, Wahrhaftigkeit, Brüderlichkeit und Gleichheit verlangten, stellt der Autor fest. Natürlich fehlt in dem Artikel nicht eine Warnung von Konfuzius, der schon vor 2 500 Jahren gesagt habe, Unruhen kämen eher von Ungleichheit als von Armut. „Die chinesische Regierung hat diesen Trend erkannt und ist entschlossen, den Armen zu helfen“, schließt der Autor und verspricht: „Bis zum Ende des Jahrtausends wird die Armut in China beseitigt werden können.“

Trotz Überbevölkerung und Landknappheit muß die Regierung gleichzeitig die Nahrungsmittelversorgung sicherstellen und Hunderte Millionen Arbeitsplätze schaffen, um dieses Versprechen halten zu können. Von den zaudernden, müden Europäern können die Chinesen dabei keine Hilfe erwarten. Der alte Kontinent wird aber seinerseits von dem Fallout des chinesischen Wachstumtempos getroffen werden. Sein Schicksal wird mit davon abhängen, ob er auf die chinesischen Herausforderungen noch reagieren kann.

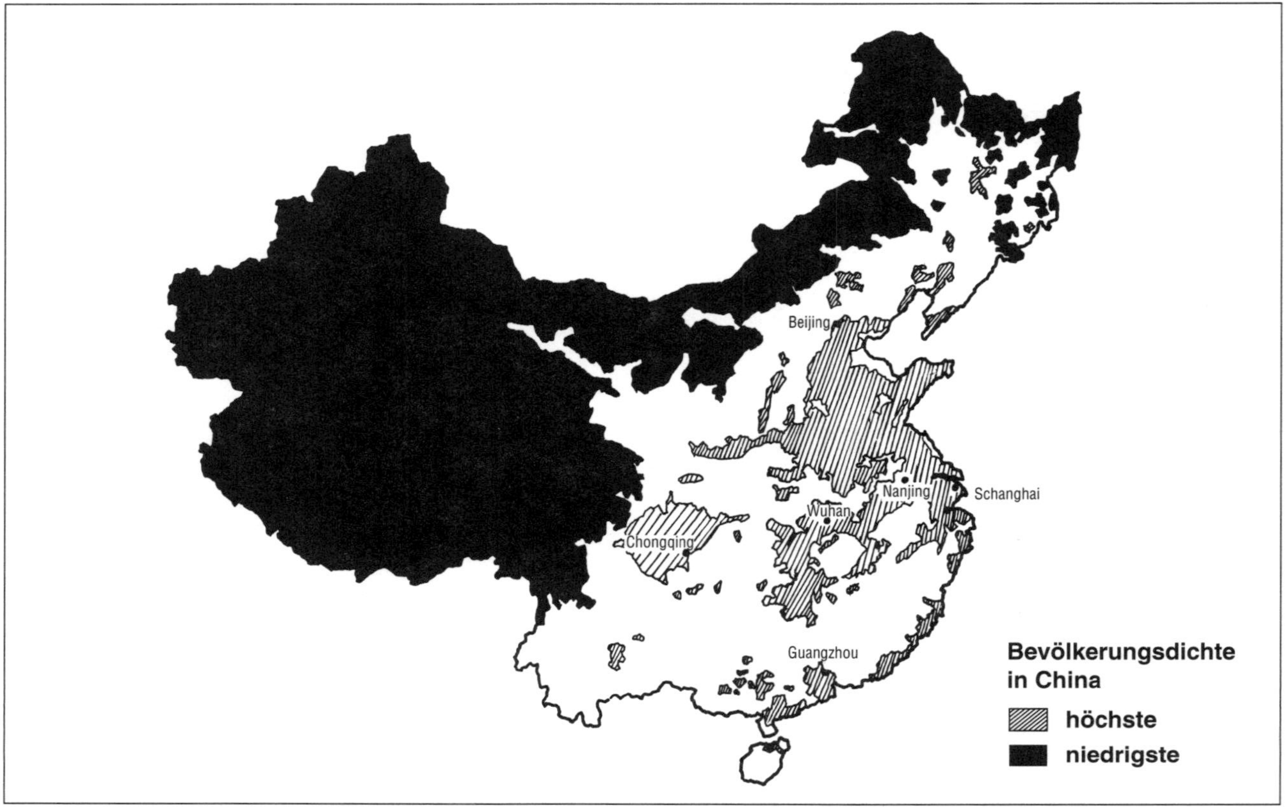

Beijing
Nanjing
Schanghai
Wuhan
Chongqing
Guangzhou
Bevölkerungsdichte in China
höchste
niedrigste

21. Die Menschenflut und der Hunger
Von der Kunst, 1,2 Milliarden Mägen zu füllen

Chinesische Politiker müssen Optimisten sein, sogar mutige Optimisten. Da haben sie die ersten Etappen geschafft, nämlich den akuten Hunger zu beseitigen und den Menschen die lähmende Angst der Kulturrevolution zu nehmen, doch schon warten neue gigantische Herausforderungen. Und jeder kleine Fehler kann gleich zum Supergau führen, der dann mit Hungersnöten eingeleitet wird und mit Sicherheit zu einer Revolution führt. Noch ein paar nackte Zahlen, die erschrecken und die zeigen, welche Aufgaben die chinesische Regierung nach vorne treiben. Den 1,2 Milliarden Chinesen, die zirka 20 Prozent der Menschheit ausmachen, stehen nur 7 Prozent der landwirtschaftlichen Nutzfläche der Erde zur Verfügung. Und diese landwirtschaftliche Nutzfläche verringert sich jedes Jahr durch Wüstenerosion und Überbauung. Das heißt, bis zum Jahr 2030 ist nur noch die Hälfte des jetzt verfügbaren Landes übrig. Dafür aber wächst die Bevölkerung von heute 1,2 Milliarden in den nächsten 30 Jahren auf 1,6 Milliarden. Das sind zusätzlich noch rund fünfmal soviel Menschen, wie jetzt die Bundesrepublik Einwohner hat.

Die Regierung in Beijing weiß um die Bürde dieser Menschenflut und stemmt sich dagegen, so gut es geht, unsentimental und pragmatisch. Dazu gehört, daß China die Tatsache akzeptiert, daß das Land absolut überbevölkert ist und ohne drastisches Geburtenprogramm in einem chaotischen Elend versinkt. Da wird nichts beschönigt. Und nur diese nüchterne Erkenntnis macht es möglich, das härteste, konsequenteste Geburtenprogramm der Welt durchzusetzen. Jede Familie darf nur ein Kind haben - in ländlichen Regionen wird ein zweites Kind erlaubt, wenn das erste ein Mädchen war. Trotz dieser Konzession an Traditionen stößt dieses Geburtenprogramm jedoch im ländlichen China auf erheblichen Widerstand.

Nach chinesischer Überlieferung lebt die Sippe durch die männlichen Erben weiter. Der Sohn verrichtet den Ahnenkult, versorgt die Verstorbenen im Jenseits mit Essen und Geld. Der Sohn übernimmt das Familienbuch, in dem Ehefrauen zwar mit ihrem Mädchennamen aufgenommen werden, aber in der nächsten Generation schon vergessen sind. Diese auf männliche Nachkommen fixierte Überlebensreligion im Jenseits hat bislang die 40 Jahre kommunistischer Herrschaft überlebt. Und dieser Kult ist für den ungebildeten Bauern wichtiger als die brutale Erkenntnis, daß nicht mehr genug Platz ist für einen Sohn in jeder Sippe.

In jedem Kindergarten in China ist das Ungleichgewicht zwischen Jungen und Mädchen zu sehen. Schon jetzt errechnen Bevölkerungsstatistiker in Beijing, daß in 30 Jahren 80 Millionen Frauen in China fehlen werden. Dann hat es den Familien auch nichts mehr genützt, daß sie einen Sohn für den Ahnenkult gezeugt haben, denn der Sohn findet keine Frau mehr, und die Sippe stirbt mangels Nachkommen auch aus. Die Ein-Kind-Politik wird in der nächsten Generation deshalb eine wahre Revolution in der chinesischen Gesellschaft auslösen. Ein Volk aus verwöhnten Einzelkindern muß für eine völlig überalterte Gesellschaft die Verantwortung übernehmen. Frauen werden eine solche „Mangelware" sein, daß ihre jahrtausendealte offene und versteckte Diskriminierung ins Gegenteil umschlägt. Frauen werden sich ihre Männer unter vielen Bewerbern aussuchen können.

Die Regierung unternimmt alles, um die Notwendigkeit ihres Familienprogramms zu erklären. Sie hat die Ultraschalluntersuchungen von Schwangeren verboten, um die Abtreibung von Mädchen zu verhindern. Danach ist die Zahl der „totgeborenen" Mädchen in die Höhe geschnellt. Die Regierung versucht es mit Anreizen, Aufklärung, Drohungen und Gewalt. Das Furchtbare an dieser Situation ist, daß es zur „Ein-Kind-Politik" keine Alternative gibt. Wird sie konsequent durchgehalten, steigt die Zahl der Chinesen bis 2030 nur auf 1,6 Milliarden - also noch einmal ein Wachstum um die fünffache Bevölkerung der Bundesrepublik Deutschland. Diese Menschenmasse ist schon nicht mehr zu ernähren, wenn die Wirtschaft bis dahin nicht mit großem Tempo weiterwächst.

Diese Politik ist natürlich ein schwerer Eingriff in die persönliche Lebensplanung, in das persönliche Glück von Millionen Chinesen, die gerne mehr Kinder hätten. Aber wer kennt eine Alternative - wenn schon die 1,6 Milliarden Menschen bis 2030 die Ressourcen der Welt aufs äußerste anspannen werden, wenn heute schon nur noch 0,08 Hektar landwirtschaftliche Nutzfläche, also soviel wie der Strafraum eines Fußballfeldes, für jeden Chinesen zur Verfügung stehen? Mit welchem Konzept wollte man dann erst die bei ungebremsten Geburtenraten bald 2 Milliarden Chinesen ernähren und regieren?

Diese Horrorzahlen sind letztlich eine Hypothek von Mao Zedong. Er ist es, der seinen Nachfolgern eine Bevölkerungspyramide voller

Sprengstoff hinterlassen hat. In der Kulturrevolution förderte er Geburten, untersagte die Geburtenkontrolle, damit China noch mehr Menschen hatte, noch mächtiger gegenüber seinen Nachbarn auftreten konnte. Deshalb ist die Hälfte der 1,2 Milliarden Chinesen unter 20 Jahre alt, und deshalb steigt die Bevölkerungszahl unausweichlich nochmals um mindestens ein Drittel. Verstärkt wird diese Entwicklung außerdem dadurch, daß die Sterbequote sinkt und die Lebenserwartung steigt.

Obwohl niemand den Chinesen sagen kann, wie sie mit einer solchen Menschenflut umgehen sollen, wird die Regierung trotzdem wegen ihrer Ein-Kind-Politik heftig kritisiert. Ein Tiefpunkt war dabei sicher die Rede der amerikanischen Präsidentengattin Hillary Clinton auf dem Weltfrauenkongreß in Beijing im September 1995, als sie der chinesischen Führung vorwarf: „Es ist eine Verletzung der Menschenrechte, wenn den Frauen das Recht verweigert wird, ihre eigenen Familien zu planen, und dies schließt auch ein, wenn sie gegen ihren eigenen Willen sterilisiert oder zur Abtreibung gezwungen werden."

Keine Frage: Es gibt sicher haarsträubende Fälle, wo Parteikader Frauen zu Abtreibungen gezwungen haben, wo Frauen ohne ihr Wissen sterilisiert worden sind und wo die Maßnahmen der Ein-Kind-Politik zu schweren psychischen Störungen der Betroffenen geführt haben. Aber noch einmal: Welcher Staat wäre bereit, einige zigmillionen Chinesen aufzunehmen, die sonst verhungern müßten? Welcher Staat ist bereit, China alle seine Finanz- und Nahrungsreserven zu schenken, damit die 2 Milliarden Menschen möglichst im Land bleiben und nicht einige Hundertmillionen auswandern, die nirgendwo willkommen wären? Jeder, der das chinesische Geburtenprogramm kritisiert, sollte sich die Konsequenzen ausmalen, was passiert, wenn diese Menschenmassen auf der Suche nach Lebensraum aus ihren Grenzen ausbrechen. Denn eines werden sie nicht tun: eingesperrt auf ihren Miniäckern in aller Stille vor sich hin verhungern.

Die 400 Millionen Menschen, die in China zusätzlich leben werden, können nur in städtischen Siedlungen, nur von der Industrie absorbiert werden. 2 Prozent des Bruttoinlandproduktes in der Bundesrepublik Deutschland hängen von der Landwirtschaft ab, in Taiwan sind es noch 3,7 Prozent, in China sind es 70 bis 80 Prozent. Und diese 70 bis 80 Prozent werden im Moment noch von 70 bis 80 Prozent der Bevölkerung erwirtschaftet. Das kann nicht gutgehen. Die Menschen in den Dörfern haben nicht genug zu tun, auch wenn sie ihre Felder in Handarbeit und ohne Maschinen bearbeiten. Die Durchschnittsfläche von 0,08 Hektar ist einfach zu klein, selbst wenn das Einkommen dank der Landreform erst einmal gestiegen ist. Doch schon stagniert es im Vergleich zur Stadt.

Die Schere zugunsten der Einkommen in der Stadt öffnet sich und hat zur Folge, daß die Anziehungskraft der Städte auf die zirka 200 Millionen Landbewohner wächst, deren Arbeitskraft in ihrer Heimat nicht benötigt wird. Diese Zahlen und dieses Problem leugnet kein verantwortlicher Regierungsbeamte in Beijing. Im Gegenteil: In den halbamtlichen Zeitungen wird immer wieder auf diese Diskrepanzen hingewiesen. Wenn der Sprengsatz, den diese 200 Millionen Wanderarbeiter darstellen, sich mit einer Unzufriedenheit der 450 Millionen Bauern verbindet und wenn dann noch die unterbeschäftigten Arbeiter der staatlichen Industrien rebellisch werden, wird die kommunistische Führung in Beijing auch nicht mehr von ihrer Volksbefreiungsarmee gerettet. Sie hat dann nämlich ihre historische Aufgabe nicht gelöst und ihre Existenzberechtigung verloren. Auch das wird kein Beijinger Parteikader leugnen.

Die massenhafte Landflucht hat schon begonnen. 80 Millionen Menschen, so wird geschätzt, „fließen" durch das Land auf der Suche nach Arbeit, auf der Suche nach einer besseren Zukunft. Ohne Dengs Reformen wären sie die ersten, die bei der nächsten Hungersnot umkämen. In früheren Jahrzehnten wären sie für die Heere der Kriegsherren rekrutiert und in den endlosen Scharmützeln verheizt worden. Jetzt stellen sie das Reserveheer für den Aufschwung dar.

Wir haben einige Tausend dieser 80 Millionen gesehen. Sie hokken an den Straßenrändern, in der Nähe der Bahnhöfe und hoffen auf eine Tagesarbeit. Zerlumpte Gestalten, verwegene Gesichter. Sie können kaum lesen und schreiben. Viele von ihnen erschrecken uns mit hohlen Augen, grauen Gesichtern und ihrer Apatie. In den Städten an der Küste werden sie mit Mißtrauen beobachtet. Sicher nicht zu Unrecht macht man sie für das Ansteigen der Kriminalität verantwortlich. Das Wohn- und Arbeitsrecht Chinas ist für die Grauzone, in der die Menschen leben, mitverantwortlich. Der arbeitslose Landarbeiter, der in die Stadt kommt, erhält dort keine Aufenthaltsgenehmigung, denn in China darf niemand ohne Erlaubnis der Behörden seinen Wohnort wechseln - auch aus Angst, daß sonst einige Hundertmillionen Chinesen eine Binnenwanderung auslösen könnten, die jede bisher bekannte Völkerwanderung in den Schatten stellen würde.

Doch so sehr diese „fließenden“ Arbeiter mißtrauisch und oft mit Abscheu betrachtet werden, so sehr werden sie in den Boomgebieten dafür gebraucht, die zahlreichen ehrgeizigen Bauprojekte zu verwirklichen. Der Wirtschaftswissenschaftler Chen Zhenhui aus der Provinz Guangdong, die die höchsten Wachstumsraten hat, stellt nüchtern fest: Wenn die Wanderarbeiter gestoppt würden, bedeute dies für die Küstengebiete mindestens eine Stagnation. Schlimmstenfalls würde die Wirtschaft der Küstenregionen zusammenbrechen, und dies wiederum würde den Zusammenbruch der chinesischen Wirtschaft herbeiführen. Das ergäbe für China ein weitaus größeres Chaos und eine noch weit größere Bedrohung als die Kleinkriminalität, die wegen der Wanderarbeiter in den Städten existiert.

Hier zeigt China sein besonders hartes, kapitalistisches Gesicht. Auf der einen Seite benötigt man Millionen Arbeitskräfte in den Boomstädten, auf der anderen Seite ist man noch nicht einmal bereit, ihnen die geringsten Arbeits- und Wohnrechte einzuräumen. China errichtet an Stadt- und Provinzgrenzen höhere Barrieren, als sie innerhalb der Europäischen Union zwischen den Staaten bestehen. Auf diese Weise wird ein rechtloses Proletariat geschaffen, in dem Marxisten einen dankbaren revolutionären Nährboden finden.

Das Parteiestablishment kümmert sich bisher nicht um diese Menschen. Der Bürgermeister von Dalian in der Provinz Liaoning erzählte uns in einem Gespräch, daß eine Million Bauarbeiter aus den Provinzen in seiner Stadt Arbeit hätten. Dies war für ihn ein Beweis, wie gewaltig der Aufschwung in dieser Hafenstadt ist. Gleichzeitig aber bemerkte er, daß er mit den 5,5 Millionen Einwohnern zufrieden sei und auf keinen Fall wolle, daß seine Stadt noch weiter wachse. Auf die Frage, was mit den eine Millionen Wanderarbeitern geschehen solle, meinte er: „Die müssen dann die Stadt wieder verlassen.“ - „Und wohin sollen sie gehen?“ fragten wir nach. „Dorthin, wo sie hergekommen sind, in ihre Dörfer.“ Aber dort fänden sie doch keine Arbeit, von dort seien sie doch gerade weggegangen, weil sie nicht hätten bleiben können, wandten wir ein. Das sei nicht sein Problem, beendete der Bürgermeister dieses Thema.

In Schanghai, der größten chinesischen Stadt mit knapp 14 Millionen Einwohnern, gibt es zusätzlich 3 Millionen Wanderarbeiter. Schanghais Planungsdirektor Guo Yikan beschwert sich: „Die meisten Raubüberfälle und Diebstähle werden von den Wanderarbeitern verübt. Sie sind auch die Schuldigen, die die Sozialordnung von Schanghai zerstören, weil sie glauben, daß das Geld auf der Straße liegt." Kein Wort davon, daß Schanghais 6 000 Großbaustellen ohne diese Wanderarbeiter nicht möglich wären.

Die Hauptstadt Beijing hat sich einen besonders perfiden Plan einfallen lassen, um diese unterste Sozialschicht noch einmal zu beuteln. Die Stadtregierung verlangt von jedem Beschäftigten eine einmalige Arbeitssteuer von 10 000 RMB (rund 1 800 Mark), wenn sie in den Außenbezirken wohnen. In der Innenstadt müssen sie das Doppelte bezahlen. Die Bauarbeiter verdienen in der Regel 500 RMB pro Monat. Diese Einmalzahlung wird von allen verlangt, die legal eine Arbeitserlaubnis erhalten. Die vielen Millionen Illegalen sind damit erst recht Freiwild für Erpressungen durch korrupte Beamte und Polizisten, und sie sind leichte Beute für das sich krakenhaft ausbreitende organisierte Verbrechen.

Für die Illegalen hat sich die Stadt Beijing noch eine weitere Abschreckung ausgedacht. So sollen die öffentlichen Verkehrsmittel deutlich verteuert werden. Die Beijinger selbst erhalten dann einen ordentlichen Rabatt. Die „Wanderarbeiter" werden damit gezwungen zu laufen, was in dieser Riesenstadt kaum möglich ist.

Doch die 80 Millionen „fließenden Menschen" sind erst die Vorhut. Verläuft die Entwicklung ähnlich wie bei den anderen erfolgreichen asiatischen Staaten wie etwa Japan, Südkorea und Taiwan, dann sind noch einmal 220 Millionen Menschen in den Dörfern überflüssig und müssen in der Industrie beschäftigt werden. Wieder so eine titanische Aufgabe oder eine Zeitbombe, je nachdem, wie optimistisch oder pessimistisch man diese Zahl betrachtet. Die Zahl von ingesamt 300 Millionen Unterbeschäftigten und Arbeitslosen besagt, daß 40 Prozent der arbeitsfähigen chinesischen Bevölkerung noch keinen Arbeitsplatz haben, auf dem sie eine ihren Fähigkeiten entsprechende Wertschöpfung erbringen könnten. Und da gibt es bei uns immer noch Mitmenschen, die glauben, die Chinesen davor warnen zu müssen, die Industrialisierung nicht zu schnell voranzutreiben, weil sonst die Umwelt geschädigt werde.

Die Chinesen sind sich der Gefahr bewußt, daß sie ständig Politik am Rande des Supergaus betreiben. Die Überbauung von landwirtschaftlicher Nutzfläche wird zunehmend eingeschränkt und mittlerweile auch schon einmal verboten. Das ist zwar noch nicht genug, aber das Problem ist jetzt beim Namen genannt. Zum Beispiel wird der Bau von Hochhäusern und auch von mehrstöckigen Fabrikgebäuden gefördert. Im Süden der Provinz Guangdong werden Berge abgetragen und ins Meer gekippt, damit die Zuckerrohr- und Bananenplantagen geschont werden. Aber das alles hilft nur bedingt, das Problem zu entschärfen.

Um den 400 Millionen zusätzlichen Menschen ein Dach über dem Kopf zu bieten, müssen 98 Millionen neue Wohnungen gebaut werden. - Können Sie sich erinnern, was für ein Problem es war, als wir den abziehenden russischen Soldaten 60 000 Wohnungen bauen mußten? Aber auch die heute schon in den übervölkerten Städten lebenden Menschen wollen mehr als nur die 4,5 Quadratmeter, die ihnen jetzt zur Verfügung stehen. Aus diesem Grunde werden zum Beispiel allein in Schanghai 3 Millionen Menschen aus der Innenstadt ausgesiedelt. Diese Menschen haben ein Recht auf bessere Wohnverhältnisse, auch wenn das die Ressourcen der Welt jenseits unseres Vorstellungsvermögens strapaziert.

Massiv kämpft die Regierung auch gegen die zunehmende Verwüstung im Norden und Nordwesten. Wieder trägt Mao eine Mitschuld. Im „Großem Sprung nach vorn“ wurden die Bäume zum Stahlkochen sinnlos verheizt. Wieviel Millionen Bäume auch jedes Jahr gesetzt werden, die doppelte Anzahl müßte es wahrscheinlich sein, um das Ausbreiten der Wüsten zu verhindern. Die Wassermassen der großen Flüsse sollen in über 100 Kilometer langen Kanälen von Südwestchina in die Trockengebiete des Nordwestens umgeleitet werden. Alles Projekte, die gleich einige Milliarden Dollar verschlingen, alles Projekte, die in ihren gigantischen Ausmaßen lebensnotwendig sind und doch immer nur einen Teilbeitrag zur Lösung liefern können.

Wie groß auch immer die notwendigen Eingriffe in die Natur sein werden, China wird trotzdem der größte Importeur von Nahrungsmitteln werden- und dies mit Konsequenzen für die Weltwirtschaft, mit denen sich die Welt jetzt schon auseinandersetzen muß, um sie lösen zu können Diese Entwicklung wird jeden Staat betreffen, wird sich bis in unsere Dörfer bemerkbar machen.

Zwar hat Partei- und Staatschef Jiang Zemin gesagt: „Ohne Landwirtschaft gibt es keine Stabilität, ohne Getreide gibt es Chaos. Wenn China einen Mangel an Getreide hat, kann uns keine Nation der Welt helfen.“ Aber so recht er im ersten Teil seines Zitats hat, so national eng und falsch ist seine Schlußfolgerung. Jiangs Aussage ist sicher auch vor dem Hintergrund zu sehen, daß er wie alle anderen chinesischen Führer Überlebender der Hungersnöte ist, die während und nach dem „Großen Sprung“ und während der Kulturrevolution das Land heimsuchten. Damals mußte das Volk, vom Ausland völlig abgeschnitten, sein Elend allein erdulden.

Der Bedarf an Getreide steigt indes nicht nur, weil die Bevölkerungszahl anwächst, sondern weil sich mit wachsendem Lebensstandard auch die Eßgewohnheiten ändern. Mehr und mehr Chinesen können sich mehr leisten als nur eine Schale Reis und ein bißchen Gemüse. Das reicht zwar zum Überleben und ist für den einen oder anderen überernährten Europäer vielleicht auch eine akzeptable Diät - es bleibt aber eine Mangelernährung. Bessere Ernährung bedeutet mehr Fleisch. Für ein Kilo Geflügel braucht man zwei Kilo Getreide, für jedes Kilo Schweinefleisch vier Kilo Getreide und für jedes Kilo Rindfleisch sieben Kilo Getreide. Heute schon verfüttert China 20 Prozent seiner Getreideernte, 1978 waren es nur 7 Prozent.

Auch die Trinkgewohnheiten Chinas ändern sich und erhöhen den Getreideverbrauch. Die Kampagne der Regierung, das Volk vom Schnaps aufs weniger alkoholhaltige Bier umzugewöhnen, ist sehr erfolgreich, hat aber zur Konsequenz, daß in Hunderten von Brauereien jetzt Getreide in „flüssiges Brot“ umgewandelt wird, was pro Tag 370 000 Tonnen ausmacht. Vorausgesetzt, jeder Chinese trinkt pro Tag nur eine Flasche Bier.

Heute verzehrt jeder Chinese im Durchschnitt 300 Kilo Getreide in allen Formen pro Jahr. Bis zum Jahr 2030, so die Schätzung, wird sich diese Zahl auf 400 Kilo erhöhen. Erst dann haben sie den heutigen Standard von Taiwan erreicht, was wiederum erst die Hälfte jener 800 Kilogramm wäre, die zur Zeit ein Amerikaner pro Jahr verbraucht.

Im Jahre 1995 betrug die Ernte 460 Millionen Tonnen. Eine Rekordernte. Trotzdem: In 29 der größten Städte mußte Getreide durch Zuteilungsmarken rationalisiert werden. Wenn der Trend der Landvernichtung so anhält, wird China im Jahre 2030 nur noch 350 Millionen Tonnen produzieren, während der Verbrauch auf 640 Millionen Tonnen ansteigen wird. Das ist ein Defizit von rund 300 Millionen Tonnen, und das wiederum ist mehr als der gesamte Weltexport an Getreide 1994. Alle Überschußländer zusammen exportierten gerade mal 207 Millionen Tonnen. Also doch ein unvermeidlicher Supergau 2030?

Die jetzige chinesische Führung hat vor kurzem für den 9. Fünfjahresplan ihre Lösung zur Verhinderung des Supergaus verkündet. Danach werden alle Gouverneure der Provinzen dazu verpflichtet, die jährliche Getreideproduktion zu erhöhen. So, als ob derartige staatliche Pflichtprogramme nicht schon immer zu neuen Katastrophen geführt hätten. Ein ganzes Sammelsurium von Markteingriffen soll zum Erfolg führen. Die Regierung will Subventionen ausschütten, durch Anreize das Leben auf dem Dorf angenehmer gestalten. Die Realität sieht jedoch anders aus: Die Materialkosten vom Traktor bis zum Düngemittel sind in einem Jahr für die Bauern um 30,6 Prozent gestiegen.

Nach Beijinger Planwirtschaftsvorstellungen - und hier trifft das Wort „sozialistisch“ noch zu - soll China im Jahre 2000 schon 500 Millionen Tonnen Getreide produzieren. Da das ja praktisch schon übermorgen ist, kann das Scheitern dieses Planes mit Sicherheit einkalkuliert werden. Dazu kommt noch, daß von 85,7 Millionen Hektar, die sich für den Getreideanbau eignen, 6 Millionen Hektar von Naturkatastrophen bedroht werden. Daß hier wieder einmal die Papiertiger der Planwirtschaft zuschlagen durften, wird auch aus der Tatsache deutlich, daß die Bauern Chinas heute schon mit die höchsten Erträge pro Hektar erzielen. So ernten sie 3,4 Tonnen Weizen pro Hektar und damit ein Drittel mehr als ihre amerikanischen Kollegen. Wo soll da die gewaltige Steigerung noch herkommen, wenn nicht zugleich andere landwirtschaftliche Produkte weniger angebaut werden dürfen und damit sofort zur Mangelware werden?

Dabei gibt es eine marktwirtschaftliche Steuerung, die den Supergau bestimmt verhindert: Nach den Preisen von 1994 würden die 300 Millionen Tonnen Getreide, die China einführen muß, rund 45 Milliarden Dollar kosten. Der Handelsbilanzüberschuß Chinas betrug 1995 alleine mit den USA schon 50 Milliarden Dollar. Ein China, das in die Weltwirtschaft integriert ist und friedlich mit anderen Völkern zusammenlebt, kann also die Getreideimporte bezahlen. Ganz anders sieht es allerdings mit der Verfügbarkeit auf der Anbieterseite aus. Wenn also schon jetzt weniger Getreide weltweit exportiert wird, als China 2030 alleine benötigt, so sind eine Getreideknappheit auf dem Weltmarkt und damit steigende Preise vorprogrammiert. Chinas Landmangel wird daher auch unser Landmangel, sein Getreidemangel auch unser Getreidemangel, seine wirtschaftlichen Probleme werden auch unsere - oder ganz allgemein: seine wirtschaftliche Zukunft ist auch unsere.

Statt Supergau kann das Wirtschaftswachstum Chinas aber auch unsere Chance sein. Zur Zeit haben wir in der Welt eine Agrarwirtschaft, die mit Markt nichts mehr zu tun hat. Land für Land, Region für Region hat da einen eigenen Irrsinn entwickelt. Seit Jahrzehnten subventioniert Japan seine Reisbauern pro Jahr mit 50 Milliarden Dollar, soviel wie China einmal braucht, um seine Bevölkerung zu ernähren. Die Amerikaner sowie auch die Europäer bezahlen ihre Bauern dafür, daß sie Flächen aus der Produktion nehmen, um die Preise stabil zu halten. Und die Agrarmarktordnung der Europäischen Union ist ein solch gigantisches Ungetüm von staatlichen Zahlungen, daß es vom britischen „Economist“ einmal als die „idiotischste Erfindung der Menschheitsgeschichte“ bezeichnet wurde. Die Nachfrage aus China bietet der Agrarwirtschaft der Welt die Chance, wieder zu einer echten Marktsituation zurückzukehren. Die UNO hat in einer Studie festgestellt, daß ein freier Markt für Lebensmittel zu einer „Weltbereicherung“ von über 100 Milliarden Dollar führen würde, wobei die Industriestaaten mit 45 Prozent und die Entwicklungsstaaten zu 55 Prozent profitieren könnten. Alleine die Beseitigung der Verzerrungen des Weltmarktes würde also doppelt soviel Mittel freisetzen, wie die Chinesen dereinst zum Kauf des Getreides aufwenden müssen.

Nach Preisen von 1994 wäre der Getreidebedarf für China also bezahlbar. Aber ist diese Menge überhaupt zu produzieren, wenn auch in anderen Kontinenten die Bevölkerungszahl im selben Tempo wächst wie bisher? Die Welternährungsbehörde stellt zwar immer wieder neue Berechnungen an; diese aber haben sich im nachhinein alle als ungenau erwiesen. Zu ihrer Entschuldigung muß angeführt werden, daß auch die FAO nicht wissen kann, zu welchen Erfolgen die Wissenschaft fähig ist, welche Regionen durch Kriege in der Produktion ausfallen, welche Markteingriffe von Industrie- oder Entwicklungsstaaten alle Berechnungen über den Haufen werfen. Alleine die Stillegungsprogramme der USA und der Europäischen Union haben der Getreideproduktion Land entzogen, auf dem 34 Millionen Tonnen produziert werden könnten. In vielen Entwicklungsländern Afrikas haben sozialistische Experimente wie in Tansania die Getreideproduktion praktisch auf Null gebracht. Es wäre deswegen schiere Spekulation zu sagen, wie die Weltgetreideproduktion gesteigert werden könnte, wenn reale Marktpreise einen Anreiz für die Bauern der Welt böten.

Nicht in den Berechnungen ist zum Beispiel berücksichtigt, auf wieviel Millionen Hektar Tabak angebaut wird, weil heute dafür mehr bezahlt wird als für Getreide, wieviel Millionen Hektar Baumwolle, wieviel Hunderttausende Hektar Maulbeerbüsche für Seidenraupen, wieviel Hunderttausende Hektar Kokapflanzen und so weiter. Alles Produkte, die dem schieren Genuß dienen und durch synthetische Fasern ersetzt werden können. Schließlich gehören auch die Programme dazu, die Energie aus nachwachsenden Rohstoffen gewinnen wollen - eine Ausgeburt der Phantasie des Überflusses und der Marktverzerrungen.

Vorausgesetzt, China schafft es, seine Wirtschaftsentwicklung im bisherigen Tempo weiterzuführen, dann wird im Jahr 2030 nicht die große Hungersnot ausbrechen. Heute schon machen es Japan, Südkorea und Taiwan vor, wie man mit viel zu geringer Anbaufläche, dafür aber einer blühenden Industrie und Wirtschaft sich alles das kaufen kann, was zu Hause nicht wächst. Diese drei Staaten haben in den letzten dreißig Jahren jeweils mehr als 40 Prozent ihres Getreidelandes verloren, und gleichzeitig fiel die Getreideproduktion in Japan um 32 Prozent, in Südkorea und Taiwan um jeweils 24 Prozent. Diese drei Staaten müssen mittlerweile 71 Prozent ihres Getreidebedarfs einführen. Für diese drei Staaten, wie wahrscheinlich demnächst auch für China, ist diese Abhängigkeit kein Problem, weil sie genug durch ihre Industrialisierung verdienen und so die Getreiderechnung bezahlen können.

Mit den Einfuhren nach China und der Entwicklung eines Marktpreises werden jedoch möglicherweise andere Länder in große Bedrängnis kommen. Eine amerikanische Studie des renommierten Worldwatch Institutes zählt vor allem den Iran, Nigeria, Äthiopien, Pakistan, Bangladesch und Ägypten auf. Mit der Nachfrage nach Nahrungsmitteln erhöht sich der Druck auf die Natur, und es besteht die Gefahr, daß auch die letzten Grenzböden, Urwälder und Sümpfe in Nutzland umgewandelt werden. Vor die Alternative gestellt, zu verhungern oder die Natur im Urzustand zu belassen, werden sich die Menschen dieser Länder gegen die Natur entscheiden.

Solange die Menschheit weiter wächst, wird es deshalb auch keine Alternative zur Weiterentwicklung der Agrartechnolgien zur Erhöhung der Produktivität geben, einschließlich der Gentechnologie. Man kann nicht alles wollen: die Selbstbestimmung der Menschen über ihre Kinderzahl, die Erhaltung der Natur und die Behinderung der Technik und der Forschung. Solche Forderungen können nur Menschen in den entwickelten Staaten stellen, die alles haben oder aber die in aller Einfalt glauben, sie könnten die Probleme der Welt in Posemuckel als Staatsbedienstete mit garantierter Rente aussitzen.

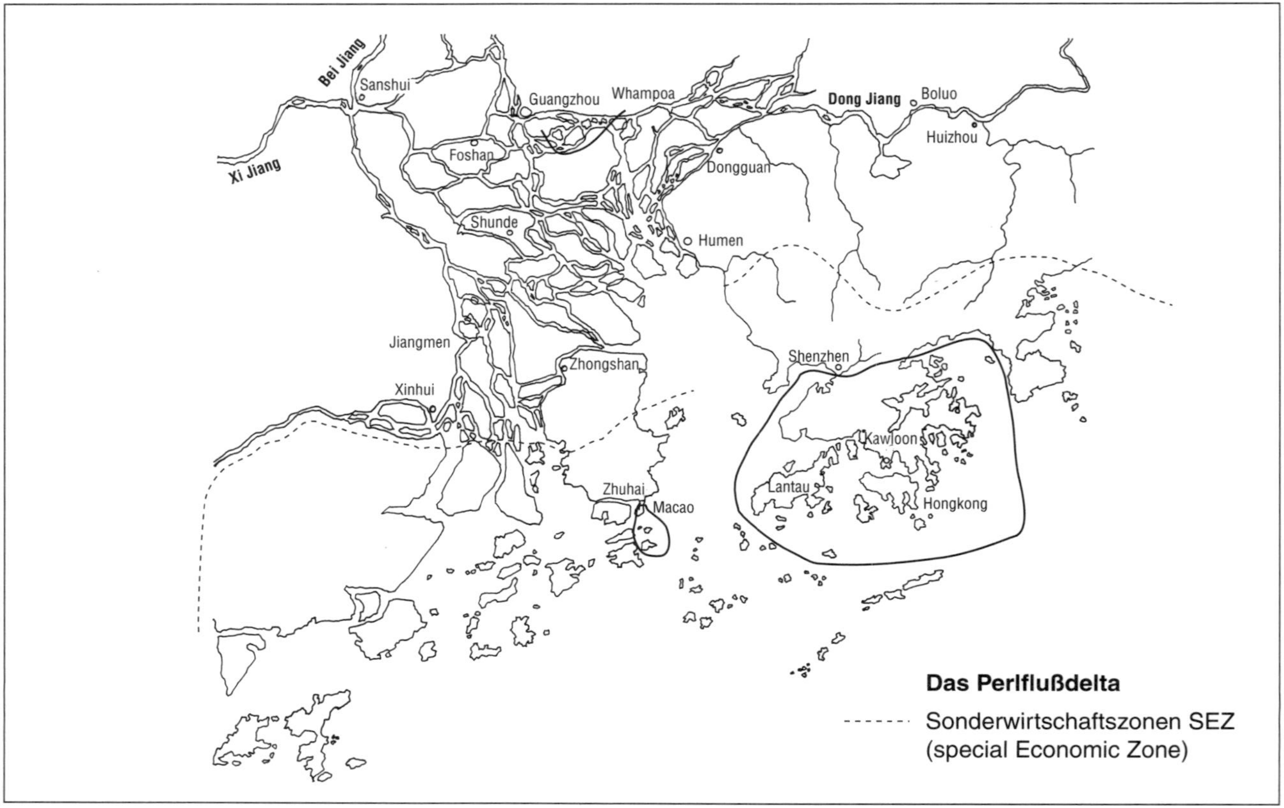
Bei Jiang
Sanshui
Xi Jiang
Guangzhou
Whampoa
Dong Jiang
Boluo
Huizhou
Foshan
Dongguan
Shunde
Humen
Jiangmen
Zhongshan
Shenzhen
Xinhui
Kawloon
Zhuhai
Lantau
Macao
Hongkong
Das Perlflußdelta
Sonderwirtschaftszonen SEZ
(special Economic Zone)

22. Sozialistische Restposten und kapitalistische Pioniere

Chinas Industrie im rasanten Wandel

Ein kleiner See, davor eine schöne Promenade mit Parkplätzen, dahinter sehr ansehnliche Einfamilienhäuser mit 340 bis 420 Quadratmeter Wohnfläche. Das Ganze gehört der Ning Fa Group Corporation. So steht es auf den Visitenkarten der Manager. Der stellvertretende Generaldirektor, Zhao Yuming, holt uns mit einem 600er Mercedes V12 ab, seinem Dienstwagen. Die Ning-Fa-Gruppe setzt rund 100 Millionen Dollar um. Ihr Hauptgeschäft: Sie baut und verkauft Wohnungen in Hochhäusern und Villen, unterhält Supermärkte und Gaststätten. Ganz stolz ist sie auf ihren experimentellen Kindergarten, der es selbst mit jedem Privatkindergarten in Deutschland aufnehmen könnte.

Bei der Ning-Fa-Gruppe handelt es sich um eines der 25 Millionen dorf- und stadteigenen Unternehmen, die eine immer größere Rolle in der Wirtschaft Chinas spielen. Sie haben ihren Ursprung in der Zeit, als das ganze Land noch in Brigaden und Kommunen organisiert war. Eng mit der ländlichen Wirtschaft verbunden, oft im kollektiven Besitz, arbeiten sie jetzt unabhängig, rein nach marktwirtschaftlichen Regeln und fallen unter die Kategorie der „Genossenschaftlichen Wirtschaft".

In unserem Falle handelt es sich um eine Bauerngemeinschaft, eine Danwei am Stadtrand von Tianjin, die festgestellt hat, daß sie mit Wohnungen mehr verdienen kann als mit Chinakohl. *Danwei* ist am einfachsten mit „Einheit" zu übersetzen, obwohl es den Begriff nicht genau trifft. Gleich in der ersten Dekade seiner Herrschaft organisierte Mao Zedong das ganze Land in Danweis. Diese Einheiten bestimmten das Leben ihrer Mitglieder. Eine Krankenhaus-Danwei untersteht dem Gesundheitsministerium, die Universität dem Erziehungsministerium und so weiter. Auf dem Land gehörten die Bauern den Landarbeiter-Danweis an.

Eine Danwei bestimmte, wieviel Arbeitspunkte ein Mitglied bekam und damit wieviel Geld. Während des „Großen Sprungs nach vorn" durfte nur in der Danwei-Kommunenküche gegessen werden, die Danwei ist für die Heiratserlaubnis, das Kinderkriegen und die

Wohnung zuständig. Mit Dengs Reformpolitik lockerte sich der Griff des Danweis. Die Menschen haben mehr Geld und werden dadurch unabhängiger. Viele ländliche Danweis sind außerdem froh, wenn sich überzählige Arbeitskräfte aus der Danwei verabschieden und woanders eine produktive Arbeit suchen. Sie brauchen sie nicht mehr mitzuschleppen.

Aber die Danweis haben auch gemeinsamen Besitz. Ihnen gehört zum Beispiel eine Fabrik, das Land eines Dorfes, eine Handelsorganisation. Mit der Reformpolitik wandelten sich die Danweis in Genossenschaften, die sich und ihre Arbeitsplätze in ein Unternehmen einbrachten, das nun privatwirtschaftlich auf dem Markt kapitalistischem Gewinnstreben nachging. Der Kommunismus hat diese Unternehmen zwar entstehen lassen, aber jetzt sind sie zum Kapitalismus umgeschwenkt.

Die Ning-Fa-Gruppe zeigte uns, wie lukrativ dies für die Mitglieder einer früheren Danwei und einer heutigen Genossenschaft sein kann. Der Entschluß, die Äcker in Bauland umzuwidmen, machte die Genossenschaft reich und damit ihre Mitglieder zu reichen Männern. Nicht nur, daß jeder von ihnen einen Luxuswagen fahren kann, sie können auch alle in 420 Quadratmeter großen Villen umsonst wohnen. Denn diese Häuser gehören ja der Genossenschaft. Sie sind sozusagen beim Bau der Wohnsilos und der Villen für Ausländer als „Windfall-Profit" abgefallen. Für eine einigermaßen passabel ausgestattete Wohnung in einem Hochhaus muß der Käufer in Tianjin rund 500 000 Dollar hinblättern, und wer bei Ning Fa mietet, zahlt bis zu 8 000 Dollar pro Monat.

Sehen diese Häuser von außen schon protzig aus, so zeigt die Inneneinrichtung, was sich ein reich gewordener Bauer in China kauft, wenn er seine Wünsche erfüllen kann. Plüschtapeten, riesige Stofftiere, tiefe Polstermöbel und vor allem die größten Bildschirme, die es für einen Privathaushalt zu kaufen gibt. In jedem Stockwerk ein Fernsehapparat mit Videoanlage. Im architektonisch geschickt ins Haus integrierten Dachstuhl dann die eigene Hausbar mit gläsernem Fußboden, sich drehender, bunt angestrahlter Glaskugel und einer gewaltigen Karaoke-Anlage.

Das Beispiel von Tianjin ist sicher besonders auffällig, aber sicher nicht einmalig.

Im Perlflußdelta gibt es das Dorf Gao Seui Haang. Dort haben die 1 700 Dorfbewohner mittlerweile 18 000 Wanderarbeiter angestellt, die in den dorfeigenen Fabriken alles an Konsumelektronik - vom Lautsprecher bis zum Mikrophon - herstellen. In diesem Dorf erhält jeder ältere Bürger pro Monat 200 RMB Taschengeld, als Bonus sozusagen. Das ist halb soviel, wie mancher Arbeiter überhaupt nur verdient.

Diese VTEs (Village and Township Enterprises), wie sie offiziell heißen, sind die eigentliche Erfolgsstory in China. 1978 gab es gerade mal 1,5 Millionen davon, die 28 Millionen Menschen beschäftigten. Sie waren mit der Vermarktung der landwirtschaftlichen Produkte befaßt, stellten Ziegel für den örtlichen Bedarf her, unterhielten eine Werkstatt für den landwirtschaftlichen Fuhrpark und kümmerten sich um ähnliche mit den Dörfern und Kleinstädten verbundene Arbeiten. Heute gibt es über 25 Millionen VTEs mit über 120 Millionen Beschäftigten. Sie haben somit mehr zur Entwicklung beigetragen als alle anderen Wirtschaftszweige zusammen, also auch mehr als die reinen Privatbetriebe.

Heute stellen die VTEs alles her, von Motoren bis Drehbänke, von Textilien bis Wasserpumpen. Außerdem sind sie im Wohnungsbau, im Transportwesen und in fast allen nur denkbaren Serviceleistungen vom Hotel bis zur Gastronomie zu finden. VTEs sind fast immer auf der Suche nach einem westlichen Joint-venture-Partner, der nicht nur Know-how und Geld mitbringt, sondern der den Trägern und Chefs der VTEs die beliebten Reisen ins Ausland sichert. In den Vorständen der VTEs sitzen immer auch Bürgermeister und örtliche Parteikader, die sich so ein paar Privilegien gesichert haben, die ihrem persönlichen Wohlbefinden guttun. Über die VTEs sind die auf kommunaler Ebene führenden Kommunisten auch die auf kommunaler Ebene führenden Kapitalisten.

Chen Chubin, der Bürgermeister des Erfolgsdorfes im Perlflußdelta, erklärt, wie er, der auch Erster Parteisekretär und Vorsitzender der VTEs ist, das alles unter einen Hut bringt. Sein Dorf sorgt besonders gut für die Wanderarbeiter. Einmal im Jahr spendieren sie ihnen für vier Tage eine kostenlose Heimfahrt. Außerdem unterscheiden sie bei der Unterbringung der Arbeiter nach Bildungsstand. Einfache Arbeiter wohnen im Acht-Bett-Zimmer, wer einen Schulabschluß hat, bekommt ein Vier-Bett-Zimmer und wer die Universität besucht hat, ein Einzelzimmer. So einfach kann ein kommunistisches Gewissen beruhigt werden, wenn der Kapitalismus nicht gestört werden soll.

Die VTEs bilden zunehmend ein solides Fundament für den ländlichen Raum. Nicht nur, daß sie jetzt schon 120 Millionen überflüssige Arbeitskräfte aus der Landwirtschaft aufgesaugt haben, die nicht in die großen Städte abgewandert sind, man traut ihnen auch zu, weitere 200 Millionen Menschen zu binden, wenn die Entwicklung so weitergeht. Der Anteil der landwirtschaftlichen Wertschöpfung in den Dörfern ist durch die VTEs auf 46,4 Prozent gesunken, der des nichtlandwirtschaftlichen Sektors entsprechend auf 53,9 Prozent gestiegen. Und mittlerweile machen sie mit 2 210 Milliarden RMB Umsatz schon 47 Prozent der gesamtchinesischen Industriewertschöpfung aus.

Die Dorf- und Stadtunternehmen entwickeln sich zu einer gesunden, mittelständischen Industriestruktur. Da sie dem Markt unterworfen sind, verhalten sie sich immer weniger wie ein „Kollektiv" oder eine „Genossenschaft", sondern bilden eher die Speerspitze der „Privatisierung". Jährlich wächst ihre Produktion um 31 Prozent, und sie sind es, die in die Landwirtschaft investieren und so deren Produktivität erhöhen. In den letzten 15 Jahren haben sie jährlich fast 80 Milliarden RMB in die Landwirtschaft gepumpt. Die Ineffizienz, die hier und da noch durch die lokalen Kader verursacht wird, hat, wie das stürmische Wachstum beweist, den VTEs nicht grundsätzlich geschadet. Dafür aber werden die kommunistischen ländlichen Funktionäre mit marktwirtschaftlichen Abläufen vertraut. Sollte die kommunistische Partei insgesamt auf die Idee kommen, die Wirftschaftsreform wieder rückgängig zu machen, würde sie auch ihre Millionen Kader treffen. Sie würde ihnen ihr Zubrot stehlen, ihre Privilegien und Einkommen als Unternehmer. Vor allem würden die Kader als erste die Wut der Bewohner spüren, wenn deren Lebensgrundlage wieder durch ein ideologisches Abenteuer aufs Spiel gesetzt würde. Nur lokale Bewohner können die lokalen Kader kontrollieren und notfalls auch verprügeln.

Im südlichen Jiangsu, dort wo sich eine Millionenstadt an die andere reiht, wo Textil-, Maschinen- und Chemieindustrie sich abwechseln, besuchten wir die Karl-Mayer-Wujin-Textilmaschinenfabrik in Hutang, ein VTE- Vorzeigeunternehmen. Hier werden Strickmaschinen gebaut. Xu Jinlin, der agile Chef, führte uns stolz durch die Hallen, zeigte die Eigenentwicklungen und die Maschinen, die er mit seinem deutschen Joint-venture-Partner in alle Welt exportiert. Aus der staatlich gelenkten Fabrik ist ein VTE geworden, das sich mit dem Weltmarktführer aus Deutschland verbunden hat und vor Optimismus nur so strotzt.

In einem Teil der riesigen Halle wurden gerade die Mitarbeiter von einem Kunden an einer Kunststoffstrickmaschine eingewiesen. Die jungen Frauen standen da mit ihren dicken Wollstrümpfen, Handschuhen und wattierten Jacken, konnten sich kaum bewegen. Erst dachten wir, die Mitarbeiter seien extra für uns am Sonntag in die ungeheizte Fabrik beordert worden, denn seit 1994 arbeiten die Betriebe offiziell nur noch 40 Stunden und haben am Wochenende zu. Doch hier im südlichen Jiangsu ist alles anders. Hier arbeitet ein Teil der Betriebe am Samstag und Sonntag, dafür ist der Montag und der Dienstag frei. Der andere Teil darf am Wochenende zu Hause bleiben und muß die ganze Woche hindurch die normale Arbeitszeit einhalten. Notwendig wird dies durch den Energiemangel in Südjiangsu.

Allein für die aus der Landwirtschaft kommenden Arbeitskräfte muß die Regierung mindestens fünf Jahre lang - bei konservativer Schätzung - 10 Millionen neue Arbeitsplätze pro Jahr schaffen, um den Status quo zu halten. Eine Aufgabe, die für sich allein genommen ausreichen würde, um mit Recht skeptisch zu bleiben, ob China es schafft, eine halbwegs stabile Gesellschaft zu entwickeln. Doch das ist nur ein Teil des Problems. Das sind eben „nur" die Arbeitsplätze, die neu geschaffen werden müssen. Daneben gibt es 110 Millionen Arbeitnehmer, die in Staatsbetrieben beschäftigt sind; vielen von ihnen droht die Arbeitslosigkeit, weil ihre Unternehmen pleite sind.

Die Staatsbetriebe sind im Vergleich zu den flotten Dorf- und Stadtunternehmen, den VTEs, die Dinosaurier Chinas. Doch im Gegensatz zu den Riesentieren dürfen die Staatsbetriebe noch nicht aussterben. Dabei verbrauchen sie im Moment 70 Prozent aller Industrieinvestionen. Ende der achtziger Jahre waren es nur 61 Prozent. Das meiste Geld fällt dabei in ein großes Loch. Die akkumulierten Schulden der Staatsbetriebe beliefen sich im Jahre 1995 auf 90 Milliarden Dollar, ein Zuwachs um rund 20 Prozent seit Beginn des Jahres. Das meiste Geld davon dürfte unwiderruflich verschwunden sein. Dies wieder reißt in die Bilanzen der staatlich kontrollierten Banken riesige Löcher, denn sie müssen per Order von oben die ungedeckten Kredite gewähren.

Eine Bank in der Südprovinz Hunan hatte 16mal mehr Außenstände auf faule Kredite der Staatsbetriebe als Gewinn. Und eine städtische Bank ließ wissen, daß 87 Prozent ihrer Kredite nicht mehr zurückzuholen sind. „Was soll man machen", wird der Banker zitiert, „wenn man einem Staatsbetrieb 30 Millionen RMB gegeben hat, und der zahlt nicht mehr. Sollen wir vielleicht jeden Monat ein bißchen von den 400 RMB Monatsgehalt des Generaldirektors pfänden?" Die Staatsbetriebe und ihre Umtriebe sind eine Hauptquelle der Inflation. Für manche Regionen Chinas sind die Staatsbetriebe im Moment ein schier unlösbares Problem.

Ende 1995 standen in den deutschen Zeitungen Meldungen, denen zufolge China von seinem marktwirtschaftlichen Kurs wieder abrücke und die Staatsbetriebe nicht weiter privatisieren wolle. Doch die Wirklichkeit ist anders. Würden alle überflüssigen Arbeiter der Staatsbetriebe entlassen, müßten sofort zirka 20 Millionen Menschen auf die Straße gesetzt werden, die damit auch gleich ihre Wohnung und ihre ganze Lebensgrundlage verlieren würden. Denn die Staatsbetriebe bieten mehr als nur einen Arbeitsplatz. Diejenigen, die hier untergekommen sind, gehörten bisher zu den Privilegierten im Staat. Das Unternehmen weist sie in eine Wohnung ein, für die sie bisher weder Miete noch Wasser, Strom oder Heizung bezahlen müssen. Ihre Kinder haben eigene kostenlose Kindergärten, eigene Schulen, und der Betrieb sorgt auch noch für die richtige Universität. Zu jedem Staatsbetrieb gehören eigene Kliniken, Kaufhäuser, Hotels und Gaststätten.

Einen dieser Mammutkonzerne haben wir besucht: das Stahlkombinat Wisco in Wuhan. 120 000 Menschen sind hier beschäftigt, und fast ehrfurchtsvoll sprechen die Wuhaner von der Stahlstadt, die ganz dem Konzern gehört. Der Kombinatschef hat den Rang eines Vizeministers. Wir sind eingeladen, dieses gigantische Werk zu besichtigen. Aus Zeitgründen entscheiden wir uns für die Kalt- und die Warmbandstraße, weil wir hier Vergleiche ziehen können mit Anlagen, die wir in der letzten Zeit in anderen Ländern Europas und Asiens gesehen haben. Die Überraschung ist komplett. Die Warmwalzanlage ist eine 800 Meter lange Halle, in der wir mit Mühe eine Handvoll Arbeiter ausmachen können. Der Betrieb läuft vollautomatisch mit den modernsten japanischen und französischen Anlagen. Auf der einen Seite wird der flüssige Stahl in Brammen gegossen, auf der anderen Seite kommt das geschnittene Stahlblech in fertig gebundenen Coils heraus.

Vor der Kaltwalzanlage empfängt uns eine mehrere Meter hohe, zirka 20 Meter breite Wand, auf der in Porzellankacheln das Werk auf deutsch erklärt ist. Hier arbeitet eine Anlage der deutschen Siemag Schloemann AG. Auch sie würde jedem modernen westlichen Stahlwerk alle Ehre machen. Entsprechend gering ist auch hier die Zahl der Arbeiter.

Nach der Besichtigung bittet Vizepräsident Deng Qilin zum obligatorischen üppigen Mittagessen im konzerneigenen Hotel, einem Prachtbau aus Stahl, getöntem Glas und sehr geschmackvoller Einrichtung. Die Unterhaltung ist völlig ungezwungen, und nichts wird beschönigt. Wir hätten in den effizienten Produktionsanlagen keine Arbeiter gesehen, ist unsere erste Frage. Was denn die 120 000 Beschäftigten machten. Der Vizepräsident hat seinen Ersten Parteisekretär, seinen Arbeitsdirektor, seinen Umweltschutzbeauftragten, seinen Direktor für die Umgestaltung des Konzerns und seinen Budgetdirektor mitgebracht. Sie alle nehmen sehr lebhaft an der Diskussion teil. Das Ergebnis der Erklärungen läßt sich so zusammenfassen:

Das Stahlwerk hat 120 000 Beschäftigte, aber 80 000 davon haben mit der Stahlproduktion nichts zu tun. Sie arbeiten alle in Nebenbetrieben, die jetzt systematisch ausgegliedert werden sollen. Das Kaufhaus ist schon in eine eigene Gesellschaft umgewandelt worden. Als nächstes werden jetzt die Schulen abgegeben. Auch die eigenen Erzminen und Kohlebergwerke werden abgestoßen und müssen lernen, sich auf dem Markt zu behaupten. Als nächstes werden dann Transportgesellschaften gegründet, um den Fuhrpark loszuwerden. So geht das noch zirka fünf Jahre weiter, bis alle 80 000 nicht in der Stahlproduktion Beschäftigten ausgegliedert sind.

Da dem Stahlwerk aber auch die Wohnungen gehören, in denen all diese Menschen leben, werden die Immobilien in eine Genossenschaft umgewandelt. Die kostenlose Miete gehört dann der Vergangenheit hat. Ähnliche öffentliche Trägergesellschaften müssen für das Krankenhaus und die Kindergärten gefunden werden. Das Stahlwerk ist sich bewußt, daß es für eine gewisse Übergangszeit die neuen Gesellschaften unterstützen muß und auch noch Lohnzuschüsse zahlen wird. Auf keinen Fall soll es zu Entlassungen oder zu einem Sozialabbau kommen, weil sonst die 80 000 Mitarbeiter den Reformprozeß nicht mittragen. Was das bedeuten würde, hat Wuhan erst vor kurzem erlebt, als die Arbeiter des Schlachthofes die Stadt lahmlegten, weil ihnen das Pleiteunternehmen keine Löhne mehr zahlen konnte.

Aber auch die dann noch restlichen 40 000 Beschäftigten haben nur eine Zukunft, wenn es gelingt, die Stahlproduktion zu verdoppeln.

Dafür wird gerade ein Investitionsplan erarbeitet. Durch den Boom, der den Stahlkonsum rapide ansteigen läßt, ist die Nachfrage garantiert. Aber noch behält sich die Führung in Beijing die Entscheidung vor, wo die neuen Hochöfen und Walzstraßen gebaut werden sollen. Das machen sie in China auch nicht viel anders als bei uns in der Europäischen Union. Die Wuhaner aber zeigen sich zuversichtlich, daß sie schließlich den Zuschlag bekommen, weil sie die besten Beziehungen in Beijing hätten. Außerdem liegt ihre Stadt mitten im Land am Yangtze-Fluß, und im neuen Fünfjahresplan will die Führung ganz gezielt das Inland und dabei besonders die Yangtze-Achse fördern.

China kann die 20 Millionen überflüssigen Arbeiter in den Staatsbetrieben also nicht auf die Straße setzen, und wenn diese noch so sehr den Staatshaushalt belasten. Anders als die Unterbeschäftigten aus den Dörfern stellen sie ein klassisches Revolutionspotential dar. Keine Regierung in Beijing oder auch sonst irgendwo auf der Welt könnte dies überstehen. Denken Sie nur an die Streiks Anfang 1996 im Ruhrgebiet, wo die Arbeiter schon auf die Straße gingen, weil der unsoziale Vorruhestand gestrichen werden sollte. Und schon machte die Regierung einen halben Rückzieher.

Es gibt 72 000 solcher Staatsbetriebe, auch wenn sie nicht alle so groß wie das Wuhaner Stahlwerk sind. Ihre Bedeutung sinkt zwar, doch noch immer stellen sie das industrielle Rückgrat Chinas dar. Ihr Anteil am Gesamtvolumen der chinesischen Wirtschaft ist 1994 erstmals unter 50 Prozent gefallen. Aber diese Staatsbetriebe haben auch eine psychologische und emotionale Bedeutung für die Kommunisten. Gemäß ihrem Glaubensbekenntnis legen sie Zeugnis ab für die ideologische Wahrheit einer sozialistischen Volkswirtschaft. Hier wird noch die Fiktion aufrechterhalten, sie gehörten dem Proletariat. Was natürlich in Wirklichkeit bedeutet: Sie gehören der kommunistischen Partei.

Das Elend mit den Betrieben drücken folgende summarische Zahlen aus: Rund ein Drittel verdient Geld, ein weiteres Drittel schreibt rote Zahlen, kann aber saniert werden, und ein weiteres Drittel ist hoffnungslos bankrott. Hinter diesen wirtschaftlichen Zahlen verbirgt sich das Elend aller Staatsbetriebe: Sie dienen den jeweils Herrschenden zur Endlagerung ihrer Kader, zur Finanzierung ihrer Partei und zur illegalen Ausbeutung der Arbeiter für den eigenen Luxus. Für die KPCh ist das besonders gefährlich, da die latente Abneigung gegen die Parteikader sich auch noch auf die Staatsbetriebe ausdehnt. Noch immer nämlich versuchen die Parteikader, in diesen Staatsbetrieben das große Wort zu führen, und stehen den pragmatischen Managern im Weg, wenn es um die Sanierung geht.

Theoretisch sind die Staatsbetriebe unabhängig und sogar für ihre Gewinne und Verluste verantwortlich. Sie müssen nicht mehr jede Investition, jedes In- oder Auslandsgeschäft von einem Ministerium genehmigen lassen. Wie gesagt: theoretisch. In der Praxis hat es sich erwiesen, daß nur rund 150 Staatsbetriebe mit etwa 53 000 Beschäftigten den Bankrott erklären mußten. Dafür wurden sogar 118 Pilotstädte ausgesucht, wo man erforschen wollte, was passiert, wenn ein Staatsbetrieb wirklich dicht macht. Vorsichtshalber handelte es sich dabei auch nur um kleinere Unternehmen und um besonders unfähige Manager, die damit auch als Abschreckung für andere dienten, denn so ganz sicher waren sich daraufhin die Bonzen in den anderen Staatsbetrieben auch nicht mehr.

Praktisch aber ist es so, daß, wie schon beschrieben, die Staatsbetriebe von den Banken ausgehalten werden, ob die Banken wollen oder nicht. Und das kostet China jährlich 6 Prozent seines Bruttoinlandproduktes. Geld, das fehlt, um die 50 Millionen neuen Arbeitsplätze pro Jahr zu schaffen.

Jenseits der politischen Vernunft, diese Staatsbetriebe nicht von heute auf morgen zu privatisieren und damit dem Konkursrichter zu übergeben, wird aber auch wieder ideologisch argumentiert. Jiang Zemin und Li Peng sind beide in der Sowjetunion ausgebildet worden und haben dort ihre Prägung erhalten. Die Kathastrophenmeldungen nach den Privatisierungen in Rußland lassen nicht nur dort nostalgische Gefühle an die gute alte Zentralwirtschaft hochkommen. Auch die ehemaligen chinesischen Schüler fühlen sich darin bestärkt, daß am Ende der Staat, und das sind ja schließlich sie selbst, alles besser regeln kann als der anonyme Markt.

Auf dem Fünften Plenum des Zentralkomitees der KPCh im September 1995 wurde deshalb die Rolle der Staatsbetriebe noch einmal deutlich als die Basis der sozialistischen Marktwirtschaft festgeschrieben. Damit soll auch die Vorherrschaft des Staates in der Wirtschaft demonstriert werden. Einer Privatisierung der großen Staatsbetriebe wurde eine deutliche Absage erteilt. Wenigstens was die unbeweglichen, kapitalverzehrenden Dinosaurier angeht, stimmt somit die Bezeichnung, China habe eine „sozialistische Marktwirtschaft". Der Markt muß das Geld verdienen, das der Sozialismus vernichtet.

Geld, das wieder fehlt, um die Industrie effizienter zu machen. Denn je industrialisierter eine Region ist, desto häufiger fällt der Strom aus und desto größer sind die wirtschaftlichen Verluste durch Energiemangel. Von dieser Plage sind die VTEs genauso betroffen wie die Staatsbetriebe. Wenn China aber die Ernährung seiner Bevölkerung auch in Zukunft sicherstellen, die Armut, wie versprochen, bis zum Jahr 2000 überwunden haben will, die Industrie wettbewerbsfähig machen will, dann muß China noch zwei gewaltige Aufgaben lösen. Von deren Bewältigung hängt es ab, ob China sich zu einer Industrienation entwickeln kann, die auch bei der Berechnung des Pro-Kopf-Einkommens zur Weltspitze gehört: Es muß den Mangel an Energie beseitigen und die Verkehrsinfrastruktur ausbauen. Bei der Energie läßt sich der Schaden beziffern: Ein Viertel der vorhandenen Industriekapazität liegt ständig brach, weil kein Strom da ist.

23. Frieren in China
Wie das Land den gigantischen Energiebedarf decken will

Von einem „Mangel an Energie" in China zu sprechen ist eigentlich falsch. China hat Energie im Überfluß, kann sogar Energie exportieren. Allerdings bestehen die Energiereserven fast ausschließlich aus Kohle- und Wasserkraft, und die befinden sich dort, wo man sie nicht unbedingt braucht.

Bei deutschen Umweltschützern müssen das Energieprogramm Chinas und die momentane Nutzung der Energiequellen lebensgefährliche Adrenalinstöße auslösen. Nachdem, was wir in China gesehen haben, nachdem, was China plant, ist der Weltuntergang sicher, glaubt man den Prognosen der deutschen Umweltschützer. Das Datum kann auch nicht mehr allzuweit entfernt sein. China fördert zur Zeit jährlich 1,2 Milliarden Tonnen Kohle. Das heißt pro Einwohner eine Tonne. Die Reserven reichen allerdings auf unabsehbare Zeiten. Von Hunderten von Jahren ist da die Rede. So gesehen könnte China seine Kohleproduktion auch noch verdoppeln und praktisch die ganze Energie- und Chemie-Industrie mit eigener Kohle betreiben.

Kohle bestimmt den Energie-Alltag in diesem riesigen Reich. Mit Kohle werden die Privatwohnungen geheizt - wenn der Besitzer genug Geld hat. Kohle liegt in dicken Haufen in den Dorfstraßen, versperrt die Durchgangsstraßen in Kleinstädten, Kohlelastwagen bestimmen im Winter das Bild der Überlandstraßen. Als wir durch das Land fuhren, hatten wir das Gefühl, daß jeder zweite Eisenbahnzug Kohle transportiert. Später konnten wir es dann nachlesen: Die Hälfte von Chinas Lastwagen- und Eisenbahnkapazität wird vom Transport von Kohle und Öl in Beschlag genommen.

Und trotzdem reicht es hinten und vorne nicht. Kohle wird in vielen Provinzen Chinas gefunden, aber die Masse ist in der Provinz Shanxi, eine der wenigen Provinzen, die weder an einem großen Strom noch am Meer liegen. Danach folgt die Innere Mongolei, die noch abgelegener ist. Dort lagern zur Zeit mehr als 200 Millionen Tonnen auf Halden, die nicht abtransportiert werden können. Dort wo die Energie fehlt, kommt die Kohle nicht an. Gigantische Projekte - wie könnte es in China anders sein - werden zur Zeit diskutiert: Da soll eine über 600 Kilometer lange Pipeline gebaut werden, durch die flüssige Kohle geschickt werden kann, ein anderes Projekt sieht ein 300 Kilometer langes Fließband vom Inneren der Provinz Shanxi an den Yangtze-Fluß vor.

Doch was nützen alle diese Projekte - die Energie fehlt heute. Hunderttausende Dörfer sind noch ohne Licht. Das kann nur romantisch finden, wer die Vorzüge der Elektrizität als Selbstverständlichkeit genießt. Es wird noch Jahrzehnte dauern, bis jeder Haushalt genügend Energie erhält, um einigermaßen komfortabel leben zu können. Denn: 62,25 Prozent der ganzen Elektrizität verbraucht allein Chinas Schwerindustrie, 16,1 Prozent die Leichtindustrie, 6,8 Prozent die lebensnotwendige Agrarwirtschaft, und nur 7,1 Prozent verbrauchen die Privathaushalte. Der Rest geht für Transport, Telekommunikation und Geschäfte drauf. Schon aus diesen Zahlen ist zu ersehen, warum in China öffentliche Gebäude noch nicht geheizt werden und warum die Schulkinder bei Minusgraden lernen müssen. Die kleinen Kohleöfen vor den Häusern, in denen gepreßter Kohlestaub verfeuert wird, bieten oft die einzige Chance, zu einer warmen Mahlzeit zu kommen. Die ungelöste Energiefrage macht Chinas Rückständigkeit deutlich.

Jeder Besucher Chinas riecht es im Winter sofort, daß Kohle der absolut dominante Energiespender ist. Es qualmt aus allen Häusern und Schornsteinen in allen Farben. Je nachdem, welche Giftstoffe noch in der Kohle stecken. Das schwarze Gestein wird so wie es ist, ungewaschen im Hausbrand verfeuert. Die großen Kraftwerke haben nur eine Energieausbeute von knapp 30 Prozent. Auch sie blasen den Staub ungefiltert in die Luft. Und so liegt über dem Land eine Dunstwolke, die sich in den Städten zu einer fast undurchdringlichen Nebelschicht verdichtet. Jeden Abend sah unser Taschentuch in den Städten Nordchinas aus, als ob wir selbst im Bergwerk gearbeitet hätten. Der Ruß saß in Nase, Ohren und Augen. Jeder Bürgermeister, jeder Fabrikdirektor, mit dem wir sprachen, machte auf diese gigantische Umweltverschmutzung aufmerksam. Aber bei der Wahl: billige, aber dreckige Energie oder teure und dadurch keine Energie, haben sie sich alle erst einmal für Energie entschieden.

China hat deswegen ein Elektrifizierungsprogramm, das einzigartig in der Welt ist und das nicht nur auf dem Papier steht, sondern auch realisiert wird. Jährlich sollen 20 000 Megawatt neu installiert werden, das sind zirka 16 Kraftwerke mit der Kapazität der Biblis

Blocks in Deutschland. Bisher hat das Land diese Vorgabe sogar übererfüllt. Die rund 10 Prozent reales Wachstum, die China jährlich schafft, saugen die neue Kraftwerkskapazität regelrecht aus. Die Lükke zwischen Bedarf und Nachfrage wird nicht geschlossen, denn die neu installierten Kapazitäten halten gerade Schritt, um den Strom, der durch die 400 Millionen mehr an Menschen benötigt wird, zu erzeugen und die neuen Industrien mit der nötigsten Energie zu versorgen. Zur Zeit bringt China jährlich rund 10 Milliarden Dollar für den Kraftwerksbau auf, und mehr ist einfach nicht drin.

Die Energienot hat dazu geführt, daß erstaunlicherweise über 50 Prozent der Kohlebergwerke privat, daß heißt von Kooperativen oder Kommunen, betrieben werden dürfen und daß der Staat den Bau von privaten Kraftwerken zuläßt. Einer, der früh erkannt hat, daß damit ein Geschäft zu machen ist, ist der Hongkonger Tycoon Gordon Wu. Seine Gewinne waren so hoch, daß Ministerpräsident Li Peng glaubte, hier würden Ausländer die Not Chinas zu ungerechtfertigter Bereicherung ausnutzen. 1994 wurden erst einmal keine neuen Privatkraftwerke mehr genehmigt. Doch mittlerweile wird diese Regel wieder überdacht, da nach diesem ideologischen Exkurs die Investitionen ausgeblieben sind und der Elektrizitätsmangel pragmatische Lösungen erzwingt. Xu Lianyi vom Ministerium für Maschinenindustrie ließ jetzt wieder wissen, daß man bis zum Jahre 2000 hofft, bis zu 20 Milliarden Dollar ins Land zu locken, damit der Kraftwerksausbau beschleunigt werden kann. Die Gesamtkosten für den Kraftwerksbau bis zum Ende des Jahrtausend belaufen sich auf rund 60 Milliarden Dollar.

Erneuerbare Energie, die in Deutschland so massiv gefordert wird, spielt in China keine große Rolle. Wind soll in den Wüstenprovinzen Xinjiang und der Inneren Mongolei ungefähr 1 000 Megawatt beisteuern. Zwei Solarenergie-Pilotprojekte mit 30 Megawatt sind für Tibet geplant ebenso wie ein geothermisches Kraftwerk mit 27 Megawatt. Gezeitenhub soll durch kleine Kraftwerke mit Kapazitäten zwischen 40 und 640 Kilowatt genutzt werden. Noch nicht einmal ein Tropfen auf den heißen Stein.

Aber auch die zweite gewaltige Energiereserve Chinas nützt dem Land im Moment wenig und in Zukunft nicht viel. 378 000 Megawatt könnten Chinas Flüsse produzieren, das sind gleich mehr als 300 Kernkraftwerke à la Biblis. Doch bisher sind noch nicht einmal zehn Prozent davon genutzt. Denn die Flüsse fließen durch die abgelegenen Bergregionen von Yunnan, Guangxi und Guizhou. Chinas Ministerpräsident Li Peng hat in Moskau Hydroelektrik studiert, identifiziert sich also mit nichts mehr als mit der Gewinnung von Strom aus Wasserkraft. Sein Lieblingsprojekt kann er trotz heftigen Widerstands aus allen chinesischen Gesellschaftsgruppen, inklusive des Volkskongresses, verwirklichen: den babylonischen Bau des „Drei-Schluchten-Damms" am Yangtze-Fluß, der 30 Milliarden Dollar kosten wird. Die Damm-Krone wird 182 Meter hoch und 2 165 Meter lang das Tal abriegeln. Dahinter werden 44,6 Milliarden Kubikmeter Wasser aufgestaut, doppelt soviel, wie der Bodensee beinhaltet. Der See wird 660 Kilometer lang. Das ist ungefähr so, als wenn in Deutschland der Rhein an der niederländischen Grenze aufgestaut würde und dann die Wasserfläche bis zur Schweizer Grenze nach Basel reichte. Es werden zirka 18 000 Megawatt erzeugt, soviel wie 15 Biblis-Blocks.

Einwürfe, etwa daß der Damm in einem Erdbebengebiet liege und im Katastrophenfall bis zu 250 Millionen Chinesen ertrinken würden, haben nichts genutzt. Vor Tiananmen hatte der Volkskongreß das Projekt abgelehnt; nachdem Li Peng seine Macht festigen konnte, wurde es noch einmal beraten, und selbst 1992 haben immerhin noch ein Drittel der Abgeordneten sich enthalten oder dagegen gestimmt, für Chinas sonst gleichgeschaltetes Parlament ein bemerkenswertes Mißtrauensvotum. Aber jetzt wird der Damm gebaut, und 1997 wird der Yangtze umgeleitet. Damit wird auch eine der klassischen chinesischen Landschaften unter Wasser gesetzt, ein Stück der Seele Chinas verletzt. Ganz nebenbei: Für dieses gewaltigste Bauwerk der Welt werden 1,2 Millionen Menschen umgesiedelt.

Die Weltbank hat sich von diesem Projekt zurückgezogen. Die Kosten, die Eingriffe in die Natur, die Massenumsiedlung der Menschen - dies alles wog in den Augen der Washingtoner Geldgeber die Vorteile nicht auf. Seither betreibt China das Projekt alleine. Die Regierung hat einen Finanzplan aufgestellt, wonach die 43 Milliarden Mark, die das Projekt jetzt verschlingt, von China alleine aufgebracht werden können und sich in der Kosten-Nutzen-Relation sogar rechnen. Der Staudamm ist ein Beispiel dafür, daß China weder durch Drohungen noch durch die Sperrung von Kapital von einem einmal eingeschlagenen Weg abzubringen ist. Insgesamt hat nämlich China von der Weltbank schon 100 Milliarden Dollar erhalten, mehr als jedes andere Land. Damit werden eben Projekte finanziert, die der

Weltbank-Prüfung standhalten, und den Rest schafft man allein, auch wenn es 43 Millarden Mark sind. Jedes andere Land der Welt hätte dann passen müssen. Der Boykott einzelner Projekte hat also mehr einen moralischen Wert.

Weil China den Yangtze-Damm allein bezahlt, unterliegt es auch nicht den technischen Kontrollen der Weltbank, und die einzelnen Bauphasen müssen nicht weltweit ausgeschrieben werden. So wird das größte Bauwerk der Geschichte ausschließlich nach chinesischen Vorgaben und Kontrollen gebaut. Das ist alles andere als beruhigend. Vor knapp 20 Jahren sind in der Henan-Provinz die beiden Staudämme Banqiao und Shimantan gebrochen, die 1950 mit sowjetischer Hilfe am Huai-Fluß gebaut worden waren. Damals, so hat erst kürzlich die Menschenrechtsgruppe Human Rights Watch in den USA bekanntgegeben, sind 230 000 Menschen umgekommen. 85 000 ertranken sofort, der Rest starb an den danach auftretenden Epidemien und Hungersnöten. Diese gigantischen Kathastrophen konnten damals noch geheimgehalten werden. Die Regierung in Beijing versichert zwar, daß ihre heutige Technologie mit der von damals nicht mehr zu vergleichen ist, aber der Bau des Yangtze-Damms ist wieder vor allem politisch motiviert, und die Expertisen und die sachlichen Einwände von Fachleuten werden wieder unterdrückt. Doch das kann furchtbare Konsequenzen haben, denn das Zurückhalten von Informationen ist leichter als das Zurückhalten der Wassermassen.

Während die Welt auf den Yangtze-Damm starrt, entstehen noch andere gewaltige Wasserkraftwerke, über die kaum geredet wird, obwohl sie nicht viel kleiner sind. Doch diese werden von der Weltbank mitgetragen, und deshalb unterliegen nicht nur die Finanzen, sondern auch die technischen Details einer internationalen Kontrolle. Das größere Projekt, Ertan, liegt am Yalong, einem Nebenfluß des Yangtze, im Grenzgebiet zwischen Sichuan und Yunnan. Hier wird von einem internationalen Konsortium, an dem auch die deutschen Firmen Hochtief und Holzmann beteiligt sind, unter anderem ein Kavernenkraftwerk gebaut, das mit dem Kölner Dom konkurrieren kann. Ab 1999 werden hier 3 300 Megawatt Strom erzeugt, auch fast soviel wie drei Biblis-Blocks.

Das andere riesige Projekt liegt am Huang He, dem Gelben Fluß. Seit Urzeiten ist er die Lebensader und Geisel Chinas zugleich. Seine Mündung verlegte er schon einmal um 800 Kilometer. Er ist so sedimentreich, daß er, im Unterlauf durch hohe Dämme eingeschnürt, hoch über dem Flachland dahinfließt. Jedes Jahr müssen die Deiche erhöht werden, und es ist abzusehen, wann der Huang He dort in der Regenzeit einfach nicht mehr zu bändigen ist. Im Winter dagegen ist er oft völlig trocken. Die Xiaolangdi-Talsperre soll Abhilfe schaffen. Sie wird 154 Meter hoch, also knapp 30 Meter niedriger als der Yangtze-Damm. Mit 1 800 Megawatt leisten die Generatoren immerhin noch anderthalbmal soviel wie ein Biblis-Block. Doch der Hauptnutzen dieses Dammes wird sein, daß damit die Wassermengen und Sedimentmassen geregelter abfließen.

Die Geschichte der drei Dämme wirft auch ein Schlaglicht auf die Berichterstattung über China. Das eine umstrittene Objekt, der Yangtze-Damm, ist jetzt schon weltberühmt. Die beiden anderen Projekte, deren Umfang zwar nicht ganz so groß ist, die aber für europäische Verhältnisse auch gigantische Ausmaße haben, werden noch nicht einmal in den Zeitungen erwähnt. An ihnen läßt sich kaum etwas kritisieren. Sie stellen zwar auch erhebliche Eingriffe in die Natur dar, aber durch sie wird nicht nur Strom erzeugt, sondern es werden auch Überschwemmungen verhindert, die Millionen von Menschen bedrohen. Unser Chinabild ist unter anderem deshalb so negativ beeinflußt, weil fast nur über die negativen Auswirkungen des chinesischen Wachstums berichtet wird. Die positiven Veränderungen fallen unter den Tisch, oder sie werden verschwiegen, weil sie nicht mehr in unser statisches, wachstumfeindliches Weltbild passen.

Bei soviel Wasserkraft und Kohle bräuchte China eigentlich keine Atomkraftwerke. Leider ist die vorhandene Energie aber geographisch sehr unglücklich verteilt. Vor allem an der Küste, in den südlichen Boomregionen, hat sich die Atomkraft als sinnvolle Energie-Alternative herausgestellt, obwohl sie für China zu teuer ist. So sind drei kleinere Atomkraftwerke schon in Betrieb, eines bei Schanghai und zwei zwischen Hongkong und Kanton. Vier weitere sind im Bau und noch einmal zwölf in der Planung. Doch selbst bei der optimistischsten Planung wird die Atomkraft nicht mehr als 2 bis 3 Prozent von Chinas Energiebedarf decken. China kauft sich die Atomenergietechnologie zu 70 Prozent im Ausland zusammen. Beteiligt sind die Amerikaner, die Franzosen, die Briten, und einige Reaktoren werden auch mit den Russen zusammen errichtet. Deutschland geht dabei leer aus - auch aus ideologischen Gründen. Kernkraftwerke sind bei uns tabu - so bauen sie die Russen. Aber dadurch wird die Welt nicht sicherer.

Soviel Kohle und Wasserkraft die Chinesen auch haben, so langsam tröpfeln ihre Rohölquellen. In den Zeiten der Kulturrevolution, in welchen China praktisch lahmgelegt war und im Inland keine Nachfrage nach Öl bestand, nutzte China die Gunst der Krise im Nahen Osten und exportierte Rohöl. So entstand der falsche Eindruck, China sei ein ölreiches Land. Verheerend wirkte sich dieser Eindruck auf die eigene Ölpolitik aus. Das einzig nennenswerte Ölfeld, Daqing in der nördlichen Mandschurei, wurde gleich zu einer Musterkommune erhoben, die im ganzen Land unter dem Motto „Von Daqing lernen" propagiert wurde. Daqing produziert zur Zeit 142 Millionen Tonnen und deckt damit jetzt nur noch 40 Prozent des heimischen Ölbedarfs. Von Export ist keine Rede mehr. Die lange Zeit des Selbstbetrugs, der Selbstüberschätzung und des Nichtstuns rächt sich jetzt bitterlich.

Es ist schier unvorstellbar, was geschehen wird, wenn China entsprechend seinem Wirtschaftswachstum und seiner Bevölkerungszahl eines Tages Öl importieren muß. Ähnlich wie auf den Agrarmärkten würde dies die ganzen internationalen Öl- und Geldströme umleiten. Und wieder ist es die Beijinger Führung, die vor dieser Situation am meisten Angst hat. Die Vorstellung, beim Nahrungsmittel- und Energiebedarf vom Ausland abhängig zu sein, treibt Regierungen immer wieder zu ökonomischen Wahnsinnstaten auf der Suche nach Autarkie, nicht nur die chinesische. Wir Deutsche können ja ein Lied davon singen. Da war erst Hitler, der mit dem Reichsnährstand die Bauernschaft an Staatsprotektion gewöhnte, die sie dank europäischer Landwirtschaftsordnung bis heute genießt. Auch das 11 Milliarden Mark teure Grab der Ruhrkohle wird mit ähnlichen nationalen Argumenten gepflegt.

Zur Zeit haben die Autarken in Beijing mit Li Peng einen mächtigen Fürsprecher. Sein alter Moskauer Klassenkamerad ist Wang Tao, der Vorsitzende der chinesischen nationalen Ölgesellschaft. Beide haben 35 000 Arbeiter und Experten an die Ölfront geworfen, um dort nach neuen Quellen zu suchen. Doch noch haben die Pragmatiker ein Wort mitzureden, die wissen, daß die Erfahrung und Technologie der westlichen Ölkonzerne durch nichts zu ersetzen sind. James Lilley, früherer US-Botschafter in China, berichtet von einem Gespräch zwischen Deng Xiaoping und texanischen Ölfirmen, die sich um Ölexplorationsverträge bemühten. Ihr Angebot: Sie werden nach Öl suchen und alle Kosten dafür übernehmen, im Falle des Erfolgs aber nur einen Teil der Ölförderung beanspruchen, so wie dies heute international üblich ist. Deng fand das prima. Die Amerikaner tragen das volle Risiko, die Chinesen aber sind satt am Gewinn beteiligt.

Chinas Pech: Die beiden vielversprechendsten geologischen Formationen liegen in kritischen oder abgelegenen Regionen. Das Gas, das mit bekannten Vorräten von 16 Milliarden Kubikmetern nicht annähernd an die großen Weltvorkommen heranreicht (Westeuropas Reserven belaufen sich auf 7 000 Milliarden Kubikmeter), befindet sich hauptsächlich in der zentralen, von hohen Bergketten umgebenen Inlandsprovinz Sichuan. In Chinas wildem Westen, in der autonomen Republik Xinjiang, wo mohammedanische Uiguren wohnen, liegt eine der unwirtlichsten Wüsten unseres Globus: die Tarim-Senke, so groß wie Texas. Zwischen den höchsten Gebirgen der Welt, dem Himalaja, dem Pamir und dem Altai, bricht sie auf 140 Meter unter dem Meeresspiegel ein. Im Sommer glüht sie unter Temperaturen von bis zu 50 Grad Celsius, im Winter sinkt das Thermometer trotz absoluter Trockenheit auf minus 4 Grad. Ausgerechnet hier entsteht das zweite große Ölförderungsgebiet. Im Moment beträgt die Kapazität etwa 100 000 Barrels pro Tag. Von denen derzeit nur ein Drittel genutzt werden, weil es noch keine Chance gibt, das Öl in Chinas Ballungszentren zu bringen. Die ersten Ansätze, aus dieser unwirtlichen Region Öl herauszuschaffen, sind eine kleine Pipeline, eine Eisenbahnlinie und eine 400 Kilometer lange Straße in den vorgeschobenen Zivilisationsposten von Korla.

Aber die seismographischen Voruntersuchungen sind vielversprechend. Einige Ölleute schätzen die Reserven unter dem Tarim-Becken sogar auf 70 Milliarden Tonnen, das wäre doppelt soviel wie die bisher in Saudi-Arabien nachgewiesenen Reserven. Eine Pipeline aus Xinjiang ins Herzland Chinas würde jedoch 10 bis 12 Milliarden Dollar kosten. Es wird vermutet, daß diese Summen und Transportprobleme den Ausschlag dafür gaben, daß die chinesische Regierung trotz ihrer Abneigung gegen Ausländer im Ölgeschäft erst der amerikanischen Exxon, dann zwei japanischen Ölkonzernen und 1994 auch der italienischen Agip Explorations- und Förderrechte einräumte.

Je wichtiger diese unbewohnbare Region für China wird, desto mehr wächst natürlich auch die Begierde der einheimischen Uiguren. Sie stellten schon immer ein Unruhepotential in Chinas westlichen Provinzen dar. Sie machen zwar nur 0,64 Prozent der Gesamtbevölkerung Chinas aus, aber die zirka 7 Millionen islamischen Uiguren prägen die Kultur und die Landschaft Xinjiangs. Vor allem sind sie eng verwandt mit ihren Glaubensbrüdern in den jetzt selbständigen islamischen Staaten der früheren Sowjetunion in Mittelasien.

Das andere vielversprechende Ölvorkommen, mit dem China seinen drohenden Ölmangel zu vermeiden hofft, birgt sogar noch mehr gefährlichen politischen Sprengstoff. Das geht schon damit los, daß die Philippinen, Malaysia und Vietnam Anspruch auf diese Region erheben. Es handelt sich um die Spratly- und Paracel-Inseln, die 1 500 Kilometer von Chinas Küste entfernt zwischen Borneo und Vietnam liegen. Wie ein Drachenschwanz ragt auf chinesischen Landkarten die maritime Grenze nach Südostasien hinein, und der Anspruch, diese unbewohnten Korallenriffs zum Chinesischen Reich zu zählen, ist tatsächlich mehr als fragwürdig. Ohne Öl in der Region ließe sich das Territorialproblem im Südchinesischen Meer sicher leichter lösen. Aber China braucht Öl, und weil solches bei den Spratlys vermutet wird, verlangt China nun entsprechend seiner traditionellen historischen Vormachtsidee in Asien, daß die Nachbarländer seinen Anspruch akzeptieren. Die „Far Eastern Economic Review“ bezeichnet diesen Anspruch mit dem deutschen Wort „Lebensraum“, weil damit deutlich wird, um was es China in Wirklichkeit geht.

Pikanterweise hat ausgerechnet die amerikanische Creston-Gruppe von Beijing eine Konzession im Südwesten des Südchinesischen Meers erworben, südlich von Korallenriffen, auf denen Vietnam, die Philippinen und Malaysia Stützpunkte errichtet haben. Die US-Konzession grenzt direkt an vietnamesische Konzessionen. Die beiden kommunistischen Mächte haben ihre ersten Gefechte vor Ort schon hinter sich. Im März 1988 haben die Chinesen drei vietnamesische Transportschiffe versenkt, dabei 72 Matrosen getötet und neun gefangengenommen.

Die chinesischen Territorialansprüche sind international nicht anerkannt. Alle wichtigen Seerouten von Europa nach den Philippinen, Taiwan und Japan müssen durch dieses Meer, das sich dann in eine innerchinesische Meeresbucht verwandeln würde. Was China unter Frieden versteht, wenn es seine Interessen wahrnimmt, ist den Erklärungen von Qian Qichen zu entnehmen, der Vietnam davor warnte, sich den chinesischen „Lebensraum“-Ansprüchen zu widersetzen:

„Es wird keinen Krieg in der Region geben, wenn Vietnam sich zurückhält und China nicht provoziert, indem es Inseln besetzt, und alle seine Truppen von Inseln und Korallenriffs zurückzieht.“

Chinas Hunger nach Öl wächst in dem Maße, wie es sein Problem, den Mangel an Transportkapazität, Straßen, Schienen und Flughäfen, löst.

24. Dem Auto die Zukunft
Wie China auf dem schnellsten Weg mobil werden will

Wie alles, was mit dem geographischen und politischen Begriff China zu tun hat, präsentieren sich die Probleme immer gleich in Dimensionen, die außerhalb „bekannter" Lösungsschemata rangieren. Ist der Bedarf an Energie schon schier unersättlich und sorgt damit für ununterbrochenes Krisenmanagement, so ist für den Erfolg von Chinas Wirtschaftspolitik die Erschließung des Landes durch Verkehrswege noch wichtiger und noch schwieriger zu lösen. Ein altes chinesisches Sprichwort zum Beispiel sagt: „Man kommt eher in den Himmel als nach Sichuan." Die Provinz Sichuan, in der heute 110 Millionen Einwohner leben, war tatsächlich bis zum Bau der ersten Eisenbahn in diesem Jahrhundert nur über Bergpfade und eine gefährliche, tagelange Flußreise auf dem Yangtze zu erreichen.

Auch heute noch ist eine Reise durch China ein Abenteuer, gespickt voller unbekannter Hindernisse. Hauptgrund: Es gibt kaum Informationen, wie der Zustand der Verkehrswege ist, ob es überhaupt noch Fahrkarten für einen Zug gibt, welchen Komfort oder besser Nichtkomfort die Flußschiffe bieten und wie sicher man sich auf eine Flugverbindung verlassen kann. Wir hatten zum Beispiel innerhalb von sechs Wochen einmal eine Verspätung von acht Stunden, und einmal ist die Maschine 15 Minuten zu früh abgeflogen. In Qingdao waren über die Mittagszeit alle Gepäckwagen für zwei Stunden weggeschlossen, und in Luoyang ist der ganze Flughafen nur wenige Stunden am Tag geöffnet. Und wo immer man hin will, sind gleich Zigmillionen anderer Chinesen auch unterwegs, mit denen man sich die allzu wenigen vorhandenen Verkehrsangebote teilen muß.

Ein Merkmal aller autoritären Regime ist die Einschränkung der individuellen Reisemöglichkeit. Ein Volk, das sich nicht bewegen kann, ist leichter zu kontrollieren. Und diese Kontrollen sind wiederum leichter auszuüben, wenn ich gar nicht erst Straßen baue, gar nicht erst dem einzelnen eine Chance biete, sich mehr als einen Tagesmarsch von zu Hause zu entfernen. Dies war Jahrtausende das Konzept des chinesischen Kaiserreiches. Landkarten in China unterlagen der Geheimhaltung. Auch darin ähneln sich alle Diktaturen. Selbst in der DDR waren die Maßstäbe verzerrt, um das Volk irrezuleiten. Kommunisten unter Mao Zedong bauten zwar in vielen Provinzen die ersten Straßen, die diesen Namen verdienten, aber diese waren dann dem Militär und den Dienstwagen der Kader vorbehalten. Der Besitz von Privatfahrzeugen war verboten.

Lediglich die Zeit nach dem Zusammenbruch des Kaiserreiches 1911 bildete eine Ausnahme, als unter dem bürgerlichen Revolutionsführer Sun Yatsen eine Eisenbahneuphorie ausbrach. Die wenigen Strecken, die vorher von meist ausländischen Konzessionären gebaut worden waren, sollten nach Sun Yatsens Vorstellungen durch ein dichtes Schienennetz über ganz China ergänzt werden, weil er in der Reisemöglichkeit der Menschen und dem Austausch der Waren eine wichtige Grundlage für eine moderne Nation sah. Sun Yatsen hatte sogar eine genaue Vorstellung davon, wie auch der Individualverkehr gefördert werden sollte: Er wollte eine Million Meilen, also 1,6 Millionen Kilometer, Straßen bauen, damit jeder Landkreis an das Verkehrsnetz angeschlossen werden konnte. Eine Leistung, die bis heute noch nicht erreicht ist. Auf diesen Straßen wollte Sun Yatsen dann Autos fahren lassen, die nicht nur dem Transport der Güter, sondern auch dem Tourismus und dem Vergnügen der Menschen dienen sollten. Darin sah er, der Visionär, schon in den zwanziger Jahren eine essentielle Verbesserung der Lebensqualität. Doch wegen der Militär- und Revolutionsfanatiker Tschiang Kaischek, Mao Zedong und wegen der japanischen Invasoren wurden 70 Jahre vertan.

Fortbewegung in China, das ist für den Individualreisenden immer noch ein Hürdenlauf. Die wenigen Touristen, die auf eigene Faust die exotischen Landschaften Chinas erobern wollen, geben meist schnell auf. Da stehen sie an einem Bahnhof und finden außer chinesischen Schriftzeichen kaum Hinweise, wann, wo und wie ein Zug auf dem 68 500 Kilometer langen Streckennetz fährt. 350 Milliarden Streckenkilometer fahren die Passagiere auf den chinesischen Zügen pro Jahr. Im Vergleich dazu die viel kleinere Bundesrepublik Deutschland: Hier leistete die Bundesbahn 1994 rund 61 Billionen Streckenkilometer.

An einem Schalter, dessen winzige Öffnungen der Bittsteller nur mit Verbiegungen des ganzen Körpers erreicht, kommuniziert der Reisende mit dem Herrn über die Fahrkarten. Und der ist sich seiner Macht bewußt.

Unternehmen, die Arbeitseinheiten und staatliche Behörden, sie alle haben eine Quelle, über die man zu der gewünschten Fahrkarte in der gewünschten Klasse kommt. Denn die chinesische Bahn überlebte selbst Maos klassenlose Gesellschaft als ein Hort des Feudalismus. Die Regierenden haben ihre Sonderzüge mit Luxuswagen. Die Kader und erfolgreichen Spekulanten fahren in der „weichen Klasse", das ist die Umschreibung von gediegenem Plüsch mit Spitzendeckchen und Liegesitzen. Die zweite Klasse unterscheidet sich von der ersten durch mehrstöckig übereinandergesetzte Liegen. Die dritte Klasse bietet Holzbänke, was bei Reisen von zehn Stunden bis zwei Tagen eine Abhärtung verlangt, die Mitteleuropäer in der Regel nicht mehr gewohnt sind. Diese Klassen sind meistens hoffnungslos überfüllt und ein getreues Spiegelbild der sonst in Chinas Arbeitervierteln herrschenden hygienischen Verhältnisse, deren Beschreibung wir uns hier lieber ersparen.

Die Eisenbahn war auch deshalb in Diktaturen das bevorzugte Transportmittel, weil sie so leicht zu kontrollieren ist. Wollen die Behörden die Mobilität im Land einschränken, brauchen sie nur, wie nach dem Tiananmen-Massaker zum Beispiel, den Zugverkehr einstellen. Aber auch rollende Züge lassen sich gut zum Transport von Menschen nutzen, die so kontrolliert und bewacht bis in die entlegenen Regionen verschickt werden können. Stalin nutze dies, um den Gulag zu versorgen, Hitler brauchte die Bahn zur Judenvernichtung und Mao in der Kulturrevolution. Und solange China außer den Eisenbahnen kein anderes Überland-Transportmittel anbot, war die Möglichkeit, sich in dem Riesenreich zu bewegen, automatisch einer totalen Kontrolle unterworfen. Ausländer hatten da von vornherein keine Chance.

Eine einzige Alternative gab es auf den großen Flüssen. Aber für die Dampfer trafen die gleichen Beschreibungen zu wie für die Züge. Nur daß die meisten noch etwas dreckiger waren.

Im Herbst 1995 wurde die zweite durchgehende Eisenbahnlinie von Beijing nach Hongkong eingeweiht. Das war mehr als nur ein symbolischer Akt. Mit der Öffnungspolitik 1978 wurde mit einem Schlag auch begonnen, Chinas veraltetes Transportwesen zu modernisieren. Viele Strecken, die schon Sun Yatsen bauen wollte, werden jetzt endlich in Angriff genommen. Den neuen Geist spiegelt auch der im Januar 1996 eröffnete größte Bahnhof der Welt in Beijing wider. Die Sehschlitze sind verschwunden, und es gibt zuverlässige Informationen über den Fahrplan. Gleichzeitig muß auch die Bahn lernen, ihr Geld zu verdienen, und kann nicht mehr mit endlosen Subventionen aus der Staatskassse rechnen. Das hat zur Folge, daß die Fahrpreise deutlich erhöht werden. Der Marktpreis aber bekommt der Eisenbahn: die Züge werden sauberer und schneller. Bis zum Jahr 2000 sollen auf allen Hauptstrecken Geschwindigkeiten zwischen 120 und 160 Stundenkilometer möglich sein. Die höheren Preise machen es auch für Investoren wieder attraktiv, neue Strecken zu bauen.

Zum Hauptkonkurrenten der Eisenbahnen entwickelt sich der Luftverkehr. Ein Platz in der ersten Zugklasse ist nur noch unwesentlich billiger als ein Platz im Flugzeug. Auch hier beginnt in China erst die Normalität, die in anderen Staaten auf Flughäfen längst üblich ist. Haarsträubende Geschichten von Chinareisenden aus frühen Boomjahren sind ein beliebter Gesprächsstoff auf Parties. Auch für Flugzeuge gab es kein Ticket ohne beste Beziehungen oder staatliche Bevorzugung. „Yanjiu - Yanjiu", lautete die Antwort, wenn man nach dem Kauf des Tickets auch noch so vermessen war, seinen bezahlten Sitzplatz zu beanspruchen. Dem mächtigen Mann in Uniform kam dann die Doppeldeutigkeit der chinesischen Sprache zugute: Die gleichlautenden Silben kann man mit „Das muß ich noch prüfen" - oder mit „Zigaretten und Schnaps" übersetzen.

Diese Mangelzeiten gehen zu Ende. Heute gibt es in China 39 Fluglinien, die in einem zunehmenden Wettbewerb miteinander stehen. Die alten russischen Maschinen, die regelmäßig Chinas Luftverkehr mit Abstürzen ins Gerede brachten, sind fast alle vom Himmel verschwunden und durch neue Boeings und einige wenige Airbusse ersetzt. Sollte es doch mal Überbuchungen geben, dann reichen nicht mehr Zigaretten, dann wird Cash verlangt. Die Sitze werden so fast nach freien Marktgesetzen unter der Hand versteigert.

Das Verblüffende aber ist das Tempo, mit dem Flughäfen entstehen. 40 Großflughäfen sind im Bau. Bis zum Jahr 2000 werden dann 100 zum Teil neue, zum Teil modernisierte Flughäfen für 180 Millionen Passagiere zur Verfügung stehen, was eine Verdreifachung der heutigen Kapazität bedeutet. Im Moment vergeht kein halbes Jahr, in dem nicht irgendwo im Riesenreich ein neuer Verkehrsflughafen übergeben wird. In Wuhan und Zhuhai haben wir die Neubauten besucht. Jeweils 10 Millionen Passagiere sollen dort einmal pro Jahr abgefertigt werden. Jetzt präsentieren sich die beiden Riesenflughäfen wie supermoderne Kathedralen in einer Wüste: Kaum ein Flugzeug und nur wenige Passagiere stören die Ruhe. Der Grund: Was auf den alten Flughäfen zu Verstopfungen führt, verliert sich in den neuen Gebäuden. Aber da sich jede Stadt, die einen Flughafen baut, auch eine Airline leistet, buhlen die lokalen Behörden um nationale und internationale Flugrechte.

Das Nadelöhr heißt noch CAAC - die staatliche Luftfahrtbehörde, die jede Flugroute genehmigen muß und dabei immer noch nach politischen Gesichtspunkten vorgeht. So wird der schönste und modernste Flughafen Chinas in Zhuhai zur Zeit benachteiligt, damit der ebenfalls nagelneue Flughafen im 30 Kilometer entfernten Macao erst einmal genügend Passagiere bekommt und sich auf dem Markt etablieren kann. Diese Bevorzugung verdankt Macao den portugiesischen Behörden. Sie benehmen sich im Vergleich zu den Briten in Hongkong politisch korrekt, und dafür werden sie auf Kosten von Zhuhai belohnt.

In dem Tempo, wie zivile Flughäfen entstehen, wächst auch der Bedarf an Flugzeugen. Ostasien ist jetzt schon der am schnellsten wachsende Markt für Boeing und Airbus. Und China wird noch einmal so viele Flugzeuge benötigen wie die anderen südostasiatischen Staaten zusammen. Rund 500 mittlere und große Jets müssen die Airlines bis 2010 kaufen. Damit hat China nach den USA und Japan den drittgrößten Flugzeugmarkt der Welt. Entsprechend wächst auch die Luftfracht, die sich bis 2014 verzehnfachen wird. Was da in China abhebt, wird zum Teil in Europa landen wollen. Angesichts der Flugzeugflotille, die da entsteht, mutet es geradezu lächerlich an, wenn deutsche Politiker die Planung der Lufthansa für einen Großflughafen bei Berlin als asiatisches Drehkreuz in Frage stellen. Wenn Deutschland sich für diese neuen Verkehrsströme nicht wappnet, werden sie in andere europäische Länder fließen mit weiteren verheerenden Folgen für unsere Wirtschaft und den Arbeitsmarkt. Hier wird an einem Beispiel deutlich, wie das Wachstum in China die ganze Welt verändert. Wenn der Luftverkehr zwischen China und Deutschland eines Tages die gleichen Kapazititäten pro Kopf der Bevölkerung benötigt wie heute zwischen Japan und Deutschland, dann starten jeden Tag 20 Jumbojets in beide Richtungen. Wenn wir erst dann anfangen, den Berliner Großflughafen zu bauen, ist es zu spät. Dann haben wir unser Land in die dritte Reihe der Industriestaaten abtauchen lassen.

Die größte Umwälzung für China aber verursacht das Bekenntnis von Partei und Regierung zum Individualverkehr. Hier verlassen sie sogar ihr bisheriges ideologisches Credo: Private PKW sind nicht mehr Ausdruck kapitalistischer Dekadenz, sondern ein Beweis dafür, daß die Regierung ihren Bürgern einen hohen Lebensstandard bieten kann. Im Moment hat China zirka eine Million Kilometer Straße, wovon 88 Prozent asphaltiert sind. Darauf fahren noch die lächerlich geringe Zahl von 2,2 Millionen PKW, 4,6 Millionen Busse und LKW. Um gleich vorwegzunehmen, was da in China geplant wird: In zehn Jahren sollen 3 Millionen Autos allein pro Jahr gebaut werden.

Auf einer fast 10 000 Kilometer langen Reise Ende 1995 erlebten wir, mit welch titanischen Anstrengungen China sich in das motorisierte Zeitalter katapultiert. Es gibt nicht eine einzige Landkarte im Westen und kaum eine in China, die auch nur annähernd zeigt, wie viele Autobahnen und hervorragend ausgebaute Straßen es schon gibt. Bis hin ins ferne Sichuan, das noch für den Spruch herhalten mußte, daß der Himmel leichter zu erreichen sei, verbinden gebührenpflichtige Autobahnen die großen Städte. Noch ist das Ganze ein Flickwerk aus fertigen Abschnitten, Strecken, die im Bau sind, und weiteren Trassen, die erst vermessen werden. Aber bis zum Jahre 2000 soll das Autobahnnetz die wichtigsten Zentren zwischen Bejing, Schanghai und Sichuan verbinden. Der Anschluß in den gebirgigen Süden soll dann bis 2005 geschafft sein.

Wir konnten nicht herausfinden, warum es keine zuverlässigen Karten über den Ausbau des Straßennetzes gibt. Es war aber spannend, in jeder Provinz nachzufragen, wo etwas gebaut oder geplant wird. Der große Knotenpunkt im Land wird Wuhan, die 7 Millionen Einwohner zählende Stadt am Yangtze. Schon einmal begann hier für China ein neues Zeitalter, als 1956 die erste Brücke über den gewaltigen Strom eingeweiht wurde. Damals feierte die Regierung dies als die Geburt des neuen Chinas, das ohne fremde Hilfe dieses in der Tat imposante Bauwerk vollenden konnte. Es folgte dann noch die 4,5 Kilometer lange Yangtze-Brücke in Nanjing, und danach schien die Kraft des Landes erlahmt, und jahrelang passierte nichts mehr.

Im letzten Jahr wurde nun die zweite Brücke über den Yangtze in Wuhan eingeweiht, eine dritte ist im Bau und die vierte in Planung. Jede dieser Brücken würde ausreichen, Dänemark mit Schweden oder Italien mit Sizilien zu verbinden. Außer in Wuhan sind noch ein weiteres Dutzend Yangtze-Brücken in Bau oder in Planung. Ähnliche Verkehrsprojekte finden sich im ganzen Land. Es würde nicht nur dieses Kapitel, sondern wahrscheinlich das ganze Buch sprengen, wenn wir aufzählen wollten, wie und wo China seine Infrastruktur, die noch „Vierte-Welt"-Charakter hat, nun auf einmal für das 21. Jahrhundert rüstet.

Die deutsche Wirtschaft hat erkannt, welche Chancen auch für sie im Ausbau der chinesischen Infrastruktur liegen. Ihr fehlt zwar die Erfahrung aus dem eigenen Land, große Verkehrsprojekte zu bauen und auch nach marktwirtschaftlichen Prinzipien zu betreiben, aber in China will sie es mit der internationalen Konkurrenz aufnehmen. Gleich zehn Unternehmen wollen unter der Führung des politisch erfahrenen BMW-Managers Horst Teltschick vier Großprojekte im Wert von mindestens 14 Milliarden Dollar verwirklichen. Bemerkenswert bei den Projekten ist, daß sie mehr Eisenbahn- als Straßenbau beinhalten. Hier wird deutlich, daß die innerdeutsche Diskussion vom Jahrhundert der Bahn auch auf unsere internationalen Projekte durchschlägt. Aber in China ist der Straßenbau zur Zeit das größere Geschäft.

Die Deutschen haben für die Planung und Ausarbeitung der Infrastrukturmaßnahmen bereits 17 Millionen Mark an Vorleistung erbracht. Wenn sie auch noch eine günstige Finanzierung mitbringen, dürfte der Umsetzung nichts im Wege stehen.

Das umfangreichste Projekt wäre der Ausbau eines Land- und Seekorridors von Harbin in der nördlichen Mandschurei nach Dalian, von dort mit der Fähre über die Bohai-See nach Yantai auf der Shandong-Halbinsel und weiter bis ins Yangtze-Delta bei Schanghai. 2 000 Kilometer doppelgleisige, elektrifizierte Bahnstrecken müssen dafür gebaut oder ausgebaut werden, ebenso vier Fährhäfen mit den dazu nötigen Rangierbahnhöfen und Knotenpunkten.

Ebenfalls um eine neue Bahnlinie handelt es sich bei dem Projekt, das dem Transport der Kohle aus den abgelegenen Regionen an die Küste dient. In der Inneren Mongolei und in Shaanxi entwickeln sich sehr produktive Kohlereviere mit 60 Millionen Tonnen Jahreskapazität. Auf der neuen 1 040 Kilometer langen elektrifizierten Strecke soll die Kohle nach Huanghua, zirka 150 Kilometer südlich von Beijing, ans Meer gebracht werden. Dort wird auch gleich ein Hafen mit vier Anlegeplätzen für Schiffe von 35 000 BRT mitgebaut. Vor allem für dieses Projekt haben die Chinesen schon um Finanzierungsvorschläge gebeten.

Heftige Konkurrenz werden die Firmen bei jenem Projekt bekommen, das den Neubau eines Flughafens in der Industriezone von

Pudong in Schanghai vorschlägt. 40 Millionen Passagiere sollen einmal in diesem größten Drehkreuz Ostchinas abgefertigt werden.

Das vierte Projekt sieht schließlich den Ausbau einer ganzen Region vor. Huangshan zählt zu den zehn touristisch besonders attraktiven Gegenden Chinas und wurde von der UNESCO zu einem Weltkulturerbe erhoben. Seit 1 200 Jahren strömen die Chinesen zu diesen „gelben Bergen" in einer der ärmsten Provinzen, in Anhui. 5,3 Millionen Touristen werden hier jährlich bis zum Jahr 2000 erwartet. Straßen und Eisenbahnen von insgesamt 830 Kilometer Länge sollen das Bergland mit den umliegenden Städten verbinden. Ergänzt werden diese Infrastrukturmaßnahmen mit einem erweiterten Flughafen und 460 000 neuen Telefonanschlüssen.

Auch die Veränderungen im Perlfluß-Delta verdienen es, besonders beschrieben zu werden. Dort reiht sich ein Flußarm von der Größe des Niederrheins an den anderen. In dieser Region engagieren sich vor allem die Überseechinesen. Vor zehn Jahren dauerte die Fahrt über die Staubstraßen und mit Fähren von Guangzhon bis an die Grenze von Macao einen ganzen Tag. Jetzt fährt man über eine sechsspurige Straße, über ein imposantes Brückenbauwerk nach dem anderen und benötigt nur noch dreieinhalb Stunden. Wir berichten hierüber so ausführlich, um zu zeigen, was da an Veränderung im Land geschieht; wieviel abgelegene Regionen plötzlich an die Verkehrsströme angeschlossen werden; wie die Ballungsräume einander näherrücken; wie durch den Ausbau des Verkehrsnetzes die Grundlage für weiteres Wachstum geschaffen wird.

Lange hatte China den Automobilbau streng kontrolliert und nur wenige Firmen zugelassen. Einzelne Konzerne erhielten eine Lizenz, um dann in einem vom chinesischen Partner dominierten Unternehmen auf dem geschützten Markt ihr Produkt anbieten zu können. Das klassische Beispiel für die bisherige chinesische Automobilpolitik ist das Volkswagenwerk in Schanghai. Schon 1984 schlossen die Wolfsburger mit der Stadt Schanghai einen Vertrag ab, der es ihnen erlaubt, den Santana, ein sonst auf der Welt eher erfolgloses Modell, zu bauen. Daraus hat sich in der Zwischenzeit Chinas modernstes Automobilunternehmen entwickelt, das Ende 1995 59 Prozent Marktanteil im ganzen Staat hatte. Der Ausstoß soll 1996 auf 220 000 erhöht werden, womit Volkswagen seine Konkurrenten erst einmal weit abgehängt hat. Außer in Schanghai durften noch Chrysler in Beijing den Jeep Cherokee, Daihatsu in Tianjin den kleinen Charade, Peugeot in

Guangzhon den 404 und Suzuki in Xian den Alto bauen. Fast außer Konkurrenz läuft Audi. Der 100er wurde zum offiziellen Funktionärsauto ausgewählt und steht seither in schwarzer Ausführung vor allen Behörden. Der Wagen wird im mandschurischen Changchun gebaut. Aber das Werk bescherte Audi bisher nur Verluste.

Als China bekanntgab, daß es noch ein eigenes Familienauto mit Hilfe eines internationalen Automobilkonzerns entwickeln wolle, waren die Hotels in Beijing voll mit Managern aus Detroit, Turin, Tokyo, Stuttgart und von überall sonst, wo vier Räder unter ein Chassis gebaut werden. Das Familienauto für China schien das ganz große Geschäft zu werden, denn so wie Chinas Planwirtschaftler andeuteten, würde dies die letzte Lizenz werden, und damit könnte der Sieger dieses Monopolyspieles die „Schloßallee" besetzt haben. Pro tausend Einwohner gibt es in China im Moment nur 1,5 Personenkraftwagen, halb soviel wie in Indien. In den GUS-Staaten sind es bereits 46 und bei uns 497. Was für eine Perspektive!

Anfang 1996 hat Beijing diesen strategischen monopolistischen Überlegungen jedoch einen Strich durch die Rechnung gemacht. Ausgerechnet die eher zu mehr Kontrolle neigende Regierung unter Li Peng hat sich für die weitgehende Freigabe des Automobilmarktes entschieden und läßt somit jetzt alle amerikanischen, japanischen, koreanischen und europäischen Konzerne in China aufeinander los.

Über die Gründe dieses Sinneswandels läßt sich zwar nur spekulieren. Es gibt aber handfeste Hinweise, daß die chinesische Regierung dem Marktmechanismus diesmal mehr vertraut als ihrer bisherigen Abschottungspolitik. Beijing möchte unbedingt Mitglied der Welthandelsorganisation werden, weil das Land dadurch gewaltige Vorteile hat, die sich nur noch in vielen Milliarden Dollar Gewinn ausdrücken lassen. Außerdem hat der asiatisch-pazifische Wirtschaftsausschuß (APEC), dem China angehört, Zollsenkungen beschlossen, die Beijing auch sofort mit der Ankündigung einer 30prozentigen Zollsenkung auf Automobile umsetzte.

Die bisher geschützte Automobilindustrie kann auf die Dauer der ausländischen Konkurrenz nicht standhalten. Hinter den Zollmauern hat sich nur langsam eine Anpassung an moderne Produktionsmethoden vollzogen. Wenn aber China seinen gewaltigen Markt öffnet und die großen Konzerne im Wettbewerb um die Gunst der neuen mittelständischen Käuferschicht kämpfen müssen, wird sich eine Automobilindustrie ähnlich wie zuletzt in Korea oder Thailand entwickeln.

VW richtet sich auf die neue Situation ein und spricht jetzt davon, in Zukunft einen Marktanteil von 30 Prozent zu behalten.

Ein China, in dem Hunderte Millionen Menschen sich frei im Individualverkehr bewegen können, wird dann mit dem abgeschlossenen autoritären China der Vergangenheit nicht mehr zu vergleichen sein. Ob dies der Beijinger Führung so bewußt ist, mag dahingestellt sein. Aber es gibt auch hier keine Alternative. In allen Industriestaaten hängt im Durchschnitt jeder siebte Arbeitsplatz von der Automobilindustrie und damit vom Individualverkehr ab. Bei den Arbeitsplätzen, die China schaffen muß, bei den Wachstumsraten, die es halten muß, geht es nicht ohne das Auto, und das haben die Praktiker der „sozialistischen Marktwirtschaft" begriffen.

In 30 Jahren fahren also fast hundert Millionen Autos auf Chinas Straßen. Dazu produzieren rund 500 Kohlekraftwerke je 1 000 Megawatt Energie. Das ist nach gängiger deutscher Umweltüberzeugung der sichere Weltuntergang.

25. Von Filz, Bestechung und Willkür
Chinas Problem mit der Ehrlichkeit

Am hellichten Tag stürmen vier schwerbewaffnete Gangster einen Geldtransporter mit 22 Millionen RMB (knapp 4 Millionen Mark) und fahren samt Geld und Geiseln davon. So geschehen Ende 1995 in Panyu, der wohlhabenden Stadt im Perlfluß-Delta, südlich von Guangzhon. Es war der dreisteste Raubüberfall seit Bestehen der Volksrepublik. Nach einer wochenlangen Hatz durch Südchina wurden die vier Gangster in der Provinz Guangxi gefaßt, und es ist wohl sicher, daß sie diesen Raub mit ihrem Leben bezahlen. Der Vorfall wirft ein Schlaglicht auf die Law-and-Order Situation in China, und was da für die Außenwelt zum Vorschein kommt, macht die Führer in Beijing wütend. So sehr ihr Reich auch seine Bürger überwacht, so wenig garantiert es ihnen Sicherheit. Noch sind die Straßen der Städte sicherer als in New York oder Manila, aber dafür sind Reisen übers Land immer weniger ratsam.

Der Anstieg der Kriminalität ist für die Staatsmacht eher ein Ärgernis als eine tatsächliche Gefahr für die Stabilität des Landes. Sicher ist es kein Ruhmesblatt, wenn Banditen einen Zug überfallen und mit vorgehaltener Waffe einen ganzen Waggon ausplündern, wie dies im Bergland des Südens immer wieder geschieht. Sicher ist auch die Wiederauferstehung der Bandenkriminalität, die jahrhundertelang das ländliche China plagte, eine Herausforderung an den kommunistischen Staat, dem alle Machtmittel zur Verfügung stehen, diese Kriminalität mit drakonischen Strafen zu unterdrücken. Die wirklich entscheidende Frage aber, die eine der Schicksalsfragen der kommunistischen Machthaber werden kann, lautet: „Wer sind die Banden und wer deckt sie, die da in China herummarodieren?"

Das gigantische Wirtschaftswachstum hat auch gigantische Geldmittel ins Land geschwemmt. Und wo soviel Geld auf archaische Strukturen trifft, da sind Kriminalität und Korruption eine logische Konsequenz. Beide scheuen das Licht der Öffentlichkeit, für beide sind eine freie Presse und Transparenz die gefährlichsten Gegner, weil sie im Gegensatz zu Politikern und Polizisten nicht bestechlich sind. Einzelne Journalisten sind käuflich, aber nicht „die Presse". Und Transparenz ist etwas Amorphes, nicht faßbar und daher auch nicht bestechlich. Sie zu verhindern ist selbst der Mafia in Italien nicht gelungen, und die soll sogar einen Ministerpräsidenten auf ihrer Lohnliste gehabt haben. Die Volksrepublik China aber versucht das einmalige Experiment, ohne freie Presse und ohne Transparenz der Kriminalität und Korruption Herr zu werden. Bisher sind die Behörden gescheitert trotz drakonischer Strafen eines allmächtigen Parteiapparates.

Die vier Banditen von Panyu sind kleine Lichter und bei aller krimineller Energie offensichtlich auch noch sehr einfältig. Sie wollten mit einem Schlag und auf eigene Faust reich werden. Also werden sie erschossen. Wie aber ist es möglich, daß zwischen 1988 und 1990 nach offiziellen Angaben 25 000 Gräber und archäologische Schutzzonen geplündert wurden und die teilweise unschätzbaren Kunstgegenstände dann bei Sotheby's oder anderen vornehmen Vermarktern von Hehlerware wieder zum Verkauf anstanden? Aus den Museen in Nord- und Ostchina wurden von 1983 bis 1990 bei 423 registrierten Überfällen über 5 000 Objekte gestohlen. Dem Gesetz nach gehören alle Kulturgegenstände unter der Erde und im Meer dem Staat. Aber es gibt Regionen in China, wo ein Bauer nur etwas tiefer pflügen muß, um wertvolle Kulturgüter aus dem Boden zu ernten. Schließlich haben seine Vorfahren 4 000 Jahre lang den Boden mit ihren Gräbern und Städten regelrecht gedüngt. Vom geldarmen staatlichen Büro für kulturelle Güter bekommt er höchstens ein Dankeschön, von den Hehlerorganisationen einen Geldbetrag. Das macht die Wahl leicht.

Doch schlimmer als diese gelegentlichen illegalen Verkäufe und Grabräubereien sind die Banden, die systematisch das Land ausplündern. 1991 faßte die Polizei in Hunan eine Organisation von 119 Mann, die, mit Dynamit, Schnellfeuergewehren, Messern und Schlagringen ausgestattet, 47 Gräber ausgeräumt und die Gold- und Jadekunstwerke nach Hongkong geschafft hatten. Die in Hongkong erscheinende Zeitschrift „Far Eastern Economic Review" schrieb einmal: Kunstwerke kann man nach Dynastie, Material und Größe von Hongkong aus genauso per Handy in der Volksrepublik bestellen, wie die Gangster jenseits der Grenzen bei uns Mercedes und BMW nach Baujahr und Farbe ordern.

In einem Land, in dem man kaum außer Sichtweite eines Uniformierten kommt, ist es deswegen wenig glaubhaft, daß Polizei, Behörden und auch Militärs nicht ihre Hände im Spiel haben. Eine große Kampagne aus Beijing gegen die Grabräubereien und den Verkauf von Kunstgegenständen blieb auf Provinzebene hängen. Diejenigen, die sie ausführen sollten, hätten damit wohl ihre eigenen Einnahmequellen verstopft. Wer aber soll „Law and Order“ aufrechterhalten, wenn die entsprechenden Organe an den Verbrechenseinnahmen beteiligt sind? Und hier hat Präsident Jiang Zemin recht, wenn er für 1996 eine Verschärfung der Korruptionsbekämpfung ankündigt und dabei vor allem die eigenen Kader der Partei im Auge hat.

In der „China Daily“ vom 22. Dezember 1995 steht in einem Artikel über die Pressekonferenz des Generalstaatsanwaltes in unverblümter Offenheit, daß die Zahl der Wirtschaftsverbrechen stark zunimmt. In über 60 000 Fällen seien Anklagen erhoben worden. Während vor 1986 nur untere Kader auf Ortsebene straffällig geworden seien, wurden danach in acht Fällen Staatsbedienste auf Provinz- oder gar Regierungsebene angeklagt und verurteilt. Keiner solle sich sicher fühlen. Mittlerweile seien in 26 von 30 Provinzen Antikorruptionsbehörden mit 40 000 Mitarbeitern eingerichtet worden. Fünf Tage später stand in derselben Zeitung, daß zwei korrupte Regierungsangestellte in Zhuhai zum Tode verurteilt worden seien.

Vor dem Zentralkomitee der KPCh führte Jiang Zemin diese Verwilderung der Sitten darauf zurück, daß eine funktionierende Selbstkontrolle in der Partei fehle. Die Interessen der Partei und des Volkes sollten immer vor dem Eigennutz stehen. Er forderte dazu auf, das demokratische System innerhalb der Partei rigoros anzuwenden. Dazu gehöre auch, daß alle bedeutenden politischen Entscheidungen, alle wichtigen Ernennungen, alle Vergaben größerer Bauprojekte sowie die Ausgaben großer Summen gemeinsam beschlossen werden müßten. Hier ist Jiang Zemin sicher auf dem richtigen Weg, denn er erkennt an, daß nur Transparenz und Demokratie gegen Korruption wirken.

Jeder, der sich längere Zeit in China aufgehalten hat, kann seine persönliche Geschichte über einen korrupten Beamten erzählen. Natürlich gibt es solche auch in Deutschland. In Frankfurt sind nicht rein zufällig 1 500 Verfahren anhängig. Natürlich reichen die Krakenarme des organisierten Verbrechens auch in den USA, Japan und Italien bis in die Regierungsspitze. Es wäre falsch, China diesbezüglich eine besondere Rolle zuzuweisen. Was in China so ohnmächtig macht, was so gefährlich erscheint, ist, daß es keinen Rechtsweg und keine Öffentlichkeit gibt, die solche Mißstände, jenseits der momentanen Stimmung der Partei, bekämpfen könnten.

Innerhalb von sechs Wochen sind uns zwei Vorfälle begegnet, die verfremdet erzählt werden müssen, damit die Betroffenen nicht erkannt werden können, da es keine Rechtssicherheit gibt. Nach solchen „Enthüllungen“ kann das Leben des Erzählers gefährdet sein, oder seine Aufenthaltsgenehmigung in der Volksrepublik wird ohne Angaben von Gründen aufgehoben. Da berichtet ein Hotelmanager, daß die Polizei jede Nacht bei seinen Gästen mit großem Getöse an die Tür klopfte, um dann überfallartig die Zimmer zu stürmen. Sie wollten nur nachsehen, ob die Moral in China aufrechterhalten werde und sich keine Mädchen in den Zimmern der Ausländer befänden, lautete die scheinheilige Erklärung. Diese Belästigungen vertrieben die Gäste in Hotels, in denen es derartige Moralkontrollen nicht gab. Dabei war bekannt, daß sich bei der Konkurrenz Prostituierte in den Restaurants aufhielten und auch ohne Probleme die Gäste in die Zimmer begleiteten. Des Pudels Kern erfuhr der Hotelmanager dann einige Wochen später, nachdem er im wahrsten Sinne des Wortes weichgeklopft war: Die Polizei bot ihm an, gegen eine Bezahlung die nächtliche Ruhestörung zu unterlassen. Gleichzeitig müsse er sich aber verpflichten, Mädchen, die von ihnen gebracht würden, ungestört in seinem Hause der Prostitution nachgehen zu lassen. So verdiente die Polizei gleich zweimal.

Eine ähnliche Geschichte wurde uns aus der Provinz erzählt. Dort richtete die Polizei direkt vor der Siedlung der Ausländer eine Nachtbar mit Prostituierten ein. Gleichzeitig wurden aber Ausländer schon der Verletzung der chinesischen Moral angeklagt, wenn sie eine Frau aus ihrem Bekanntenkreis im Auto mitnahmen, und wenn es die eigene Sekretärin war. Der verlogene Kampf gegen die Unmoral diente so dem Aufbau des eigenen Dirnenmonopols. Doch da folgen die Chinesen letztlich nur ihren asiatischen Nachbarstaaten von Thailand über die Philippinen bis Korea, wo überall die Prostitution verboten ist und somit überall dem Militär und der Polizei das Monopol für einen Milliarden Dollar schweren Geschäftszweig übergeben wurde, bei dem sie selbst noch nicht einmal einen Finger rühren müssen.

Die Kontrolle der Prostitution durch Militär und Polizei in der Volksrepublik ist mittlerweile so offensichtlich, daß eine amerikanische Zeitschrift einen mehrseitigen Artikel über Schanghai veröffentlichte, in dem im Stadtplan die Distrikte eingezeichnet waren, die von einer der konkurrierenden Gruppen kontrolliert werden. Da ist von der Zusammenarbeit der bewaffneten Organe der Volksrepublik mit dem organisierten Verbrechen von Taiwan, Hongkong und Japan die Rede, und es wird auch beschrieben, wie sich Polizei und Militär schon einmal einen Krieg um besonders lukrative Reviere liefern. Einen Teil des Artikels konnten wir selbst überprüfen. Angeblich sollten abends in einer Schanghaier Straße die Dirnen aus Polizeiwagen aussteigen, bevor sie ihre Standplätze einnehmen. Das klang so unglaublich, daß wir es sehen wollten - und es geschah tatsächlich.

Wie ernst also sind die Antikorruptionskampagnen gemeint - oder wie weit ist die Macht der Zentralregierung noch vorhanden, wenn sie trotz aller Anstrengungen solchen offensichtlichen Machtmißbrauch nicht mehr ausrotten kann?

Der amerikanische Nobelpreisträger für Wirtschaftswissenschaften Milton Friedman hat nach einem Besuch in China gesagt: „China hat beides, zuviel und zuwenig Kontrollen und Gesetze. Beides verunsichert die Bürger des Landes und den Investor gleichermaßen." Wenn es sich um politische Freiheiten handelt, funktioniert China als Polizeistaat. Wenn es aber um die Sicherheit der Bürger geht, ist es mit dem Polizeistaat nicht weit her. Es ist offensichtlich leichter, Dissidenten zu verhaften, als Verbrecher zu jagen.

Wer in einer x-beliebigen Großstadt dem Verkehr zuschaut, glaubt sich in einem absolut anarchistischen Staat. Jeder fährt, wie, wo und wann er will. Ampeln, Gegenfahrbahnen, Überholverbote, Einbahnstraßen, das alles hat nur einen symbolischen Wert. Geradezu zwanghaft verhalten sich die Fahrer verkehrsgefährdend oder widersinnig. An einer vierspurigen Brücke konnten wir beobachten, wie Lastwagen, Omnibusse und Zweiräder, als wären sie geradezu magisch angezogen, kurz vor der Brücke auf die Gegenspur wechselten, um dann dort frontal vor einem entgegenkommenden Fahrzeug zum Stehen zu kommen. Damit war auf beiden Brückenseiten ein permanenter Stau gesichert.

In Qingdao auf dem Weg zum Flughafen hatten sich auf einer breiten sechsspurigen Kreuzung die Fahrzeuge so kreuz und quer ineinander verkeilt, daß die nachkommenden Autos quer über die Grünstreifen der Mittelspuren und auf den Fahrradwegen neue Fronten aufbauten. Das sah nach stundenlangem Chaos aus und somit hätten wir mit Sicherheit die Maschine verpaßt. Wir stiegen kurzerhand aus und begannen mit herrischen Gesten den Verkehr zu entknäulen. Großes Gelächter bei den chinesischen Fahrern, die sich bei den Fremden auch noch dafür bedankten, daß sie die Funktion der

Verkehrspolizei übernahmen. Ein anderes Mal wiederum hatte unser Fahrer in einem Ort am Straßenrand gehalten, um uns einsteigen zu lassen, und war sofort seinen Führerschein los, weil an jener Stelle Halteverbot herrschte. Da half kein Bitten und Betteln.

Der Polizeistaat China macht sich nicht dadurch bemerkbar, daß man ständig das Gefühl hätte, überwacht oder gar verfolgt zu werden. Vielmehr ist es eine gewisse Willkür, der die Menschen ausgesetzt sind. Der Bürger erlebt die Staatsmacht, indem er mit Behörden umgehen muß, die ein ungleichmäßiges, unbegreifliches, unberechenbares Verhalten an den Tag legen. Diese Staatsdiener sind nicht Teil einer klaren Rechtsordnung, sondern Organe, die in vielfältiger Art ihre Kontrolle ausüben - und sei es durch Korruption.

So entstanden etwa am Rand der Städte immer größere Autowaschanlagen. Ein cleverer Verkäufer muß dabei steinreich geworden sein. Bald waren die Anlagen so dimensioniert, daß sie sich beim besten Willen nicht mehr rentieren konnten. Niemand weiß, welche Stadt zuerst die Idee hatte: Aber im Laufe des Jahres 1995 wurde es Usus, daß jedes Auto, das zum Beispiel nach Schanghai, Qingdao oder Xuzhou hineinfahren wollte, erst durch die Waschanlage mußte, mit der offiziellen Begründung, man wolle in seiner Stadt keine dreckigen Autos haben. Das kostete dann je nach Wagentyp und geschätzter Position des Fahrers zwischen 2 und 150 Mark. Widerstand zwecklos, denn die jungen Männer, die die Autos in die Waschanlagen zwangen, hatten Uniformen an und waren auch schon einmal bewaffnet. Seit Dezember 1995 ist der Spuk vorbei, und die Waschanlagen stehen leer. Eine Antikorruptionskampagne von ganz oben hat diese Form des Straßenraubs beendet. Doch wie viele Parteikader, Polizeibeamte und Geschäftsleute müssen vorher ungestört miteinander konspiriert haben, um um eine derartige illegale Einkommensquelle quasi per Order zu installieren.

Eine junge Frau berichtete in einer Parteizeitung, daß sie nach dem chinesischen Frühlingsfest auf der Reise im öffentlichen Bus von ihrem Heimatort im südlichen Jiangsu durch Anhui nach Beijing zu ihrer Arbeitsstelle so oft von Männern in Uniformen an Straßensperren angehalten wurde und eine Straßengebühr bezahlen mußte, daß sie schließlich 800 RMB, das waren für sie zwei Monatslöhne, los war. Da wurde uns auch klar, warum unser Begleiter so nervös geworden war, als wir in Wuhe unsere Autopanne hatten. Auch wir fuhren zu jenem Zeitpunkt durch Anhui. Später erklärte unser Begleiter noch, daß ihm die beiden Fahrer eingeschärft hätten, nur ja nicht auf die Idee zu kommen, anzuhalten. Ein Trick sei, daß am Straßenrand schönes Obst besonders günstig angeboten würde. Kaum halte der Reisende an, werde er ausgeraubt.

Doch dies alles sind Kleinigkeiten, will man dem offiziellen Magazin „Law and Life" folgen. Darin wird von dem Gangsterduo Guo Rongxi und Li Tianyou erzählt, das sich in Phantasieuniformen zu Generälen ernannte und eine Armee von 400 Mann aufbaute mit selbstentworfenen Uniformen, Insignien, Waffen, Fahrzeugen und gefälschten Dokumenten. In der Inlandsprovinz Shanxi agierten sie als eine Abteilung der „Volksbefreiungsarmee". Sie schlossen mehr als 100 Geschäftsverträge über Luftgeschäfte ab, darunter auch mit Südkoreanern und Hongkong-Chinesen, die sich ja angeblich besonders gut in China auskennen. Als die ganze Scheinarmee endlich aufflog, hatte sie sich 11,5 Millionen Dollar erschwindelt. Das offizielle Magazin veröffentlichte leider nicht, wie viele lokale Behörden, Polizeidienststellen und Parteikader bei diesem gigantischen Schwindel mitgewirkt hatten. Einen Staat, in dem so etwas möglich ist, als Polizeistaat zu bezeichnen, wäre wohl wirklich eine Übertreibung. Aber auch die Posse des Hauptmanns von Köpenick war so nur im preußischen Militärstaat möglich. Vielleicht fordern solch autoritäre, obrigkeits- und uniformhörige Staaten derartige Possen regelrecht heraus.

Die Grenze zwischen Kriminalität, staatlicher Willkür und schlichter Unfähigkeit ist nicht genau zu definieren. Noch besitzt die Regierung in Beijing nicht die Selbstsicherheit, um zuzugeben, wo sie nicht in der Lage ist, Bandenkriminalität konsequent zu bekämpfen, und wo sie nicht Herr ihrer eigenen Truppen ist. Diese Angst davor, das Gesicht zu verlieren, läßt sie leicht als Komplizin von kriminellen Polizei- und Militäreinheiten erscheinen. Dies aber, so glauben wir, ist eine Unterstellung, die nicht zutrifft. Die Beijinger Machthaber scheuen sicher vor keinen noch so drakonischen Maßnahmen zurück, wenn sie damit die innere Korruption und Bandenkriminalität unter Kontrolle bekommen könnten. Die schnellen Massenexekutionen von überführten Tätern sprechen da eine deutliche Sprache. So sehr diese öffentlichen Hinrichtungen uns in der europäischen Welt entsetzen, so wenig sollten wir diese Praxis mit der politischen Menschenrechtsfrage verknüpfen. Das Chaospotential in China ist gigantisch, und es wird in den Jahren des Umbruchs noch größer werden. Der Weg zwischen Repression und Anarchie ist dabei eine Gratwanderung. Wer wollte da von außen den Richter spielen?

Auch die Grenze zwischen normaler und Regierungskriminalität ist schwer zu ziehen. Nirgends ist die Grauzone so gefährlich und kann sich zum internationalen Konflikt entwickeln wie in den Meeren vor der chinesischen Küste, den Philippinen und Japan. Keine Gewässer sind so unsicher wie diese wichtigen internationalen Schiffahrtslinien. Mal sind es Piraten, mal ist es die chinesische Marine, die Schiffe entern, darunter auch einen japanischen Supertanker und einen Tanker mit Flüssiggas. Aber fast ausnahmslos tragen diejenigen, die die Schiffe entern, chinesische Marineuniformen. Seit sich die internationale maritime Organisation der Vereinten Nationen um die Überfälle kümmert, ist Beijing in Erklärungsnot. Für die meisten Zwischenfälle macht Beijing marodierende Zoll- und Küstenschutzeinheiten verantwortlich, die gegen ausdrückliche Befehle gehandelt hat. In anderen Fällen aber, wo es nicht zu leugnen war, daß amtliche chinesische Behörden beteiligt waren, verteidigt Beijing sein Verhalten: Erhöhte Sicherheitsmaßnahmen seien nötig, um den Schmuggel in den Gewässern zu unterbinden. Alle Übergriffe ereigneten sich außerhalb der international unumstrittenen Zwölfmeilen-Zone. Der indonesische Verteidigungsminister Benny Murdani kommentierte die unbefriedigende Situation mit folgenden Fragen: „Wird sich China zu einer normalen Macht entwickeln, die sich an die internationalen und regionalen Regeln hält, oder wird es eine Revolutionsmacht, die immer das macht, was ihr gerade in den Plan paßt?“

China hat es bei seiner radikalen Öffnungspolitik geschafft, nicht in die von der Mafia geprägte Anarchie Rußlands zu verfallen. Aber das Law-and-Order-Klischee, das die Machthaber in Beijing gerne verbreiten, existiert noch nicht einmal an der Oberfläche. Das Überleben der kommunistischen Partei als entscheidender Machtfaktor ist davon abhängig, ob es ihr gelingt, den Massen Chinas eine einigermaßen gerechte und gesicherte Gesellschaft zu schaffen, davon, ob es gelingt, die 55 Millionen Parteimitglieder an struktureller Korruption zu hindern und China in einen Rechtsstaat umzuwandeln, in dem es verläßliche und durchsetzbare Gesetze gibt. Wie schon am Anfang dieses Kapitels geschrieben: Niemand weiß dies besser als die Männer im Machtzentrum.

„Schanghai, eine Stadt voller Korruption“, überschreibt der Journalist Deng Ming seine Recherchen im Hongkonger „Eastern Express". Es geht dabei nicht um die großen Summen, die über den Tisch geschoben werden müssen und die das Leben so unsicher machen; gemeint sind unklare Bestimmungen, die von Beamten unklar ausgelegt werden. Ob es um die Wasser- oder Elektrizitätsversorgung geht, um Telefonleitungen, den Kanalanschluß, für alles können die zuständigen Behörden in Schanghai ein Problem erfinden, das dann erst nach entsprechenden Abendessen, Dienstreisen etc. zu beseitigen ist. Diese Form von Komplikationen, so schreibt Deng Ming weiter, häufen sich, je näher der Baubeginn rückt und der Investor die Kapitalfaust im Rücken spürt. Auch eine Einladung nach Hongkong hilft, das Genehmigungsverfahren zu beschleunigen, empfiehlt Deng Ming. Die paar Geschenke, die der Beamte seiner Familie mitbringen muß, wird natürlich der Investor übernehmen. Deng Ming spricht von 30 bis 40 Abteilungen, die der Investor während eines Hochhausbaus in Schanghai überwinden muß.

Solange solche Regeln und unklaren Gesetze bestehen, wird die große und kleine Korruption weiter blühen, ohne Rücksicht darauf, wie intensiv die Beijinger Führung jetzt gegen illegale Zahlungen und Großgeschenke, direkte und indirekte Vorteilnahme vorgeht. Ohne öffentliche Kontrolle wird die Korruption immer schneller sein als die Jäger. Fast jeden Tag steht in der „China Daily" ein Artikel darüber, wie die Partei gegen Korruption vorgehen wird. Auch die Erfolge werden aufgelistet, die Verbrecher oft mit Namen genannt, selbst wenn es sich um den Polizeichef einer großen Stadt oder den Präsidenten einer örtlichen Bank handelt. Diese Offenheit zeigt, wie ernst es den Spitzengenossen ist, nicht selbst im Korruptionssumpf unterzugehen. Sie haben das Beispiel des Guomindang vor Augen. Aber sie können sich nicht dazu aufraffen, die Rechte des einzelnen Bürgers so zu stärken, daß er vor den Kadern keine Angst mehr haben muß.

Noch ist Beijing davon überzeugt, daß die Quadratur des Kreises gelingt: dezentrale Wirtschaftsentwicklung, aber zentrale Machtkontrolle. Der Mißbrauch der Macht auf regionaler Ebene, die zunehmende kleine und große Korruption der Offiziellen und die fließende Grenze zwischen legalen und illegalen Bewaffneten, sollte den Regierenden aber klarmachen, daß sie langfristig nur Erfolg haben, wenn sie die Menschen Chinas zu mündigen Bürgern machen und nicht zu Untertanen degradieren. Es gibt eine Weisheit, die so oder ähnlich sicher auch schon Konfuzius einmal niedergeschrieben hat: Monopole korrumpieren, egal, ob es sich um wirtschaftliche oder politische Machtmonopole handelt. Ein Rechtsanspruch ist allemal besser als Behörden voller Beamten mit Stempeln, die Ermessensbescheide erteilen. Diese Binsenweisheit ist nicht einmal mehr in Deutschland überall geläufig, also sollten wir mit den Chinesen, die eine viel kompliziertere Geschichte in diesem Jahrhundert hinter sich gebracht haben, auch noch etwas Geduld haben.

26. Wenn Generäle Unternehmer werden
Die vielen Gesichter der Volksbefreiungsarmee

Bundeskanzler Helmut Kohl schockte im Herbst 1995 die politisch korrekt denkende Gemeinde Deutschlands. Bei seinem China-Besuch, der an sich schon umstritten war, besuchte er auch noch eine Kaserne der Volksbefreiungsarmee in Tianjin. Angeblich soll es eine Eliteeinheit gewesen sein. Aber davon kann der Bundeskanzler nicht viel gemerkt haben, denn er hatte sich alle militärischen Vorführungen verbeten. So hat dieser Besuch vor allem Symbolkraft erhalten, weil er plötzlich zu dem herausragenden Ereignis des Kanzlerbesuches in China hochstilisiert wurde. Aber dies hatte nur für die deutsche innenpolitische Schlachtordnung Geltung. Denn der Vorwurf, der Kanzler habe damit die Volksbefreiungsarmee hoffähig gemacht, die für das Massaker auf dem Tiananmen verantwortlich war, hat mit der chinesischen Wirklichkeit nichts zu tun. Aber er ließ sich in Deutschland für eine ganze Parlamentsdebatte nutzen.

Die Volksbefreiungsarmee hat das Massaker nicht zu verantworten. Das war die politische Führung in Beijing. Eine Armee, die den Befehl verweigert, begeht Meuterei. Kohl rechtfertigte seinen Besuch damit, daß die Volksbefreiungsarmee eine immer größere wirtschaftliche Bedeutung habe und man mit allen wichtigen gesellschaftspolitischen Gruppen Chinas ins Gespräch kommen wolle. Die Auseinandersetzung um diesen Besuch hat somit unfreiwillig das Spannungsfeld deutlich gemacht, in dem sich das chinesische Militär befindet. Als „Volksbefreiungsarmee" haben die Soldaten in der Volksrepublik eine besondere politische Rolle inne. Bei dem Tiananmen-Massaker aber sind sie gegen das eigene Volk vorgegangen und haben damit ihre Glaubwürdigkeit beim Volk verloren. Aber auch der Bundeskanzler hat recht, denn diese Volksbefreiungsarmee ist zu einem der größten Wirtschaftsunternehmen mutiert, das es in China gibt, und so ein Nebenberuf stärkt nicht unbedingt die Kampfkraft. Im Gegenteil: Die Seuche der Korruption kann so leicht auch die Armee infizieren.

Im Gewühle des Bahnhofs von Guangzhon waren wir froh, ein Taxi zu ergattern. Auf dem Nummernschild des schwarzen Audis 100 stand G A für *Gong An* und darunter zwei Sterne, was das Auto eigentlich als Dienstwagen eines Generals der militärisch organisierten „Öffentlichen Sicherheit" auswies. Des Rätsels Lösung: Hier ging der

Fahrer des Generals seiner einträglichen Schwarzarbeit nach, und zwar so unverfroren mitsamt dem sichtbar ausgewiesenen staatlichen Dienstwagen, daß wir erst glaubten, in eine Falle zu tappen. Wir konnten uns kaum vorstellen, daß dies in einem Überwachungsstaat möglich sei. Doch alles hatte seine durchaus übliche, korrupte Ordnung. Vom offiziellen Einkommen hätte der Fahrer in der Boomstadt Guangzhon kaum leben können. Mit seinem Nebenjob aber verdiente er mehr Geld als beim Staat. Solange den Fahrer niemand anklagt, sind alle zufrieden. Wahrscheinlich sind die Vorgesetzten des Fahrers an dessen Nebengeschäft sogar beteiligt.

Später erfuhren wir, daß solche Nebeneinkünfte absolut üblich sind. Denn schon seit 1989 versucht die Zentrale Militärkommission, die die 3 Millionen Soldaten der Volksbefreiungsarmee überwachen soll, solche Praktiken zu unterbinden. Sie hat die „Zehn-Nein-Gebote" erlassen. Darin wird unter anderem verboten, daß Militärfahrzeuge außerhalb ihres Verwendungszweckes benutzt werden dürfen. Als illegale Benutzung wird aufgeführt: zum Schmuggeln, für den Transport von Kontoauszügen von Schwarzgeldkonten und von Blankorechnungen. Vor allem wird ausdrücklich untersagt, die Nummernschilder auszuleihen.

Aber die „Zehn Neins" werden kaum beachtet. Chinesische Zeitungen schreiben selbst, daß Banden im Südwesten Chinas mit Militärfahrzeugen, mit Briefpapier, Siegeln und Ausweisen des Militärs versehen das Schmuggelgeschäft kontrollieren. Der Mißbrauch ging soweit, daß die Behörden neue Schilder für die Militärfahrzeuge ausgeben mußten, weil nicht mehr festzustellen war, welche von den alten gefälscht, verkauft oder nur an Banden ausgeliehen waren.

Noch schlimmer als in der Armee scheint die Marine in illegale Geschäfte verwickelt zu sein. Die Affären klingen unglaublich und wir würden sie nicht erwähnen, stammten sie nicht alle aus Veröffentlichungen der Volksrepublik selbst. So wurden auf der Insel Hainan Marineoffiziere verhaftet, weil sie für mehr als 500 Millionen Dollar japanische Autos geschmuggelt hatten und dabei den einheimischen Behörden und deren Schmuggelorganisation in die Quere gekommen waren.

Doch hier soll es nicht um die illegalen Geschäfte gehen. Die haben wir im Kapitel über Korruption beschrieben, und die sind so bizarr, daß sie von Märchenerzählern aus dem Morgenland stammen könnten. Viel wichtiger für die Bewertung der Volksbefreiungsarmee ist, daß sie zu einem der größten Unternehmer in China aufgestiegen ist. Es gibt kaum eine Branche, in der sie nicht beteiligt ist, ob es sich um Luxushotels und Nachtbars handelt oder um Fabriken für Papiertapeten und Fahrräder. Diese wirtschaftlichen Aktivitäten haben einen sehr ernsten Hintergrund: Ohne die Einnahmen aus ihren Unternehmen könnten die Generäle ihre Soldaten nicht mehr ernähren. Die offiziellen Schätzungen besagen, daß das Militärbudget gerade reicht, um 70 Prozent der Lebensmittel zu kaufen, die nötig sind, um die Soldaten satt zu machen.

Doch der Zwang, in Chinas neuer kapitalistischer Wirtschaft sein Geld zu verdienen, lenkt von der eigentlichen Aufgabe einer Armee ab. Soldaten einer guten Armee werden dazu trainiert, ihrem Land zu dienen, und nicht, um sich selbst zu versorgen. Letzteres muß konsequenterweise zu einer Aufweichung der militärischen Professionalität führen. In der Beijinger „Volkszeitung", dem Parteiorgan, stand schon 1993 eine Warnung der beiden ranghöchsten Generäle Liu Huaqing und Zhang Zhen: Die Verführungen des Kapitalismus würden die wichtigste Mission der Volksbefreiungsarmee gefährden - die Verteidigung der Kommunistische Partei. Alle möglichen ungesunden Verhaltensmuster und negativen Phänomene der Gesellschaft würden ständig Wege suchen, um das Militär zu infiltrieren und damit das Fundament der Armee zu unterminieren. Diese Warnung ist jedoch ungehört verhallt.

Die chinesischen Armeen mußten sich eigentlich schon immer selbst versorgen. Zu Zeiten der Kaiserreiche holten sich die Soldaten bei der Bevölkerung, was sie brauchten. Und das änderte sich auch in der Republik seit 1911 nicht. Die Bauern waren die Leidtragenden. Wenn die Armeen durch das Land zogen, nahmen sie nicht nur die letzten Reisrationen mit, sondern oft genug auch noch die Söhne. Entsprechend verhaßt waren Soldaten in China. Das änderte sich erst unter Mao Zedong, der, wie wir schon ausführlich beschrieben haben, seiner Volksbefreiungsarmee die strikte Anweisung gegeben hatte, den Bauern einen fairen Preis für die benötigten Lebensmittel zu bezahlen. Dort wo sich die Rote Armee länger aufhielt, zum Beispiel in den Bergen von Yanan nach dem „Langen Marsch", begann sie mit einer eigenen Landwirtschaft, um sich autark versorgen zu können. Die Volksbefreiungsarmee war dennoch fest im Volk verankert. Sie genoß trotz aller maoistischen Experimente ein hohes Ansehen.

Doch als 1989 die Volksbefreiungsarmee gegen das eigene Volk marschierte, war das für viele Chinesen ein Bruch. Wie sehr der Tiananmen-Vorfall das positive Image zerstört hat, kann sicher niemand endgültig beantworten. Aber sie ist heute mehr ein Teil des repressiven und korrupten Parteiapparates als früher. Dazu hat wesentlich auch Deng Xiaoping beigetragen, als er fünf Tage nach dem Tiananmen-Massaker die Armee für ihr Verhalten pries: „Es spielt keine Rolle, wie groß unsere Verluste sind, die wir erlitten, keine Rolle, wie sich Generationen verändern, die Armee ist für immer die Armee unter der Führung der Partei, für immer der Verteidiger unseres Landes, für immer der Verteidiger des Sozialismus und für immer der Verteidiger des öffentlichen Interesses und des geliebten Volkes." Deng machte so noch einmal deutlich, daß die Armee zuerst die Partei zu schützen hat und nicht die Regierung und nicht das Volk.

Doch die Partei hat diese Armee keineswegs so gut behandelt, wie sie das in den offiziellen Erklärungen suggeriert. Vor allem in der Zeit von 1980 bis 1988 war sie ein Stiefkind des Staatshaushaltes. Die Steigerungsraten glichen lange nicht die Inflation aus. Es war in dieser Zeit, daß die Armee sich massiv nach anderen Einkommensquellen umschaute, die heute so reichlich sprudeln. Und noch 1993 hatte das Militär, an der Kaufkraft gemessen, nicht soviel Mittel zur Verfügung wie 1980. Dann aber stieg der offizielle Militärhaushalt rapide an, und zwar so deutlich, daß die Nachbarstaaten unruhig wurden. 1995 waren 63,1 Milliarden RMB im Haushalt ausgewiesen - das sind 33 Prozent mehr als zwei Jahre vorher. Aber - es sind immer noch nur 8 Milliarden Dollar. Wenn das wirklich alles wäre, könnte die Welt sicher ruhig schlafen. Für ein Riesenland wie China wäre es in der Tat ein entscheidender Beitrag zur Abrüstung in der Welt.

Doch alle Beobachter des chinesischen Militärs und Rüstungsapparates sind sich sicher, daß die wirklichen Mittel, die den Streitkräften zur Verfügung stehen, zirka dreimal so hoch sind. Genau weiß das niemand, wahrscheinlich noch nicht einmal das Militär selbst. Wie sonst wäre die Aussage von Generalmajor Zhu Zuoman, Präsident der Xinxing-Gesellschaft, zu bewerten, wenn er beklagt, daß es Ende der achtziger Jahre mehr als 10 000 „geschäftliche Aktivitäten" unter der Kontrolle der „Allgemeinen Logistikabteilung" der Volksbefreiungsarmee gab. Aber genau hätten sie das nie gewußt, sagte er, weil so viele Unternehmen gegründet oder wieder geschlossen würden, ohne die Zentrale zu informieren. Diese „Allgemeine Logistikabteilung"

(General Logistics Department, GDL) ist eine Art Handelshaus, das das Labyrinth der Militärs übersehen soll. Die Wirtschaftsprüfer dieser GDL haben 1992 rund 1 Milliarde RMB entdeckt, die auf 300 nicht gemeldeten Konten von Militäreinheiten versteckt waren. Statt 10 000, die der Generalmajor Ende der achtziger Jahre schätzte, sind es mittlerweile über 20 000 „geschäftliche Aktivitäten". Die Xinxing-Gesellschaft hat alleine 100 weitere Konzerngruppen, die sich selbst wieder in Hunderte von Einzelunternehmen aufteilen. In den offiziellen Veröffentlichungen fand sich zum Beispiel ein Bericht eines Xinxing-Revisors, der die Fabrik des Konglomerats in der Nähe des prominenten Küstenbades Beidaihe besuchte. Dabei stellte sich heraus, daß die Fabrik acht weitere Unternehmungen gegründet hatte, darunter zwei Touristenshops und ein Hotel, von denen niemand etwas wußte. Xinxing macht alleine ungefähr 20 Prozent des Handelshauskomplexes der GDL aus. Für 1992 liegen Zahlen vor: Demnach hatte Xinxing fast 1 Milliarde Dollar Umsatz und 100 Millionen Dollar Gewinn erwirtschaftet.

Der „Far Eastern Economic Review" hat die Aktivitäten der fünf größten Produktionskonglomerate des Militärs herausrecherchiert. Die Guizhou Aircraft Corporation baut demnach Kleinwagen, Automobilteile, Meßinstrumente, Lichtschalter und Maschinen für die Lebensmittelindustrie. Die Jiangnan Space Industry Group ist ebenfalls als Automobil-Zulieferant aktiv, baut Kleinlastwagen, Kühlschränke, Batterien, medizinische Geräte, Öfen und stellt Tapeten her. Die Shenyang Liming Engine Manufacturing Corporation liefert Flugzeugmotoren und Motorenteile, Aluminiumrahmen und Sportfahrräder. Das China Carrier Rocket Technology Research Institute bietet Weltraumraketen, Maschinen für die Zigarettenherstellung, Fernsehgeräte sowie Produktionslinien zur Herstellung von Papiermaschinen an. Die Shenyang Aircraft Manufacturing Corporation schließlich baut die Cargotüren für die Boeing 737 und 757, Luxusbusse für Touristen, Bootsmotoren, Tabakmaschinen und ebenfalls Kühlschränke.

Dieses breite Spektrum zeigt, wie differenziert die wirtschaftlichen Verflechtungen der Militärs sind und wie intensiv sie sich bemühen, ihre Fabrikkapazitäten zu nutzen. Da gibt es keine Berührungsängste, wie das Beispiel Boeing zeigt. Der US-Flugzeughersteller nutzt die billigen Produktionskapazitäten und hat im Gegenzug auch gleich noch einen Vorteil, wenn er seine Flugzeuge in China verkaufen will.

Die Weltraumraketen nutzen Europäer und Amerikaner, um preiswert ihre Satelliten in den Himmel zu transportieren. Das größte Problem dabei war, daß die Chinesen die Konkurrenz soweit unterboten hatten, daß die Amerikaner sie zu einem Mindestpreisabkommen nötigten.

Es ist also durchaus möglich, die Volksbefreiungsarmee zu besuchen und dabei nur über Fahrräder und Tapeten zu reden. So ähnlich hat dies ja auch der Bundeskanzler bei seinem Besuch gemeint: „Die wirtschaftlichen Beziehungen zur Volksarmee und der Dialog mit allen chinesischen Entscheidungsträgern soll so vertieft werden", stand in der offiziellen Erklärung. Ein Ansinnen, das sicher nicht falsch war, das aber die innenpolitische Folgediskussion nicht mit ins Kalkül gezogen hatte. Sofort tauchten in Deutschland Hinweise auf, der Kanzler wolle Rüstungsgeschäfte mit der chinesischen Armee vorbereiten. Als Quelle dieser Informationen dienten ungenannte Kreise aus dem amerikanischen Kongreß, eine Quelle, die in diesem Zusammenhang dann natürlich besonders glaubwürdig wirkt.

Aber auch das ist schon fast ein bekanntes Schema. Die sogenannten Kongreßquellen machen sich jedesmal bemerkbar, wenn in internationalen Konflikten das Schattenreich halblegaler Rüstungszusammenhänge auftaucht. Das ist dann die Gelegenheit, unliebsame Konkurrenten anzuschwärzen, sie würden dem Gegner skrupellos Waffentechnologie liefern, und lenkt von eigenen zweifelhaften Geschäften ab. Am 11. Januar veröffentlichte die Hongkonger Zeitschrift „Far Eastern Economic Review", die wir schon öfter zitierten, weil sie hervorragend über China informiert, einen Bericht, der einen das Fürchten lernen kann.

Keinem geringeren als dem US-Verteidigungsminister William Perry wird darin vorgeworfen, daß die ihm nahestehende Firma SC&M International mit einem Unternehmen der Zentralen Militärkommission der Volksbefreiungsarmee, der Galaxy New Technology, ein 50-50-Joint-venture gegründet hat. In einem unmißverständlichen Diagramm wird dargestellt, wie die beiden Unternehmen zusammenhängen. In dem Artikel wird beschrieben, welche amerikanischen politischen Schwergewichte sich für die gemeinsame Firma mit dem unschuldigen Namen Hua Mei Telecommunications eingesetzt haben. Natürlich ist dabei offiziell kein Gesetz übertreten worden. Aber die amerikanische National Security Agency befürchtet, daß die Chinesen durch den Transfer hochentwickelter Kommunikationstechnologie in die Lage versetzt würden, ihre militärische Logistik, die jetzt noch unzureichend ist, wesentlich zu verbessern. Auch bei den Manövern von 1995/96 in der Straße von Taiwan hatte sich wieder gezeigt, daß die Verbindungen zwischen Marine, Armee und ballistischen Einheiten noch sehr mangelhaft waren. Während sich die US-Verkäufer alle Mühe geben, dieses Geschäft mit den Militärs so zivil wie nur möglich zu verkleiden, warnt das technische Direktorat des Pentagon: Diese Breitband-Glasfasertechnologie und die dazugehörige Ausrüstung sei nie zuvor für den Verkauf nach China lizenziert worden.

Wer in China auf keinen Fall mit dem Militär zu tun haben will, dürfte das Land eigentlich gar nicht betreten. Er braucht nur in Beijings bestem Hotel, dem Palace, zu wohnen oder dort in der Bayerischen Stube einen Leberkäs essen. Schon verdient das Militär mit. Denn ihm gehört das Palace ebenso zum Teil wie Dutzende anderer Luxushotels und Karaoke-Bars. Der riesige militärische Rüstungskomplex hat das Land krakenhaft überzogen. Im Zuge der Modernisierung soll die Rüstungsindustrie aber zurückgefahren werden. Immerhin trägt sie rund 10 Prozent zur Wertschöpfung des Bruttosozialproduktes bei. Wer ernsthaft an Investitionen in China interessiert ist, wird früher oder später leere Hallen oder hervorragend eingerichtete Betriebe angeboten bekommen, die früher Militärgüter herstellten. Sollte er sich für eines dieser Angebote entscheiden, wird er feststellen, daß seine Verhandlungen oft leichter vorankommen, als er befürchtet hat. Irgendwann erfährt der Investor möglicherweise, daß er es mit Norinco zu tun hat, dem größten Industrieimperium des Staates.

Da Norinco von der Regierung durch kürzere Finanzzuweisungen gezwungen wird, wirtschaftlich zu arbeiten, muß der Konzern auf zivile Produktionen ausweichen. 800 000 Mitarbeiter hat Norinco, und nur ein Teil davon ist wirklich beschäftigt. Zwei Drittel aller Betriebe machen Verluste, und das ist im heutigen China nicht mehr „in". Also sucht sich Norinco Partner. Einer davon ist mittlerweile der Daimler-Benz-Konzern, der in der Maschinenfabrik Nr.1 in Baotou in der Inneren Mongolei 5-7 Tonnen schwere Lastwagen produziert und die Dieselmotorenfabrik modernisiert hat. In Baotou baut Norinco auch Eisenbahnwaggons und Fahrräder.

Die Diversifizierung des staatlichen Militärkomplexes hat sicher auch mit der überraschenden Entscheidung der Regierung zu tun, die Investitionen in der Automobilindustrie weitgehend freizugeben. Damit hat Norinco die Chance, weitere Partner zu finden, die ihm helfen, seine Kapazitäten auszunutzen, die in den nächsten Jahren zu 80 Prozent in die zivile Wirtschaft integriert werden sollen. Außer mit Mercedes hat Norinco auch schon Verträge mit den japanischen Automobilfirmen Isuzu und Suzuki, mit denen es Busse und Kleinwagen baut. Mit den Thailändern zusammen besitzt Norinco auch die größte Motorradfabrik Chinas. Insgesamt hat das Militär über Norinco schon über 100 Joint-ventures mit ausländischen Firmen abgeschlossen. Mit all diesen Projekten vermeidet Norinco auch die Gefahr einer Wiederholung seines größten Desasters. Der Konzern hatte dem Irak für 2 Milliarden Dollar Waffen geliefert und mußte diese als Verlust abschreiben, weil das Land seit dem Golfkrieg bankrott ist.

Die Beschreibung der Zustände in der Volksbefreiungsarmee und ihrer verzwickten Geschäftsverbindungen könnte leicht dazu verführen, die chinesischen Streitkräfte als einen lächerlichen Drachen anzusehen, der statt Feuer nur heiße Luft bläst. Aber selbst wenn all die bisher beschriebenen Geschichten die Kampfkraft der Streitkräfte einschränken, so bleiben da immer noch 2,3 Millionen Mann in den Landstreitkräften, 350 000 in der Luftwaffe, 350 000 in der Marine und 800 000 in der Miliz. Da es sich um eine Armee von Wehrpflichtigen handelt, kommen dazu noch viele Millionen Reservisten. Damit hat China die größte Zahl von Menschen, die in einem Krieg eingesetzt werden können.

Die wirkliche Kampfkraft dieser chinesischen Massen ist Gegenstand aller Militärstrategen in den Sandkästen und Computersimulationen von Washington bis Moskau. Dreimal hat die Rote Armee außerhalb Chinas gekämpft und dabei gemischte Eindrücke hinterlassen. Im Koreakrieg stürmten mit einem Mal Maos sogenannte 1 Million Freiwillige auf die amerikanischen Stellungen zu - ein so hemmungsloser Einsatz von Menschenmassen, daß die Amerikaner 300 Kilometer zurückgeworfen wurden, bis sie wieder eine Front errichten konnten. Das ist die heutige Grenze zwischen Nord- und Südkorea. Auch den zweiten Krieg entschied die Rote Armee für sich: Die indischen Soldaten im Himalaya waren den Chinesen nicht im mindesten gewachsen, und so war das erst so arrogante Dehli froh, schnell einen Friedensvertrag mit Beijing abschließen zu können, der die Grenzen zugunsten von China verschob. Das dritte Kriegsabenteuer 1978/79 ging für China allerdings schon peinlicher aus. Dabei traten sie als arrogante Vormacht auf, die den unbotmäßigen Vietnamesen eine Lektion erteilen wollte. Doch die kriegserprobten vietnamesischen Milizen konnten den regulären Kampftruppen Beijings lange widerstehen. Zwar zerstörte die Rote Armee die vietnamesische Grenzstadt Lang Son, zog sich aber zurück, bevor die regulären vietnamesischen Truppen in voller Stärke eingreifen konnten. Mit dieser Aktion haben die Chinesen nichts erreicht, außer die historische Feindschaft zu Vietnam wiederherzustellen.

Der Vietnam-Feldzug hat China aber auch gezeigt, daß eine große Zahl von Soldaten in einem modernen Krieg vor allem Kanonenfutter ist und daß Ausrüstung und logistische Kriegsführung heute eine andere Rolle spielen als noch in den Zeiten des Bürgerkrieges. Seither modernisiert China seine Waffensysteme, zum Beispiel die Luftwaffe. Die 5 200 Kampfflugzeuge und 986 Bomber sind größtenteils Nachbauten der russischen Mig-Serien und erschrecken auch nur durch ihre große Zahl. Aber die neuesten Zukäufe aus Rußland stellen eine andere Qualität dar. Die 72 Suhoi-27-Kampfflugzeuge sind absolute Spitzenprodukte der Militärtechnik.

Seit dem Zusammenbruch des Sowjetreiches findet der russische industrielle Militärkomplex in den Chinesen dankbare Abnehmer. Gegen Geld werfen sie die Doktrin der chinesischen Bedrohung Sibiriens über Bord und verkaufen alles, was ihre hochentwickelte Technik zu bieten hat. Für 2 Milliarden Dollar haben die Russen im Februar 1996 sogar den Nachbau der Suhoi-27-Kampfbomber in China lizenziert. Beijing kommentiert die neue russisch-chinesische Waffenbrüderschaft fast süffisant als eine Art „Entwicklungshilfe" für den kapitalschwachen Nachbarn im Norden.

In der Auseinandersetzung mit Taiwan fällt der Marine eine wichtige Rolle zu. Eine U-Boot-Flotte von 94 Schiffen soll eine Blockade der Insel garantieren. Auch hier helfen die Russen weiter. Sie verkaufen 4 U-Boote der hochtechnisierten Kilo-Klasse, und es hält sich das Gerücht, daß sich China auch einen Flugzeugträger der Kiew-Klasse leisten will. Damit würde es in die Lage versetzt, außerhalb seiner Küstengewässer eine maritime Seemacht aufzubauen. Die strategische Ausrüstung wird deshalb von allen Nachbarstaaten so interpretiert, daß China sich als Hegemonialmacht Asiens etablieren will, so wie es diese Macht über Jahrhunderte ausgeübt hat.

Mittlerweile haben die Chinesen auch 200 000 ferngesteuerte Raketen. Diese werden ergänzt von den modernsten russischen S-300-Boden-Luft-Raketen, von denen sie 18 Batterien erworben haben. Nach Auskunft des sehr gut informierten britischen Instituts für Militäranalysen „Jane's“ besitzen die Chinesen zirka 1 450 atomare Sprengköpfe von 2 Kilotonnen bis 5 Megatonnen Sprengkraft und verfügen somit annähernd über ein nukleares Zerstörungspotential wie die Amerikaner. Während Moskau und Washington ihre Nukleararsenale abbauen, ergänzt China seine Atomstreitmacht. Schon heute haben sie fast ein Monopol bei den Mittelstreckenraketen.

Außer bei der nuklearen Austattung ist die Streitmacht Chinas zur Verteidigung ihrer komplizierten und 46 000 Kilometer langen, ungesicherten Landesgrenzen sicher nicht überdimensioniert. Was in der ganzen Welt aber immer wieder Angst vor China aufkommen läßt, sind Aussagen und Handlungen chinesischer Politiker, die den Zusicherungen, China hege keine territorialen Ansprüche, widersprechen. Was da Angst macht, sind strategische Überlegungen chinesischer Militärs, wie diese Armee und ihre Bewaffnung eingesetzt werden sollten.

Kriege sollen demnach von einer schnellen Angriffstruppe, die aus Marine, Luft- und Bodentruppen besteht, total und resolut geführt und gewonnen werden. Dazu werden alle verfügbaren High-Tech-Waffen eingesetzt. Der Krieg soll schnell gewonnen werden, damit eine gute Ausgangsbasis für die folgenden politischen Verhandlungen erzielt wird.

Der frühere Vizeverteidigungsminister der USA, Charles W. Freemann, berichtete dem amerikanischen Sicherheitsrat und dem Kongreß am 26. Januar 1996 von seinen Gesprächen mit den chinesischen Militärs. Diese hatten ein Horrorszenarium bereit: China habe seine Vorbereitungen, jeden Tag eine Rakete auf Taiwan abzufeuern, abgeschlossen. China könne diese Angriffe ohne Rücksicht auf einen Gegenschlag der USA beginnen, da die Amerikaner sich mehr um Los Angeles sorgen würden als um Taiwan. Freeman verstand dies als indirekte Drohung eines Nuklearangriffs der Chinesen auf die USA. Höhepunkt der Gespräche waren Warnungen hoher Beamter, die drohten: China sei bereit, Millionen von Menschen und ganze Städte zu opfern, um die Wiedervereinigung mit Taiwan zu erzwingen. Die Vereinigten Staaten wären nie bereit, ähnliche Opfer zu bringen.

Selbst wenn die chinesischen Militärs die Amerikaner damit nur vor einer Einmischung in die Taiwan-Frage warnen wollten: dies ist nicht die Sprache eines Staates, der gleichberechtigtes Mitglied in der Völkergemeinschaft werden will, sondern vielmehr die eines Staates, vor dem man sich in acht nehmen muß. Und es ist diese Sprache, die bedrohlicher ist als Chinas Soldaten und deren Ausrüstung. Erschrekkend ist die Brutalität, mit der die Riesennation droht, ihren Willen durchzusetzen. China wird sich daran messen lassen müssen, wie es die Wiedervereinigung mit Hongkong, Macao und Taiwan bewältigt. Ein Krieg, Massenverhaftungen oder auch nur die Ausbürgerung der Hongkonger Liberalen dürften die Spannungen in Asien auf einen Siedepunkt treiben, der den ganzen hoffnungsvollen wirtschaftlichen Aufschwung gefährdet. Sollten Gewaltakte bei der Wiedervereinigung mit diesen Gebieten von der Völkergemeinschaft hingenommen werden, dann, so muß befürchtet werden, ist der nächste Konflikt schon programmiert. Der findet dann im Südchinesischen Meer statt - um die Spratly-Inseln.

Auf den chinesischen Landkarten wird eine Grenze eingezeichnet, die es den Philippinen, Malaysia, Brunei und Vietnam kaum möglich macht, ihre Füße ins Meer zu strecken, ohne chinesisches Hoheitsgebiet zu verletzen. Alle ASEAN-Staaten sind sich einig, diesen Hoheitsanspruch nicht zu akzeptieren. Schießereien mit Vietnamesen und im Herbst mit den Philippinen haben schon stattgefunden. So gewöhnt man die Welt an Spannungen, ohne gleich die UNO und die Weltpresse in den Konflikt hineinzuziehen. Das Kalkül ist einfach: Bis die Spratlys jeden Tag in den Nachrichten als Krisengebiet erwähnt werden, werden schon Tatsachen geschaffen sein, die nicht mehr rückgängig zu machen sind. Ein Nachgeben der Welt ist dann wahrscheinlich, weil wieder einmal alle Angst vor dem großen Krieg mit China haben. Wer will sich schon mit einer Großmacht wegen ein paar unbewohnter Korallenriffs anlegen?

Die Amerikaner haben deshalb vorsichtshalber eine klare Stellungnahme abgegeben, die besagt: Die Schiffahrtslinien im Südchinesischen Meer und bei den Spratly-Inseln müssen offenbleiben, weil sie die vitalen Interessen der USA berühren. Damit sind die Fronten abgesteckt. Die USA sagen ohne Umschweife, daß sie diese Schiffahrtsrouten auch mit militärischer Gewalt offenhalten werden, weil sie auch der Ölversorgung Japans dienen. Über die Spratlys, diese unbewohnbaren Korallenriffs, kann die ganze asiatische Welt in einen Krieg gezogen werden, wenn die Völkergemeinschaft nicht deutlich macht, ab wann Machtpolitik nicht mehr akzeptiert wird.

China beteuert, daß es keine imperialistische Macht sein, sondern nur seine Grenzen sichern wolle. Aber wo sind diese Grenzen? Und damit sind nicht nur geographische Linien gemeint. Das Riesenreich schlägt sich mit der chinesischen Tradition herum, Vormacht Asiens, vielleicht sogar der ganzen Welt zu sein, die ihren Tribut einfordern kann, und es sieht sich nach wie vor in der revolutionären Tradition des Marxismus-Leninismus, der sich sowieso um kein Völkerrecht kümmert. Der Konflikt um Taiwan zeigt, wie schnell ein paar Raketen das Mißtrauen wieder wachsen lassen. Und diese Raketen geben denen recht, die sagen: Ohne die fünfte Modernisierung, die Demokratisierung in China, gibt es in Asien keine Ruhe.

27. Es gibt nur ein Menschenrecht auf dieser Welt

Der Kampf um den Platz des himmlischen Friedens

In wenigen Jahren gehen das Jahrhundert und das Jahrtausend zu Ende. Wenn den bedeutendsten Männern und Frauen dieser Zeiträume ein Platz in der Ruhmeshalle der Geschichte eingeräumt wird, dürfte einer fehlen: Deng Xiaoping. Dabei hätte er Chancen gehabt, nicht nur als einer der größten Gestalten der letzten hundert Jahre zu gelten, sondern sogar in den Olymp der letzten tausend Jahre aufzusteigen, denn es war sein Verdienst, gleich ein Fünftel der Menschheit aus Hunger und Unfreiheit erlöst zu haben. Eines der ältesten und bedeutendsten Kulturvölker unserer Erde hätte er als gleichberechtigtes, vollwertiges Mitglied in die Völkergemeinschaft integriert. Zweimal war er schon Mann des Jahres der amerikanischen Zeitschrift „Time". Politiker der ganzen Welt fuhren nach Beijing, um mit ihm abgebildet zu werden, damit sein Glanz auf ihre Regierungszeit abfärbt. Doch dann kam der 4. Juni 1989, und alles war mit einem Schlage anders.

Die Ära Deng Xiaoping, das ist die Explosion der Wirtschaft und das ist das Massaker auf dem Tiananmen, dem Platz des himmlischen Friedens im Herzen von Beijing. Bis zum heutigen Tag sucht die westliche Welt krampfhaft nach Erklärungen, warum der starke Mann Chinas vielleicht doch nicht an der Entscheidung beteiligt war, die friedliche Studentenrevolte zusammenschießen zu lassen. Es ist wie ein innerer Zwang, das strahlende Bild eines Mannes zu schützen, der Marktwirtschaft nach China brachte, und darum lädt man die ganze Schuld lieber auf Ministerpräsident Li Peng, der als „Schlächter von Tiananmen" seither als der böse Bube der chinesischen Führung schlechthin gilt.

Seither plagt sich die westliche Welt aber auch damit, den Wirtschaftsaufschwung in China und Tiananmen unter einen Hut zu bringen. Der Boykott Chinas, der dem Juni 1989 folgte, hielt mehr oder weniger zwei Jahre, und dann fand Staat für Staat, Unternehmen für Unternehmen Gründe, weshalb Investitionen und Handel mit China wiederaufgenommen werden mußten. Seither ist außerdem keine Diskussion über China mehr möglich, ohne daß auch gleich die Menschenrechtsfrage mit aufgeworfen wird. Tiananmen prägt das Bild genauso stark wie der „himmlische Kapitalismus“, der das Land in die Moderne jagt.

Die Schwierigkeit, Chinas Wirtschafts- und Regierungsform auseinanderzuhalten, fällt uns im Westen deshalb so schwer, weil es zum „korrekten politischen Dogma“ gehört, daß es keine Marktwirtschaft ohne Demokratie geben kann. Wenn also China keine Demokratie hat, wie dies bei Tiananmen überdeutlich wurde, dann wird ihm auch gleich die Marktwirtschaft abgesprochen. Umgekehrt gilt das gleiche Strickmuster, das gern von den Verteidigern des heutigen Regimes im Westen benutzt wird: „Da China ganz eindeutig marktwirtschaftliche Züge trägt, kann es mit der Diktatur auch nicht so schlimm sein.“ Und schließlich kommen da noch so verquere Begründungen, warum die chinesische Führung vielleicht sogar recht hatte, als sie die Studenten zusammenschoß. „Die paar Verrückten damals hätten den ganzen Staat und die ganze Wirtschaft ruiniert“, sagt uns der Vertreter eines führenden deutschen Unternehmens in Beijing. „Schauen Sie mal, was heute alles möglich ist. Das haben die Chinesen nur dem entschlossenen Eingreifen der Regierung damals zu verdanken.“ Diese Aussage ist zwar extrem, aber so und ähnlich wird immer wieder von westlichen Managern argumentiert, wenn sie glauben, ihr wirtschaftliches Engagement in der Volksrepublik verteidigen zu müssen. Der Mord an einigen hundert Studenten wird bagatellisiert, um unnötigerweise eine Rechtfertigung dafür zu finden, daß man mit China Geschäfte macht.

Bei den Recherchen zu diesem Buch und bei Gesprächen, die wir mit vielen deutschen Politikern, Kaufleuten und selbst Medienvertretern hatten, gab es noch eine gar nicht so kleine Gruppe, die volles Verständnis für das brutale Vorgehen gegen die unbewaffnete Bevölkerung von Beijing hatte. Sie verwiesen auf das Anarchie- und Chaospotential, das in der Menschenmasse Chinas stecke und das ihrer Meinung nach nur durch eine eiserne Hand unter Kontrolle gehalten werden könne. Sie war davon überzeugt, daß Deng China damals sogar gerettet hat.

Wir werden in Deutschland dem Phänomen China so lange nicht gerecht, solange wir an der „politisch“ korrekten Formel festhalten: „Marktwirtschaft und Demokratie sind untrennbar miteinander verbunden“. Das ist zwar politisch korrekt ausgedrückt, aber sachlich falsch. Ein Land nach dem anderen hat uns in Asien das Gegenteil gelehrt. Südkorea und Taiwan waren beides knochenharte Militärdiktaturen, die gnadenlos die politische Opposition verfolgten, und trotzdem sind die beiden Länder, die zu den ärmsten der Welt gehörten, heute auf der Weltwirtschaftskarte nicht mehr zu übersehen. Beide Länder arbeiteten nach Fünfjahresplänen, hatten ursprünglich einen großen Staatsanteil, vor allem in der Schlüsselindustrie, aber der Konsument lebte in einer Wettbewerbsgesellschaft, die ihm jede ökonomische Freiheit ließ. Das waren keine reinen Marktwirtschaften. Aber Südkorea und Taiwan haben, um bei der marxistischen Terminologie zu bleiben, eindeutig den kapitalistischen Weg gewählt.

Die wirtschaftliche Entwicklung Südkoreas und Taiwans wurde in Deutschland kaum beachtet. Südkorea wurde vor allem in der Presse wegen seiner Menschenrechtsverletzungen angeprangert, die in der Verfolgung Kim Dae Jungs einen international bekannten Märtyrer hatte. Der Wirtschaftsaufschwung wurde hauptsächlich als Ausbeutung der Arbeiter beschrieben. Damals zeichnete sich dasselbe Strickmuster der öffentlichen Diskussion ab, mit dem heute über die Volksrepublik China diskutiert wird. Verurteilung der Wirtschaft auf der einen Seite, Entschuldigungen für die Diktatur auf der anderen Seite. In den Bars der großen Hotels fanden viele die Menschenrechtsverletzungen und das Massaker an den Studenten von Kwang-ju verständlich, weil damit Ruhe und Ordnung aufrechterhalten werde, denn Korea sei noch nicht reif für die Demokratie. Ein paar aufgebrachte Studenten dürften doch nicht die ganze wirtschaftliche Entwicklung stören.

Heute ist Südkorea eine Demokratie. Die Wirtschaft wächst weiter. Die damaligen Dissidenten führen heute die politischen Geschäfte, und die starken Männer und Verantwortlichen für das Massaker sitzen wegen Meuterei und Korruption im Gefängnis. Heute wird aber auch vielen deutschen Unternehmen vorgeworfen, sie hätten den südkoreanischen Markt verschlafen. Diejenigen, die damals in Korea investierten und Handel trieben, sich aber aus dem politischen Hickhack heraushielten, haben heute einen Wettbewerbsvorsprung, und diejenigen, die glaubten, die damaligen Diktatoren mit Geld schmieren zu müssen, oder die das System über den grünen Klee lobten, müssen jetzt Angst haben, daß sie „geoutet" werden.

Südkorea und Taiwan erteilen uns noch eine Lehre: Wenn ein armes, unterentwickeltes Volk von einer autoritären Regierung wirtschaftlich nach vorne getrieben wird, dann bildet sich automatisch eine plurale Gesellschaft. Die Techniker, Wissenschaftler, Intellektuellen, aber auch die zunehmend gebildete und selbstbewußte Arbeiterschaft sind immer weniger bereit, im Unternehmen zwar Verantwortung zu übernehmen, am Fabriktor aber das selbständige Denken abzugeben. Sie wollen sich jenseits der Arbeitswelt nicht mehr von Partei- oder Militärbürokraten sagen lassen, was sie denken dürfen und wie sie sich zu benehmen haben. Als sich in Südkorea schließlich 90 Prozent der Bevölkerung zum Mittelstand zählten, waren die Tage der Militärs gezählt. In Taiwan war die Regierung klug genug, auch ohne monatelange Tränengasschlachten eine Demokratie zuzulassen.

Wenn die Gleichung „Marktwirtschaft gleich Demokratie" zumindest in der Entwicklungsphase eines Landes nicht stimmt, müssen auch die Unternehmen nicht mehr ständig begründen, warum sie in der Volksrepublik China investieren oder Handel treiben. Sie müssen auch keine albernen, ja sogar peinlichen Entschuldigungen finden, warum das Massaker von Tiananmen vielleicht gar nicht so schlimm war.

Deng Xiaoping war und ist ein Revolutionär, der in seinem Lebenslauf alle Höhen und Abgründe gemeistert hat, weil er sich immer als Parteisoldat verstanden hat. Er ist ein chinesischer Marxist und davon überzeugt, daß nur eine Kaderpartei leninistischen Stils China in die Moderne führen kann. Er hat nie etwas anderes gesagt und nie etwas anderes getan. Er und seine politischen Weggenossen sind vor teilweise über 70 Jahren in die Partei eingetreten. Sie haben den Langen Marsch, den Bürgerkrieg, die Verfolgung durch Tschiang Kaischek und die japanische Invasion überlebt. Sie haben nach ihrem Sieg Millionen Großgrundbesitzer und Klassenfeinde getötet und die Verfolgung in der eigenen Partei durch Mao Zedong überstanden. Ist es da nicht nur konsequent, daß sie sich die Macht über ihren Staat und ihre Partei nicht von einigen Hunderttausend Studenten und Intellektuellen abnehmen lassen?

Auch die Wirtschaftsreformen Deng Xiaopings sind in diesem Sinne konsequent. Wenn die Öffnung dem Land hilft, dann muß es eben geöffnet werden. Da ist Deng pragmatischer Revolutionär. Aber um so wachsamer, so die folgerichtige Logik einer Kaderpartei, muß die Partei dann ihren Führungsanspruch behaupten. Nach der ideologischen Verbohrtheit, nach der rustikalen Roheit von Mao ist Deng Xiaoping geradezu eine Lichtgestalt.

Abgesehen davon, daß der deutsche Beitrag zu Chinas Wirtschaftsentwicklung eine zu vernachlässigende Größe darstellt und wir schon deshalb keinen machtpolitisch begründeten Einfluß auf die Führung Chinas haben, ist es genauso falsch, wegen Tiananmen die wirtschaftlichen Beziehungen mit China einzustellen oder einzuschränken. Der ständige Rechtfertigungsdruck, dem sich Unternehmen ausgesetzt sehen, die mit China arbeiten, wirkt lächerlich. Es ist sicher kein Zufall, daß heute vor allem die Linke ständig auf die Menschenrechtsverletzungen aufmerksam macht, von denen viele vor 20 Jahren noch die rote Mao-Bibel geschwenkt haben. Die politischen Gruppierungen im Westen, für die wirtschaftliches Wachstum und freie Marktwirtschaft Wege in den Untergang sind, entdecken plötzlich die Menschenrechtsverletzungen in China und finden jetzt Ausreden für die Menschenrechtsverletzungen in der DDR. Sie sehen in China nicht die Wirtschaftserfolge, die den akuten Hunger im Land beseitigten und Millionen ein besseres Leben gesichert haben, sie sehen nur die Probleme, die neu entstanden sind.

Was ist die Alternative zu dem stürmischen Wachstum in China, welche Rezepte bieten sie einem Volk an, das immer am Hungerstod entlangschrammt? Die Stagnation, die sie uns am liebsten durch weitere Energiesteuern, durch Einschränkung der Mobilität, durch weitere Umverteilung der Arbeitszeit und Zuteilung der Ressourcen einbrocken würden und die bei uns zu Arbeitslosigkeit und Zukunftsangst führen würde, diese Stagnation müßten in China viele Millionen Menschen mit dem Hungertod bezahlen. Solche Experimente hat das Land dank Maos verbrecherischer Politik gerade hinter sich. Die Ergebnisse mußte die chinesische Bevölkerung erleiden. Keiner in der chinesischen Führung, und sei er noch so konservativ kommunistisch, denkt daran, diesen Wahnsinn zu wiederholen.

Es ist schade, daß die deutsche Wirtschaft nicht offensiver ihr China-Engagement erklärt. Wer davon überzeugt ist, daß nur eine Marktwirtschaft die Erfolge bringt, die China dringend benötigt, muß sich nicht dafür entschuldigen, daß er dabei hilft, eine Nation aus der Rückständigkeit herauszuholen. Wer davon überzeugt ist, daß langfristig eine Marktwirtschaft zu mehr Wohlstand und daß mehr Wohlstand zu mehr Mittelstand und Pluralismus führt, der muß nicht ständig deutliche Menschenrechtsverletzungen kleinreden oder sich bei Diktaturen anbiedern, sondern der kann sein wirtschaftliches Engagement vor sich selbst und vor der Öffentlichkeit vertreten.

Es sind gerade gut 20 Jahre vergangen, daß die heutigen Mitgliedstaaten der Europäischen Union Portugal, Griechenland und Spanien ihre faschistischen Diktaturen abgeschüttelt haben. Auch damals standen sich in Deutschland zwei Fronten gegenüber: die einen, die jeglichen wirtschaftlichen Kontakt mit diesen Staaten anprangerten, die sogar zum Reiseboykott aufriefen und damit innenpolitische Schlachten schlugen, und die anderen, die ihre Investitionen verteidigten und dabei die Diktaturen schönredeten. Auch dies war hauptsächlich eine innenpolitisch gefärbte Diskussion. Was den Ländern Südeuropas wirklich diente, spielte dabei kaum eine Rolle. Im nachhinein aber bleibt die Tatsache, daß ohne die Überwindung der Armut und des Analphabetentums in den betroffenen Ländern Südeuropas die Diktaturen leichter hätten aufrechterhalten werden können.

Heute, am Ende dieses Jahrhunderts, kommen uns diese undemokratischen Staaten wie Restposten aus einer vergangenen Zeit vor, so unwirklich, so weit entfernt ist die Vorstellung, daß in Madrid, Lissabon oder Athen Machthaber sitzen könnten, die Menschen wegen ihrer politischen Überzeugung foltern und ermorden lassen.

Die Sozialdemokratie begann in der Bundesrepublik gegenüber den kommunistischen Machthabern in Ostberlin eine Politik des Wandels durch Annäherung. Mit Recht verweist sie heute darauf, daß diese Politik zu menschlichen Erleichterungen in der DDR geführt und Hoffnungen bei Millionen von ostdeutschen Bürgern ausgelöst hat. Wenn wir heute die ehemaligen Politbüromitglieder der SED hören und in den Archiven nachlesen, erfahren wir, daß dieser Wandel durch Annäherung bei den Ideologen und Machthabern keine geistige Aufweichung bewirkte, eher das Gegenteil. Aber wir erleben heute, wie diese ehemaligen Herren über Privilegien und absolute Macht sich als Biedermänner gerieren, die das alles ja so nicht gemeint haben, wenn Menschen an der Mauer erschossen und Hunderttausende von Lebensläufen ruiniert wurden. Und unser Rechtsstaat, der dieser „Staatsführer“ jetzt habhaft geworden ist, tut sich schwer, ihnen ein „Unrecht“ nachzuweisen.

Warum also der Kleinmut der Demokraten, wenn es um China geht? Warum sollte ausgerechnet in China die Idee der Freiheit und der menschlichen Würde nicht siegen? Warum sollte sich ausgerechnet in China eine wirtschaftlich bessergestellte und plurale Gesellschaft mit einem bürokratischen Kommunismus abfinden? Der Hinweis, daß in Asien die Uhren anders gehen, verfängt nicht und auch nicht, daß Chinesen eben einen anderen kulturgeschichtlichen Hintergrund haben. Wir haben bewußt die Beispiele von Südkorea und Taiwan benutzt. Südkorea ist konfuzianischer und hierarchischer als alle anderen Länder Asiens, und in Taiwan leben Chinesen. Beide Länder haben sich aus autoritären Staaten mit hohem Wirtschaftswachstum zu pluralen Gesellschaften und schließlich parlamentarischen Demokratien entwickelt.

Trotzdem: Der Zusammenstoß zwischen Studenten und Staatsmacht auf dem Tiananmen ist kein Zwischenfall, wie er zwischen unruhiger Jugend und autoritären Regierungen auf allen Kontinenten zum Ritual der Demokratisierung gehörte. Dazu sind der Ort, nämlich der „Platz des himmlischen Friedens“, wie auch der zeitliche Ablauf und die inhaltlichen Forderungen der Studenten zu sehr eingebunden in die geschichtliche Kontinuität Chinas in diesem Jahrhundert.

Der „Platz des himmlischen Friedens“ mitten in Beijing wurde in seinen heutigen gigantischen Ausmaßen - er faßt über 1 Million Menschen - von Mao Zedong gestaltet. 700 000 seiner blauen Ameisen arbeiteten rund um die Uhr, um das neue Zentrum des Weltkommunismus sichtbar zu etablieren. Mao wollte auch dem symbolischen Machtzentrum des traditionellen Chinas seinen persönlichen Stempel aufdrücken. Denn der Platz liegt vor dem Eingang zur Verbotenen Stadt, in der Chinas Kaiser residierten und das „Mandat des Himmels“ ausübten, aus dem sie das Recht ableiteten, die Herren über Leben und Tod für alle Lebewesen unter dem Himmel zu sein. Als die Ming (1368-1644), die letzte Dynastie, deren herrschende Familie noch Han-Chinesen waren, ihren Regierungssitz von Nanjing nach Beijing verlegten, ließen sie 1417 dieses Tor errichten.

Von diesem Tor aus verkündeten die Mandarine, wer die höchsten kaiserlichen Examen bestanden hatte. Vor diesem Tor tagte zweimal im Jahr das höchste Gericht und entschied über die Todesurteile. Hier wurden die kaiserlichen Anordnungen verkündet, und wenn der Kaiser seine Verbotene Stadt einmal verließ, dann durch dieses Tor. Zur Ming-Zeit hieß das Tor auch: das „Tor, wo die Befehle des Himmels entgegengenommen werden“. Der Platz vor dem Tor war entsprechend ein Symbol des chinesischen Verständnisses der legitimen Macht, der Macht, die vom Himmel ausgeht. Der Tiananmen war also immer mehr als nur ein großer Platz.

Seitdem die Chinesen ihre Kaiser verjagt haben, gibt es keinen Herrscher mehr, der das mystische Mandat des Himmels beanspruchen könnte. Der Platz wurde vom Volk vereinnahmt. Statt der Verdikte des Kaisers artikulierte jetzt das Volk, was es von den Regierenden erwartete. Und so wurde der Tiananmen erneut zu einem Symbol für die Beziehung zwischen Volk und Regierenden. Mit dem 4. Mai 1919, als die Chinesen die Demütigungen durch das Ausland in Versailles satt hatten, begann die Geschichte der Tiananmen-Aufstände. Damals ging es um die Staatssouveränität, um das erwachte chinesische Staatsbewußtsein. Der Aufstand 1919 zeigte, daß Sun Yatsens Lehre auf fruchtbaren Boden gefallen war. Die Kommunisten hatten mit dieser Protestwelle noch nichts zu tun.

Dieser Aufstand ging als die „4.-Mai-Bewegung" in die Geschichte ein und hat eine ganze Generation junger Chinesen dazu inspiriert, für „Wissenschaft und Demokratie" einzutreten. Auf dem Tiananmen war zum erstenmal Blut Andersdenkender geflossen. Die Opfer wurden posthum zu Märtyrern kommunistischer Ideen erhoben und der Aufstand sowie der Tiananmen, der Platz selbst, von den Kommunisten in ihre Geschichtsschreibung vereinnahmt.

Der nächste Aufstand ließ nicht lange auf sich warten. Im Juni 1925 demonstrierten wieder 100 000 Chinesen gegen die ungleichen Verträge mit dem Ausland. Auch diese Massendemonstration konnten die Kommunisten gut für ihre Propaganda nutzen. Sie paßte in ihre Strategie und in ihr Weltbild, obwohl sie mit dieser antiimperialistischen Bewegung wenig zu tun hatten.

Am 18. Mai 1926 wurde der Platz schon wieder mit Blut getränkt. Erneut ging es um die nationale Souveränität. Der nördliche Kriegsherr Zhang Zuolin hatte der japanischen Forderung nach territorialen Zugeständnissen und wirtschaftlichen Konzessionen nachgegeben. Er erlaubte den Japanern die Ausplünderung Chinas; auf die eigene Bevölkerung aber ließ Zhang Zuolin schießen. Auch gegen Tschiang Kaischek versammelten sich die national gesinnten Studenten auf dem Tiananmen. Sie verlangten eine gemeinsame Front von Kommunisten und Nationalisten gegen die japanischen Aggressoren. Dies war das erste Mal, daß kommunistische Parolen den Platz beherrschten. Aber es ging nicht um den Kommunismus selbst, sondern um die Rettung der chinesischen Nation.

Es blieb Mao Zedong vorbehalten, vom „Platz des himmlischen Friedens" wieder Besitz zu ergreifen. Wie ein Kaiser nahm er dem Volk den Platz ab, und ab sofort konnten die Menschen von hier aus nicht mehr den Machthabern zurufen, was sie bedrückte, sondern er rief vom „Tor des himmlischen Friedens“ seine Republik aus. Er ließ eine Tribüne neben das Tor bauen, die den ganzen Platz überragte und an der das Volk jedes Jahr zum 1. Mai und 1. Oktober, dem Gründungstag der Republik, vorbeimarschieren und den roten Mandarinen huldigen mußte.

Was immer auch seit dem Ende des Kaiserreiches 1911 an Wirren in China das Land heimgesucht hatte, die Masse der Bevölkerung blieb der mystischen Überlieferung treu, daß die Herrscher Chinas ein „Mandat des Himmels“ hatten. Mao Zedong, der in jeder freien Minute in chinesischen Geschichtsbüchern las, wußte genau, daß sein laizistischer Kommunismus gerademal dazu taugte, die eigene Revolutionsgarde bei der Stange zu halten, daß aber die Millionen chinesischer Bauern leichter zu regieren waren, wenn er ihnen in ihrem Aberglauben symbolisch entgegenkam.

Mao Zedong, der die Menschen seines Landes ununterbrochen drangsalierte, um sie einer totalen Gleichmacherei zu unterwerfen, benahm sich selbst wie ein Kaiser. Dazu paßte auch seine Rede, die er 1966 von dem Tor des himmlischen Friedens aus an die Millionen Jugendlicher und Kinder richtete und in der er zur Kulturrevolution aufrief. Nur ein Kaiser kann das Edikt erteilen, das eigene Parteihauptquartier zu stürmen und die engsten Mitstreiter als kapitalistische Übeltäter zu bestrafen. Nur ein Kaiser kann die Mandarine des Hofes vernichten. Und das hat Mao Zedong auf dem Tiananmen begonnen.

Mao lebte noch, als das Volk sich den Tiananmen-Platz wieder zurückholte. Im April 1976 zogen praktisch aus dem Nichts, ohne Organisation und ohne Struktur, Zehntausende auf den Platz, um dort Zhou Enlais Tod zu betrauern. Der Außenminister war an Krebs gestorben und hatte es zu seinen Lebzeiten geschafft, beim Volk nicht mit der permanenten Revolutionshatz identifiziert zu werden. Die Menschen legten Kränze am Denkmal der Märtyrer von 4. Mai 1919 nieder. Auf den Trauerschleifen standen Inschriften, die deutlich machten, daß es sich hier nicht um eine einfache Trauerversammlung handelte, sondern daß das Volk die maoistische Sklaverei leid war, daß es mehr Recht und mehr Demokratie einforderte: „Für immer ist die feudale Gesellschaft des ersten Kaisers beendet“ und: „China ist nicht mehr das alte China.“ Doch der schwerkranke Mao und seine Statthalter unterdrückten die „Konterrevolution“, indem sie mit Bajonetten und Schlagstöcken die Demonstranten niedermetzelten.

Im November 1978 wurde deutlich, daß der Tiananmen zum symbolischen Platz der Demokratiebewegung geworden war und daß das Volk hier seine Souveränität einforderte. Die Opfer der letzten maoistischen Verfolgung 1976 forderten, ermutigt durch Deng Xiaopings Erklärung, es habe sich dabei nicht um Konterrevolutionäre gehandelt, Entschädigung und Rehabilitierung. Die Wandzeitungen verdammten vor allem die Verbrechen der Viererbande und ihrer ultralinken Gefolgsleute. Solange dies der Fall war, ließ man die Demonstranten gewähren. Dann aber wurde der Ruf nach einer neuen chinesischen Gesellschaft laut. Das entscheidende Manifest von 1978 hat von seiner Brisanz bis heute nichts verloren:

Entsprechend den Ideen von Rousseau über die Menschenrechte und den Prinzipien der Demokratie, wie sie Sun Yatsen formulierte, sollen alle progressiven Ideen gefördert werden: „Wir verlangen, daß einige Elemente des nicht praktizierbaren Marxismus abgeschafft werden und daß wir mit dem Klassenkampf und der gewalttätigen Revolution aufhören, weil dieses die Menschheit teilt", schreiben die Autoren. Sie verurteilen auch die neufeudalen Züge der KPCh, die die Macht von Ministerpräsidenten auf deren Söhne weiterreicht, wie dies über Tausende von Jahren in China üblich war. Sie verlangen eine Verfassung, in der festgelegt ist, daß die Repräsentanten des Staates vom Volk gewählt werden.

Diese grundsätzlichen Forderungen verbinden sie aber mit moderaten Tönen. So berufen sie sich auf die Kommunisten Liu Shaoqi und Peng Dehuai als Vorbilder. Sie fordern die ehemaligen Bürgerkriegsparteien, die Guomindang in Taiwan und die Kommunisten in Beijing, auf, sich entsprechend den Ideen Sun Yatsens zu einigen und für ein wiedervereinigtes China in Frieden und Freiheit zusammenzuarbeiten. Damit aber hatten sie die Grenze überschritten, die Deng zu tolerieren bereit war. Freie Wahlen würden das Ende dieser kommunistischen Partei einläuten, und da wich der alte Revolutionär keinen Deut zurück. Es half den Demonstranten auch nicht, daß sie sich auf Dengs alte Weggefährten Liu Shaoqi und Peng Dehuai beriefen. Die hatte Mao noch im Gefängnis umkommen lassen. Die Wandzeitungen wurden immer aggressiver.

Der Elektriker Wei Jingsheng verlangte schließlich außer den vier wirtschaftlichen noch eine fünfte Modernisierung: die Demokratisierung. In seiner Schrift stellte er fest: Ohne Demokratie bleiben die anderen vier Modernisierungen Stückwerk und werden im Endergebnis versagen. Wei stellte damals auch die rhetorische Frage, die er gleich selbst sehr richtig beantwortete: „Will Deng eine Demokratie. Nein, er will keine Demokratie?“ Dieser direkte Angriff auf den neuen starken Mann der KPCh brachte Wei Jingsheng eine 15jährige Haftstrafe ein. Kurz vor der entscheidenden Abstimmung des olympischen Komitees, ob Beijing die Spiele im Jahre 2000 erhalten sollte, wurde Wei Jingsheng freigelassen, um 1995, drei Tage nach dem Besuch von Bundeskanzler Helmut Kohl, wieder festgenommen zu werden. Der Elektriker ist zu einem der wenigen Dissidenten aufgestiegen, die von der internationalen Presse beachtet werden. Das ungeschickte, ängstliche und gleichzeitig brutale Vorgehen gegen Wei Jingsheng kostet die Beijinger nicht nur viele Sympathien in der ganzen Welt, sondern zeigt auch, wie kopflos die Regierung auf den kleinsten Versuch reagiert, eine Diskussion um mehr bürgerliche Rechte in China anzustoßen.

Zur Jahreswende 1986/87 war das ganze Land in Aufruhr. Bis in die abgelegenen Provinzen verlangten die Studenten mehr Freiheiten, waren mit der wirtschaftlichen Öffnung allein nicht zufrieden. Doch wieder zeigte es sich, daß Deng die „Diktatur der Partei“ als einzige Regierungsform akzeptierte und kompromißlos durchzusetzen bereit war. Statt mehr Freiheiten gab es ein prominentes Opfer. Fast nach maoistischer Tradition wurde der früher von Deng geförderte Hu Yaobang als Generalsekretär der Partei abgesetzt, weil er zuwenig gegen die „bürgerliche Liberalisierung“ getan hätte. Doch kaum eine Zeitung im Westen verurteilte deswegen Deng Xiaoping. Eher suchte man nach Entschuldigungen. Eine davon lautete: Deng habe Hu opfern müssen, um seinen liberalen Kurs gegen die Hardliner durchhalten zu können.

Das waren dann auch wieder die Formulierungen, die zu seiner Entschuldigung nach dem Massaker 1989 laut wurden. Deng habe den Hardlinern um Li Peng nachgeben müssen, um Schlimmeres zu verhindern. Der Ablauf der Vorgänge im Frühjahr 1989 ist den meisten Lesern sicher noch aus den Nachrichten bekannt. Die Bilder, die damals über die Fernsehschirme flimmerten, zeigten Tote, zeigten eine Volksbefreiungsarmee, die gegen das eigene Volk brutal vorging, und sie zeigten jene Szene, die zum Symbol dieses Aufstandes wurde: Ein junger Mann steht, nur mit einer Plastiktüte in der Hand, vor einem Panzer und versucht diesen aufzuhalten. Was die Fernsehbilder nicht vermitteln konnten, weil die Kameramänner nur aus sicherer Entfernung arbeiten durften, waren die verzweifelten Zurufe dieses jungen Mannes: „Warum seid ihr hier? Ihr habt nichts anderes getan, als Unglück über uns zu bringen. Wegen euch ist meine Stadt ins Chaos gestürzt!“ Den Studenten ging es nicht mehr wie früher um die Souveränität Chinas, sondern nun klagten sie die zweite Lehre des bürgerlichen Revolutionärs Sun Yatsen ein: „Die Souveränität des Volkes“.

Seit der Niederschlagung der Studentenunruhen von 1989 herrscht im Westen Rätselraten, inwieweit dieser Vorgang die Demokratiebewegung in China auf Jahre gelähmt hat oder ob damit nur eine latente aber tiefgreifende Unzufriedenheit mit der kommunistischen Regierung vorübergehend unterdrückt werden konnte. Wenn man die Zeiträume der Unruhen auf dem Tiananmen verfolgt, so wie wir sie gerade beschrieben haben, dann ist es erstaunlich lange ruhig geblieben. Dies ist zum Teil darauf zurückzuführen, daß die Partei alle Liberalisierungstendenzen aufgegeben hat und jede neue Regung schon im Keim erstickt. Alle bekannten Dissidenten sind entweder im Ausland, im Gefängnis oder stehen unter Hausarrest.

Doch die Ruhe ist trügerisch. Die Studenten haben sich 1989 in der Nachfolge der 4.-Mai-Bewegung 1919 gesehen, in einer Tradition, die die Kommunisten mitpflegen. Das macht die Angelegenheit für die Machthaber so gefährlich. Jedes Jahr werden schon Ende April die Sicherheitskräfte um den Tiananmen verstärkt, wird jeder Ausländer, der sich dem Platz nähert, beobachtet, ob er nicht doch Journalist sei. Und das ganze Jahr hindurch darf keine Fernsehkamera mehr auf dem Tiananmen eingeschaltet werden. Die Regierung will auf jeden Fall verhindern, daß noch einmal eine Protestbewegung diesen symbolischen Platz besetzen kann. Allein schon der Vorgang wäre eine furchtbare Niederlage. Auch hier zeigt sich das mangelnde Selbstbewußtsein der Führung. Sie trauen ihren Untertanen nicht, und sie wissen nicht, ob sie wirklich so sicher im Sattel sitzen, wie sie tun.

Jedes Jahr im Mai erreichen den Staatspräsidenten Jiang Zemin und den Vorsitzenden des nationalen Volkskongresses, Qiao Shi, Petitionen mit der Bitte, die Verurteilung der Studenten von 1989 als Konterrevolutionäre aufzuheben. Darüber hinaus soll auch das Urteil der kommunistischen Partei über die Demokratiebewegung geändert werden. Die Zahl der Bittsteller wächst von Jahr zu Jahr. 1995 waren es schon sieben Petitionen mit vielen Unterschriften, die im Vergleich zu früher auch an die Öffentlichkeit übergeben wurden. Zu den Unterzeichneten gehörten der Vater der chinesischen Atombombe, Wang Chang, und der frühere Chefredakteur der Beijinger „Volkszeitung“, Wang Ruoshui. Die Unterzeichner der Petitionen wissen, daß sie damit Gefahr laufen, selbst verhaftet zu werden. Das Kapitel der Demokratiebewegung in China ist noch längst nicht zu Ende geschrieben.

Die Menschenrechtsfrage verfolgt die chinesische Führung, wo immer sie sich aufhält, was immer sie unternimmt. Nach offiziellen Angaben des Justizministeriums gibt es Anfang 1996 2 678 Menschen in chinesischen Gefängnissen, die wegen konterrevolutionären Verbrechen einsitzen. Zum Vergleich: 1993 waren es noch 3 172. Wir wollen hier nicht in den Disput über die chinesischen Statistiken eintreten, weil sie nicht nachprüfbar sind. Diese Zahlen erfassen nicht die Menschen, die ohne Urteil eingesperrt sind, was in China immer noch rechtens ist, und diese Zahlen erfassen nicht die politischen und religiösen Aktivisten, die in Umerziehungslagern arbeiten müssen.

In der Menschenrechtsfrage reden fast alle aneinander vorbei. Am 6. Januar 1996 veröffentlichte das englischsprachige Propagandablatt der Partei einen fünfspaltigen Artikel mit der Überschrift „Die Chinesen erfreuen sich der Menschenrechte“. Der Autor, Zhu Muzhi, ist Präsident der chinesischen Menschenrechtsvereinigung. Er verweist darauf, daß China jährlich um 16 Millionen Menschen wächst und daß es der Regierung trotzdem gelingt, den Hunger zu beseitigen und den Lebensstandard zu erhöhen. Er beschuldigt die westlichen Medien, vor allem die Amerikaner, daß sie blind seien gegenüber der Tatsache, daß die Chinesen zur Zeit mehr Chancen in der Wirtschaft, in der Beschäftigung und der Bildung hätten als je zuvor. Er sieht es als allerwichtigstes Menschenrecht für die nächste Zeit an, die noch 70 Millionen Menschen, die unter der Armutsgrenze leben, aus ihrem Elend herauszuholen. „Wer immer nur die Interessen einer kleinen Gruppe vertritt und nicht die Bedürfnisse der Massen sieht, die noch das Notwendigste benötigen, der verwechselt Recht mit Unrecht.“

Unterstellen wir, daß die chinesische Führung wirklich davon überzeugt ist, daß das Wirtschaftswachstum im Moment wichtiger ist als alle anderen Fragen, so hätte sie wohl nicht ganz Unrecht. Die Machthaber sollten auch eine weitere Aussage von Zhu beherzigen: „Wenn Demokratie nur als Worthülse besteht, die Gesellschaft aber nach dem Willen und den Bedürfnissen einer Minderheit regiert wird, dann ist das eine verfälschte Demokratie und undemokratisch.“

Es ist für uns im Westen leichter, die Menschenrechtsfrage an einigen Dissidenten festzumachen, das Tiananmen-Massaker im Hinterkopf. Aber Zhu Muzhi hat natürlich auch recht, wenn er die Versorgung der Bevölkerung als die allerwichtigste Menschenrechtsforderung sieht. Es sind aber die vielen Rechtsunsicherheiten des täglichen Lebens, die die Chinesen demütigen, die verhindern, daß sie den aufrechten Gang lernen.

Offiziell muß die Polizei spätestens zehn Tage nach der Festnahme einen Haftbefehl erwirken. Aber die Polizei kann willkürlich entscheiden, ob noch Verdunkelungsgefahr besteht. Diese weichen Formulierungen sind vor allem bei politischen Tatbeständen beliebig auslegbar. Doch schon bei kleinen, ja lächerlichen Gesetzesübertretungen beweist sich die Macht der Uniformierten. Wer sich gegen diese Willkür auflehnt, läuft Gefahr, im korrupten Polizeiapparat ganz hinter Gittern zu verschwinden.

Wir können hier nicht die ganze Litanei von Persönlichkeitsverletzungen aufschreiben, die in einem Willkürstaat herrschen. Die chinesische Regierung wird diese Bezeichnung heftig kritisieren. Aber sie selbst ruft immer wieder zu Antikorruptionskampagnen auf, weil die Realität zwischen dem geschriebenen Recht und der Wirklichkeit so weit auseinanderklafft. Obgleich die chinesische Führung immer wieder darauf hinweist, daß auch im Westen die Rechtssicherheit nicht gewährt sei, weil die Kriminalität so viel höher sei als in China, so ist es doch ein Unterschied, ob das Opfer eines Verbrechens bei der Polizei Schutz suchen kann oder ob die Willkür des Staatsapparates Opfer produziert.

Je schneller und voluminöser sich die Wirtschaft entwickelt, um so gefährlicher wird die Rechtsunsicherheit für den einzelnen. Wo es um viel Geld geht, konspirieren plötzlich lokale Kader, organisierte Banden und Geschäftsleute gegen die Konkurrenz. Das US-Außenministerium veröffentlicht in einem Bericht über Chinas Menschenrechte, daß die Zahlen von solchen kriminellen Geschäftspraktiken unter Beteiligung von Behörden um 50 Prozent von 1993 auf 1994 gestiegen sind. Der Hongkonger Geschäftsmann Zhong Guisong wurde 30 Monate lang in Henan eingesperrt, während sein Fall „untersucht“ wurde. Daraufhin kam er ohne Gerichtsverfahren frei.

Der australische Geschäftsmann Peng wurde in Macao von Beamten der Staatssicherheit gekidnappt und nach China gebracht, wo er monatelang bis zu seinem Gerichtsverfahren im November 1995 einsaß. Er wurde wegen nicht näher bezeichneter Wirtschaftsvergehen zu einer mehrjährigen Gefängnisstrafe verurteilt. Sein Textilunternehmen in der Provinz Guangdong wird jetzt von einer Verwandten des Deng-Clans geführt. Peng beteuert seine Unschuld und behauptet, die ganze Anklage sei fabriziert worden, um ihm seine Fabrik abnehmen zu können. Ob Peng lügt oder nicht, kann niemand überprüfen. Das Mißtrauen aber, das der Westen chinesischen Gerichten entgegenbringt, haben sich diese in vielen Schauprozessen, die der Mindestanforderungen von Rechtsstaatlichkeit entbehrten, selbst verdient.

Das Urteil gegen den Australier Peng hat mit einem Schlag westliche Investoren das Fürchten gelehrt. Menschenrechte und Rechtsstaatlichkeit sind eben nicht nur eine Frage der Meinungs- und Pressefreiheit. Ohne diese können viele Unternehmen gut auskommen, aber vor einer konspirativen Gemengelage aus staatlichen Behörden, kriminellen Banden und verbrecherischer Konkurrenz werden sie fliehen. Nirgendwo stehen die Chancen günstiger, das chinesische System zu testen, als demnächst in Hongkong. Dort gibt es noch ein unabhängiges Rechtssystem. Wird dies der kommunistischen Ideologie geopfert, folgen brutale Korruption und Kapitalflucht. Dann ist Hongkong erledigt, und China bleibt vorerst der wirtschaftliche Erfolg versagt, den es in einer rechtsstaatlichen Ordnung sicher erreichen könnte.

28. Wird das goldene Kalb geschlachtet? Vom Beginn und Ende der Kronkolonie Hongkong

4 Millionen Chinesen aus aller Welt haben in den letzten drei Jahren Humen besucht, und trotzdem ist der Ort auf keiner Touristenkarte vermerkt, führt ihn kein internationales Reisebüro auf seiner Liste als eine der großen Sehenswürdigkeiten Chinas. Dabei ist Humen, ein Stadtteil von Dongguan, halbwegs zwischen Hongkong und Guangzhon am Perlfluß gelegen, leicht zu erreichen. Vor allem aber ist Humen ein historischer Ort, an dem der Westen begreifen kann, zu welch verbrecherischer Politik er im letzten Jahrhundert fähig war.

Bei Humen verengt sich der Perlfluß zwischen der Tigerkopf- und der Weiyuan-Insel. Die Fahrrinne des mehrere Kilometer breiten Stromes führt hier direkt am Ufer vorbei, und so ist hier die einzige Stelle, an der alle Schiffe nach Guangzhon kontrolliert werden können. Deshalb baute hier auf 500 000 Quadratmeter die Qing-Dynastie ein gewaltiges Fort, das heute noch zum Teil erhalten und als nationales Denkmal geschützt ist.

Am Fort Humen kämpften die Chinesen verbissen gegen die Briten. Hier fanden die bitteren Schlachten des Opium-Krieges statt. Hier gelang es den Chinesen fast zwei Jahre lang, den Briten den Zugang zu Guangzhon zu verwehren, bis sie der überlegenen Feuerkraft der modernen britischen Flotte nicht mehr widerstehen konnten und den Krieg verloren.

Was für ein mieser Krieg! Da zwingt eine europäische Macht, die von einem puritanischen Königshaus und einer demokratischen Regierung geführt wird, ein ziemlich darniederliegendes asiatisches Kaiserreich, den Drogenhändlern uneingeschränkten Zugang zu den zirka 40 Millionen opiumabhängigen Chinesen zu gewähren. Nach heutigen Maßstäben wäre das ungefähr so, als ob das Cali-Cartell mit Hilfe der mächtigsten Seemacht seine Drogen anderen Völkern aufzwingen würde.

Das Opium war damals ein bombensicheres Geschäft, so wie die Drogen heute auch. Die „ehrbaren" britischen Kaufleute brachten das indische Opium nach China, und die Händler zahlten dort mit Silberbarren. Mit diesen konnten dann entweder chinesische Seide oder indischer Tee eingekauft und nach Großbritannien gebracht werden, wo mit diesen Waren hervorragende Gewinne zu erzielen waren. Erst hatte die britische Ostindien-Gesellschaft ein Monopol als Drogenhändler. Aber ab 1834 wurde der Handel freigegeben, und nun konnten viele Kaufleute sehr reich werden, allen voran Dr. William Jardine, der spätere Taipan von Hongkong.

Für China bedeutete der Opiumhandel einen sicheren Ruin. Einmal war der Abfluß der Silber-Reserven für die Staatsfinanzen ruinös. Mindestens genauso verheerend aber war die Zerstörung von Millionen Menschen und ihren Familien, die in die Abhängigkeit des Opiums gerieten. Nach langen Debatten am Kaiserhof zu Beijing - es gab da eine Gruppe intellektueller Dichter, die für die Freigabe des Opiumhandels plädierte - entschloß sich der Qing-Kaiser, den unbestechlichen Mandarin Lin Zexu nach Guangzhon zu schicken. Er hatte die Vollmacht, den Opiummißbrauch und den Handel mit dem Rauschgift zu stoppen.

Als erstes gelang es Lin Zexu, die chinesischen Zwischenhändler auszuschalten, wobei er nicht mit Samthandschuhen vorging. Aber es war ihm klar, daß er die britischen Opiumlager und ihre Fabriken unter Kontrolle bringen mußte. So verbarrikadierte er die Zugänge zu den britischen Lagern, bis diese aufgaben. In einem Teich in Humen vernichtete Lin Zexu dann das Opium unter großer Anteilnahme der Bevölkerung. Dieser Teich ist heute Mittelpunkt des Opium-Krieg-Museums. Eine riesige Statue des unbeugsamen Mandarins, nachgestellte Szenen der Opiumhöllen, der Zerstörung des Opiums und des heroischen Kampfes der unterlegenen chinesischen Heere gegen die Briten erinnern an diesen dreckigen Kolonialkrieg.

Den Geschichtsbüchern ist zu entnehmen, daß die Briten den Krieg nach drei Jahren gewonnen hatten. Als Entschädigung für ihre Kosten und als Garantie, daß China sie nie wieder herausfordern können würde, wurde ihnen auf ihr Verlangen die Insel Hongkong übereignet. Nur die allerwenigsten Besucher dieser dynamischen Finanz- und Handelsmetropole denken heute daran, daß Hongkong seine Existenz dem Drogenhandel verdankt. Aufmerksame Zeitungsleser aber konnten bei dem Besuch des britischen Außenminister Rifkind Anfang 1996 erfahren, daß die Volksrepublik jahrelang den Ausbau des Containerhafens blockierte, weil dabei eine Tochterfirma von Fleming-Jardine, der immer noch in der Kronkolonie aktiven Nachfolgefirma des Opiumhändlers Jardine beteiligt ist. Fleming-Jardine war allerdings eines der ersten großen Hongkonger Geldhäuser, das seinen Sitz schnell in die Bermudas verlegte, als die Entscheidung gefallen war, daß ganz Hongkong an China zurückgegeben wird. Offensichtlich hat die Firma Angst, Beijing könnte sich daran erinnern, daß der Wohlstand dieses heute so angesehenen Unternehmens auf dem Elend von einst Millionen Opiumabhängigen beruht. Es ist auch nicht bekannt, daß Jardine sich jemals für seine kriminellen Gründungserfolge entschuldigt oder daß Großbritannien Lord Palmerston, der als verantwortlicher Politiker den Opium-Krieg zugelassen hatte, je dafür als skrupellosen Staatsmann verurteilt hätte.

Der Opium-Krieg ist ein unglaubliches Verbrechen, und trotzdem hat sich Großbritannien bis zum heutigen Tag noch nicht im Ansatz dafür entschuldigt. Mit dem Zeitgeist des letzten Jahrhunderts ist die Zwangseinfuhr von Opium auch nicht zu rechtfertigen, wie die rigorose Bekämpfung des Handels durch Lin Zexu beweist. Entschuldigend mag angeführt werden, daß der Zusammenstoß zwischen den Kulturen früher oder später zu kriegerischen Auseinandersetzungen geführt hätte. Aber ausgerechnet mit dem übelsten aller Produkte, mit Rauschgift, erzwang England den freien Handel.

Auch wenn nur wenige westliche Touristen den Weg nach Humen finden, die chinesische Führung hat diesen historischen Ort um so mehr aufgewertet. Mit der Rückkehr Hongkongs ins Reich wird die Niederlage gegen Großbritannien wettgemacht. Jetzt verweist die Führung Chinas zunehmend auf die Ursache dieses Krieges. Da paßt es gut ins Bild, wenn man den westlichen Nationen und ihren Forderungen nach Menschenrechten und Rechtsstaatlichkeit in China den Opium-Krieg und ihre verlogene Scheinheiligkeit vorhalten kann. Von Jiang Zemin bis Li Peng haben sie alle in den letzten Jahren Humen besucht und den patriotischen, unbestechlichen Lin Zexu als Vorbild gepriesen. Vor dem Teich, in dem Lin Zexu damals das Opium vernichtete, gibt es zwei frische Feuerstellen. Dort wird jetzt von der Provinzregierung das Rauschgift verbrannt, das von den heutigen Händlern und Süchtigen konfisziert wird. Auf den Handel und den Besitz von Rauschgift steht in China die Todesstrafe.

Erst in den dreißiger Jahren wurde der Handel mit Opium in Hongkong verboten. Vorher waren Verbrecher und Händler in der englischen Kolonie sehr reich geworden mit dem schmutzigen Geschäft. Es ist eine Ironie des Schicksals, daß ausgerechnet Hongkong heute schon wieder ein zentraler Umschlagplatz für das Heroin des „Goldenen Dreiecks“ ist und die westliche Welt mit Morphium und Heroin versorgt.

Ursprünglich hatten die Briten nur die kahle Felsinsel Hongkong bekommen, die von tropischen Fieberkrankheiten verseucht war. Nichts ließ damals vermuten, daß hier einmal eine der wohlhabendsten Gesellschaften der Welt leben würde.

Der Opium-Krieg war erst der Auftakt einer Serie von kriegerischen Auseinandersetzungen zwischen Großbritannien und dem chinesischen Kaiserreich. In diesem Krieg schlossen sich schon bald die Franzosen der englischen Seite an. Nach jedem dieser Kleinkriege mußten die Chinesen weitere Häfen öffnen und den Ausländern das Recht einräumen, über ihre Bürger nach eigenen Gesetzen zu richten. Schließlich mußten die Chinesen sogar in Beijing Botschafter der fremden Mächte zulassen, was ihrem Verständnis, als einziges Kaiserreich unter dem Himmel zu herrschen, die Legitimität raubte.

1860 marschierten zum erstenmal fremde Heere in Beijing ein, und das britisch-französische Invasionsheer zerstörte in sinnlosem Vandalismus den kaiserlichen Sommerpalast, einen der prächtigsten Bauten Chinas. Die einzigartigen Kunstschätze durften die Soldaten unter sich verteilen. Nach diesem barbarischen Akt wurde Großbritannien auch Kawloon, die Hongkong auf dem Festland gegenüberliegende Stadt, zugesprochen.

Die Niederlagen der Chinesen machten auch die anderen Völker begehrlich. Jeder wollte ein Stück von China haben. So traten dann vor allem noch die Russen, Deutschen und Japaner auf den Plan. Aber selbst so kleine Staaten wie Belgien sicherten sich Konzessionen. Die Briten sorgten sich zunehmend um die Sicherheit ihres Hongkong-Besitzes, nicht zuletzt vor den anderen Kolonialmächten. Sie pachteten daher für 99 Jahre noch einen Streifen Land hinzu, die New Territories mit einer Reihe Inseln, um so ihren Hafen und Hongkong zu sichern. So entstand schließlich ein britischer Besitz aus 235 Inseln und bergigem Festland mit insgesamt 370 Quadratmeilen.

Die 99 Jahre für den gebührenfreien Pachtvertrag der „New Territories“ laufen am 1. Juli 1997 ab. Und da Großbritannien zur Überzeugung gekommen ist, daß es sich nicht lohnt, wegen Kowloon und Hongkong eine Auseinandersetzung mit der Volksrepublik zu riskieren, geben sie diese beiden Flecken Erde den Chinesen gleich mit zurück. Eigentlich keine große Sache. Doch schließlich handelt es sich dabei um eines der dichtbesiedeltsten Gebiete der Welt. Und in Hongkong leben Millionen Menschen und deren Nachkommen, die schon einmal vor jenen Machthabern geflohen sind, denen sie jetzt übergeben oder, treffender formuliert, „ausgeliefert" werden.

Weder beim Raub von Hongkong damals noch bei seiner Rückgabe heute hat sich London mit Ruhm bekleckert. Die britische Zivilisation, die in China mit Recht mit der europäischen, also westlichen Zivilisation in einen Topf geschmissen wird, handelt ausschließlich nach der egoistischen Maxime der gerade angesagten Interessenspolitik. Damals mußte das Opium verkauft werden, damit die Zahlungsbilanz im Fernen Osten stimmte, jetzt ist Hongkong nur ein Zankapfel, der die wirtschaftlichen Beziehungen zur Volksrepublik stören könnte. Vor allem aber will Großbritannien vermeiden, daß die rund 5,5 Millionen Menschen in Hongkong, die bisher „British Subjects", also „Untertanen der Königin" waren, jetzt das Recht erhalten, auch britische Bürger zu werden. Im Mittelpunkt der Übergabeverhandlungen von Großbritannien stand nicht die Freiheit der Bürger Hongkongs, sondern das Verhindern einer Massenauswanderung in Richtung koloniale Muttermacht.

Was wird aus Hongkong? Diese Frage wird genausooft und verunsichert gestellt wie die Frage „Was kommt nach Deng?" Während die Öffnungs- und Reformpolitik nach Deng im Prinzip weitergehen wird, wie wir im Schlußkapitel ausführlich begründen, wird Hongkong eine andere Stadt werden, auch wenn es unpopulär ist, so etwas zu sagen.

Noch 50 Jahre Kapitalismus hat Deng Xiaoping der Stadt versprochen, wenn sie im Reich eingemeindet ist. Wer heute die Glitzerfassaden von Hongkongs Nachbarstadt Shenzhen gesehen hat, wird diesem Versprechen auch Glauben schenken können. Doch was für ein Kapitalismus wird das werden? Schon hat Beijing seine neue Verordnung, die die Benutzung des Internet regelt, ausdrücklich auf Hongkong, Macao und Taiwan ausgedehnt. Heißt das also, daß der freie Zugang zur Information in Hongkong nach 1997 eingeschränkt und auf die Propagandamaschine der amtlichen Nachrichtenagentur Xinhua beschränkt wird? Ein Kapitalismus ohne Informationsfreiheit funktioniert nicht - selbst Wirtschaftsdaten dürfen in China nur noch von Xinhua bezogen werden. Damit wird Hongkong 1997 eine andere Stadt sein, als sie es jetzt ist .

Am 1. Juli 1997 werden die neuen Herren in Hongkong anwesend sein. Am Flughafen Kai Tak schweben die Flugzeuge aus Beijing ein, und die Wagenkolonnen mit den Nachfahren der Bauernrevolution fahren in die Suiten der 5-Sterne-Hotels, die zu den besten der Welt zählen. Sie fahren vorbei an öffentlichen Gebäuden, an denen die rote Fahne mit den fünf gelben Sternen flattert. Die Eliteeinheit der Volksbefreiungsarmee, die seit Jahren auf ihre Aufgaben vorbereitet worden ist, zieht in die Kasernen der britischen Gurkha-Truppen ein, und im Hafen machen die Kriegsschiffe der chinesischen Marine fest. Der Union Jack ist weg. Und mit ihm der Royal Yacht Club, die Royal Hong Kong Police und die Royal Mail, vor allem aber der Geist, der mit dem Royal verbunden war. Denn bei aller Kritik an dem britischen Verhalten als Imperialmacht - in Hongkong gab es eine freie Gesellschaft, die von einem unabhängigen Gerichtshof, dem High Court, geschützt war. Doch auch der Gerichtshof ist nach der Übergabe seine Unabhängigkeit los. Beijing hat dann auch in der Rechtsprechung das letzte Wort.

Eine für die Zukunft Hongkongs und damit Chinas ganz wichtige Frage wird sich gleich in den ersten Tagen entscheiden. Wie wollen die neuen Herren mit den vom Volk gewählten Abgeordneten des Parlaments umgehen? Emily Lau, eine unabhängige Abgeordnete, hat schon angekündigt, sie werde sich im Parlament festketten, und sie werde nicht die einzige sein, die das macht. Die neuen Herren haben indes nie einen Zweifel daran gelassen, daß sie dieses 1995 schnell noch gewählte Parlament nicht anerkennen und sofort auflösen wollen.

Zugegeben, die Demokratisierung Hongkongs durch Großbritannien hat mehr als nur einen faden Beigeschmack. Fast 150 Jahre verzichtete London darauf, die Bürger Hongkongs an eine parlamentarisch-repräsentative Demokratie heranzuführen. Mit der schlichten Ausrede „Die wollen keine Demokratie, die wollen nur in Ruhe und unter britischer Ordnung Geld verdienen“ unterblieben alle Reformen. Ein vom jeweiligen Gouverneur einberufener Rat aus den führenden Familien diente als volksnahes Feigenblatt. Ausgerechnet der letzte Gouverneur, Chris Patten, hatte es dann jedoch eilig, vor der Übergabe an Beijing rasch noch eine Wahl abhalten zu lassen, die diesen Namen auch verdient.

Natürlich schäumte Beijing vor Wut. Die kommunistische Elite fürchtet Wahlen wie Dracula die Knoblauchzehe. Und nun hat ihnen Chris Patten ein Parlament hinterlassen, bei dessen Auflösung sie mit viel in- und ausländischem Ärger rechnen müssen. Dieses Parlament ist mehr als ein trojanisches Pferd, es ist eher wie die Büchse der Pandora.

Chris Patten wird wegen seiner Politik auch im Westen heftig kritisiert. Er störe die reibungslose Übergabe, wolle sich nur mit seinen demokratischen Spätübungen persönlich qualifizieren, habe für die delikaten Probleme der Beijinger Führung kein Fingerspitzengefühl, verhalte sich nicht politisch korrekt etc. Mit einem Wort, Chris Patten stört die erhoffte Friedhofsruhe. Seine demokratische Prinzipientreue macht deutlich, daß es sich bei der Übergabe von Hongkong an eine nichtdemokratische Regierung um eine Beerdigung handelt.

Gouverneur Patten hat spät, vielleicht auch zu spät nachgeholt, was Großbritannien bisher versäumt hatte. 1984 unterzeichneten Großbritannien und China eine „Joint Declaration", in der Großbritannien zustimmte, Hongkong an China zurückzugeben, und China versicherte, daß Hongkong weitere 50 Jahre seine bisherige Freiheit und Autonomie behalten könne. Die Briten erweckten den Eindruck, als könnte nach dem Abzug des Gouverneurs, der praktisch wie ein Diktator herrschen konnte, die Bevölkerung der Kronkolonie sich nun selbst regieren. In dem mühsamen und diplomatisch verschlungenen Prozeß, der dann folgte, stellte sich aber heraus, daß die Worte „Freiheit" und „Wahlen" in den verschiedenen Systemen eine völlig andere Bedeutung hatten. Und immer wenn es um die Rechte der Bewohner von Hongkong ging, war die Londoner Regierung schnell bereit, um der Ruhe willen in Geheimgesprächen nachzugeben, was sie laut nicht sagen wollte.

Wenn Beijing erklärte, Hongkong würde seine Freiheiten wie bisher behalten, so meinten das die Beijinger Machthaber sehr wörtlich. Unter den Briten, also bisher, hatte es kein frei gewähltes Parlament gegeben. Folglich wird es nach chinesischer Lesart auch in Zukunft kein frei gewähltes Parlament geben. Der Gouverneur wurde bisher aus London geschickt, in Zukunft wird es ein von Beijing ernannter Chinese sein mit ähnlichen Vollmachten, wie sie bisher der britische Gouverneur hatte. Solange er die Interessen seiner Herren respektiert, wird er innerhalb dieser Gemengelage ziemlich viel Freiheiten haben, das tägliche Leben zu regeln. Eine Art Miniverfassung ist das Basic Law, das von einer gemischten Kommission aus Hongkong- und Festlandchinesen zusammengetragen wurde. Die Kommission selbst bestand jedoch ausschließlich aus von Beijing handverlesenen Individuen. So war sichergestellt, daß selbst eventuelle Widersprüche im

Laufe der Diskussionen um die endgültigen Formulierungen von einer soliden Beijing-Mehrheit beschlossen werden konnten.

Chris Patten hielt sich als Gouverneur nicht an die von britischen Diplomaten, Hongkonger Opportunisten und Beijinger Kadern ausgeheckten Spielregeln. Entsprechend wird er als Querulant und Wirrkopf dargestellt. Auch wenn seine Motive lediglich darin bestanden haben sollten, den Kommunisten noch Juckpulver in ihre Westen zu schütten, so ist jede demokratische Wahl gerechtfertigt. Sie aus opportunistischen oder diplomatischen Gründen gar nicht erst zu versuchen, hätte bedeutet, daß Beijing jetzt und für immer behaupten könnte, daß die Demokraten in Hongkong keinerlei Rückhalt in der Bevölkerung hätten. Leicht ließen sich dann aus ihren Führern „Michael-Kohlhaas-Gestalten" machen, die man ungestraft abschieben, einkerkern oder sonstwie zum Schweigen bringen kann. So aber hat die Wahl gezeigt, was die Hongkonger wollen. Die „Demokratische Liberale Partei", die für Rechtsstaatlichkeit und Freiheit eintritt, hat 12 von 20 möglichen Direktmandaten gewonnen. Die „Demokratische Allianz zur Verbesserung der Situation in Hongkong", die von Beijing unterstützt wurde, erhielt nur zwei Direktmandate.

Gemäß Artikel 23 des Basic Law, dieser Mini-Verfassung, die ab Juli 1997 gilt, hat die Verwaltung von Hongkong das Recht, Gesetze aus eigenem Entschluß zu erlassen, die jeden Akt von Verrat, Spaltung, Unruhestiftung und Subversion gegen die Zentrale Regierung des Volkes oder den „Diebstahl von Staatsgeheimnissen" verbieten. Diese Gummiformulierung wird bisher in China benutzt, um Dissidenten anzuklagen. Die Proteste der demokratisch gewählten Abgeordneten, wenn sie am 1. Juli das Parlament im historischen Legco Haus, mitten zwischen den Wolkenkratzern der Banken, nicht mehr betreten dürfen oder von dort gar mit Gewalt entfernt werden müssen, können schon die Anwendung des Artikels 23 provozieren. Und dann hat Hongkong, hat China, hat die Welt ein Problem. Dann haben nämlich alle, die gesagt haben, in Hongkong ändere sich nichts, Unrecht gehabt - mit verheerenden Folgen für die, die ihnen geglaubt haben.

Am 1. Juli 1997 wird noch ein zweiter Berufsstand spüren, was von den Freiheiten Hongkongs übrigbleibt: die Journalisten. Auch unter den Briten waren sie nicht mit allzuviel Pressefreiheit verwöhnt. Im Gegensatz zum Mutterland gab es in Hongkong immer einen Maulkorb, der von der Regierung kunstvoll den Kritikern umgebunden wurde. Die eng ausgelegten Paragraphen für die öffentliche Sicherheit, die Journalisten zur Zurückhaltung zwangen, wurden mit der besonders heiklen politischen und militärischen Lage Hongkongs begründet. Trotzdem war Hongkong in Asien im Vergleich zur weiten Nachbarschaft ein Hort liberaler Pressefreiheit. Hier werden die respektierten „Far Eastern Economic Review“ und „Asiaweek“ redigiert und gedruckt. Das „Asian Wall Street Journal“ und „Reuters Wirtschaftsdienste“ haben hier Zentren. Alle diese Zeitschriften und Dienste fühlen sich der freiheitlich-demokratischen Idee verpflichtet. Wie lange werden sie noch in Hongkong bleiben können? Mit ihnen verschwindet das Informationszentrum Hongkong, das wesentlich den Charme und die wirtschaftliche Effizienz dieser südchinesischen Stadt ausgemacht hat. Hongkong ohne eine freie Presse, ohne Internet und frei zugängliche Information ist dann nur noch eine Stadt wie viele andere in Asien, eine Metropole zwischen Singapur und Schanghai. Es wird dann eine ganz normale chinesische Stadt mit ein paar Jahren Kapitalismus mehr auf dem Buckel sein. Und wieder hätte das enorme Konsequenzen für alle, die den Schönfärbern geglaubt haben, in Hongkong würde sich nach 1997 nichts ändern.

Wer mit Politik, Presse und Meinungsfreiheit nichts zu tun hat, wer kein Recht vertreten und kein Recht sprechen muß, wem es nichts ausmacht, in der Schule nicht mehr Geschichte zu unterrichten, sondern Propaganda zu betreiben, für den ändert sich nicht viel. Das trifft vor allem für zwei Gruppen zu: die Arbeiter sowie den unteren Mittelstand und für die Reichen und ihre Familienclans.

Es gibt Stadtteile in Hongkong, die sich von den noch nicht sanierten Vierteln in Guangzhon durch nichts unterscheiden. In schimmelig grauen Betonhochhäusern sind die Fassaden der Nachbarhäuser in Reichweite, hinter den vergitterten Fenstern: Vogelkäfige und Wäscheleinen. In den engen Wohnungen leben vierköpfige Familien auf 30 Quadratmetern. Betten werden stundenweise vermietet. Mong Kok ist so ein Stadtteil. Den Menschen hier kann es egal sein, wer sie ausbeutet. Bis zu ihnen ist der Aufschwung Hongkongs nicht vorgedrungen. In diesen grauen Vierteln, durch die jeder Besucher muß, wenn er vom Flughafen in die Stadt fährt, wohnen die Illegalen vom Festland, hier rekrutiert sich der Nachwuchs des organisierten Verbrechens, leben die Arbeiterinnen, die in ungelüfteten, überfüllten Textilfabriken ohne gewerkschaftlichen Schutz und ohne Arbeitsschutzbestimmungen ihr Leben verdämmern. Es wohnen hier die Kulis, die im Hafen die Dreckarbeit machen. Hier haben auch die Beijing-freundlichen Parteien ihren höchsten Stimmenanteil, denn diese Menschen glauben noch am ehesten, daß der Kommunismus etwas für die Arbeiter unternimmt. Sie haben bisher nur die Auswirkungen des freien Kapitalismus von Hongkong erlebt, und der hat ihnen nichts Gutes gebracht.

Die anderen, die nichts zu befürchten haben, wohnen auf der Insel Hongkong und dort auf den Hängen des Peak, von wo aus man einen prächtigen Blick auf die vibrierende Stadt hat. Was da unter ihnen entstanden ist, was sich da an Kränen und Schiffen bewegt, das ist ihr Werk. So sehen sie es jedenfalls, und deswegen betrachten sie Hongkong auch gewissermaßen als ihr Eigentum. In der Presse heißen sie Tycoons, ein Geldadel, Milliarden Dollar schwer, reich und mächtig. Sie sind die bevorzugten Gesprächspartner Beijings. Einer von ihnen, C. H. Tung, hat die besten Aussichten, als erster Gouverneur Hongkongs von Beijings Gnaden die ehemalige Kolonie zu regieren. Tung, ein ehemaliger Anhänger und Finanzier der konservativen Partei in London, ist, bescheiden ausgedrückt, ein Reeder. Aber er herrscht über ein Netz von Schiffen, Schiffahrtslinien und Handelshäusern, das keiner öffentlichen Kontrolle in der Welt unterliegt. Es ist so verschachtelt, daß es sich jeder Kontrolle und allen nationalen Gesetzen entzieht. Tung hat noch einen großen Vorteil. Seine Familie stammt aus Schanghai, genauso wie die von Jiang Zemin, dem Staatspräsidenten und Generalsekretär der KPCh.

Zum Jahresbeginn 1996 bestimmte Beijing die 150 Personen des „PC“, des Preparatory Committee (Vorbereitungskomitee), das seinerseits ein 400 Personen großes „Auswahlkomitee“ ernennt, welches wiederum den ersten Gouverneur ernennt und die „vorläufige gesetzgebende Versammlung“ auswählt. Alles Ernennungen, keine Wahl. Ein umständliches Verfahren das sicherstellt, daß der einfache Bürger Hongkongs die Übersicht verliert. Die Ironie dabei ist, daß Außenminister Qian Qichen bei dem ersten Treffen des Vorbereitungskomitees recht hatte, als er verkündete, Hongkong werde von Hongkongern regiert, denn sicher wird das neu ernannte Scheinparlament samt Gouverneur aus Einwohnern Hongkongs zusammengesetzt sein.

Während nicht ein einziger Abgeordneter oder Repräsentant der Demokratischen Partei in das Vorbereitungskomitee berufen wurde, die ja schließlich die Wahl gewonnen hat, gehören 50 Unternehmer zu den Auserwählten, die zusammen 21 Konzerne kontrollieren und dabei 36 Prozent der Kapitalsumme ausmachen, die an der Hongkonger Börse gezeichnet ist. Hier findet eine Hochzeit zwischen kommunistischen Bürokraten und chinesischen Magnaten statt, die ein gemeinsames Credo haben: Demokratie und freie Wahlen stören den eigenen Machtbereich. Ein gemeinsamer Feind dieser beiden ungleichen Verbündeten sind unabhängige, freie Gewerkschaften. Und schließlich sind ihnen freie Presse und Transparenz ein Greuel. Die neue Hongkonger Freiheit besteht aus einer gegenseitigen Machtabgrenzung: Die Kapitalisten dürfen ungeschoren weiter Geld verdienen, solange sie einen beachtlichen Teil in die Volksrepublik investieren und die Partei mit Spenden versorgen, und die Kommunisten dürfen im Gegenzug ihr politisches Machtmonopol ausnutzen, solange sie nicht die Kreise des Geldes stören. Wer sich mit solch einer Gesellschaft zufriedengibt, wird sich in Hongkong auch nach dem 1. Juli 1997 wohl fühlen.

Die chinesischen Konzernherren gehen dabei keinerlei Risiko ein. Sollten sich ihre Vorstellungen von den gewandelten Kommunisten als zu naiv erweisen und sie sich, wie auch 1949, plötzlich einer antikapitalistischen Kampagne ausgesetzt sehen, nutzen sie ihren Zweitpaß und gehen nach Australien, Kanada oder in die USA oder in ein anderes Land, in dem sie sich schon längst eingekauft haben. Dort leben sie von ihren Konten, die sie schon jetzt in den Steuerparadiesen von den Caymen Islands bis Liechtenstein gebunkert haben. Sie hinterlassen dann Millionen Hongkonger Bürger, die sie in ihren antidemokratischen Manövern den Kommunisten ausgeliefert haben und die nicht das Geld hatten, sich vorzeitig einen anderen Paß in einem sicheren Land zu kaufen. Chris Patten sagte über die sich Beijing anbiedernden Tycoons: „Die kümmern sich nur um ihr Geld und sonst um gar nichts. Die haben nur Angst, ihre Milliarden zu verlieren."

Doch die Gefahr, daß die Beijinger Machthaber die Hongkonger Gans schlachten werden, die ihre goldenen Eier legt, ist sehr gering. So gesehen können die Tycoons davon ausgehen, daß ihre politischen Manöver sich auch finanziell auszahlen. Schon jetzt braucht die Volksrepublik Hongkong. Sie unterhält dort 13 Banken und ist über die „Bank of China" in die Weltfinanzen eingebunden. Hier kann die Volksrepublik an den Gold- und Silberbörsen mitspielen, hier ist sie beteiligt am gigantischen Roulette der Devisen-, Futures- und Derivatenzentrifugen. Eine der riesigen Neonreklamen an Hongkongs Skyline wirbt für „999", ein Unternehmen der Volksbefreiungsarmee.

Und es ist nur eines von Dutzenden Firmen, die fürs Militär in dem Territorium Geld verdienen.

Es gibt fast nichts, was die Volksrepublik in Hongkong nicht betreibt: Zigarettenfabriken, Warenhäuser, Grundstücks- und Maklerfirmen, Fluglinien, Filmtheater, Tourismusunternehmen und Tankstellen. Wahrscheinlich ließen sich einige Seiten füllen, die nur die wirtschaftlichen Aktivitäten und Vorteile beschreiben, die Hongkong der Volksrepublik bietet. Das Versprechen, daß Hongkong noch 50 Jahre seine kapitalistische Wirtschaft behalten dürfe, ist daher sicher ernst gemeint. Danach wird der wirtschaftliche Unterschied zwischen der Provinz Guangdong und Hongkong kaum mehr auszumachen sein.

Die Briten hatten nie vor, und sie haben sich auch nicht darum gekümmert, in Hongkong das einzupflanzen, was jetzt in der Welt als „westliche Werte" bezeichnet wird. Anders als die Amerikaner, die überall auf dem Globus auch Missionare in Sachen Freiheit und Demokratie sind - Deutschland und Japan haben sie zum Beispiel gründlich bekehrt -, beschränkte sich Großbritannien in seinen Kolonien aufs Geldverdienen und aufs Intrigieren. Nicht ein einziges Land, das sie hinterlassen haben, ist in einem friedlichen Übergang in eine prosperierende Demokratie geglitten. Eine Tragik des Zusammenstoßes der europäischen Zivilisation mit dem chinesischen Feudalismus ist, daß die Europäer nur ihre überlegene Waffengewalt ausnutzten, es dann aber versäumten, auch ihre Werte von Demokratie und Freiheit zu vermitteln.

Bis in die Mitte dieses Jahrhunderts hinein galten Menschenrechte nicht für farbige Völker, war Rassismus die Regel, nicht nur in Nazi-Deutschland. Die Chinesen erlebten die Vertreter des Westens nur als grausame Barbaren, die sich im Krieg auch nicht viel besser aufführten als ihre eigenen Landsknechttruppen. Sie erlebten diese übelriechenden, bleichen Menschen als arrogant, ausbeuterisch, listenreich und verlogen. Beim Abzug aus Hongkong hat Großbritannien kein einziges Menschenrecht, das der Westen so wortreich fordert, in den Verhandlungen durchsetzen wollen. Kein Wunder also, wenn die asiatische Vorstellung von den westlichen Werten nicht so groß ist, wie wir selbst diese Ideale einschätzen und verkünden.

Und trotzdem haben die westlichen Werte, haben der Glaube an Rechtsstaatlichkeit, an Freiheit und Demokratie in Hongkong Wurzeln geschlagen. Die von Kommunisten, Tycoons und britischen Beamten gleichermaßen ungeliebte Demokratische Partei hat Persönlichkeiten hervorgebracht, die allen Aussagen, Chinesen läge nichts an Politik und Demokratie, Hohn sprechen. Der Rechtsanwalt Martin Lee und der Gewerkschafter Szeto Wuh leisten seit Beginn der Übergabegespräche einen intelligenten und sehr überzeugenden Widerstand gegen die Preisgabe menschlicher Grundwerte. In die von Briten und Kommunisten eingerichteten Gremien, die das Basic Law berieten und formulierten, waren sie fast aus Versehen berufen worden. Dort waren sie schnell die Außenseiter. Aber zäh verteidigten sie jeden Millimeter Freiheit. Martin Lee, ein in Cambridge ausgebildeter Anwalt, der ruhig, ohne jeden Hang zum Volkstribun, seine Argumente vorbringt und dabei mit seinem messerscharfen Verstand den Verrat der Briten und die vordergründigen Interessen der Tycoons analysiert, ist mittlerweile zur Symbolfigur des Widerstandes geworden. Szeto Wuh, der bullige Chef der Lehrergewerkschaft, weiß, was es bedeutet, wenn Arbeiter und Angestellte kein Recht darauf haben, ihre Interessen in freien Gewerkschaften zu formulieren. Lee und Szeto haben jeweils rund 80 Prozent der Stimmen in ihren Wahlkreisen erhalten. Trotzdem werden sie von Beijing übergangen. Doch die Konsequenzen dieser Mißachtung der Bevölkerung sind in Hongkong nicht so leicht zu unterdrücken wie in Beijing.

Es sind Martin Lee, Szeto Wuh oder die unabhängige Emily Lau, die sich, wie schon geschrieben, im Parlament anketten will, die die Party der reibungslosen Verteilung der Beute Hongkong unter Kapitalisten und Bürokraten verhindern werden. Eine Volksarmee, die auf Demonstranten in Hongkong schießt, wird weit größere Komplikationen auslösen als eine Armee, die in Beijing eine Studentendemonstration niederwirft. Martin Lee in Handschellen oder gar ausgebürgert - das wird viel größere Entrüstungsstürme verursachen als die Verurteilung des Dissidenten Wei Jingshen.

Als der bürgerliche Revolutionär Sun Yatsen nach dem erfolgreichen Sturz der Qing-Dynastie in Europa Unterstützung für eine demokratische Republik in China suchte, wurde er mit netten Worten abgewiesen. Die Ausbeutung des völlig darniederliegenden Chinas schien vielversprechender zu sein, als eine Demokratie zu unterstützen. In den machtpolitischen Spielen der Diplomaten, in ihren Champagnersalons, war für einen Träumer wie Sun Yatsen nur als Hofnarr Platz. Die Folgen sind bekannt. Eine an sich hoffnungslos unterlegene kommunistische Partei konnte durch die Schwäche der bürgerlichen

Kräfte und Japans imperialen Machtanspruch in China die Oberhand gewinnen. Und dieses kommunistische China hält die Welt bis heute in Atem, ganz zu schweigen von den Milliarden Rüstungs- und Hilfsgeldern, von den Millionen Toten, die diese westliche Arroganz gekostet hat.

Jeder zweite Geschäftsmann, den wir trafen, bezeichnete Martin Lee als Spinner, als einen Mann ohne Verbündete, als einen Störenfried und so weiter. Die Kommentare der Diplomaten waren auch nicht viel besser. Daß er die Wahl gewonnen und das Volk hinter sich hat, zählt nicht. Hier ist erneut ein Chinese angetreten, der die westlichen Werte in China hochhält. Doch es ist zu befürchten, daß kurzfristige Finanzinteressen, vordergründige machtpolitische Überlegungen wieder die Oberhand behalten. Aber es bleibt uns dann ja immer noch, Martin Lee für den Friedens-Nobelpreis vorzuschlagen, wenn er gescheitert ist.

29. Der Dollar - Staubsauger
Wie es China gelingt, die internationalen Finanzquellen anzuzapfen

Die Vorwürfe, Investitionen in China würden das Regime stärken, kommen von Dissidenten aus China, von Führern der Demokratiebewegung im Exil und von westlichen Menschenrechtsgruppen. Dabei wird die Illusion geweckt, mit wirtschaftlichem Boykott könnte ein autoritäres Regime zum Einlenken gezwungen werden. Außer im Falle Südafrikas - und dort auch nur sehr eingeschränkt - hat ein Wirtschaftsboykott noch nie den gewünschten Erfolg gehabt. Im Gegenteil: Die Bevölkerung, der zu mehr Menschenrecht verholfen werden sollte, mußte die wirtschaftliche Not ertragen. Die skrupellosen Herrscher verschaffen sich mit den restlichen Ressourcen ihres Landes alles, was sie zu ihrem luxuriösen Leben brauchen. Sie haben kein Problem, ihr Volk verhungern zu lassen. Haiti und Serbien haben dies gerade wieder gezeigt, und Iraks Saddam Hussein ist ein besonders brutales Beispiel für die beschränkte Wirkung solcher wirtschaftlichen Strangulierungsversuche.

Chinas Öffnungspolitik hat der Masse der Bevölkerung zu mehr Menschenrechten verholfen, als in diesem Reich je vorhanden waren. Und diese Öffnungspolitik gilt es zu unterstützen, damit sie weitergeht, das riesige Land durchdringt und immer mehr der 1,2 Milliarden Menschen davon profitieren. Ein Staat, in dem die wirtschaftlichen Basisprobleme gelöst sind, hat größere Chancen, eine stabile, pluralistische und demokratische Gesellschaft zu schaffen, als ein Staat, dessen Politiker von einer wirtschaftlichen Notoperation zur anderen getrieben werden und dessen Volk dabei hungert.

Wichtige Mitglieder der heutigen chinesischen Führung sind in der Sowjetunion ausgebildet worden. Wenn Jiang Zemin oder Li Peng jetzt nach Moskau blicken, sehen sie dort, wie ihre Lehrmeister Schiffbruch erlitten haben - als Kommunisten und als Reformer. Sie können von dort nur lernen, was sie unbedingt vermeiden müssen. In Rußland begann die Umwälzung mit politischen Reformen, die auf zementierte Machtbeziehungen einen demokratischen Überbau setzten. Diese Institutionen, die von einer Marktwirtschaft in freier Gesellschaft keine Ahnung haben konnten, versuchten dann in der Riesenrepublik eine funktionierende Wirtschaft aufzubauen. Die Mischung aus Mafia, Korruption und wiedererstarktem Kommunismus, die dabei herausgekommen ist, muß hier nicht weiter beschrieben werden.

Auch der andere große Staat in Asien, nämlich Indien, der mit rund 900 Millionen Einwohnern und einem ungebremsten Bevölkerungswachstum China dicht auf den Fersen ist, hat für die Beijinger Führung keine Vorbildfunktion. In Indien wird zwar seit der Unabhängigkeitserklärung 1947 ein Parlament gewählt, aber noch immer verhungern die Menschen auf den Straßen. Die Elendsgestalten in den Slums, die Kastengesellschaft, die rassistischen und religiösen Unruhen sind keine Werbeveranstaltung für die Zustände auf dem Subkontinent.

Nicht ideologische oder moralische Aspekte werden langfristig darüber entscheiden, ob die Überseechinesen und die Industriestaaten in China investieren und mit der Volksrepublik Handel treiben, sondern die Frage, ob die Regierung die Öffnungspolitik fortsetzt und konsolidiert. Das Kapital, das sich in China niederläßt, will sich wohl fühlen. Und zu einem komfortablen Umfeld gehören Rechtssicherheit, ein zuverlässiger Informationsfluß, eine ordentliche Geldpolitik und politische Stabilität. Wie nicht nur das Beispiel Hongkong zeigt, sind für die Milliardäre der Überseechinesen und natürlich auch für die westlichen Konzerne Demokratie keine notwendige Voraussetzung für ein China-Engagement. Aber wenn in einem autoritären System die Korruption zu einem unkalkulierbaren Risiko wird, ziehen sich seriöse Firmen zurück und übrig bleiben die Kapitalabenteurer, die schnelle Gewinne mit hohem Risiko anstreben, um dann rasch wieder zu verschwinden. Die Antikorruptionskampagnen sind ein Beweis dafür, daß sich Beijing alle Mühe gibt, diesen Eindruck nicht entstehen zu lassen.

Ein großes Problem für alle Investoren ist die Kluft zwischen den chinesischen Gesetzen und ihren Ausführungsbestimmungen. Unter Mao gab es keine Rechtsprechung, die diesen Namen verdient hätte. Mit dem Beginn der Öffnungspolitik bemüht sich Beijing nun, Ordnung in das wirtschaftliche Leben zu bringen. Im Büro von Dr. Joachim Glatter in Beijing sind diese Bemühungen in Metern nachzumessen. Die deutsche Anwaltskanzlei hat eine Lizenz für China erhalten und besitzt alle chinesischen Gesetze samt ihren Interpretationen und Ausführungsbestimmungen. Mittlerweile füllen die Gesetze viele Regale. Sie zeugen vom Fleiß und guten Willen der Beijinger Behörden. Doch in der Praxis sieht es dann anders aus. Während in den Nordprovinzen längst die Beiträge für die Sozialversicherung und Haftpflicht für die Beschäftigten abgeliefert werden müssen, gibt sich die Provinz Guangdong noch großzügig. Das kann aber bedeuten, daß Unternehmen, die glauben, sie könnten wegen dieser laxen Gesetzeshandhabung Geld sparen, plötzlich saftige Geldstrafen zahlen müssen oder gar ihre Lizenz verlieren, weil sie ein Gesetz nicht eingehalten haben. Dann nutzt es ihnen auch nichts mehr, darauf hinzuweisen, die örtlichen Behörden hätten ihnen erklärt, sie wären von den Sozialabgaben noch befreit. Die Implementierung der Gesetze erfolgt oft abrupt und unvermittelt. Nicht immer sind die Klagen der ausländischen Firmen berechtigt, wenn sie sich plötzlich erheblichen Problemen gegenübersehen. Oft haben sie bei voller Kenntnis der Rechtslage den scheinbar leichteren Umweg einer Sonderbehandlung beschritten. Wenn dann der großzügige Parteikader abgesetzt wird, stellen sie fest, daß der direkte Weg zwar zu Beginn etwas schwieriger, dafür langfristig um so erfolgreicher und billiger gewesen wäre.

Es gibt mittlerweile Gesetze gegen den unlauteren Wettbewerb, ein Produkthaftungsgesetz, ein Patentrecht und auch ein Gesetz zum Schutz von geistigem Eigentum. Trotzdem blockieren die Vereinigten Staaten den Beitritt Chinas in die Welthandelsorganisation, unter anderem mit dem Hinweis, daß diese Gesetze nicht konsequent durchgesetzt werden und US-Firmen in jedem Jahr über 10 Milliarden Dollar dadurch verlieren. Hier ist die Zentralregierung offensichtlich machtlos. Sie verkündet in der Parteizeitung immer wieder, wie sie gegen Raubkopien vorgeht und Firmen schließt, die illegal Disks oder Computerprogramme vervielfältigen. Diesen Erfolgen nach zu urteilen dürfte eigentlich gar keine Raubkopie mehr auf dem Markt sein. Im Süden des Landes betreibt aber ausgerechnet die Armee solche Fabriken, und da reicht die Macht der Partei nicht mehr aus, um den Uniformierten dieses lukrative Geschäft zu verbieten.

Viele der sehr jungen Wirtschaftsgesetze müssen sich erst noch in der Praxis bewähren. Sie sind für eine Gesellschaft erlassen, die keinerlei Erfahrung im Umgang mit einer Marktwirtschaft und deren notwendigen Regeln hat. Unter der Überschrift „Leere Versprechen" beklagt die „China Daily", daß von 31 207 Anzeigen in den Zeitungen von August bis Oktober 1995 804 gegen das „Anzeigengesetz vom 1. Februar 1995" verstoßen und die Verbraucher mit falschen Informationen belogen hätten. Die Zeitung wundert sich, daß dies möglich ist, obwohl doch jede Anzeige erst von einem Zensor genehmigt werden muß.

Es mehren sich auch die Fälle, wo ausländische Firmen gegen chinesische Behörden klagen und Recht erhalten. Auch chinesische Bürger wehren sich zunehmend gegen ungerechtfertigte Übergriffe des Staates und werden dafür auch noch von Parteikadern gelobt. Solche Beispiele finden sich sowohl in den lokalen wie in den übergeordneten Zeitungen. All das wäre noch vor einigen Jahren undenkbar gewesen. Auch dies sind Beispiele dafür, daß der Wille zu mehr Rechtsstaatlichkeit vorhanden ist. Aber in einer Gesellschaft, die 4 000 Jahre lang von einer totalitären Obrigkeit beherrscht wurde, kann Rechtsbewußtsein nicht mit dem Drucken von Gesetzesbüchern und der Berufung von Richtern im Verlauf von nur einer Generation zu schaffen sein.

Eine gewisse Korruption ist überall in der Welt das Schmieröl, das die Wirtschaft am Laufen hält, wenn Gesetze und Bürokratie sie behindern. Eine Korruption, die sich an diese Spielregeln hält, wird von der internationalen Finanzgesellschaft akzeptiert. Erst wenn die Korruption in Erpressung ausartet und die Summen, die gezahlt werden müssen, höher sind als der zu erwartende Gewinn, knickt eine Konjunktur ein. Davon ist China noch weit entfernt. Aber die Herkulesarbeit, marktwirtschaftliche Rahmenbedingungen in einer Planwirtschaft zu schaffen, die nur noch rudimentär besteht, wird noch jahrzehntelang Unsicherheiten schaffen. Wer in China glaubt, ein Schnäppchen zu machen, weil er genau zwischen diesen Gesetzeslükken oder Interpretationsmöglichkeiten hindurchschlupft, sieht sich plötzlich wegen Korruption angeklagt oder, was noch häufiger der Fall ist, von korrupten Beamten erpreßt.

Gerade weil sich China so schnell verändert, ändern sich auch die Bestimmungen und Gesetze schneller, als es die westlichen Unternehmen gewöhnt sind. Die ungeübte Bürokratie verschlimmert das Ganze noch, weil sie zu spät oder erst im nachhinein die Ausführungsbestimmungen veröffentlicht. Dies führt dann zu jenen weltweit publizierten Fällen, in denen sich China am Pranger wiederfindet. Im Herbst 1995 stöhnten die ausländischen Firmen fast geschlossen auf. Die Botschaften wurden mobilisiert, und selbst Kanzler Kohl sollte der chinesischen Regierung vortragen, daß sie gerade dabei sei, viele gutmütige

Investoren in den Ruin zu treiben. Kurzfristig hatte die Regierung verkündet, daß die teilweise beachtlichen Steuerfreiheiten für Ausländer und ihre Joint-ventures sowie die zollfreien Importe von Maschinen abgeschafft würden. In der Tat bedeutet dies für einige ausländische Firmen, daß sie in China kein Geld mehr verdienen können, da sie ihre ganzen Kalkulationen auf diesen Subventionen aufgebaut hatten.

Doch auch die Regierung hat gute Argumente: Die chinesischen Firmen, vor allem die im Landesinnern, beschwerten sich, daß sie in einem unlauteren Wettbewerb unterlägen. Zum einen haben die Ausländer an der Küste die besten Standorte, und zum anderen würden sie auch noch steuerlich begünstigt. Die Subventionskürzung war somit ein Akt der Gerechtigkeit und Gleichstellung. Beijing fiel dieser Entschluß um so leichter, als es mittlerweile über 300 000 ausländische Firmen gibt und man gar nicht mehr an Unternehmen interessiert ist, die nur der Subventionen wegen kommen. Hier hat es wieder einmal die Schnäppchenjäger getroffen.

Große Überschriften provozierte auch Staatschef Jiang Zemin, als er ankündigte, China werde für 4 000 Produkte die Einfuhrzölle um bis zu 30 Prozent senken. Auch das ein Schritt in die richtige Richtung. Aber an diesen beiden an sich richtigen, gravierenden Änderungen der wirtschaftlichen Spielregeln wird das Elend der chinesischen Gesetzgebung deutlich. Der erste Entschluß wurde praktisch Tage vor dem Inkrafttreten verkündet, und beim zweiten fehlen immer noch genaue Angaben, so daß niemand so recht weiß, wie er von der Zollsenkung betroffen ist.

Diese unsichere Verordnungs- und Rechtslage wird noch verstärkt von Chinas geradezu hysterischer Informationspolitik. Es gehört zu den eisernen Glaubensgrundsätzen jeder kommunistischen Partei, daß sie ein Monopol über die Information hat. Vor nichts haben die autoritären Regierungen folglich mehr Angst als vor einer freien Presse. Doch in China werden nicht nur abweichende politische Meinungen unterdrückt, was, wie schon mehrfach angedeutet, die Wirtschaft nicht sonderlich stört, wenn dadurch die staatliche Stabilität gesichert bleibt. Für die Wirtschaft ist es viel gefährlicher, wenn es keine Chance gibt, an unabhängige Informationen heranzukommen, wenn die wirtschaftlichen Daten gefälscht sind und wenn sie aufgrund dieser Daten disponieren muß.

Das Sprichwort „Wenn du die Wahrheit sagst, mußt du ein

schnelles Pferd haben“ stammt aus China und gilt dort immer noch als eine wichtige Regel, um Ärger zu vermeiden. Noch aus der Zeit der Planwirtschaft stammt die Angewohnheit, das Soll zu mehr als 100 Prozent zu erfüllen. Die Lügerei begann allerdings systemimmanent in Eisenach und hörte in Chabarowsk auf. Sie ist eine der Schwächen, die den Sozialismus zu Fall bringt.

Im „Großen Sprung nach vorn“ Ende der fünfziger Jahre wurden Bauern zum Beispiel so lange gefoltert, bis sie versprachen, auf den Feldern das Zehnfache dessen zu ernten, was diese überhaupt hergeben konnten. Diese inflationierten Zahlen landeten dann in Beijing und wurden dort zu gigantischen Erfolgen an der Produktionsfront hochaddiert. Sie dienten somit als Beweis dafür, daß der große Vorsitzende Mao wirklich alles erreichen konnte, wenn er nur wollte. Während das Volk am Verhungern war, machte sich die Parteizeitung Sorgen darüber, was das Land mit der Überproduktion an Getreide anstellen solle.

Solche Idiotien gehören zwar der Vergangenheit an, aber noch immer zahlt sich die Wahrheit für Parteifunktionäre nicht aus. Diejenigen, die große Erfolge und tolle Produktionssteigerungen in ihrem Bezirk verkünden, können immer noch schneller mit ihrer Beförderung rechnen als diejenigen, die die bescheidene Wahrheit verkünden. Einige Provinzen haben zum Beispiel versprochen, daß die Kader, die ein Produktionsvolumen in ihrem Bezirk vorweisen, das 100 Millionen RMB überschreitet, befördert werden. Ein regelrechter Wachstumsschub setzte ein. Die Zeitschrift „Mirror“ in Hongkong schrieb, daß eine Behörde in der Zentralregierung, die die inflationierten Zahlen überprüfte, über 20 000 Fälle aufdeckte, in denen die Zahlen nicht stimmten, und 741 Fälle, in denen die Vorgesetzen ihre Untergebenen sogar angewiesen hatten, die Statistiken zu fälschen.

Für die chinesische Wirtschaft sind solche Zahlenspielereien so lange nicht von entscheidender Bedeutung, solange diese nur der innerchinesischen Selbstbefriedigung dienen, sie selbst aber zuverlässigere eigene Quellen besitzt, die sie für Investitionsentscheidungen heranziehen kann.

Als „Schuß ins eigene Knie“ kommentierte deshalb ein Banker in Hongkong, der lieber ungenannt bleiben möchte, eine Entscheidung des Staatsrates, daß alle Wirtschaftsinformationen nur noch über die staatliche Nachrichtenagentur Xinhua verbreitet werden dürfen. Bisher bedienten Reuters, Dow Jones und Bloomberg, die weltweit führenden Nachrichtenagenturen für wirtschaftliche Daten und Analysen, den chinesischen Markt. Das Geschäftsvolumen wird auf rund 50 Millionen Dollar geschätzt. Doch ohne diese Agenturen arbeitet heute in der ganzen Welt praktisch keine Bank, keine Börse, kein Konzern mehr. Ausgerechnet die chinesischen Unternehmen sollen jetzt von diesen zuverlässigen Daten abgeschnitten werden und nur noch der eigenen Propaganda überlassen bleiben. Wenn Beijing das Wirtschaftsleben kraftvoll erhalten will, muß es Informationen zulassen. Wenn Auslandskapital nur noch nach China strömt, weil es die Ressource „billige Arbeitskraft“ ausbeutet, fällt das Land wieder in den halbkolonialen Zustand zurück, der fast 200 Jahre seine Wirtschaft prägte.

Es gibt zwei Begründungen für diese informationelle Selbstverstümmelung. Die erste wäre zwar ärgerlich, würde aber den angerichteten Vertrauensverlust begrenzen. Die staatliche Nachrichtenagentur Xinhua, so lautet diese These, hat erhebliche finanzielle Probleme und will über dieses Nachrichtenmonopol die eigenen Kassen auffüllen. Sie könnte dann jene Gelder einnehmen, die jetzt die angelsächsischen Agenturen kassieren. Seit dem Ende der Kulturrevolution hat Xinhua zunehmend an Ansehen und damit Einfluß verloren. Mit einem Schlag würde die Agentur sich wieder ihr altes Machtmonopol zurückerobern.

Doch wahrscheinlicher ist die zweite Version, wonach die finanziellen Einnahmen nur als angenehmer Nebeneffekt betrachtet werden. In Wirklichkeit geht es den Propaganda-Mandarinen darum, ihr Monopol als Träger der alleinigen Wahrheit zu sichern. Ungefilterte Information wird immer noch als die größte Bedrohung der eigenen Machtbasis betrachtet. Für diese Version spricht auch die Androhung, daß jeder Verkäufer von Informationen streng bestraft wird, wenn diese die nationalen Interessen Chinas verletzen oder gefährden. Dabei ist völlig offen, was unter dieser Drohung zu verstehen ist und ob Wahrhaftigkeit und ehrliche, aber unbequeme Zahlen schon den „Interessen Chinas“ schaden.

China hat immer einen Sack voll Überraschungen zu bieten. Doch bei allem Hin und Her, bei allen Rückschlägen, zeigt der Kurs dieses Riesentankers doch in Richtung des sicheren Hafens der „Völkergemeinschaft“. So wie die Informationspolitik eher aus den Traditionen feudaler und maoistischer Zeit stammt, so sehr bemüht sich die Regierung, Mitglied in der Welthandelsorganisation zu werden und sich im APEC, dem „Asiatisch-pazifischen Wirtschaftsrat“, als guter Nachbar und Musterknabe aufzuführen. Bei der im Herbst 1995 beschlossenen allgemeinen Zollsenkung des APEC hatte China viel zu verlieren und war trotzdem bereit, schnell die Weichen für diese Zollsenkungen zu stellen. So wurden zum Beispiel die Abgaben für Importautos um 30 Prozent gesenkt, was der heimischen Autoindustrie überhaupt nicht gefiel.

Die Erleichterung von Importen, die Öffnung von Joint-ventures für den Binnenhandel, das Ziel, den Renminbi bis 1997 voll konvertierbar zu machen: Das alles sind Riesenschritte, um China näher an die Welthandelsorganisation heranzuführen und um die Wirtschaft im eigenen Land zu stabilisieren. Sicher, im Vergleich zu Deng Xiaopings kühnen Sprüngen dribbelt die Beijinger Führung jetzt eher langsam vorwärts. Etwas anderes ist bei der politischen Übergangsphase und dem konjunkturellen Drahtseilakt aber auch nicht zu erwarten.

Die Unruhen auf dem Tiananmen-Platz wurden 1989 nicht zuletzt auch deshalb ausgelöst, weil sich die Regierung gezwungen sah, die überschäumende Konjunktur abzubremsen und das Wachstum herunterzufahren. Die finanziellen Einschränkungen, die damals notwendig wurden, spürten auch die Studenten. Die offizielle Inflationsrate wurde mit fast 20 Prozent angegeben und drohte die Erfolge der Reformen wegzufressen. So schnell, wie das Geld verfiel, konnten die Bauern die Preise nicht erhöhen. Schon 1988 hatte sich die Führung für einen Stabilitätskurs entschieden, der ihnen dann die Studentenunruhen einbrachte.

1993 stand die Parteiführung wieder vor einem ähnlichen Problem. Die Inflation war erneut offiziell bei 14 Prozent angelangt, tobte aber in Wirklichkeit eher bei 27 Prozent, wie der „Economist“ ausgerechnet hatte. China muß seine Finanzmärkte, sein Bankwesen modernisieren und liberalisieren, damit sich diese besser den Märkten anpassen können. Kritiker sagen zwar, daß die bisherige Zerschlagung der allmächtigen „Peoples Bank of China“ noch nicht ausreicht, aber für einen kommunistischen Zentralstaat mit der historischen Tradition des absoluten Kaiserhauses sind die Schritte, die bislang unternommen wurden, beachtlich. Staatspräsident Jiang Zemin hat seine Position sicher damit gefestigt, daß es ihm gelungen ist, in einer „weichen Landung“ die Inflationsrate innerhalb eines Jahres zu halbieren und 1996 auf unter 10 Prozent zu drücken.

Voraussetzung hierfür war auch, daß sich die Regierung zu einem weiteren Schritt der Liberalisierung entschlossen hatte, der ein Stück Wahrheit und Realismus im Wirtschaftsgeschehen verankerte. Seit dem 1. Januar 1995 wurde die FEC-Währungseinheit abgeschafft. Mit diesen „Foreign Exchange Currency Units", die offiziell eins zu eins mit dem Renminbi gleichgestellt waren, mußten die Ausländer bezahlen, die dafür keine Renminbi besitzen durften. Da man mit FEC lange Zeit an Waren herankam, die es für Renminbi nicht gab, hatte dies einen blühenden Schwarzmarkt zur Folge. Auch war die chinesische Währung wie in allen kommunistischen Ländern viel zu hoch bewertet. Mit diesem Selbstbetrug wurde aufgeräumt. Es gibt nur noch die Renminbi-Währung, und der Schwarzmarkt ist verschwunden. Der Dollar hat sich als stille Zweitwährung etabliert, aber nirgendwo haben wir erlebt, daß wir einen bevorzugten Kurs erhielten, wenn wir in Dollar zahlen wollten. Ein Beweis dafür, daß die Bevölkerung jetzt mehr Vertrauen in die eigene Währung hat.

Auch in China ist ein Streit zwischen den Wirtschaftlern entbrannt, der ungewöhnlich offen ausgetragen wird. Die gegensätzlichen Positionen sind auch in Deutschland bekannt. Es geht darum, ob Inflation zugelassen werden soll, um die Arbeitslosigkeit zu bekämpfen. In China, wo es über 100 Millionen unterbeschäftigte Wanderarbeiter gibt und die maroden Staatsbetriebe nur mit Geld aus der Staatskasse vor dem Konkurs bewahrt werden können, geht es um die Machterhaltung. Der ehemalige Bundeskanzler Helmut Schmidt, der ein staatlich finanziertes Konjunkturprogramm mit dem Satz rechtfertigte, 5 Prozent Inflation seien ihm lieber als 5 Prozent Arbeitslosigkeit, würde heute in China zu den Verlierern gehören. Dort haben sich ganz klar die Stabilitätspolitiker durchgesetzt, und die werden nicht nur von Zhu Rongji, dem Gouverneur der „Peoples Bank of China", die ja gleichzeitig Zentralbank ist, gedeckt, sondern auch von Staatspräsident Jiang Zemin und Ministerpräsident Li Peng.

Diese Einheitsfront der Stabilitätspolitiker ist in ihrer Bedeutung gar nicht hoch genug einzuschätzen. Denn das Bekenntnis zum knappen Geld, die klare Aussage, daß Arbeitslosigkeit nicht durch Inflation bekämpft werden darf und daß die Inflation den ganzen Reformprozeß zerstören würde, diese Einheitsfront hilft China durch die nächsten stürmischen Seen zu steuern. Damit werden nämlich marktwirtschaftliche Strukturen festgeschrieben, die die Abkehr von der Planwirtschaft garantieren.

Die Gegner dieser Politik sind die idealistischen Hardliner, die lieber Geld drucken würden, um den Staatsbetrieben die Rechnungen zu bezahlen, solange sie nur die Arbeiter beschäftigen. Sie würden in Kauf nehmen, China wieder aus den internationalen Verflechtungen herauszulösen, wenn sie damit in der Binnenwirtschaft mehr Gleichheit für alle, wenn auch auf niedrigstem Niveau, erzielen könnten. Diese kommunistischen Idealisten finden Unterstützung bei all den Politikern, die in nationalen Kategorien denken. Doch die sind nicht nur im konservativen ideologischen Lager in Beijing zu finden. Vom amerikanischen Präsidentschaftskandidaten der Republikaner, Pat Buchanan, bis zum russischen Nationalisten Shirinowskij und Europäern, die mit nationalem Gehabe gegen die Eurowährung auf Stimmenfang gehen, unterliegen alle der Illusion, daß die Welt ohne einen Wirtschaftscrash zu nationalstaatlichem Denken zurückkehren könnte. Sie sind es, die langfristig den Weltfrieden gefährden, da sie neue Fronten gegen andere Staaten aufbauen, nur weil ihre illusionären Ideen an der Wirklichkeit zerbrechen.

Die chinesische Zentralbank hat engen Kontakt zur Deutschen Bundesbank, und es ist kein Geheimnis, daß die Unabhängigkeit der „Peoples Bank of China“, nach dem Vorbild der Bundesbank, wächst. Noch entscheidet der Staatsrat, aber die Bank macht die Vorschläge, wie die monetäre Politik aussehen soll, und bisher befolgt der Staatsrat die auf Stabilität ausgerichteten Empfehlungen. Es fällt der kommunistischen Führung trotz ihrer titanischen Aufgaben offenbar leichter, einen vernünftigen makroökonomischen Kurs zu steuern, als eine vernünftige Informationspolitik zu betreiben. Das Mißtrauen, das dabei entsteht, ist sicherlich das größte Hindernis, die gebührende Anerkennung in der Welt für die erbrachte wirtschaftliche Leistung zu bekommen.

Hier sind die vernünftigen makroökonomischen Bemühungen, China in die Weltwirtschaft zu integrieren, und da ist der tägliche Kleinkrieg, der jede Investition begleitet. Dazwischen liegt ein Gletscher voller Widersprüche, liegen Abgründe, in die so mancher Investor samt seinem Geld gestürzt ist. So wenig man einen Gletscher ohne erfahrenen Führer und Sicherheitsseil überquert, so wenig sollte man sich ins Flugzeug setzen, um auf eigene Faust auch noch schnell ein Geschäft anzukurbeln. Wer keine Zeit hat, wird in China kein Geld verdienen, wer sich aber zuviel Zeit nimmt, auch nicht.

30. Damit deutsches Bier nicht schal schmeckt
Sechs goldene Regeln für den täglichen Umgang mit Chinesen

„Ganbei", „Prost", der Abend läuft prima. Der Bürgermeister der chinesischen Großstadt ist fröhlich und verheimlicht nicht, daß ihm der Maotai schmeckt, jener chinesische Hirseschnaps, in dem ganze Delegationen schon ertrunken sind. Die deutschen Gäste machen fröhlich mit. Ihre Selbstsicherheit wächst mit jedem Glas. Im Flugzeug haben sie noch nachgelesen: Wer es erst einmal zu einem gemeinsamen Abendessen mit viel Schnaps geschafft hat, dem ist ein Geschäft so gut wie sicher. Und an diesem Abend fließt viel Schnaps.

Es ist 21. 20 Uhr. Der Bürgermeister erhebt sein Glas und prostet dem deutschen Delegationsleiter zu: „Es ist schon sehr spät".

„Ja, ja, ein schöner Abend und Ganbei", die Deutschen beweisen, daß sie ein chinesisches Wort gelernt haben.

21.25 Uhr. Der Bürgermeister erhebt wieder sein Glas und bemerkt sehr freundlich: „Es ist schon sehr spät, und Sie haben ja morgen ein großes und anstrengendes Programm zu absolvieren."

„Ganbei, Ganbei," dröhnt es ihm wieder entgegen.

21.30 Uhr. Wieder erhebt sich der Bürgermeister. „Es ist sehr spät und wir alle haben ein volles Programm."

„Ja, ja, und Prost", die Deutschen klopfen ihren Nachbarn auf die Schultern und sich auf die Schenkel. Schließlich ist man sich schon sehr nahe gekommen.

21.40 Uhr. Der Bürgermeister steht auf und verläßt grußlos den Raum.

Die deutsche Delegation ist erst sprachlos und wird dann plötzlich sauer: So arrogant sind sie noch nie behandelt worden. Was ist denn das für eine Gastfreundschaft. Sie verstehen die Welt nicht mehr, und ihre gerade noch im Übermaß zur Schau getragene Selbstsicherheit schlägt in beleidigte Arroganz um. Es stellt sich heraus, das ihre Chinavorbereitung im Flugzeug wohl doch etwas zu dünn war. Aber trotzdem wissen sie schon jetzt, daß all das, was da über die Chinesen geschrieben stand, großer „Quatsch" ist.

Zu Hause in Niedersachsen könnte sowas nicht passieren. Wenn wir da mit einem Geschäftsfreund richtig einen heben, dann weiß der, daß er sich auf uns verlassen kann. Und wenn wir nichts mit ihm zu tun haben wollen, dann trinken wir noch nicht einmal ein Glas Wasser zusammen.

Das Phänomen, daß deutsche Unternehmer und Manager ihre heimatlichen Sitten zum Standard erheben, beschränkt sich nicht auf China. Der Fairneß halber muß auch gesagt werden, daß diese Untugend nicht auf Deutsche allein beschränkt ist. Doch das macht schlechtes oder provinzielles Benehmen auch nicht besser. Je weiter die Geschäftsreise von zu Hause weg führt, um so wichtiger wäre eine genaue Vorbereitung. Doch es wird kaum ein Unterschied gemacht, ob einer mal schnell nach Amsterdam oder nach Schanghai fliegt. Bis zum Schluß wichtige Termine, Ärger mit der Familie wegen der vielen Reiserei, auch noch neidische Blicke des Kollegen, der Geschäftspartner hält diese Fernostaktivitäten sowieso für Zeit- und Geldverschwendung, also unter solchen Umständen war es wirklich nicht zumutbar, sich auch noch auf diese Mimosen in Übersee einzustellen. Schnell kommt dann die Haltung auf: „Wenn die so kompliziert sind, dann sollen sie doch sehen, wer ihnen hilft, ihr Land aufzubauen. Es gibt ja noch andere Länder außer China."

All die Plagen, die einen Manager vor einer längeren Reise heimsuchen, machen ihm das Leben sicherlich nicht leichter. Aber schließlich wird er dafür bezahlt, daß er sich als „Unternehmer" betätigt, also etwas unternimmt. Auch wer müde und abgespannt auf eine Reise in den Fernen Osten, in tropische Schwüle im Sommer, in eisige Kälte im Winter fliegt, muß einige Grundregeln beherrschen, sonst sollte er lieber zu Hause bleiben. Und die Regel Nummer eins lautet: Mit offenen Ohren zuhören, auch dem örtlichen Firmenrepräsentanten, auch dann, wenn dieser vielleicht in der Hierarchie niedriger eingestuft ist.Vor Ort weiß er eben einfach mehr, oder er ist die totale Fehlbesetzung und darf eigentlich keinen Tag länger da sitzen.

Natürlich hätte der Bürgermeister auch sagen können: „Ich bin müde, ihr habt müde zu sein, also gute Nacht". Doch so grob wollte er nicht sein, denn er hatte ja keinen Anlaß dafür. Erst als seine Gäste offensichtlich zu den Taubstummen gehörten und seine sehr kultivierte Form einfach mißachteten, gab auch er seine Zurückhaltung auf. Ein guter Mitarbeiter vor Ort hätte sicher seinen anreisenden Firmenchefs erklärt, daß chinesische Abendessen immer sehr abrupt nach ungefähr zwei Stunden enden.

Miau-li in Mitteltaiwan ist auf keiner deutschsprachigen Landkarte verzeichnet. Aber aus irgendeinem Grund haben sich um diese Stadt herum viele Schraubenhersteller angesiedelt. Und deshalb kommen auch deutsche Einkäufer in diese abgelegene Gegend. Sie treffen auf eine bizarre, aber höchst effiziente Eisenwaren-Produktion. Der 51jährige Wang Li-pu zum Beispiel besitzt eine Halle etwas größer als eine deutsche Doppelgarage. Sie steht voll mit Maschinen, die in atemberaubendem Tempo Schrauben ausspucken. Diese lauten, ölenden Automaten sind in Taiwan selbst hergestellt und entpuppen sich bei näherer Betrachtung als uneheliche Zwitter deutscher und japanischer Vorfahren. Der Boden ist zentimeterdick schwarz und klebrig. Aber die Holzschrauben, die hier zu Tausenden produziert werden, entsprechen den Anforderungen der Kunden und sind weltweit zu finden.

So bescheiden Wang Li-pus Produktion aussieht, so bescheiden ist seine Wohnung. Gleich neben der Garage steht sein einstöckiges Häuschen mit zirka 70 Quadratmeter Grundfläche. Das Erdgeschoß mit Kunststein ausgelegt, dient als Wohnzimmer. An der Stirnwand ein riesengroßer Kühlschrank mit weißem Stickdeckchen. Rechts und links an der Wand je ein dreisitziges Sofa. In der linken hinteren Ecke steht ein Schreibtisch mit einer großen Rechenmaschine. Hier thront Frau Wang und führt die Bücher. Abends parkt zwischen den beiden Sofas der 450er Mercedes. Schließlich ist in der Garage die Fabrik untergebracht, und dort läuft gerade die Nachtschicht.

Der sauerländische Schraubenhersteller F., der sich schon lange gefragt hatte, warum sein Konkurrent die Schrauben so billig verkaufen kann und ihn damit aus den Baumärkten drängt, hat endlich den Tip bekommen: „Du mußt nach Miau-li." Und er hat es tatsächlich bis ins taiwanesische Hinterland geschafft. Gleich bei seiner Ankunft traf er auf Frau Wang im offenen Wohnzimmer und fing sofort an zu verhandeln. Er zog die Schraube aus seiner Tasche und mit Händen und Füßen ging es um den Preis. Er agierte mit rudimentärem Deutsch-Englisch und Frau Wang mit rudimentärem Chinesisch-Englisch. Irgendwann glaubte F., einen Preis herausgehört zu haben.

Dann sein Schockerlebnis: der Anblick der „Fabrik". So etwas würde das deutsche Gewerbeaufsichtsamt sofort schließen. Dann gleich der zweite Schock, als er hörte, daß hier mehr Schrauben produziert würden als bei ihm im Sauerland.

Er lernte Herrn Wang kennen. Die gleiche Prozedur: Er zeigte seine Musterschrauben und fragte: „How much?“ Herr Wang nannte seinen Preis. F. fühlt sich sofort betrogen, denn die Summe, die er dieses Mal verstand, war höher als das, was er von Frau Wang glaubte gehört zu haben. „You lie to me“, legte er los. Wang: „I never lie to you.“ F.: „Your wife lie to me.“ Nach dieser Lügenbeschimpfung war die Verhandlung beendet. F. hätte sich die Reise nach Taiwan sparen können.

Regel Nummer zwei: Auch wenn Sie glauben, daß Ihre „Englischfähigkeiten“ ausreichen, ein chinesischer Dolmetscher ist in den meisten Fällen eine gute Investition. Wenn Sie aber Unterhaltungen mit Bruchstücken einer Sprache führen, dann grenzt es schon an Dummheit, wenn daraus auch Beschuldigungen oder Geschäftsabschlüsse abgeleitet werden. Denken Sie daran, daß die Fachausdrücke Ihrer Branche kaum einem Dolmetscher geläufig sind. Solche sehr peinlichen Geschichten wiederholen sich immer dann, wenn das Sprachvermögen nicht ausreicht, eventuelle Mißverständnisse elegant aus dem Wege zu räumen. Hilfreich ist es deswegen, wenigstens die Fachausdrücke auf Englisch mitzubringen, denn die sind mittlerweile so international, daß sie auch im Fernen Osten benutzt werden.

Angebotseröffnung und Verhandlung im Anlagenbau in Hongkong. Die Deutschen liegen gut im Rennen, sind unter den letzten drei. Es geht um den letzten Punkt, die Ersatzteile. Die Chinesen wundern sich, daß die Deutschen gleich 40 Prozent der Gesamtanlage als Ersatzteile noch einmal auflisten. Dabei wollten die Chinesen nur wissen, was in den ersten zwei Jahren notwendigerweise verschleißt. Diese 40 Prozent Doppelaufzählung geht natürlich ins Geld. Aber da die Chinesen die deutsche Anlage gerne hätten, fragen sie höflich, ob es nicht möglich wäre, diese hohe Quote an Ersatzteilen zu reduzieren.

Die deutsche Firma hat einen Kaufmann und einen Ingenieur geschickt. Damit ist sichergestellt, daß die in deutschen Unternehmen gepflegte Schnittstelle zwischen Technik und Vertrieb gleich vor Ort ihre Differenzen austragen kann. Die Balzrituale der Zentrale können so auch in Hongkong weitergehen. Der Kaufmann sieht das Geschäft. Die einzige Hürde ist der mitgebrachte Ingenieur, und den schaut er jetzt fragend, ja bittend an. Der wiederum empfindet den Einwand und den fragenden Blick schon als eine Zumutung: Also, die Zahl der Ersatzteile zu reduzieren, das kann er überhaupt nicht verantworten.

„Wir wissen doch, daß die Chinesen immer über die Grenzbelastung hinausfahren. Da gehen dann auch die Teile kaputt, die bei uns Jahre halten. Und um doppelt sicherzugehen, habe ich diese Positionen gleich zweimal veranschlagt."

Der Auftrag geht an die Japaner. Die haben nämlich nur 7 Prozent der Verschleißteile als Ersatzmaterial in den ersten zwei Jahren nach Inbetriebnahme der Anlage angegeben. Der Kaufmann, der weiß, daß er zu Hause alleine für den Mißerfolg verantwortlich gemacht wird, protestiert gegen die Entscheidung des Technikers, damit er gegenüber den Erbsenzählern in der Verwaltung abgesichert ist. Da bekommt er die nächste kalte Dusche: „Nach diesem überhöhten Angebot und dem hohen Prozentsatz von Ersatzteilen sind wir zu der Auffassung gekommen, daß wir Ihren Produkten nicht mehr trauen können. Wenn ‚Made in Germany' für soviel Qualität steht, wie Sie immer behaupten, dann können Sie so viele Ersatzteile gar nicht brauchen", wird ihm vom chinesischen Geschäftspartner noch mitgeteilt. Das doppelte Sicherheitsdenken des Technikers wird jetzt der Firma auch noch als Geldschneiderei ausgelegt.

Regel Nummer drei: Im Ausland interessiert es niemanden, wie Sie ihre Firma organisiert haben. Das beliebte Spiel „Wer hat Schuld" ist gerade noch dazu geeignet, Ihr Unternehmen schneller in die roten Zahlen zu treiben. Das Bewußtsein deutscher Ingenieure, daß hinter den Landesgrenzen nur „Hottentotten" leben (dieses Wort wird leider häufig tatsächlich gebraucht, ist also keine Erfindung für dieses Beispiel), die mit unseren exquisiten Maschinen nicht umgehen können, hilft nicht beim Verkauf. Aber es wäre sehr hilfreich, wenn Ihr Verkäufer vor Ort den Ingenieuren mitteilen könnte, was sich gerade verkaufen läßt. Das „Made in Germany" ist nur so lange ein Marketinginstrument, solange es nicht gleich 40 Prozent teurer ist. Asiaten sind bereit, so die Erfahrung, für ein berechtigtes „Made in Germany" 7 bis 10 Prozent mehr zu zahlen. Das ist es ihnen wert. Es wäre gut, wenn wir schnell von dem Gedanken Abschied nähmen, daß andere Staaten dankbar sein müssen, wenn wir bereit sind, ihnen etwas anzubieten. Wir sind längst nicht mehr in der Lage, die Bedingungen für Geschäfte zu diktieren. Leider hat sich das aber noch nicht überall herumgesprochen.

Da hat es ein deutsches Unternehmen geschafft, den Auftrag für ein Stahlwerk in Taiwan zu gewinnen. Die Einzelheiten sind aber noch zu klären. Bei all diesen Projekten ist der Know-how-Transfer ein zentraler Punkt. In diesem Falle soll eine Gruppe deutscher Ingenieure die Taiwanesen unterrichten, damit das Stahlwerk später einwandfrei betrieben werden kann. Doch ausgerechnet die Kosten für dieses Training erscheinen der taiwanesischen Seite ungebührlich hoch. Bei näherer Analyse stellt sich heraus, daß alle deutschen Ingenieure im Taipei Hilton-Hotel für rund 300 Mark pro Nacht ohne Frühstück wohnen sollen. Diese Kosten werden den Chinesen in Rechnung gestellt. Höflich weisen diese darauf hin, daß ihr eigener Chefingenieur eine sehr schöne Wohnung in der Nähe der Fabrik habe und seine Wohnung dem deutschen Chefingenieur gerne zur Verfügung stellen würde. Der eigene Chefingenieur sei dafür bereit, für diese Zeit mit seiner Familie in ein Wohnheim zu ziehen.

Die deutsche Seite lehnt entrüstet ab, ohne die Wohnung überhaupt gesehen zu haben. Taiwanesische Lebensbedingungen seien mit deutscher Wohnkultur nicht zu vergleichen, begründen sie die Absage. Auf diese Beleidigung reagieren die Chinesen nicht mehr diplomatisch, wie sie es vielleicht noch vor 20 Jahren voller Ingrimm getan hätten: Sie sagen direkt heraus: „Wenn Sie glauben, daß die Wohnung, die wir unserem Chefingenieur zur Verfügung stellen, für Ihren Mann nicht gut genug ist, dann sollten Sie nicht mehr zu uns kommen und in Zukunft zu Hause bleiben."

Regel Nummer vier: Schicken Sie niemanden nach Asien, der nur in 5-Sterne-Hotels wohnen kann und der täglich sein deutsches Bier und Schnitzel braucht. Es ist erstaunlich, wie der Anspruch an den Lebensstandard steigt, je weiter die Mitarbeiter von zu Hause weg sind. Es gibt noch Regionen, vor allem in der Volksrepublik, wo es wichtig ist, für die Gesundheit der Mitarbeiter eine besondere Vorsorge zu treffen, wo auch ein finanzieller Ausgleich für die harten Lebensbedingungen gewährt werden muß. Dafür zeigt die chinesische Seite in der Regel auch Verständnis. Aber wenn die Ansprüche den Standard europäischer Luxuswohnungen überschreiten, darf sich der deutsche Partner nicht wundern, wenn dies von den Chinesen als diskriminierende Unverschämtheit betrachtet wird, was die Geschäftsbeziehungen empfindlich stört. In dem von uns beschriebenen Fall hat der Chefingenieur sein Gesicht verloren. Seine Arbeit endet als einziger Mißerfolg. Es fällt uns Europäern offensichtlich schwer, unsere koloniale Arroganz abzustreifen. Ein ganz natürliches Verhalten von Gleich zu Gleich wäre in vielen Fällen der Schlüssel zum Erfolg. Aber während die einen sich durch Hochmut das Geschäft verbauen, verlieren es die anderen durch vorauseilende Unterwerfung. Da läßt dann die Gier nach einer schnellen Mark alle Sicherungen durchbrennen.

Stellen Sie sich einmal vor, Sie gingen in eine x-beliebige mittelständische Brauerei und böten an, Sie wollten jetzt diese Brauerei in Andalusien vertreten. Dafür wollen Sie 47 20-Fuß-Container voller Büchsenbier vorab auf Rechnung gleich mitnehmen. Ohne Ihren Hintergrund zu überprüfen, geht die Brauerei auf Ihr Angebot ein und verschifft die 47 Container nach Andalusien. Diese Geschichte erklären Sie mit Recht als verrückt.

Aber diese Geschichte hat sich so abgespielt, allerdings nicht in Andalusien, das wäre wohl zu nahe gewesen, sondern in Taiwan. Ein chinesischer Reeder, der nicht ein einziges Wort Englisch, ja noch nicht einmal der chinesischen Hochsprache Mandarin mächtig war, wurde von einer deutschen mittelständischen Brauerei auf diese Weise zum Generalvertreter und ohne Vorkasse oder sonstige Absicherung containerweise mit Bier beglückt. So begann eine Satire aufs mittelständische deutsche Asiengeschäft.

Taiwan hatte 1991 die Bierimporte liberalisiert. Die Brauereien der Welt flogen ein und witterten das große Geschäft. Über Nacht standen in den Regalen der Supermärkte von Taipei mehr Biersorten als in jeder mittleren deutschen Stadt. Der Reeder, der von Bierverkauf nicht den geringsten Schimmer hatte, merkte schnell, daß er auf seinen hunderttausenden Bierdosen sitzen blieb. Was beide, mittelständische Brauerei und chinesischer Reeder, außer acht gelassen hatten, war der Fluch des deutschen Reinheitsgebotes. Während die Amerikaner und Japaner Bier nach Taiwan verkauften, dessen Chemiegehalt den Hopfengehalt überstieg und deshalb ein fast unendliches Verfallsdatum hatte, verwandelte sich das deutsche Bier langsam in eine ungenießbare Brühe.

Dem Chinesen war das zwar unangenehm, aber er hatte das Bier auf Rechnung gekauft und schlief ruhiger als sein deutscher Lieferant, der mit jedem Tag viele tausend Mark verlor. Als ein Jahr um war, war auch das Bier um. Die Supermärkte verlangten, daß die Dosen alle wieder abgeholt wurden, weil das aufgedruckte Verfallsdatum überschritten war. Der Deutsche geriet in Panik. Der Chinese suchte gelassen nach einem Ausweg. Ihm waren vor allem die Dosen im Weg. Er mußte für sie ein Lager bauen. Die Zölle waren bezahlt, und so konnte die Ware noch nicht mal mehr außer Landes geschafft werden. Seine Lösung: 400 taiwanesiche Arbeiterinnen feilten in Tag- und Nachtschichten das Verfallsdatum ab und verlängerten künstlich die Trinkbarkeit des Bieres durch das Aufstempeln eines neuen Verfallsdatums.

So wanderte das Dosenbier wieder in die Supermärkte. Die Deutschen wollten endlich das Geld sehen. Der Chinese aber wollte nur noch zehn Prozent des früher vereinbarten Preises zahlen, da das Bier ja eigentlich ungenießbar war. Denn wer jetzt das Bier kaufte, bekam einen Brummschädel, und das sprach sich schnell herum. Die Amerikaner nutzten diese Pleite und machten Reklame für ihr ewig haltbares Chemiebier, das im Gegensatz zum deutschen Bier keine Kopfschmerzen bereite.

Nach langem Hin und Her bezahlte der Chinese schließlich 15 Prozent der ursprünglichen Kaufsumme. Für die deutschen Brauerei zwar ein Riesenverlust und das Ende des Taiwangeschäfts, aber die Rettung vor einem Vergleichsantrag. Doch dann begann überhaupt erst das Geschäft des Reeders. Der holte noch einmal seine Hunderttausende von Dosen aus den Supermärkten und traf eine Vereinbarung mit der taiwanesischen Unterwelt. Diese übernahm den Vertrieb und zwang alle Restaurants und Bierhallen, die Kopfschmerzbrühe für 120 Prozent des früheren Preises abzunehmen. Erst wenn zum Beispiel ein Club seinen Anteil gekauft hatte, gab es von der Unterwelt frisches taiwanesisches Bier als Nachschub.

Regel Nummer fünf: Das schnelle große Geschäft gibt es nur im Märchenbuch. Der Agent, den man am Flughafen oder im Hotel kennenlernt, ist selten der richtige Mann. Es ist kein Mißtrauen, wenn man über unbekannte zukünftige Geschäftspartner eine Auskunft einholt. In allen Staaten, in denen Chinesen leben, gibt es zuverlässige Auskunftstellen und deutsche Auslandshandelskammern, die lieber vorher die Recherchen übernehmen, als hinterher zwischen naiven deutschen Unternehmern und krummen chinesischen Agenten schlichten zu müssen.

Da war Kurt Zech schon schlauer. In seinem oberhessischen Landkreis gehörte er zweifelsohne zu den erfolgreichen Unternehmern. Seine Spezialmaschinen verkaufte er in alle Welt. In den USA hatte er sogar eine kleine Produktion aufgezogen. Fürwahr, ein weltläufiger Mann. Früher als viele seiner Kollegen hatte er auch gelesen, daß China viele Chancen bietet. Nun wollte es der Zufall, daß in der Nachbarschaft ein Professor der Universität Marburg wohnte, der seinerseits eine akademische Hilfskraft hatte, einen Doktor der Volkswirtschaft, einen Chinesen, der schon seit 15 Jahren in Deutschland lebte. Li, wie ihn alle nannten, war ein netter Kerl, sprach fließend Deutsch und hatte sich problemlos in die oberhessische Gesellschaft eingepaßt. Dieser Chinese stammte aus Taiwan, seine Eltern allerdings aus der Gegend von Guangzhon, das sie vor der herannahenden Roten Armee fluchtartig verlassen hatten. Li gehörte zu jener Gruppe Chinesen, die sich von der westlichen Lebensart so angezogen fühlen, daß sie es vorziehen, außerhalb von China zu leben.

Der Maschinenbauer investierte viel Zeit und viel Geld in den jungen Mann, um ihn davon zu überzeugen, die theoretischen volkswirtschaftlichen Kenntnisse in die Tat umzusetzen und seine Vertretung in einem geplanten Joint-venture in Beijing zu übernehmen. Ein Chinese, so die Überlegung des Hessen, der unsere Kultur versteht, ist genau der Richtige.

Die Firma wurde gegründet, aber sie lief nicht. Die Verluste häuften sich. Statt Aufträge gab es ständig Ärger zwischen seinem Chinesen und den einheimischen Chinesen. Eine Besserung war nicht in Sicht. Sein netter Li aus Oberhessen hatte allerdings eine äußerliche Veränderung durchlaufen. Er trug nur noch Goldkettchen, Gucci-Schuhe und Armani-Anzüge. So hob er sich deutlich von seiner Umgebung ab. Das Beijinger Joint-venture endete als kompletter Fehlschlag. Der Maschinenbauer hatte keine Ahnung, was schiefgelaufen war. Offensichtlich war mit der Volksrepublik doch kein Geschäft zu machen. An ihm und an seinem guten Willen hat es ganz bestimmt nicht gelegen.

Zufällig begegnete er einem deutschen Manager, der seit Jahrzehnten in China gute Geschäfte machte und das erfolglose Joint-venture in Beijing kannte. „Da haben Sie aber wirklich Pech gehabt", fing er mitleidsvoll an. „Ihr deutscher Chinese war wirklich ein Flop. Wie der die anderen Chinesen behandelt hat, war schon die hohe Kunst der Arroganz. Er ließ sie bei jeder Gelegenheit spüren, daß er etwas Besseres sei. Dazu sein grauenvoller kantonesischer Akzent. Der ist hier in Peking tödlich. Außerdem hat er Kommunisten gefressen, und das hat er jeden Tag alle wissen lassen. Schade, daß ich Sie nicht früher kennengelernt habe. Ihre Produkte hätte ich gerne in China vermarktet. Die sind wirklich Spitze. Aber ich dachte, Sie seien genauso ein Ignorant wie Ihr chinesischer Geschäftsführer."

Regel Nummer sechs: Chinesen, die seit Jahrzehnten in Europa leben, haben häufig den Kontakt, die Beziehungen in ihre alte Heimat verloren. Wenn sie dann noch auftreten wie bei uns der reiche Onkel aus Amerika, der die Puppen tanzen läßt, dann ist es aus. Es gibt kaum eine schlimmere Abwertung für einen Chinesen, als wenn er als Knecht der Ausländer erscheint und dazu noch deren Sitten über die eigene Kultur stellt. Die Auswahl des Firmenvertreters ist nicht allein deshalb schon gelungen, weil er ein Chinese ist. Auch unter den Chinesen gibt es Fähige und weniger Fähige, so wie bei uns. Und auch in China sind die Fähigen meist beschäftigt und die Unfähigen schnell zu finden, weil sie nichts zu tun haben.

Auch wenn es für diesen Mittelständler ein Flop war, so hatte er es immer noch besser gemacht als jener deutsche Landesminister, der regelmäßig bei seinem Chinesen „süßsauer" aß und sich allein auf dessen Versicherung, er sei der Neffe des stellvertretenden Parlamentspräsidenten von Taiwan, mit einer Delegation von Politikern und Unternehmern aufmachte und in den Fernen Osten flog. Das Programm hatte der chinesische Restaurantbesitzer vorsorglich gleich mit übernommen. Nur weil die deutsche Vertretung vor Ort die Sache noch rettete, blieb dem Minister die ganz große Blamage erspart. Und weil die Reise so schön war, geht er heute noch zu seinem Chinesen „süßsauer" essen.

Jeder, der nach China aufbricht, hat schon einmal davon gehört, daß Beziehungen wichtig sind. Das stimmt auch. Aber wer sich, wie schon geschildert, mit einem seit langem in Deutschland oder Europa lebenden Chinesen anfreundet und glaubt, das große Los gezogen zu haben, liegt genauso schief wie jene Unternehmensgruppe, die gegen viel Geld einen Berater vor Ort gefunden hat, der ihnen sozusagen alle Türen öffnet.

In der Provinz Guangdong hat ein chinesischer Berater mit Erfolg an die Amerikaner einen Milliardenauftrag vermittelt. Dies ist bei der internationalen Konkurrenz nicht unbeachtet geblieben. Seither rennen ihm alle die Türen ein. Dankbar nimmt er den Kotau der ausländischen Großindustrie entgegen. Seine Schultern sind breit und werden immer breiter. Es geht wieder um ein Projekt mit einigen hundert Millionen Dollar. Dafür reist sogar der Vorstand aus Deutschland an. Außer dem Kotau bringt er auch eine schöne Summe für „Beratung" mit, die der Chinese einsteckt. Auf dem Rückflug trifft der Geschäftsmann in der Lounge des Hongkonger Flughafens ein Vorstandsmitglied einer deutschen Bank: „Das Projekt haben wir fest in der Hand. Wir haben da nämlich einen aufgetan, der hat exzellente Beziehungen. Wir sind ganz oben bei der staatlichen Gesellschaft eingestiegen. Als ich gerade da war, rief unser Mann in meiner Anwesenheit direkt den Chairman des Staatsunternehmens an. Sie hätten mal hören sollen, wie der mit dem geredet hat. Schon bei der Einreise hat unser Mann alles für uns geregelt. Das ging wie beim Staatsbesuch. Wir sind gleich durch den Diplomateneingang."

Der Banker wird erst einige Wochen später zu Hause stutzig, als ihm der Vertreter eines zweiten Konsortiums mit dem gleichen Enthusiasmus vom selben Projekt erzählt und sich genauso sicher ist, den richtigen Mann vor Ort getroffen zu haben, der für ihn alles regelt. Das Dumme an der Geschichte ist nur, beide haben denselben „richtigen" Mann.

Und deswegen lautet die allerwichtigste Regel: Wer den gesunden Menschenverstand ausschaltet, wird scheitern. Diese Regel ist so umfassend wie die zehn Gebote aus der Bibel. Die sagen auch mit wenigen Worten alles, was zu einem Zusammenleben der Menschheit nötig ist. Wer allerdings erst im Gesetzbuch oder in den Konzernstatuten nachlesen muß, was ein gesunder Menschenverstand ist, der sollte wieder in die Registratur gehen und dort seine Innovationskräfte beim Einsortieren von Dienstanweisungen ausprobieren.

31. Wo sind die Deutschen? Hoffnungslos zurückgefallen beginnt die Aufholjagd

Wer sich nur aus deutschen Zeitungen informiert, gewinnt den Eindruck, daß es mit unserem China-Geschäft zum besten steht. Die Regeln im Umgang mit dem schwierigen Partner in Fernost werden ganz offensichtlich befolgt. Denn ständig wird von Milliardengeschäften berichtet: Im November 1993 war Kanzler Helmut Kohl mit einer 180köpfigen Delegation in China, und in jeder Regionalzeitung stand darüber ein ausführlicher Artikel, oft vom eigenen mitgereisten Korrespondenten. Eines der Großprojekte, das damals beschlossen wurde und an die Deutschen ging, war der Bau der U-Bahn in Guanzhon. Insgesamt unterschrieben Deutsche und Chinesen auf dieser Reise Verträge mit einem Volumen von über 3,9 Milliarden Mark. Dann kam im Juli 1994 der chinesische Ministerpräsident Li Peng nach Deutschland. Da wurde zwar auch über dessen Affront in Berlin berichtet, wo er Bürgermeister Diepgen einfach am Brandenburger Tor stehenließ, aber auf den Wirtschaftsseiten waren wieder große Erfolge zu lesen. Ausbeute: 2 Milliarden Mark, unter anderem dieselbe U-Bahn in Guanzhon. Der Erfolg wurde zweimal gefeiert. Dann im Juli 1995 der Staatsbesuch von KP-Chef und Staatspräsident Jiang Zemin: Dieses Mal ging es um die Hoffnung auf ein neues Projekt, den Ausbau der U-Bahn von Schanghai. Vertragsvolumen: 2,4 Milliarden Mark. Im November 1995 flog der Kanzler mit großem Gefolge nach China. Ein Großteil der Elite der deutschen Industrie war dabei. Die Zeitungen waren voll mit Erfolgsberichten der Deutschen in China. Verträge über 2,1 Milliarden wurden unterschrieben. Auch die U-Bahn in Schanghai ist wieder dabei. Nur vier Monate später reist der stellvertretende Ministerpräsident und Wirtschaftszar Chinas Zhu Rongji durch die deutsche Provinz. Die Zeitungen betonten die deutschen Erfolge. Wieder beste Aussichten für deutsche Konzerne, die U-Bahn in Schanghai auszubauen.

Das klingt alles phantastisch. Aber selbst wenn an jedem Tag in der Zeitung der Abchluß eines neuen Joint-venture mit China gefeiert werden könnte, so wären dies nur 365 im Jahr. China hat aber mittlerweile über 300 000 Joint-venture-Verträge unterzeichnet. Das Problem ist unser deutsches selektives Wahrnehmungsvermögen. Punktuell fokussiert es sich bei Politikerreisen auf China, und dann entsteht der Eindruck, wir wären dort ganz groß im Geschäft. Doch wenn sich die Staubwolke verzogen hat, die die Staatskorossen aufgewirbelt haben, sieht es im Alltag eher bescheiden aus.

Und dann der Landtagswahlkampf in Rheinland-Pfalz: Auf Plakaten der Provinz spiegeln sich die deutsch-chinesischen Besuche wider: „Kanzler Kohl schafft Arbeitsplätze in Fernost, wir schaffen Arbeitsplätze in Rheinland Pfalz: Die SPD."

Ein neuer Gipfel von Dummheit und Einfalt ist erklommen. Da sind die Plakatmaler der eigenen Propaganda aufgesessen, haben zuviel über die deutschen Wirtschaftserfolge rund um die Besuchsberichterstattung in der Regionalpresse gelesen. An dem Plakat ist einfach alles falsch: Der Kanzler schafft nämlich keine Arbeitsplätze in Fernost und die SPD keine in Rheinland Pfalz. Die vollmundigen Erklärungen über die Abschlüsse von Milliardenaufträgen mit den Chinesen werden so oft wiederholt, bis man wirklich glauben könnte, die Deutschen spielten eine bedeutende Rolle im chinesischen Wirtschaftsboom.

Deutschland ist indes weit unter seinen wirtschaftlichen Möglichkeiten und seiner Rangstellung innerhalb der Weltwirtschaft an der Volkswirtschaft Chinas beteiligt. Wir machen zwar ungefähr 5 Prozent des Handelsvolumens aus, aber nur ein Prozent der Direktinvestitionen. Für die viertgrößte Volkswirtschaft der Welt - vom dritten Rang hat uns China schon verdrängt - eine sehr magere Bilanz. Über 300 000 Joint-ventures hat China mit ausländischen Firmen abgeschlossen, wir sind mit 0,25 Prozent dabei. Auch wenn wir die eigenen Erfolge immer wieder gebetsmühlenhaft wiederholen, es werden dadurch nicht mehr. Unsere Strukturschwäche, die sich in hohen Arbeitslosenzahlen, mangelnder Innovationskraft und einer der Marktwirtschaft feindlich gesinnten Gesellschaftskultur ausdrückt, macht sich auch in der mangelnden Präsenz auf den asiatischen Zukunftsmärkten bemerkbar.

Richtig ist allerdings auch, daß die Reisetätigkeit der Politiker und die Berichte in den Zeitungen ein starkes Interesse an China beim Mittelstand ausgelöst haben. Hat sich ein Unternehmer endlich für eine China-Reise entschlossen, so muß er vorher noch eine schwierige Hürde nehmen: die Ratschläge der vereinten China-Spezialisten. Die besten Geschichten über die Gefahren eines China-Engagements gibt es gratis in den Airport-Lounges, wo die „erfahrenen" Old-China-boys so richtig mit ihren Gruselgeschichten loslegen und wie sie sie gemeistert haben. Da wird geklagt über die hohen Mieten, über die unüberbrückbaren kulturellen Unterschiede, über die Rechtsunsicherheit.

Ein deutscher Unternehmensberater erzählte uns, wie bei ihm einmal 25 mittelständische Unternehmer nach einer China-Rundreise so verängstigt in Hongkong ankamen, daß sie alle nur noch nach Hause wollten. Er brachte sie dann in eine Industriezone in der Nähe von Guangdong und zeigte ihnen, wie dort der deutsche Kaffeemaschinen-Hersteller Melitta schon seit 1978 ohne Probleme produziert, in bestem Einvernehmen mit den lokalen Behörden und der chinesischen Belegschaft. Vor allem erwirtschaftet Melitta hier einen soliden Gewinnen. Danach war die Reisegruppe endgültig verwirrt und wußte nun nicht mehr, was eigentlich die Wahrheit ist.

Diese Wahrheit ist jedoch eigentlich ganz einfach: Unternehmer mit Mut können in China hervorragende Geschäfte machen. Eine Garantie für den Erfolg gibt es nicht. Wem diese Perspektive zu unsicher erscheint, sollte besser im subventionsgeschönten Deutschland seinem Niedergang entgegendämmern.

So wie wir Regeln im Umgang mit Chinesen aufgestellt haben, so werden auch die Chinesen unterrichtet, wie sie mit Ausländern umgehen sollen. In einem Handbuch steht zum Beispiel, man dürfe nicht mit dem Messer Essen in den Mund schaufeln. Ausländische Frauen sollten mit besonderem Respekt behandelt werden, weil sie, anders als in China, zuerst bedient werden. Niemand solle seine Hand ausstrecken, bevor der Gast nicht angedeutet hat, er wolle sie auch schütteln.Weitere Empfehlungen für den Umgang mit Langnasen: Nimm den Hut ab, wenn du einen Raum betrittst, und frage den Fremden nicht, was er verdient oder was seine Kleidung kostet.

Diese gegenseitige Etikettenkakophonie bringt meistens mehr Verkrampfungen als wirkliche Hilfe. Noch ist kein Geschäft geplatzt, weil Sie sich bei einem chinesischen Dinner geweigert haben, Fischinnereien und Geflügelhoden zu essen; und auch Sie werden einen chinesischen Gast wohl nicht verurteilen, bloß weil er die Salatblätter in der Bratensoße liegenläßt, die als Sättigungsbeilage auf dem Teller aufgehäuft waren. So wichtig die kulturellen Unterschiede sind, so wenig taugen sie als Ausrede für fehlgeschlagene Geschäftsbeziehungen.

Es ist ein langsamer Prozeß, in dem China in seinen ganzen wirtschaftlichen Dimensionen in Deutschland begriffen wird. Die erste Welle mutiger Unternehmen sah zuerst die billigen Arbeitskräfte. Kostensenkung in der Produktion hieß das Schlagwort. Die Textilindustrie, die Elektro- und Leichtmetallindustrie erkundeten den komplizierten Markt und kämpften sich durch die Absonderlichkeiten eines sich öffnenden Landes. Ein anderer Pionier war der Düsseldorfer Stahlkonzern Schloemann Siemag, der am Aufbau der Stahlwerke Baoshan und Wuhan beteiligt war. Auch dies gehört noch zu den klassischen Feldern deutscher Exportstärke: Industrie- und Anlagenbau.

Es folgte das nach wie vor größte Industrie-Joint-venture Chinas, um das Deutschland viele beneiden: die Schanghaier Volkswagen-Werke. Auch hier leisteten die Deutschen Pionierarbeit, erkundeten vermintes Gelände, das bis heute noch nicht ganz geräumt ist. In seinem Buch „Bulls in the China Shop“ gibt der amerikanische Autor Randall E. Stross unumwunden zu: „Die Deutschen und Japaner waren schnell in China und haben all die Fehler begangen, die wir Amerikaner jetzt vermeiden können.“ Das deutsche Problem liegt darin, daß nach diesen ersten Pionieren lange nichts kam und die Amerikaner aus unseren Erfahrungen lernten. Heute haben die USA mit 8 Prozent Direktinvestitionen einen achtmal höheren Anteil am Wirtschaftsboom als wir. Ähnliche Zahlen wie für die Amerikaner gelten auch für die Japaner. Unsere beiden Hauptkonkurrenten auf dem Weltmarkt sind also in China wesentlich besser positioniert als Deutschland.

An der staatlichen Förderung kann es nicht liegen. Auslandshandelskammern in Schanghai, Hongkong, Singapur und Taipei, eine Handelsdelegation in der Deutschen Botschaft in Beijing, Vertretungen der politischen Stiftungen, Partnerschaften von Bundesländern und Städten, von Universitäten und Kulturorganisationen - eine ganze Broschüre ließe sich füllen, die all jene Adressen aufzählt, die einem interessierten China-Reisenden Informationen anbieten. Die ketzerische Frage sei hier erlaubt, ob der deutsche Föderalismus, der als demokratisches Grundelement wesentlich zum Erfolg der Bundesrepublik beigetragen hat, ob dieser Föderalismus sich auch im Außenhandel bewährt. So wenig, wie wir die Präfekturen Japans, die

Inseln Indonesiens und die Provinzen Chinas auswendig lernen, so wenig können sich die Chinesen unter dem Saarland und Mecklenburg-Vorpommern etwas vorstellen. Noch dazu, wenn es sich dabei um politische Einheiten handelt, die mit ihrer Bevölkerungszahl noch nicht einmal zu den 100 größten Städten Chinas zählen würden.

Es gibt im übrigen hervorragende Untersuchungen über die rechtlichen und praktischen Möglichkeiten im „Investitionsstandort China", die hier in Kurzform zu wiederholen eine schlechte Alternative zur ausführlichen Lektüre wäre. Aber es gibt Beispiele von Unternehmen, die sich in China engagiert und die bewiesen haben, das am Ende nur unternehmerischer Mut bei gleichzeitiger sorgfältiger Planung zählen.

In Schanghai haben wir Stefanie Hildman getroffen, eine 31jährige Frau, die seit zwei Jahren ein Consulting-Büro unterhält. Sie kam vor drei Jahren nach Schanghai, sah den Boom, sah die Marktlücke und blieb. Ein Jahr nahm sie sich Zeit, um sich mit der Sprache, dem Markt und den Gegebenheiten einigermaßen vertraut zu machen, und dann begann sie, in einem 6 Quadratmeter großen Büro für mittelständische Unternehmen vor Ort Dienstleistungen zu erledigen. Heute hat sie über 20 festangestellte Mitarbeiter und 40 Kontaktpersonen in Ostchina, besitzt in Schanghai eine eigene Immobilie und wundert sich vor allem, warum soviel Deutsche Angst vor China haben.

Stefanie Hildmann profitiert von der schier unendlichen Nachfrage chinesischer Unternehmen nach Joint-venture-Partnern. Ein Land, das im Schnitt 9 Prozent Wachstum schafft, hat Bedarf an mutigen, fähigen Menschen, bietet Chancen, nicht nur, um Geld zu verdienen, sondern auch zu einem befriedigenden, ausgefüllten Berufsleben. Stefanie Hildmann eröffnet jetzt eine Filiale in den USA. Diesen Entschluß faßte sie, als ihr zwei Tage hintereinander völlig unabhängig voneinander zwei bekannte deutsche Unternehmen nach einem Besuch in Schanghai sinngemäß erklärten: „Das ist zwar alles ganz schön da in China, aber wir brauchen China nicht. So ein Boom ist unnatürlich."

„Wir hoffen, daß wir durch Ihren Besuch einen deutschen Partner finden" - dies war eigentlich die Standardformel, mit der wir im Herbst 1995 auf unserer Reise durch zehn Provinzen ausnahmslos begrüßt und verabschiedet wurden. Kleine Betriebe in kleinen Städten und Riesenkonzerne in Riesenstädten, alle waren an Kontakten interessiert, alle waren auf der Suche nach Know-how, nach Kapital, nach Arbeitsplätzen in ihren Städten. Auch wenn es sich dabei oft um unrealistische Vorstellungen gehandelt haben mag, die Bereitschaft, sich mit den früher so verhaßten „fremden Teufeln“ zu treffen, sich mit „Ausländern“, mit denen zu Maos Zeiten noch nicht einmal gesprochen werden durfte, einzulassen, ist im wahrsten Sinne des Wortes eine „Kulturrevolution“.

Eine Begegnung in Wuhan werden wir wegen ihrer Herzlichkeit und der besonderen Umstände nie vergessen. Trotz eines gedrängten Programms sollten wir unbedingt Professor Li Guocheng kennenlernen. Der mittlerweile 81jährige Chirurg ist Träger des Bundesverdienstkreuzes, weil er unter anderem zwischen 1943 und 1946 in München vielen Opfern des Bombenkrieges das Leben gerettet hat. Mit einer Bayerin verheiratet, ist er dann doch in sein Vaterland zurückgekehrt und hat hier allen Irrungen des Maoismus zum Trotz in Wuhan eine Chirurgie in der Tongji-Universität aufgebaut, die heute in China als vorbildlich gilt.

Doch zu unserer Überraschung wartete nicht nur Professor Li auf uns, sondern der amtierende Rektor der Universität, sein Stellvertreter und drei ehemalige Rektoren. Alles Chirurgen. Eine fröhliche Herrenrunde, bei der vor allem die Älteren durch ihr hervorragendes, ja akzentfreies Deutsch auffielen. Während eines exzellenten Essens beschworen sie uns regelrecht, doch in Deutschland publik zu machen, welch ausgezeichnete Bedingungen Wuhan als Industriestandort bieten würde. 7 Millionen Einwohner, mitten im Land, und dann sie selbst, die deutschsprechenden Professoren. Sie könnten jede Hilfestellung bieten, vor allem für Unternehmen der Medizinbranche.

Aber auch Betriebe, die überhaupt nichts mit Medizin zu tun hätten, seien herzlich willkommen. Die Universität könne erst einmal Räume zur Verfügung stellen, mit Dolmetschern aushelfen und alle Behördengänge erledigen. Und dann natürlich: „Wir haben doch die *Guanxi*, gute Beziehungen bis in die Zentralregierung nach Beijing.“ Nach dem Essen haben uns die alten Herren lange die Hände geschüttelt, und wir haben uns wirklich gefragt, warum niemand in Deutschland es auch nur versucht, das Ansehen und die Bereitschaft dieser Universität und ihre deutschfreundliche Altherrenrunde für sein China-Engagement einzuspannen.

Ebenfalls im Herbst 1995 hat die Handelsabteilung der Deutschen Botschaft in einer chinesischen Wirtschaftszeitung eine kleine Anzeige geschaltet: „Bei der Deutschen Botschaft kann eine Liste deutscher Firmen und Kontaktstellen für die Deutsche Wirtschaft in chinesischer Sprache angefordert werden", war da zu lesen. Wir waren dabei, als die Broschüren mit dem Lastwagen zum Postamt gebracht werden mußten. Die Nachfrage hatte alle Dimensionen gesprengt. Fast wäre die Aktion am deutschen Etatrecht gescheitert. Die Handelsförderungsstelle hatte kein Geld mehr für die Briefmarken. Glücklicherweise konnte die Pressestelle mit ihren nicht verbrauchten Portogebühren aushelfen.

Die großen deutschen Unternehmen sind jetzt nach China unterwegs. Auch sie haben erst gezögert, und es sah so aus, als ob sie, wie schon in Japan und dann in Südostasien, auch den Anschluß in China verpassen würden. Doch davon kann jetzt keine Rede mehr sein. Siemens hat schon über 30 Joint-ventures und schließt zur Zeit fast jeden Monat ein neues ab. Daimler-Benz ist mit seiner ganzen Produktionspalette unterwegs, und die schon immer multinational ausgerichtete Chemie-Industrie hat Investitionsprogramme vor, die sich zusammen auf über 10 Milliarden Mark addieren, mehr als bisher alle deutschen Firmen in China investiert haben. Die Großindustrie verhindert damit lediglich, daß China gänzlich den Wettbewerbern aus den USA und Japan überlassen bleibt. Auch bei diesem bedeutenden Investitionsvolumen sind Marktanteile auf dem chinesischen Binnenmarkt von 10 bis 20 Prozent schon eine Ausnahme. Lediglich Volkswagen hofft, daß sich sein jetzt im Quasimonopol erzielter Marktanteil von über 50 Prozent bei 30 Prozent einpendelt.

Doch Deutschland ist das Land des Mittelstands, und wenn es nicht gelingt, die technisch innovativen Mittel- und Kleinunternehmen in China zu verankern, bleibt Deutschland vom Wirtschaftsboom Asiens weitgehend ausgeschlossen. Dabei sind es gerade Mittelständler, die bisher mit besten Erfahrungen aufwarten können. Das Beispiel Melitta haben wir schon erwähnt. In der Beichen Economic Development Area in Tianjin hat sich der badische Automobilzulieferer Dr. Öttiger niedergelassen. Als er dann seinen Kollegen zu Hause erzählte, daß es in China leichter und schneller gehe, eine Fabrik zu bauen als in Deutschland, wurde er fast als Spinner und Aufschneider abgetan.

Öttiger stellt ein Allerweltsprodukt her: Schraubklemmen für die Automobilindustrie. Er hat innerhalb von drei Monaten in China eine Firma gegründet, die ihm zu 100 Prozent gehört, hatte ein Grundstück erhalten, konnte das Gebäude fertigstellen, hatte eine Belegschaft auf Probe und Kunden. Die Produktion lief im vierten Monat an. Nicht weit von Öttiger entfernt am anderen Ende der Stadt in der Entwicklungszone Teda hat der schwäbische Hersteller von Sicherheitssystemen eff-eff nur unwesentlich mehr Zeit benötigt.

Beide Unternehmen haben die Vorzüge von städtischen Industriezonen genutzt. Mit Investitionen von weniger als 3 Millionen Dollar können sogar die Behörden dieser Zonen die Genehmigungen erteilen. Und da es in Tianjin alleine zwölf solcher kleinen Zonen mit insgesamt 30 Quadratkilometern gibt, wetteifern die jeweiligen zuständigen Behörden darum, dem Investor möglichst weit entgegenzukommen und ihn für sich zu gewinnen. Die Verantwortlichen des Beichen-Industriegebietes sind sogar soweit gegangen und haben sich mit Detlef von der Lühe einen erfahrenen Deutschen geholt, der speziell die Aufgabe hat, deutsche Mittelständler anzuwerben. Ihm wurden dafür Grundstücke reserviert und ein großes Büro im Industriepark zur Verfügung gestellt.

In Tianjin gibt es alleine 6 000 Betriebe, die zu den sogenannten SM, den kleinen und mittelgroßen Betrieben gehören. Darunter befinden sich eine Unzahl von Firmen, die hervorragend die Aktivitäten deutscher Unternehmen ergänzen könnten, entweder als Joint-venture-Partner oder als Lieferanten oder in jeder anderen der vielen rechtlich erlaubten Kooperationsformen. Um überhaupt einen Überblick über diese Firmen zu bekommen, hat sich Detlef von der Lühe einen Beraterstab zugelegt. Darin sitzen der pensionierte Vorsitzende der chinesischen Gesellschaft für Schweißtechnik, der pensionierte Direktor der Tianjiner Verwaltung der elektrotechnischen und Instrumenten-Industrie (120 000 Beschäftigte), ein Auditor, der auf Staatsebene tätig ist, der Ehrenvorsitzende der Tianjiner Vereinigung für Industrie und Handel und der Generalsekretär der Klein- und Mittelbetriebe. So ist sichergestellt, daß eine möglichst breite Information über eventuelle mittelständische Partner in Tianjin vorhanden ist.

Wie groß die Chancen sind, wenn sich der Mittelstand nach China aufmachen würde, wenn der Informationsfluß funktionieren würde, wenn der Wille vorhanden wäre, Märkte wahrzunehmen, wenn, wenn, wenn ... Wie groß die Chancen sind, haben wir beim Besuch der Jin-Rong-Fabrik gesehen. Auf dem riesigen Gelände der ehemaligen staatlichen Fabrik mit über 40 Gebäuden befinden sich Dutzende selbständiger Abteilungen und einige Joint-venture mit Japanern und Koreanern. In den Fabrikhallen kommen wir aus dem Staunen nicht heraus. Da gibt es eine Abteilung mit den modernsten Kunststoff-Spritzgußmaschinen aus Japan und Deutschland. Eine Abteilung für Metallbearbeitung verfügt über Hochpräzisions-Laser, Unterwasser-Schweißautomaten etc. Auch hier stammen die meisten Maschinen wieder aus Japan, darunter alle computergesteuerten Automaten. Es geht weiter: große Stanzen, kleine Stanzen, Wickelmaschinen für hauchdünne Drähte, Produktionsmaschinen für hauchdünne Drähte, Montagebänder für die Elektronikindustrie und Konsumgüterelektronik etc.

Die japanische Joint-venture-Firma, so stellt sich heraus, besteht nur aus einem Mann. Er bringt die Zeichnungen und das Modell des Produktes mit, das er hier fertigen lassen möchte. In dem Fall, den wir nachvollziehen konnten, handelt es sich um einen Kassettenrecorder mit doppeltem Laufwerk. Die Chinesen bauen komplett das Produkt. Vom Herstellen der Werkzeuge bis zum fertigen zusammengebauten Kassettenrecorder machen sie alles selbst. Die Joint-venture-Firma bezieht die Ware für 15 Dollar und verkauft sie zum Beispiel an deutsche Kunden für 75 Dollar weiter. Sie baut die chinesischen Teile aber auch in die eigenen Kassettenrecorder ein, die dann bei uns als „Made in Japan“ hohe Preise erzielen. So erzielen die Japaner einen gewaltigen Preisvorteil und sind dem deutschen Konkurrenten weit überlegen. Denn sie selbst bezahlen nur 15 Dollar für dasselbe Produkt, für das der Deutsche 75 Dollar zahlt, und daran verdient der japanische Konkurrent, weil er Zulieferer ist, sogar 60 Dollar. Natürlich baut das Unternehmen auch Kassettenrecorder für den chinesischen Markt. Dafür erhält der japanische Partner auch noch eine kleine Lizenzgebühr. Niemand hindert deutsche Unternehmen daran, sich ebenfalls solche Preisvorteile zu verschaffen. Nur hin muß man dafür, hin nach China.

In der Beichen Economic Development Area (BEDA), die Detlef von der Lühe vermarktet hat und die jetzt voll entwickelt ist, beträgt die Frist zwischen Antragstellung und Erteilung einer Lizenz für eine 100prozentige Tochterfirma mit einem Investitionskapital bis 3 Millionen Dollar genau 14 Tage. Die Baugenehmigung für ein normales Fabrikgebäude wird garantiert in sechs Wochen erteilt. Und da unterstellen wir immer, China habe eine komplexe, undurchschaubare Bürokratie. Es wäre sicher auch eine tolle Geschichte, einmal von einem Chinesen zu erfahren, wie es ist, in Deutschland als Ausländer eine Fabrik zu gründen und dann zu bauen. In dem Industriepark BEDA muß das Unternehmen 15 Prozent Steuern bezahlen, und die Grundsteuer beträgt 17,5 Pfennige pro Quadratmeter pro Jahr.

Noch ein paar Daten und Zahlen, die den China-Boom beschreiben, der auch dem deutschen Mittelständler unendlich viele Chancen bietet, die er bisher in vielen Branchen der japanischen und koreanischen Konkurrenz überlassen hat. Von den 18,5 Millionen Farbfernsehgeräten, die China produziert, werden 12,8 Millionen auf dem eigenen Markt verkauft. Bei einer Gallup-Umfrage sagten 32 Prozent der Haushalte, daß sie die Absicht hätten, innerhalb der nächsten zwei Jahre einen Farbfernseher zu kaufen. Das wären annähernd 90 Millionen Geräte.

Ähnlich verhält es sich beim Markt für Waschmaschinen. Hier hat sich der Inlandsverkauf allein zwischen 1993 und 1994 von 5,9 auf 10,7 Millionen erhöht. Auch hier hat Gallup nachgefragt. 22 Prozent aller Haushalte wollen sich so schnell wie möglich eine Waschmaschine leisten. Das sind dann 60 Millionen Geräte. Und so geht das weiter. Produkt für Produkt. Lediglich bei den Kühlschränken ist die deutsche Firma Liebherr gut im Markt vertreten.

Geradezu wahnsinnig müßte die deutsche mittelständische Bauzulieferindustrie werden, wenn sie sich die Zahlen von Chinas Wohnungbau ansieht. Allein in Beijing wurden 1995 7,6 Millionen Quadratmeter Wohnfläche fertiggestellt. Damit kommen erst 7,8 Quadratmeter auf eine Person. Als komfortables Wohnen aber gelten 9 Quadratmeter. Für ganz China lautet die Zahl der 1994 gebauten Wohnfläche 295 Millionen Quadratmeter. Davon wurden immerhin schon 132 Millionen mit privaten Geldern bezahlt. Und die wollen mehr Qualität für ihre Wasserhähne, Badewannen, Rohrleitungen, Spülbecken, Tapeten, Fußböden, Türen, Fenster und was sonst noch alles zur Ausstattung gehört, als ihnen der chinesische Markt jetzt anbietet. Alleine um der zusätzlichen Bevölkerung von 400 Millionen Menschen in den nächsten 5 Jahren ein Dach über den Kopf zu schaffen, müssen über 90 Millionen Wohnungen gebaut werden. Aber bitte fragen Sie nicht, wieviel deutsche Unternehmen sich schon aus diesen Branchen nach China aufgemacht haben. Die meisten sitzen zu Hause und denken über die „Grenzen des Wachstums" nach, eine Parole, mit der unsere Köpfe vernebelt wurde.

Es gibt keine Alternative: China ist für jeden Unternehmer eine Pflichtveranstaltung. Die Zeiten eines Marco Polo sind vorbei. Der mußte noch auf der Seidenstraße nach China reiten, blieb jahrelang unterwegs und wurde dann in Venedig wegen seiner phantastischen Erzählungen über China als Lügner ins Gefängnis geworfen. Heute, über 600 Jahre später, schmückt sein Name vom Oberhemd bis zum Hotel alles, was eine Assoziation mit China herstellen will. Heute fliegen die Nonstop-Maschinen knapp zehn Stunden von Frankfurt nach Beijing. Aber hartnäckig bestimmen die verwirrenden exotischen Geschichten das Bild. Die nüchterne Betrachtungsweise einer aufstrebenden Volkswirtschaft mit all den dazugehörenden Problemen aber findet wenig Verbreitung. Im Gegenteil: Wer die gigantischen Umwälzungen in China beschreibt und dabei nicht sorgfältig darauf achtet, daß er in Deutschland die politisch korrekte Sprache trifft,

- daß er also das chinesische Wachstum als große Gefahr für die Welt im allgemeinen und die Umwelt im besonderen schildert,
- daß er sich also entschuldigt, weil er in diesem Land der Menschenrechtsverletzungen investiert, und lieber verschweigt, daß er nicht hinter jedem Baum einen Polizisten gesehen hat,
- und wer dann auch noch behauptet, daß China in vielen Bereichen sogar mehr Marktwirtschaft hat als wir,
- dem würden die „politisch Korrekten" am liebsten Mundverbot erteilen, hätten sie denn noch die Macht dazu. Aber sie schaffen es immerhin, ihn weitgehend totzuschweigen oder lächerlich zu machen.

32. „Freiheit, die ich meine ...“
Die gefährliche west-östliche Wertediskussion

Drei Jahre nach dem Tiananmen-Aufstand im Januar 1992 brach der greise Deng Xiaoping zu einer programmatischen Reise in die wirtschaftlichen Vorzeigeregionen an den Südküsten Chinas auf. Wo immer er einen Stop einlegte, verteidigte er seine Reformpolitik und schmähte die Linken innerhalb der kommunistischen Partei. In der Tradition der chinesischen Dialektiker, die schon vor rund 2 500 Jahren bewiesen haben, daß ein weißes Pferd kein Pferd ist, machte er jetzt klar, daß sein Kapitalismus eigentlich der wahre Sozialismus sei. Seine Meßlatte für den „revolutionären sozialistischen Kampf“ war die Frage, ob er „mehr Güter und Lebensqualität für die Menschen erbracht“ habe. „Solange wir auf wirtschaftliche Effizienz achten, auf die Qualität der Produkte und Wirtschaftsaustausch mit dem Ausland, solange müssen wir uns keine Gedanken machen“, predigte er seinen Genossen. Damit verriet er auch seine Gedanken über die westlichen Reaktionen auf das von ihm mitzuverantwortende Massaker an den Studenten. Wenn die Wirtschaft gut floriert, legt sich auch die internationale Aufregung.

Doch Dengs Worte mußten in den Ohren der Hardliner in Beijing wie schiere Häresie klingen. Er setzte dann in der Glitzerstadt Shenzhen, wo seine Reformen ein Stück chinesischen „Kapitalismus pur“ bewirkt hatten, noch einen drauf: „Während wir uns gegenüber den Rechtsabweichlern in acht nehmen müssen, ist es unsere Hauptaufgabe, die Linken abzuwehren. Linkssein hat einen gewissen revolutionären Anstrich, und je linker etwas aussieht, als um so revolutionärer wird es angesehen. Aber die Linken haben unserer Partei in der Vergangenheit furchtbar geschadet.“ Die Linken in der Partei hatten 1992 noch oder schon wieder genug Macht in der Partei, um Dengs Reise innerhalb Chinas verschweigen zu können. Erst recht nichts erfuhr die Masse von den neuen Attacken auf die Linken. Wollte Deng damit wieder einmal eine Kurskorrektur einläuten, so war dies weitgehend fehlgeschlagen.

Es sind solche undurchschaubaren Vorgänge, die im Westen Spekulationen auslösen, mit denen sich die Kommentarseiten der Zeitungen füllen. Was wird aus China nach Deng, wenn schon China zu Dengs Lebzeiten nicht mehr macht, was Deng will. Auch dieses Buch kann nicht enden, ohne eine Perspektive für die Zukunft anzubieten. Wir sind der Auffassung, daß der eingeschlagene Weg Chinas in die Völkerfamilie unumkehrbar ist. Wir werden sicher noch Zeugen von haarsträubenden Ereignissen sein. Ein neues Tiananmen, eine neue Verhaftungswelle, Spannungen um Taiwan und die Spratly-Inseln - dies alles sind Möglichkeiten, bei denen wir vielleicht sogar die Volksbefreiungsarmee noch im Einsatz erleben können.

Aber auch militärische Ablenkungsmanöver werden langfristig nicht ein System retten, das nicht vom Volk getragen wir. Im Gegenteil, sollte die Volksrepublik eine Krise in Asien provozieren, die es international wieder isoliert, die den Zufluß von Kapital unterbricht und die Nachbarstaaten in Angst und Schrecken versetzt, wäre China nicht der erste autoritäre Staat, dem das militärische Abenteuer endgültig den Garaus machte. Die Obristen in Griechenland, die Generäle in Argentinien, die Militärs in Portugal, sie alle sind am Versuch gescheitert, sich durch nationalistische Außenpolitik im eigenen Land die verlorengegangene Glaubwürdigkeit zurückzuholen.

Zwischen Mai und September 1994 hat das amerikanische Meinungsforschungsinstitut Gallup eine Umfrage in allen Provinzen außer Tibet unternommen. Auf die Frage: „Was entspricht eher Ihrer Lebensphilosophie: ‚Stelle dein Leben in den Dienst des Volkes' oder ‚Hart arbeiten und Geld verdienen', sagten nur noch 4 Prozent, daß sie sich dem kommunistischen Ideal des Dienstes am Volk verpflichtet fühlen. 68 Prozent wollen hingegen Geld verdienen. Auch das ist ein Beleg für unsere These, daß der Kapitalismus in China siegen wird. Was will eine Regierung unternehmen, um einen solchen Trend zu ändern? Wird sie es gewaltsam versuchen, so wird sie ein Volk von Heuchlern erziehen. Nach den Jahren der maoistischen Entbehrung dürfte eine ideologische Gehirnwäsche nicht mehr funktionieren.

Neue Namen werden auftauchen, viele davon noch schwerer aussprechbar sein als die, an die wir uns gerade gewöhnt haben. Es kann Machtkämpfe innerhalb der Partei, vielleicht sogar innerhalb des Militärs geben. Nichts ist in den nächsten Jahren unmöglich. Doch dies alles wird die von Deng eingeleiteten Reformen und ihre pluralistischen Auswirkungen nicht rückgängig machen können. Der chinesische Weise Laotse sagte: „Die Namen, die genannt werden können, sind nicht die ewigen Namen." Deshalb wollen wir uns nicht auf die Namen, sondern auf die Richtungen konzentrieren, die im Moment um die Macht in Beijing buhlen. Diese werden eine Zwischenstation einnehmen auf dem Weg Chinas hin zu einem modernen, aufgeklärten Staat. Folgende wirtschaftliche und gesellschaftliche Probleme bestimmen die Zukunft:

Die landwirtschaftliche Fläche nimmt drastisch ab, der Bedarf an Nahrungsmitteln dagegen drastisch zu, denn trotz strenger Geburtenkontrolle wächst die Bevölkerung in den nächsten 35 Jahren um weitere 400 Millionen Menschen.

China muß jedes Jahr 50 bis 60 Millionen Arbeitsplätze schaffen, damit die wachsende Bevölkerung und die Millionen von Menschen, die die Landwirtschaft freisetzt, nicht arbeits- und heimatlos auf der Straße landen.

Um die 50 bis 60 Millionen Arbeitsplätze pro Jahr zu schaffen, benötigt China gigantische Finanzmittel, die es nicht allein aufbringen kann. Es ist auf das Ausland angewiesen, vor allem auf die Überseechinesen und deren Wohlwollen.

Die bisherigen Reformen haben einen Mittelstand von mindestens 100 Millionen Wirtschaftsbürgern geschaffen, die sich nicht mehr ohne Widerstand neuen maoistischen Experimenten unterwerfen.

Um diese titanischen Aufgaben lösen zu können, benötigt China ein Wirtschaftswachstum zwischen 8 und 9,5 Prozent, wobei die Schwierigkeit darin besteht, das Wachstum nicht unter 8 Prozent absacken zu lassen, weil dann sofort Massenarbeitslosigkeit oder Nahrungsmangel auftritt, es aber auch nicht über 9,5 Prozent ansteigen zu lassen, weil dann die Inflation galoppiert und das Ungleichgewicht zwischen Arm und Reich ein revolutionäres Potential freisetzt. Diese Zahlen errechnete das „World Economic Forum“, eine Schweizer Organisation, die in der ganzen Welt arbeitet und für ihre unabhängigen Analysen geschätzt wird.

Bei aller Kritik, die an China geübt wird, und bei allen Gefahren, die die Entwicklung in China in sich birgt und mit denen wir uns in diesem Buch beschäftigt haben, bleibt doch festzuhalten, daß es bisher der chinesischen Führung erstaunlich gut gelungen ist, diesen gefährlichen Drahtseilakt zu meistern. Wer hier als besserwisserischer Beckmesser auftritt, sollte in seinem eigenen, weitaus besser entwickelten Land nachschauen, wo es nur einen Bruchteil dieser Probleme gibt und die Regierungen es trotzdem nicht mehr schaffen, die Balance zwischen Arbeitsangebot und Arbeitskräften aufrechtzuerhalten.

Um es gleich vorweg zu sagen: Wir sehen keine politische Machtgruppe, die die Wirtschaftsreformen wieder auf Null fahren will - weder die, die im Moment im Rampenlicht stehen, wie Jiang Zemin oder Li Peng, noch alle anderen, die für uns noch in der zweiten Reihe stehen. Sie alle leugnen nicht die Notwendigkeit von Wachstum und Kapitalbedarf. So gesehen sind alle Strömungen und ihre Repräsentanten Teile der Reformbewegung. Freilich existieren sehr unterschiedliche Vorstellungen über den Inhalt, den Umfang und die Geschwindigkeit der Reformen.

Zwei Hauptströmungen zeichnen sich ab: die reinen Pragmatiker und die kommunistischen Reformer. Zweimal hat Deng Radikalpragmatiker zu seinen Nachfolgern aufgebaut, und zweimal hat er sie nach Studentenunruhen 1986 und 1989 selbst verstoßen. Aber Deng selbst hat sich, wie am Anfang dieses Kapitels beschrieben, nie von seinen radikalen pragmatischen Wirtschaftsreformen distanziert. Im Apparat der kommunistischen Partei, in der Regierung, den Wirtschaftsunternehmen und in den Behörden sind diese Pragmatiker noch auf allen Ebenen anzutreffen. Zhao Ziyang wurde zwar nach dem Tiananmen-Massaker als Schuldiger für die ideologische Aufweichung ausgemacht, verlor sein Amt als Generalsekretär der KPCh und wurde unter Hausarrest gestellt, aber viele seiner Mitarbeiter und Gefolgsleute blieben in ihren Ämtern. Ihr Einfluß auf die tägliche Politik in China ist beachtlich, eben weil die Wirtschaftsreformen ohne pragmatische Lösungen nicht vorangetrieben werden können. Diese Pragmatiker sichern auch das Lebenswerk von Deng Xiaoping. Von ihnen allerdings eine Liberalisierung des politischen Lebens nach westlichen demokratischen Vorstellungen zu erwarten, wäre falsch.

Die Mehrheit der politischen Führungsschicht Chinas aber gehört zu den Zwangspragmatikern. Sie sind noch den Ideen des Kommunismus verhaftet, sehen sich aber zu wirtschaftlichen Reformen gezwungen, weil es dazu keine Alternativen gibt. Die Mehrheit der jetzt einflußreichen Führungselite ist zwischen 50 und 70 Jahre alt und hat in der kurzen Zeit brüderlicher Zusammenarbeit mit der Sowjetunion in Moskau studiert. Dort haben sie die zentralistische Planung kennengelernt, die Vor-, aber auch Nachteile der totalen Staatswirtschaft. Zu den Moskauern gehören auch Ministerpräsident Li Peng und Staatspräsident und KP-Chef Jiang Zemin. Ob diese zur Reform verdammten KP-Führer allerdings verstehen, wieviel Freiheit die Wirtschaft braucht, um das notwendige Wachstum zu produzieren, wird erst die Zukunft zeigen.

In der lebensnotwendigen Frage der Agrarwirtschaft haben sie sich bei den ersten Anzeichen von Problemen ihrer Moskauer Ausbildung besonnen und wieder mehr zentralstaatliche Elemente eingeführt. Die Getreideproduktion ist daraufhin weiter gefallen. In dieser Gruppe finden sich auch alle Schattierungen des Zentralkomitees, die mit den Folgen der Öffnungspolitik nicht zurechtkommen. Die einen beklagen die Korruption und lösen eine Antibestechungskampagne nach der anderen aus. Die nächsten beklagen den kulturellen Verfall und verweisen dann auch schon wieder einmal auf die Lehren Mao Zedongs, wie dies vor allem Jiang Zemin zum Schrecken westlicher Investoren macht. Die dritten fürchten, daß der Einfluß der Ausländer zu groß wird, und schlagen deshalb nationale Töne an.

Wie kompliziert es für den Außenstehenden wird, wenn Pragmatismus und Ideologie aufeinanderprallen oder zusammenspielen, wird am Beispiel der Staatsbetriebe sichtbar. Im Sommer 1995 wird verkündet, daß die Privatisierung der Staatsbetriebe gestoppt werden soll. Ministerpräsident Li Peng macht sich zum Fürsprecher einer Wirtschaft, in der wie bisher die wichtigsten Unternehmen der Zentralregierung unterstellt bleiben, damit die Partei und das „Volk“ die Kontrolle über die industrielle Produktion behält. Soweit die Ideologie. In der Praxis sieht das Ganze so aus: Die Staatsbetriebe können im Moment gar nicht privatisiert werden, weil diese verschuldeten Dinosaurier niemand kaufen würde. Eine schnelle Sanierung aber würde sofort 25 Millionen Arbeiter um ihren Job und ihre Lebensgrundlage bringen. Es bleibt also gar nichts anderes übrig, als daß der Staat weiterhin diese kapitalverschlingenden Monster mitschleppt. Eine wirtschafts- und gesellschaftspolitische Notwendigkeit, nämlich die Staatsbetriebe nicht zu privatisieren, wird ideologisch begründet. Bei all diesen Erklärungen läßt sich schwer feststellen, ob damit wirklich eine neue Richtung begründet werden soll oder ob sie eher der eigenen Profilierung im Machtkampf um die Führung der KPCh dienen.

Die Entscheidungen sind beliebig und unberechenbar. Heute geht es um die Bestandsgarantie für Staatsbetriebe, morgen um die Einschränkung der Internetbenutzung, übermorgen ist der Besuch beim Weihnachtsmann ein Beweis für die westliche Dekadenz. Das alles deklariert eine Partei, der das ideologische Wasser bis zum Hals steht.

Die real existierende Wirtschaft, wie sie täglich Hunderte Millionen Chinesen kapitalistisch erleben, und die sozialistische Rabulistik der politischen Führer klafft auseinander. Die Folge: Keiner hört mehr hin, die Partei verliert an Glaubwürdigkeit und diskreditiert sich mehr und mehr.

Alle Parteirichtungen aber benötigen das Wohlwollen der Militärs. Und deshalb sind alle auch bereit, dem Militär entgegenzukommen. Kaum ein Tag vergeht, an dem sich die Hauptakteure des Nachfolgekampfes nicht beim Militär blicken lassen. Wirtschaftlich haben die Radikalpragmatiker dabei sogar einen Vorteil. Die Volksbefreiungsarmee ist, wie beschrieben, voll in die Industrie eingegliedert und verdient mit ihren Wirtschaftsunternehmen zirka dreimal soviel, wie im Staatshaushalt für sie ausgewiesen ist. Und die Kuh, von deren Milch man lebt, ist vor dem Schlachthaus sicher.

Aber die Volksbefreiungsarmee ist vor allem die Armee der Partei. Und die nationalen Töne kommen aus der konservativen Ecke. Jiang Zemin hat die nationale Einheit Chinas, das heißt vor allem auch die Wiedervereinigung mit Taiwan, zu seinem Programm gemacht. Hier eröffnet er den Militärs die Möglichkeit, sich zu profilieren. Dieses Spiel mit dem nationalen Feuer hat in China schon begonnen. Ob es zum Brand kommt, hängt auch davon ab, wie erfolgreich und ruhig die wirtschaftliche Entwicklung weitergeht. Je unruhiger es im Land wird, um so nationalistischer wird sich die Partei gebärden und um so eher ist die Gefahr gegeben, daß es um China zu militärischen Auseinandersetzungen kommt.

Es gibt in China auch noch überzeugte, ehrliche, altverdiente kommunistische Kader, die an ihrer Partei und an ihrem Land zur Zeit verzweifeln. Ein früherer Minister fragte uns ganz irritiert: „Ist denn Marx wenigsten bei euch in seinem Heimatland noch etwas wert?“ Diese Kader sind nicht in eine Rechts-Links-Schublade zu stecken, sondern sie haben wirklich Sorge um ihr Land. In ihrer eigenen Parteizeitung können sie nachlesen, daß es 1995 fast eine halbe Million Wohnungseinbrüche, viele davon mit Mord und Totschlag, gegeben hat. Sie lesen von korrupten Bürgermeistern und vom Selbstmord des stellvertretenden Bürgermeisters von Beijing. Für sie sind das alles Auswüchse der Öffnung. Sie sehen nicht nur das kommunistische Weltbild zusammenbrechen, sondern auch die alten chinesischen Werte in Gefahr geraten. Pornographie, Kriminalität und Gewalt sind für sie Menetekel des Westens.

Kriminalität und Korruption sind im heutigen China freilich schon wieder so weit verbreitet, daß keine noch so grobmäulig angekündigte Kampagne sie ausrotten könnte. Es ist offensichtlich für die Kader einfacher, politisch Andersdenkende festzunehmen als Kriminelle. Da sie nicht zugeben können, daß Korruption und Kriminalität durch ihr Regime begünstigt werden, stimmen sie in die Wertediskussion ein, die, auf einen einfachen Nenner gebracht, lautet: Der Westen ist unordentlich, Asien ist ordentlich. Der Westen hat keine menschlichen Werte mehr, sondern betet das Individuum und das Geld an. Asien ist der Hüter der Familie und des Gemeinsinns. Westliche Demokratie ist dekadent, Asiens Demokratie beschützt die Gemeinschaft. Kurz und gut, wenn es gelingt, westliche Werte vom Volk fernzuhalten, gibt es auch keine Kriminalität mehr. Diese unselige Wertediskussion ist nicht nur auf China beschränkt, sondern wird von fast allen asiatischen Staaten übernommen, die sich vor Meinungsfreiheit fürchten.

Längst muß dabei nicht mehr Karl Marx, sondern Konfuzius herhalten, dessen Bücher Mao noch hatte verbrennen lassen. Konfuzius wird immer dann von Regierungen hervorgeholt, wenn er in ihrem Sinne interpretiert werden kann, und das geht fast immer. Sein Ordnungsprinzip, daß es ein klares Verhältnis zwischen Herrscher und Untertanen sowie Vater und Sohn gibt, wird jetzt für die Staatslehre in Anspruch genommen, daß die Regierung für das Volk da sei und das Volk kein Recht habe, die Regierung zu wählen. Dabei hatte Menzius, ein Schüler von Konfuzius, auch das Recht des Widerstandes und der Revolte gegen ungerechte Herrscher im Konfuzianismus verankert.

Diese asiatisch-westliche Wertediskussion beginnt für beide Seiten ärgerlich zu werden. Hier werden mit Worten Gräben aufgerissen, die auf Verdrehungen, Halbwahrheiten und Mißinterpretationen beruhen. Die Auswüchse und Fehlentwicklungen der westlichen Demokratien werden von einigen asiatischen Führern als ihre eigentlichen Werte dargestellt: Kriminalität, Gewalt, Pornographie, zerrüttete Familien, Drogen und Aids. Schuld an solchen Entwicklungen sind nach Aussagen dieser asiatischen Führer die Pressefreiheit und der Egoismus des Individuums, das sich gegen die Interessen der Allgemeinheit mit Hilfe freier Wahlen durchsetzen kann. Für all diese Fehlentwicklungen gibt es ja auch täglich in der ganzen Welt Beispiele, die durch die westlichen Medien publik werden.

Die west-östliche Wertediskussion ist mehr als nur eine dialektische Auseinandersetzung. Natürlich ist es angenehm, in Singapur oder Tokyo abends ausgehen zu können, ohne gleich Angst zu haben, überfallen zu werden. Natürlich gibt es in den USA und Europa Gerichtsurteile, die jedes Rechtsempfinden auf den Kopf stellen. Natürlich gibt es im Westen auch Rassendiskriminierung und wirtschaftliches Elend. Hier haben die asiatischen Staaten recht, wenn sie uns Fehlentwicklungen vorhalten. Doch dies sind nicht die Werte des Westens. Wenn wir zulassen, daß die Grundlage unserer demokratischen Freiheits- und Menschenrechte mit den Fehlentwicklungen gleichgestellt werden, und selbst nicht mehr wissen, daß es zu Freiheit und Demokratie keine Alternative gibt, dann ist unsere Gesellschaft in der Tat gefährdet.

Wenn die chinesische Führung sich heute über die westlichen Werte hinwegsetzt und sich auf die traditionellen chinesischen Werte beruft, dann besteht die Gefahr, daß sie denselben Fehler begeht wie die Qing-Dynastie. Bis Mitte des letzten Jahrhunderts war die chinesische Kultur der europäischen sicher überlegen. Individuelle Menschenrechte gab es damals freilich weder hier noch dort. Feudale Herrscherhäuser regierten über Sklaven, Leibeigene und ein ungebildetes Volk. Bildung war einer kleinen auserwählten Schicht vorbehalten. Es gibt sicher kein genaues Datum, an dem die europäische Zivilisation die chinesische Kultur überholte. Aber mit der Renaissance änderte sich das Menschenbild in Europa. Der Papst konnte zwar Galileo Galilei dazu zwingen, zu erklären, die Sonne dreht sich um die Erde, obwohl Galilei vom Gegenteil überzeugt war, aber diese letzten Zuckungen eines mit göttlicher Allmacht autorisierten Wissensmonopols wurde zur gleichen Zeit in Nordeuropa längst nicht mehr befolgt. Die Mandarine in China haben ein solches überholtes Wissensmonopol des Himmels bis 1911 verteidigt.

Die vom Lern- und Denkverbot befreiten Menschen prägten dann die Geschichte und den Fortschritt in Europa. Französische Philosophen wie Descartes, Montesquieu und Rousseau schufen die geistige Grundlage für die amerikanische und französische Revolution. Da liegen die Werte unserer Zivilisation: Freiheit, Gleichheit, Brüderlichkeit, das Recht jedes Menschen auf Glück, auf Meinungsfreiheit, auf Versammlungsfreiheit. Diese Rechte haben eine eigene Kultur hervorgebracht, und sie haben die industrielle Revolution ermöglicht, und die hat wiederum diese Freiheitsrechte gefördert. Als diese westliche Kultur auf das erstarrte China traf, zeigte sie sich weit überlegen. Das erstarrte China zerbrach und wurde trotz seiner Menschenmassen und hohen Kultur zum Spielball der Europäer. Leider haben diese ihre Überlegenheit nicht genutzt, auch ihre Staatsidee in China zu verankern. Ihre Gier war leider größer als ihre Ideale.

Sun Yatsen schrieb einmal, wie er sich einen modernen chinesischen Staat vorstellte, nachdem 1911 in Wuhan das Kaiserreich gestürzt worden war: „Sobald die Revolution begann, war ich entschlossen, eine Republik zu gründen. Wenn wir wirklich eine Republik haben, wer soll der König sein? Das Volk, sage ich, unsere 400 Millionen Landsleute werden König. Dies wird jedermann davon abhalten, um die Macht zu streiten und wird den Bürgerkrieg in China verhindern.“

Bis zum heutigen Tag sind diese Visionen Sun Yatsens nur Träume geblieben. Die Bürgerkriege haben stattgefunden, die Republik aber hat ein neues Herrscherhaus geboren. Die Revolution von 1911 ist immer noch nicht zu Ende.

Wir sind davon überzeugt, daß die westlichen Freiheitswerte nichts von ihrer Dynamik verloren haben und letztlich immer noch autoritären Strukturen überlegen sind. Sie werden sich durchsetzen, solange sie vom Westen nicht freiwillig aufgegeben werden. Die Ängstlichkeit, mit der die Europäer plötzlich vermeiden, die Menschenrechte in ihrem eigenen Verständnis deutlich zu formulieren, läßt befürchten, daß sie denselben Fehler wieder begehen wie nach dem Sturz des chinesischen Kaiserreiches, als sie Sun Yatsen aus kurzfristigen wirtschaftlichen Interessen jede Unterstützung verweigerten. Es geht allerdings auch nicht darum, die Führung in Beijing ununterbrochen anzuklagen.

Es wäre für die ganze Welt verhängnisvoll, wenn Europa in vorauseilendem Gehorsam seine freiheitlichen Werte und Überzeugungen verleugnen würde. Europa darf aber nicht nur Worte predigen. Wenn es uns nicht gelingt, unsere Wirtschaft wieder in Ordnung zu bringen, unsere Gesellschaft wieder auf die eigenen Werte zu verpflichten, dann ist die Leisetreterei angebracht. Denn wir können nicht nach außen vertreten, was wir nach innen nicht schaffen. Ein schwaches Europa, das jeden Auftrag annehmen muß, weil seine Wirtschaft darniederliegt, wird bald China seinen Tribut erweisen müssen. Das Ritual, mit dem heute schon Wirtschaftsführer und Staatsmänner in Beijing um Aufträge balzen, erinnert fatal an die

Zeiten, als die Delegationen der Welt am chinesischen Kaiserhof ihren Tribut entrichteten und dafür Handel treiben durften.

Die Wertediskussion, die die chinesische Führung zur Zeit führt, geht wieder von eigenen starren Dogmen aus, gleich ob sie mit Marx, Lenin oder einer neuen Interpretation von Konfuzius geführt werden. Diese Dogmatiker sind wieder dabei, einen Galilei dazu zu zwingen, zu behaupten, die Erde dreht sich um die Sonne.

Die heutige Führung Chinas glaubt, ohne das Mandat des Volkes regieren zu können, und das Mandat einer Ideologie würde reichen. Sie glaubt an eine sozialistische Markwirtschaft, die in Wirklichkeit eine nicht unbedingt sympathische Variante des Kapitalismus ist, ein „himmlischer", ein chinesischer Kapitalismus. Wenn es der Führung gelingen sollte, sich und ihr Land als vollwertiges Mitglied in die Wertegemeinschaft der freien Welt einzubringen, dann hätten sie auch das Mandat des Volkes und sogar - im konfuzianischen Sinne - das Mandat des Himmels, denn Konfuzius sagt auch: „Der Himmel sieht, wie das Volk sieht, und der Himmel hört, wie das Volk hört." Wenn diese Harmonie zwischen Himmel und Erde hergestellt ist, dann hat China einen wahrhaft „himmlischen Kapitalismus".

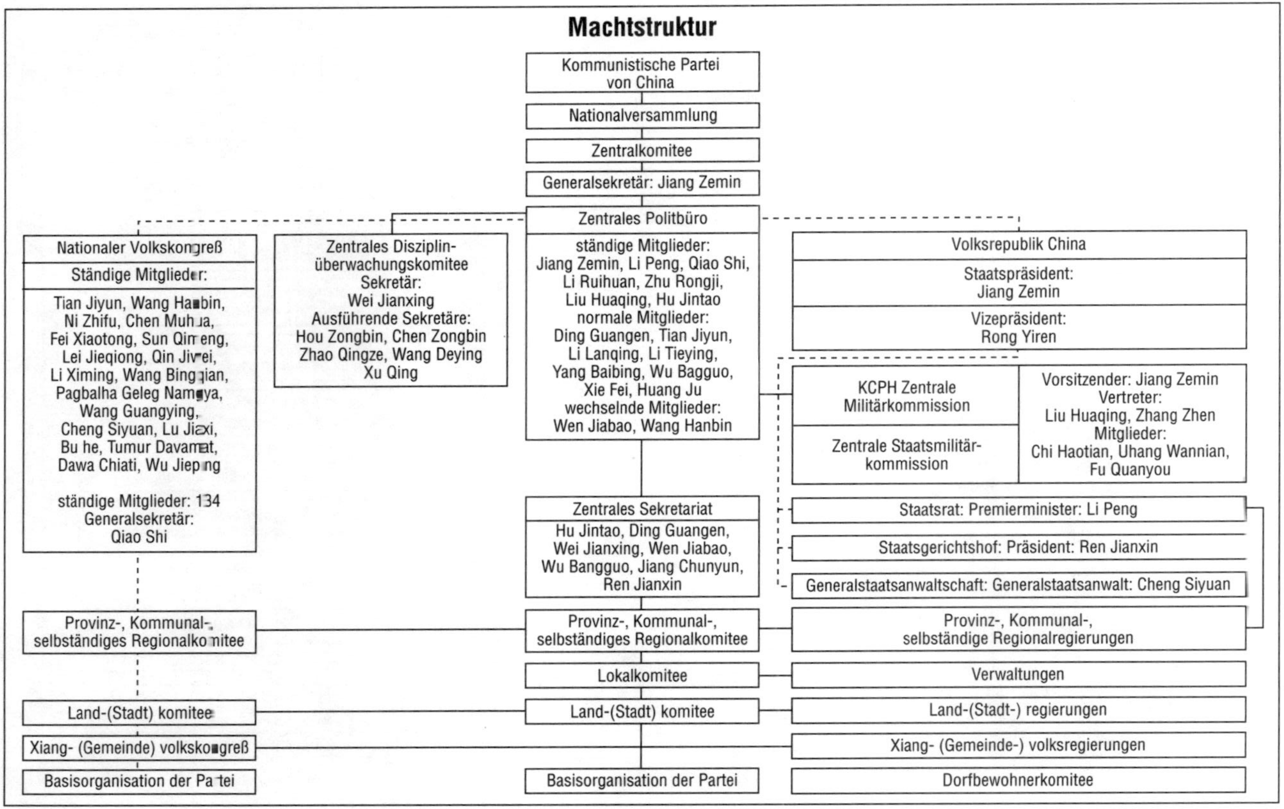
Machtstruktur
Kommunistische Partei von China
Nationalversammlung
Zentralkomitee
Generalsekretär: Jiang Zemin
Zentrales Politbüro
ständige Mitglieder: Jiang Zemin, Li Peng, Qiao Shi, Li Ruihuan, Zhu Rongji, Liu Huaqing, Hu Jintao
normale Mitglieder: Ding Guangen, Tian Jiyun, Li Lanqing, Li Tieying, Yang Baibing, Wu Bagguo, Xie Fei, Huang Ju
wechselnde Mitglieder: Wen Jiabao, Wang Hanbin
Nationaler Volkskongreß
Ständige Mitglieder:
Tian Jiyun, Wang Ha bin, Ni Zhifu, Chen Muh a, Fei Xiaotong, Sun Qi eng, Lei Jieqiong, Qin Ji ei, Li Ximing, Wang Bing ian, Pagbalha Geleg Nam ya, Wang Guangying, Cheng Siyuan, Lu Ji xi, Bu he, Tumur Davam t, Dawa Chiati, Wu Jiep ng
ständige Mitglieder: 134
Generalsekretär: Qiao Shi
Zentrales Disziplinüberwachungskomitee
Sekretär: Wei Jianxing
Ausführende Sekretäre: Hou Zongbin, Chen Zongbin Zhao Qingze, Wang Deying Xu Qing
Volksrepublik China
Staatspräsident: Jiang Zemin
Vizepräsident: Rong Yiren
KCPH Zentrale Militärkommission
Zentrale Staatsmilitärkommission
Vorsitzender: Jiang Zemin
Vertreter: Liu Huaqing, Zhang Zhen
Mitglieder: Chi Haotian, Uhang Wannian, Fu Quanyou
Zentrales Sekretariat
Hu Jintao, Ding Guangen, Wei Jianxing, Wen Jiabao, Wu Bangguo, Jiang Chunyun, Ren Jianxin
Staatsrat: Premierminister: Li Peng
Staatsgerichtshof: Präsident: Ren Jianxin
Generalstaatsanwaltschaft: Generalstaatsanwalt: Cheng Siyuan
Provinz-, Kommunal-, selbständiges Regionalko nitee
Provinz-, Kommunal-, selbständiges Regionalkomitee
Provinz-, Kommunal-, selbständige Regionalregierungen
Lokalkomitee
Verwaltungen
Land-(Stadt) komitee
Land-(Stadt) komitee
Land-(Stadt-) regierungen
Xiang- (Gemeinde) volksko greß
Xiang- (Gemeinde-) volksregierungen
Basisorganisation der Pa tei
Basisorganisation der Partei
Dorfbewohnerkomitee

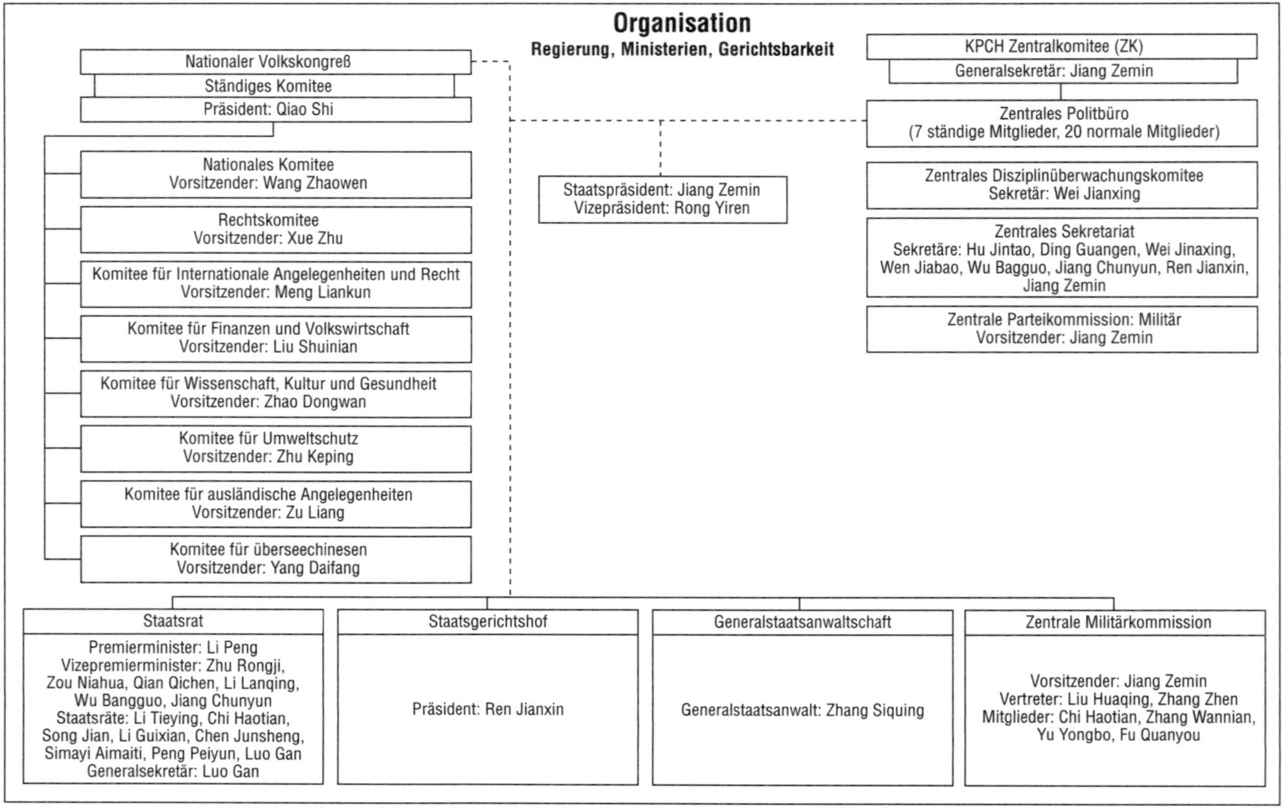
Organisation
Regierung, Ministerien, Gerichtsbarkeit
Nationaler Volkskongreß
Ständiges Komitee
Präsident: Qiao Shi
Nationales Komitee
Vorsitzender: Wang Zhaowen
Rechtskomitee
Vorsitzender: Xue Zhu
Komitee für Internationale Angelegenheiten und Recht
Vorsitzender: Meng Liankun
Komitee für Finanzen und Volkswirtschaft
Vorsitzender: Liu Shuinian
Komitee für Wissenschaft, Kultur und Gesundheit
Vorsitzender: Zhao Dongwan
Komitee für Umweltschutz
Vorsitzender: Zhu Keping
Komitee für ausländische Angelegenheiten
Vorsitzender: Zu Liang
Komitee für überseechinesen
Vorsitzender: Yang Daifang
Staatspräsident: Jiang Zemin
Vizepräsident: Rong Yiren
KPCH Zentralkomitee (ZK)
Generalsekretär: Jiang Zemin
Zentrales Politbüro
(7 ständige Mitglieder, 20 normale Mitglieder)
Zentrales Disziplinüberwachungskomitee
Sekretär: Wei Jianxing
Zentrales Sekretariat
Sekretäre: Hu Jintao, Ding Guangen, Wei Jinaxing, Wen Jiabao, Wu Bagguo, Jiang Chunyun, Ren Jianxin, Jiang Zemin
Zentrale Parteikommission: Militär
Vorsitzender: Jiang Zemin
Staatsrat
Premierminister: Li Peng
Vizepremierminister: Zhu Rongji, Zou Niahua, Qian Qichen, Li Lanqing, Wu Bangguo, Jiang Chunyun
Staatsräte: Li Tieying, Chi Haotian, Song Jian, Li Guixian, Chen Junsheng, Simayi Aimaiti, Peng Peiyun, Luo Gan
Generalsekretär: Luo Gan
Staatsgerichtshof
Präsident: Ren Jianxin
Generalstaatsanwaltschaft
Generalstaatsanwalt: Zhang Siquing
Zentrale Militärkommission
Vorsitzender: Jiang Zemin
Vertreter: Liu Huaqing, Zhang Zhen
Mitglieder: Chi Haotian, Zhang Wannian, Yu Yongbo, Fu Quanyou

Literaturhinweise

Aktueller Stand und Zukunftsperspektiven deutscher Unternehmen in Hongkong und China. Umfrage des Delegierten der Deutschen Auslandshandelskammer, Honkong 1995

Altgeld, Heidemarie: Investitionsstandort Volksrepublik China. Institut für Europäische Wirtschaftsstudien. Verlag Harwalik GmbH, Reutlingen 1994

Bertram, Helga und Jürgen: Im Reich der roten Kaiser, C. Bertelsmann Verlag, München 1994

Bloodworth, Dennis: The Risks and Rewards of Investing in China. Times Academic Press, Singapur 1995

Bohnet, Prof. Dr. Armin: Kooperationsmöglichkeiten Deutscher Unternehmen in der VR China. Justus-Liebig-Universität, Gießen 1995

Bonavia, David: Hongkong 1997, The Final Settlement. The South China Morning Post, Hongkong 1985

Brahm, Laurence J.: China INC., A Concise Overview of China's Power Structures and Profiles of China's Leaders Today. Reed Academic Publishing Asia, Singapur, 1995

Cameron, Nigel: Barbarians and Mandarins. Oxford University Press, Hongkong, Oxford, New York 1970

Caldwell, Col. John (USMC): China' s Conventional Military Capabilities 1994-2004. The Center of Strategic & International Studies, Washington, D.C., 1994

Chabg, Jung: Wilde Schwäne. Die Geschichte einer Familie. Droemersche Verlagsanstalt, München 1991

Chau, Ju-kua: Chu-fan-chi. Übersetzt von Friedrich Hirth und W. W. Rohill. St. Petersburg 1911

Cheng, Tun-jen: „Democratizing the KMT Regime in Taiwan." Conference on Democratization in the Republic of China. Taipei 1989

Chiang, Kaischek: Soviet Russia in China: A Summing-up at Seventy. Übersetzt von Madame Chiang Kaischek et al. China Publishing Company, Taipei 1935

Ching, Frank: China in Tradition. Far Eastern Economic Review Publications, Hongkong 1995

Clyde, Paul Hibbert: The Far East. A History of the Impact of the West on Eastern Asia. Prentice Hall Inc., New York 1948
Confucius: The Analects of Confucius. Übersetzt von Arthur Waley. George Allen & Unwin, London 1938
Department of State: The China White Paper: August 1949. 2.Bd., Stanford University Press, Stanford, California 1967
Dernberger, Robert F.: „The Programme for Agricultural Transformation in the People's Republic of China." Proceedings of the Seventh Sino-American Conference.
Ernst & Jung: Doing Business in China. Hongkong 1994
Euruya, Keiji: Chiang Kai-shek. His Life and Times. St. John's University, New York 1981
Fairbank, John K. and Kwang-ching Liu (Hrsg.): The Cambridge History of China. Late Ch'ing. 1800-1911. Bd. 11, Teil 2. Cambridge University Press, Cambridge, Mass., 1980
Fairbank, John K. (Hrsg.): The Cambridge History of China. Republican China 1912-1949. Bd. 12, Teil 1. Cambridge University Press, Cambridge 1983
Fairbank, John K.: China. A New History. The Belknap Press of Harvard University Press, Cambridge, Mass., 1992
Fairbank, John K.: Geschichte des modernen China 1800-1985. dtv, München 1989
Fitzgerald, C.P.: China: A Short Cultural History. London 1961
Fleck, Dorothee: Die Familie des großen Drachen. Firmenerfahrung in „Großchina" Bd. 2. Weltforum Verlag, München 1995
Franke, Otto: Geschichte des chinesischen Rechts: Eine Darstellung seiner Entstehung, seines Wesens und seiner Entwicklung bis zur neuesten Zeit. Bd.2. de Gruyter & Co., Berlin 1930
Franke, Wolfgang: China-Handbuch. Bertelsmann Universitätsverlag, Düsseldorf 1974
Franz, Uli: Deng Xiaoping - Chinas Erneuerer. Eine Biographie. Deutsche Verlagsanstalt, Stuttgart 1987
Fu, Lo-shu: A Documentary Chronicle of Sino-Western Relations (1644-1820). 1986
Galenson, Walter (Hrsg.): Economic Growth and Structural Change in Taiwan. Cornell University Press, Ithaca, New York 1979
Gälli, A., Dorothee Fleck: Die große Familie des Drachen. IFO-Institut für Wirtschaftsforschung, Weltforum Verlag, München, Köln, London 1995

Galli, Anton et al.: Die Familie des großen Drachen: Die VR China, Hongkong, Macao und Taiwan auf dem Weg zu „Großchina"? Bd.1. Weltforum Verlag, München 1995
Galli, Anton et al.: Taiwan R.O.C.: Eine chinesische Herausforderung. Weltforum Verlag, München 1988
Grant, Richard L.: China and Southeast Asia into the Twenty-first Century. The Center for Strategics and International Studies, Washington, D.C., 1993
Green, Marshall, John H. Holdridge und William N. Stokes: War and Peace with China. First-hand Experience in the Foreign Services of the United States. Dacor Baken House, Bethesda, Md., 1994
Harding, Harry: A Fragile Relationship. The United States and China since 1972. The Brookings Institution, Washington, D.C. 1992
Hartzell, Richard W.: Harmony in Conflicts. Active Adaptation to Life in Present-day Chinese Society. Bd.1. Caves Books, Taipei 1988
Hegener, H.S.: China, Schicksal unserer Kinder. Verlag Frankfurter Bücher, Frankfurt 1963
Hsue, Immanuel C.Y.: China's Entrance into the Families of Nations. The Diplomatic Phase 1858-1880. 1960
Institut für Forschung über Festlandchina: Der richtige Weg für China - die drei Prinzipien des Volkes. Übersetzt von Prof. Dr. Stephan Hsu et al. Mainland China Monthly Company. Taipei 1981
Jane's Informations Group: China in Crisis. The Role of the Military. Jane's Defence Date, Surrey 1989
Jiang, Dr. Joseph P.L., und Dr. Wu Wen-cheng: The Changing Role of the KMT in the Political System of Taiwan. Conference on Democratization in the Republic of China. Taipei 1989
Joint-Venture-Gründung in der VR China. Ein Leitfaden für Deutsche Unternehmen. Vom Delegierten der Deutschen Auslandshandelskammer, Honkong 1994
Kim, Chonghan (Hrsg.): Communist China. The College of William an Mary in Virginia, Williamsburg, Virginia 1967
Kubek, Anthony: How the Far East Was Lost. American Policy and the Creation of Communist China, 1941-1949. Henry Regnery Company, Chicago 1963
Lang, Olga: Chinese Family and Society. New Haven 1946
Li, Kuo-Ting: The Evolution of Policy Behind Taiwan's Development Success. Singapore World Sience, Singapur 1995

Li, Zhisui: Ich war Maos Leibarzt. Die persönlichen Erinnerungen des Dr. Zhisui Li an den großen Vorsitzenden. Lübbe Verlag, Bergisch-Gladbach 1994

Lieberthal, Kenneth: Governing China. From Revolution Through Reform. W.W. Norton & Company Inc., New York 1995

Lin, Zhiling und Thomas w. Robinson (Hrsg.): The Chinese and Their Future. Beijing, Taipei and Hongkong. The AEI Press, Washington, D.C., 1994

Lu, Ya-Li: Political Opposition in Taiwan: A Study of the Democratic Progressive Party. Conference on Democratization in the Republic of China, Taipei 1989

Mahathir, Mohamad, und Ishihara, Shintaro: The Voice of China. Kodansha International, Tokyo 1995

Mayers, W.F. (Hrsg.): Treaties Between the Empire of China and Foreign Powers. J. Broadhurst Tootal, Schanghai, North China Herald Office 1877

Meaney, Constance Squires: Liberalization, Democratization, and the Role of the KMT. Conference on Democratization in the Republic of China, Taipei 1989

Nie, Rongzhen: Inside the Red Star. New World Press, Beijing 1988

Pan, Ku: The History of Former Han Dynesty. 3.Bd. Übersetzt von Homer H. Dubs.

Patrikeeff, Felix: Mouldering Pearl. Hongkong at the Crossroads. Georg Philip, London 1989

Roberti, Mark: The Fall of Hongkong. China's Triumph & Britains Betrayal. John Wiley & Sons, New York, Chichester, Brisbane, Toronto, Singapur 1994

Rohwer, Jim: Asia Rising. Butterworth - Heinemann Asia, Singapur 1995

Schell, Orville: Das Mandat des Himmels. China: Die Zukunft einer Weltmacht. Rowohlt Berlin Verlag, Berlin 1995

Seagrave, Sterling: Die Herren des Pazifik. Das unsichtbare Wirtschaftsimperium der Auslands-Chinesen. Limes Verlag, München 1996

Seagrave, Sterling: The Soong Dynasty. Harper & Row, New York 1985

Shaw, Yu-ming: Über das Wunder hinaus. Betrachtungen zur Republik China, dem chinesischen Festland und den sino-amerikanischen Beziehungen. Verlag Kwang Hwa, Taipei 1989

Stross, Randall E.: Bull in the China Shop. Pantheon Books, New York 1990

Sun, E-tu Zen, und John de Francis: Chinese Social History. Translations of Selected Studies. American Council of Learned Societies, Washington D.C., 1956

Sun, Yat-sen: Dr. Sun Yat-sens Doktrin - Die Dreivolksprinzipien. Übersetzt von Prof. Kai Feng. Europäischer Verein für Dr. Sun Yat-sens Doktrin, München

Sun, Yat-sen: The International Development of China. 1922. Nachdruck: China Cultural Service, Taipei 1953

Suryadinata, Leo: Southeast Asian Chinese and China. Times Academic Press, Singapur 1953

Terril, Ross: Moa: A Biography. Simon & Schuster, New York 1980

The Chinese Classics: Confuzian Analects, the Great Learning, the Doctrine of the Mean. Bd. 1. Übersetzt von James Legge, 1935

The Chinese Classics: The Shoo King or the Book of Historical Documents. Bd. 3. Übersetzt von James Legge, 1935

The Opium War: Foreign Languages Press, Beijing 1976

Tsai, Chen-wen, und Chu-cheng-Ming: International Implications of the ROC's Democratization. Conference on Democratization in the Republic of China, Taipei 1989

Wan, T.C.: Inside China Mainland. Institute of Current China Studies, Taipei 1995

Winckler, Edwin A.: Taiwan Politics in the 1990s: From Hard to Soft Authoritarianism. Conference on Democratization in the Republic of China, Taipei 1989

Wright, Arthur (Hrsg.): The Confucian Persuation. The Stanford University Press, Stanford, California 1960

Wright, Mary Clabaugh (Hrsg.): China in Revolution. The First Phase 1900-1913. 1968

Yanchi, Quang: Mao Zedong. Man, Not God. Foreign Language Press, Beijing 1992

Yang, Bo: The Ugly Chinaman. And the Crisis of China Culture. Übersetzt von Don J. Cohn und Jing Qing , Allen & Unwin, St. Leonards, New South Wales, 1991

Yang, Martin M.C.: Chinese Social Structure. A Historic Study. The National Book Company, Taipei 1969

Yao, Meng-hsuan: Communist China's World Strategy. Proceedings of the Seventh Sino-American Conference.

Personen- und Ortsregister

In diesem Buch wird durchgehend die heute übliche Pinyin-Umschrift verwendet. Ausgenommen sind lediglich einige Orts- und Personennamen, die sich bei uns in einer anderen Schreibweise so eingebürgert haben, daß sie in Pinyin nur schwer wiederzuerkennen wären.

Die Karten auf Seite 158 und 415 basieren auf einer Ausarbeitung in Zhong guo li shi tu shuo und sind mit zusätzlichen Markierungen und Angaben durch die Autoren versehen. Die Karte auf Seite 264 basiert auf einer Ausarbeitung des CIA und ist mit zusätzlichen Markierungen und Angaben durch die Autoren versehen. Die Karten auf Seite 170 und 198 basieren auf einer Ausarbeitung in Zhong guo ren min jie fang jun zhan shi tu ji und sind mit zusätzlichen Markierungen und Angaben durch die Autoren versehen.

Die Volksrepublik China mit Provinzen und Provinzhauptstädten

Der Film

Sechs Reisen unternahm Günter Ederer für diesen Film mit seinem Kamerateam nach Fernost und besuchte Chinesen in Malaysia, Indonesien und Singapur. Sie filmten Szenen, die Taiwans schwierigen politischenWeg belegen und Honkong vor der Übergabe an China zeigen. Die letzte Reise 1995/96 führte ihn in 7 Wochen über 10 000 Kilometer durch die Volksrepublik China. Es war die umfangreichste Dreherlaubnis, die Beijing seit Tiananmen einem ausländischen Fernsehreporter erteilte.
Herausgekommen sind dabei faszinierende Szenen vom Wirtschaftsaufschwung des Riesenreiches. Aber auch die Situation in den Dörfern und Märkten, die gigantischen Investitionen in die Infrastruktur des Landes und Beispiele deutscher und ausländischer Jointventures werden gezeigt.
Der Film belegt, was selbst die eindringlichste Sprache nicht zu vermitteln vermag: den überwältigenden und gleichzeitig beängstigenden Aufschwung Chinas. Das Buch beschreibt ausführlich, was der Film aus Zeitgründen nicht im Detail erklären kann.
Der Verlag *moderne industrie* bietet mit Buch und Film zusammen ein einmaliges Dokument über ein China, das so niemand kennt, ein China, das wieder seinen historischen Platz als „Land der Mitte" einnimmt.

120 Minuten, VHS, lieferbar in Ihrer Buchhandlung zum Preis von DM 454,25